“一带一路”轨道交通系列规划教材

动车组装备

刘志明　史红梅　主编
吴国栋　主审

中国铁道出版社有限公司

2022年·北　京

内 容 简 介

本书为“一带一路”轨道交通系列规划教材之一，主要介绍动车组电气装备和动车组网络控制系统的工作原理。全书分为六章。第1章介绍动车组电气系统的组成、动车组车内环境控制要求和控制电器；第2章以CRH系列动车组为例，介绍了动车组辅助供电系统的组成和工作原理；第3章分别介绍了动车组的照明系统、火灾探测系统、广播系统和旅客信息显示系统；第4章在讲解动车组通风系统、制冷系统、供暖系统和运行控制系统的基础上，介绍了典型动车组空调系统及其维修技术；第5章介绍网络通信的基本概念、软硬件构成以及数据通信技术，TCN通信网络、ARCNET通信网络和CAN通信网络的体系结构和通信标准；第6章介绍典型动车组列车网络控制系统的总体结构、工作原理和控制功能。

本书是高等学校车辆工程和铁道机车车辆专业教材，也可供铁路高职和中职学校师生及从事机车车辆、动车组、城市轨道车辆相关专业的工程技术人员学习参考。

图书在版编目(CIP)数据

动车组装备/刘志明，史红梅主编.—北京：中国铁道出版社，2018.8(2022.12重印)

“一带一路”轨道交通系列规划教材

ISBN 978-7-113-24704-1

Ⅰ.①动… Ⅱ.①刘… ②史… Ⅲ.①动力-电气设备-教材 Ⅳ.①U266

中国版本图书馆CIP数据核字(2018)第153341号

书　　名：**动车组装备**

作　　者：刘志明　史红梅

责任编辑：金　锋　　**编辑部电话**：(010)51873125　　**电子邮箱**：jinfeng88428@163.com

封面设计：崔丽芳

责任校对：王　杰

责任印制：高春晓

出版发行：中国铁道出版社有限公司(100054，北京市西城区右安门西街8号)

网　　址：http://www.tdpress.com

印　　刷：三河市宏盛印务有限公司

版　　次：2018年8月第1版　2022年12月第3次印刷

开　　本：787 mm×1 092 mm　1/16　**印张**：19.75　**插页**：1　**字数**：493千

书　　号：ISBN 978-7-113-24704-1

定　　价：56.00元

前 言
PREFACE

铁路运输客运的高速化、货运的重载化已经成为现代交通运输领域的趋势。高速铁路是庞大复杂的系统工程，被称作“大国技术”，集成了多学科、多领域的高新技术，集中展示综合国力、经济社会发展水平和自主创新能力。高速动车组是高速铁路的核心技术之一，融合了高速转向架技术、高强轻型车体结构技术、交流传动技术、复合制动技术、减阻降噪与密封技术、现代控制与诊断技术等一系列当代最新技术成果。

“一带一路”倡议是作为世界经济增长火车头的中国，将自身的产能优势、技术与资金优势、经验与模式优势转化为市场与合作优势，实行全方位开放的一大创新，旨在通过加强国际合作，对接彼此发展战略，实现优势互补，促进共同发展。“一带一路”倡议已有 60 多个国家参与，在欧亚大陆上已经有超过一半的国家明确表示愿意参与。作为经济运行的大动脉，铁路将成为推动“一带一路”相关国家和地区贸易与人员往来便利化、实现经济融合的重要工具。

北京交通大学建校 120 年以来，秉承“知行”校训，保持着鲜明的交通特色，学校以立学储才、救国兴邦、交通强国为己任，确定了“基础宽厚、知识复合、能力卓越、品质优异、思维创新”卓越工程人才培养目标。学生的培养和知识的传播，教材建设是必不可少的重要环节，尤其是在现代技术与知识日新月异、不断更新的状况下，编写共性基础理论与新技术结合的教材尤为迫切。北京交通大学车辆工程专业是国家级特色专业、首批教育部“卓越工程师教育培养计划”和“专业综合改革试点项目”专业，一直将教材建设作为保持轨道交通特色、引领专业发展的重要工作。本系列规划教材就是在轨道交通行业对车辆人才旺盛的需求和技术不断发展的背景下，在以往教材编写的基础上进行策划的。

本书为“一带一路”轨道交通系列规划教材之一，主要介绍动车组电气装备和动车组网络控制系统的内容。全书分为六章。第 1 章介绍动车组电气系统的组成、动车组车内环境控制要求和控制电器；第 2 章以 CRH 系列动车组为例，介绍了动车组辅助供电系统的组成和工作原理；第 3 章分别介绍了动车组的照明系统、火灾探测系统、广播系统和旅客信息显示系统；第 4 章在讲解动车组通风系统、制冷系统、供暖系统和运行控制系统的基础上，介绍了典型动车组空调系统及其维修技术；第 5 章介绍网络通信的基本概念、软硬件构成以及数据通信技术，TCN 通信网络、ARCNET 通信网络和 CAN 通信网络的体系结构和通信标准；第 6 章介绍典型动车组列车网络控制系统的总体结构、工作原理和控制功能。

本书由北京交通大学刘志明、史红梅主编，中国铁路总公司运输局装备部吴国栋主审。编写分工如下：刘志明编写了第 1、3、4 章；北京交通大学邱成编写了第 2 章；史红梅编写了第 5、6 章。

中车青岛四方机车车辆股份有限公司、长春轨道客车股份有限公司、青岛庞巴迪车辆股份有限公司、唐山轨道客车股份有限公司、中国铁道科学研究院机车车辆研究所等单位为本书的编写提供了资料和帮助，在此表示衷心感谢！

由于水平有限，时间仓促，疏漏之处在所难免，恳请读者批评指正。

编　者
2018 年 5 月

目 录
CONTENTS

第1章

动车组装备基本知识

动力分散交流传动电动车组作为中国铁路旅客运输的主要装备,已经开发出了许多品种。为了提高对旅客的服务水平,创造舒适的旅行环境,保证运输安全,动车组上布置了各种电气系统和设备,技术水平十分先进。动车组上除了照明,还装备了各种电气设备,如广播系统、空调、电动车门、集便器、电茶炉,还有列车自动操纵、故障诊断、计算机网络系统、火灾自动探测系统等等。这些装备,都是直接或间接为旅客服务并保证列车运行安全的。动车组电气系统和设备的运用条件不同于地面固定的工业和民用电气设备,也不同于航空和船舶的电气设备,因此,了解动车组电气系统和设备的组成、功能对正确使用动车组十分重要。

本章主要介绍动车组电气系统组成、动车组辅助供电系统的特点、车内环境要求及控制技术特点、动车组常用的控制电器。

1.1 动车组电气系统组成

动力分散型动车组一般都按不同车厢的功能组成供电单元,由辅助供电设备分别向各车厢的负载直接提供交流电,蓄电池与充电机则提供不间断的直流电。

动车组电气系统一般分为辅助供电系统和负载设备。辅助供电系统是指除为牵引动力系统之外的所有需要用电的负载设备提供电能的系统,包括辅助供电系统和蓄电池系统。辅助供电系统的电力主要来自牵引供电电网,一般经受电弓进入列车主变压器原边绕组,主变压器的次级绕组专设有为辅助系统供电的辅助绕组;当电力不能来自牵引供电电网时,采用外接电源或者蓄电池供电。

负载设备包括:牵引电机风机,冷却塔风机,主变流器冷却用水泵(或油泵)及风机,辅助变流器冷却风机,主变压器油泵,空气压缩机,充电机及其风机,空调机及各种电动阀门,车厢照明及各种服务性电气设备。辅助系统还须为列车控制系统提供不间断安全电源。

1.1.1 CRH1/CRH380D 型动车组电气系统

图 1.1 是 CRH1 型动车组辅助供电系统与负载设备组成的方框图,架设在拖车 T1 或 T2 上的受电弓将 25 kV,50 Hz 的单相交流电从电网取下后,一路通过拖车上的主断路器 3、电流互感器 6,供给主变压器 8 和牵引变流器 9;另一路通过受电弓切断开关 16,经过主干线给拖车 T3 上的主变压器 8 和动车 M3 上的牵引变流器 9 供电。

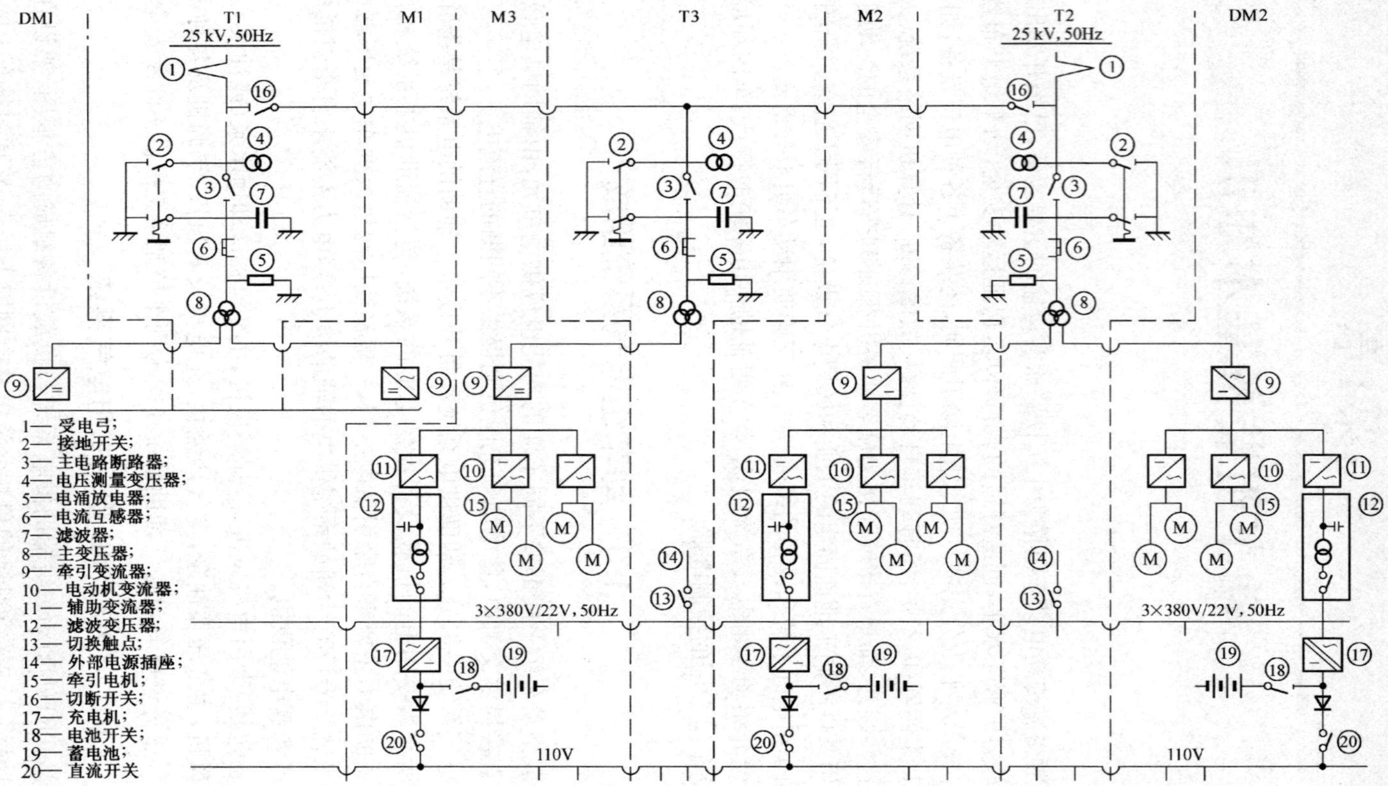

图 1.1　CRH1动车组辅助供电系统与用电设备组成框图

牵引变流器 9 输出的电能一部分给牵引电机 15，另一部分通过辅助变流器 11、滤波变压器(辅助逆变器)12 转换成三相 380 V/50 Hz 交流电供交流负载工作，一部分经过电池充电器 17 整流后给蓄电池 19 充电并通过直流开关 20 给直流母线供电。当受电弓没有从接触网上取电时，蓄电池 19 通过电池开关 18 提供直流电；当受电弓无电时，通过外部三相电源插座 14 和切换触点 13 提供交流电。

每一个基本单元车组均设置了充电机器和蓄电池。充电机器和蓄电池设置于动力车(Mc 和 M)内，它们的输出通过直流开关 20 连接到 110 V 直流母线。为避免产生环流，在蓄电池与母线连线上设有一个功率二极管，从而避免通过母线向蓄电池充电。

CRH1 和 CRH380D 型动车组部分组成 3 个供电单元，每列动车组有 3 个主变压器、5 台牵引变流器和辅助变流器、5 套充电机和蓄电池。

1.1.2 CRH2/CRH380A 型动车组电气系统

图 1.2 是 CRH2 型动车组 1/2 部分辅助供电系统与用电设备组成的方框图，其中在带司机室的拖车上设置一套辅助电源装置，为包括其本身 4 辆车的空气压缩机、换气装置、鼓风机、照明、控制、广播、列车无线等设备提供电源；在 2、4 号车上分别设有一个蓄电池箱。

CRH2 和 CRH380A 型动车组都分成 2 个供电单元，每列动车组有 2 个主变压器、2 台辅助电源装置、3 组蓄电池。

1.1.3 CRH3/CRH380B 型动车组电气系统

图 1.3 是 CRH3 型动车组中的辅助电气系统，由单辅助变流器(ACU)、双辅助变流器(D-ACU)、蓄电池充电机和蓄电池构成。

辅助变流器将牵引变流器的中间直流电压变换成为三相 AC 440 V/60 Hz，向列车交流干线并联供电，车载电源箱内装有小变压器，将三相 AC 440 V/60 Hz 中的两相线电压降压为 230 V/60 Hz 单相交流电，向本车的供热等交流负载供电。每辆车上有一个单相逆变器将 DC 110 V 逆变成 220 V/50 Hz 单相交流电，给本车客室插座等供电。

充电机将三相 AC 440 V 电转换成 DC 110 V 电压，为蓄电池和列车直流负载提供电源。动车组设置 2 组蓄电池，满足应急情况下紧急通风、列车无线通讯及其他直流负载用电需求。

双辅助变流器上设置一个外接电源插座，在动车所库内作业时，由外部三相 AC 380 V/50 Hz 电源为干线供电。在每一个电池箱内有一个 DC 110 V 外接电源供电插座。

CRH3 和 CRH380B 型动车组都分成 2 个供电单元，每列动车组有 2 个主变压器、4 台辅助电源装置、2 套充电机和蓄电池。

1.1.4 CRH5 型动车组电气系统

图 1.4 是 CRH5 型动车组辅助供电系统与用电设备组成的方框图，辅助供电系统由辅助变流器(AUX CONV)、蓄电池、充电机等组成，列车设有 5 台辅助变流器。每辆动车有一台辅助变流器，和牵引变流器安装在一起。AC 25 kV 高压电经设置在拖车上的牵引变压器降压成 1 770 V 后，输入每辆动车中的牵引变流器，辅助变流器将牵引变流器的中间直流

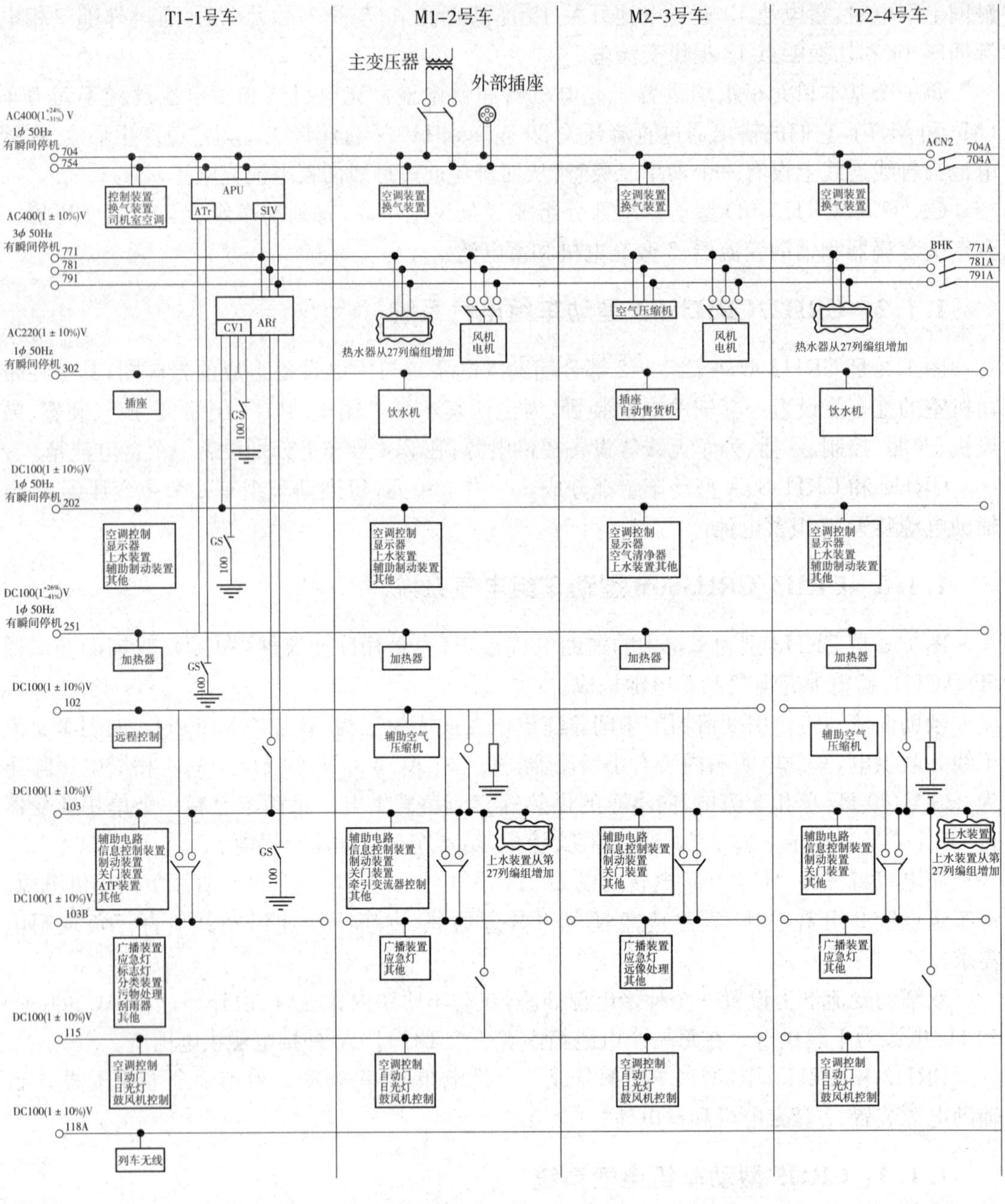

图 1.2　CRH2 型动车组辅助供电系统与用电设备组成框图

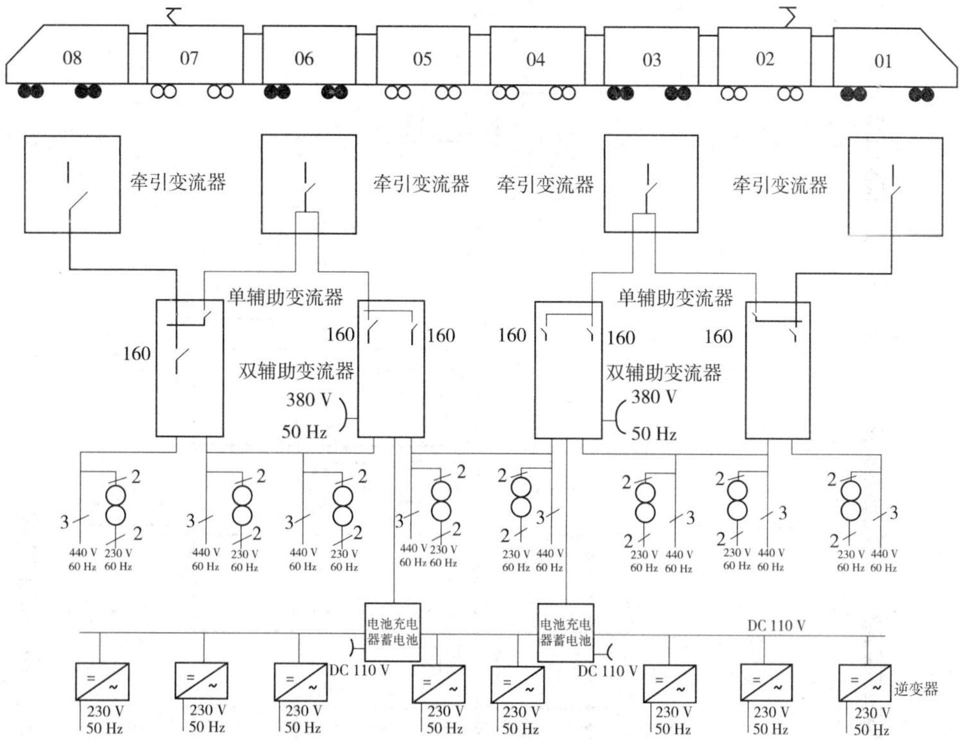

图 1.3 CRH3 型动车组辅助供电系统

电压变换成 AC 380 V(三相 380 V/50 Hz)后供中压负载,低压供电(DC 24 V)是由与蓄电池相关联的蓄电池充电器保证的,并且安装在每个车辆上,每列车设 8 组蓄电池和电池充电机。

每个牵引控制单元的每侧各设一个 AC 380 V 外接电源插座(PCMT),每个插座可为半列车的辅助设备供电。

中压供电系统技术参数如下:

- 额定电压 AC 400 V
- 电压变动 ±10%
- 最大谐波畸变 <20%
- 额定频率 50 Hz
- 频率变动 ±2%
- 供电方式 三相+中性线
- 输出电压瞬间最大变动: +20%~-30%

低压供电系统技术参数:

- 额定电压 DC 24 V
- 电压变动 DC 18~32 V

在列车正常供电情况下,通过使用 5 个辅助变流器(AUX CONV)来保证给中压负载供电,每个辅助变流器位于对应牵引/辅助变流器中。当这个列车编组中的一个或两个辅助变流器出现故障的情况下,仍然工作的那些变流器将通过位于中间车上的 MT1,MT2 和 MT3 箱内的接触器 KL1~4 激活,自动切换来为整个列车的中压(Mv)载荷供电。

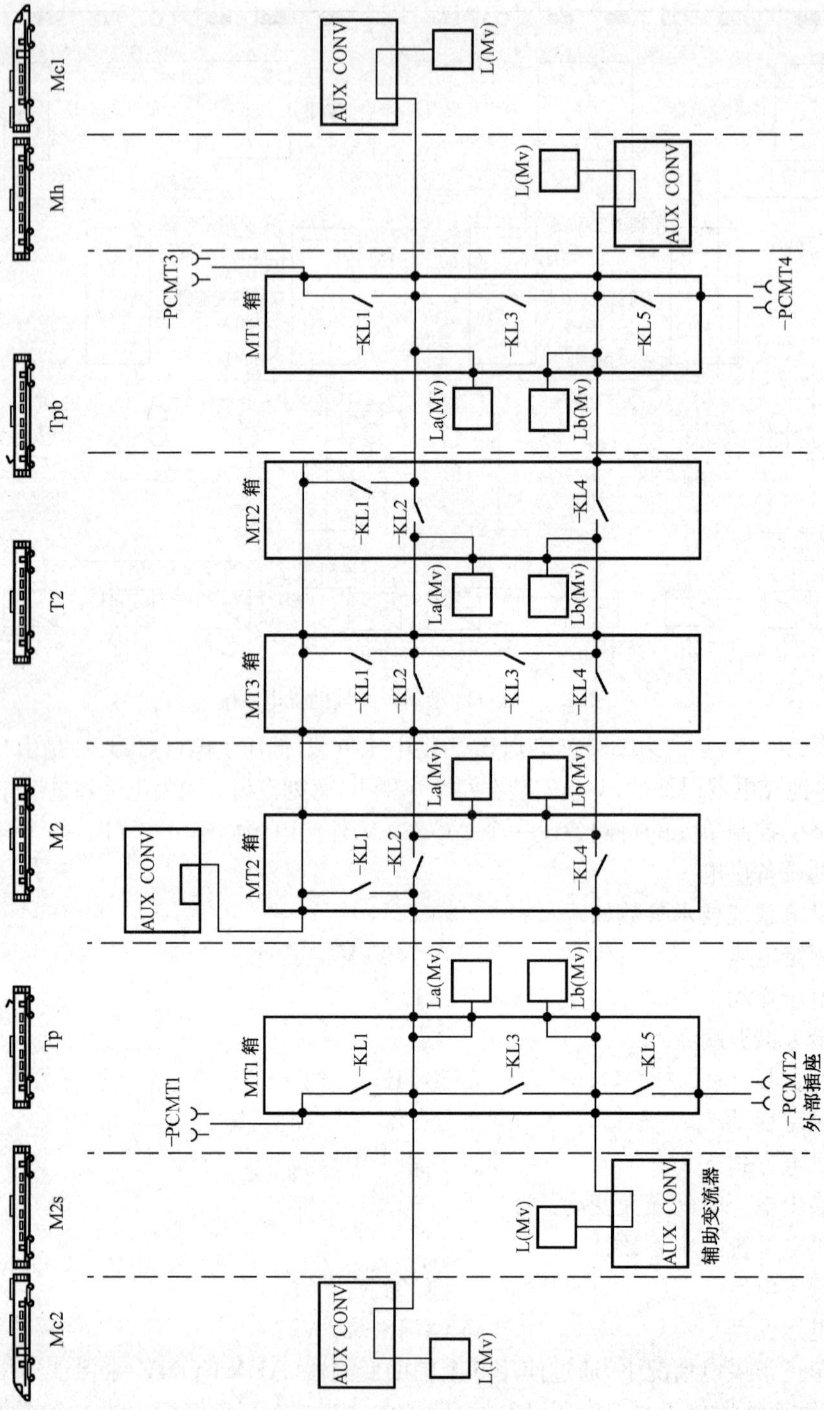

图1.4　CRH5型动车组辅助供电系统与用电设备组成框图

例如，当仅有两个辅助变流器工作的时候，如果两个辅助变流器都属于同一个牵引单元(Mc2 和 M2s 或者 Mh 和 Mc1)，那么 KL3 接触器就被转换到开路位置，A 和 B 三相列车线就沿着列车单独上电(KL2 和 KL4 接触器闭合)；如果 2 个工作辅助变流器中有一个是在 M2 车上，列车就形成了 2 个供电单元。两个辅助变流器都由同一个变压器供电，但是它们单独给 2 个不同的半列车供电。

为了保证动车组工作，下列设备将会通电：2 个压缩机中的一个；2 个变压器中的一个；5 个牵引变流器中的 3 个；20 个牵引电机通风机中的 12 个；8 个电池充电机中的 6 个。

1.2 动车组辅助供电系统

1.2.1 电气化铁路供电方式

动车组都是运行在电气化铁路上，其电能来源于电气化铁路的牵引供电系统。中国的电气化铁路都采用工频(50 Hz)、额定电压为 25 kV 的单相交流制。

牵引供电系统主要包括牵引变电所和牵引网两个部分，其任务是保证质量良好地不间断地向动车组供电。牵引变电所是电气化铁路供电系统中的心脏，它将公用电网电力系统供应的电能转变为适于电力牵引及其供电方式的电能；牵引网由馈线、接触网、回流线、分相绝缘器等组成，完成对轨道车辆的送电任务。其中，馈线是接在牵引变电所牵引母线和接触网之间的导线，即将电能由牵引变电所引向电气化铁路；接触网是牵引供电系统的主动脉，其功能是通过与受电弓在运行中的良好接触将电能传给轨道车辆。由于电气化铁路是单相负荷，因此动车组由接触网取得电流，经钢轨或专用回流线返回牵引变电所；分相绝缘器串联在接触网上，目的是把两相不同的供电区分开，并使列车光滑过渡，主要用在牵引变电所出口处和分区处。

由于各变电所相互独立，考虑到接触导线电阻造成供电电压下降等因素，变电所供电距离一般为 30 km 左右，动车组只从相关的某个牵引变电所取电。对于两个异相牵引端口的牵引变电所，由于分相绝缘器的存在，使得列车通过分相区时处于无电可用的状态，这对列车运行产生很大影响。

列车通过分相区的方式一般有两种：

1. 人工切换方式

如图 1.5 为列车过分相区时线路两侧对司机的提示，图中接触网线上方是列车从左向右行驶，司机依次看到的“K 禁止双弓”“K 断”“禁止双弓”“断”和“合”的提示牌，接触网线下方是列车从右向左行驶，司机看到的提示牌。

“禁止双弓”是提醒司机检查列车在过分相区之前，不能把两个受电弓都升起来，防止列车在通过绝缘分相区时，将接触网的两相短路，造成变电所跳闸；“断”和“合”是要求司机在提示牌处断开车上的主断路器；“K 禁止双弓”和“K 断”代表牵引快速客车时，司机需要提前进行过分相区操作的位置。

2. 车上自动切换方式

随着列车速度的不断提高，司机需要在距离分相区更远的位置开始过分相操作，工作量

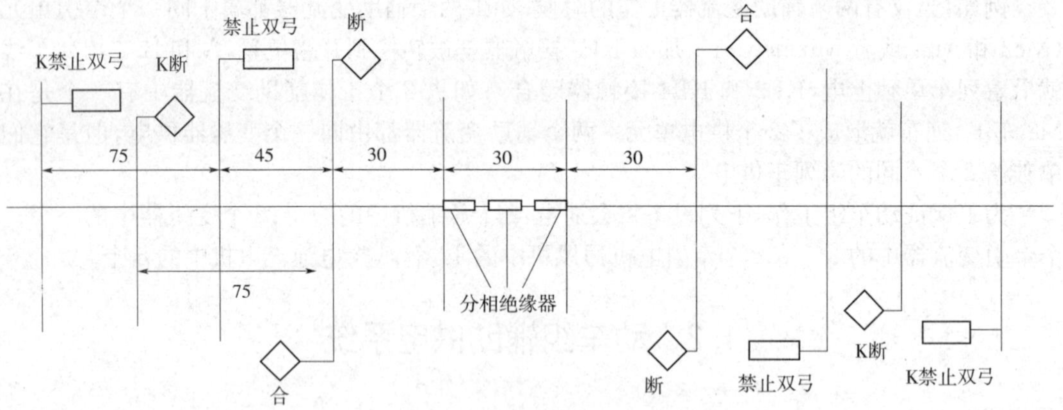

图 1.5　列车过分相区时线路两侧对司机的提示(单位:m)

和劳动强度很大。目前,在动车组上,都采用了自动过分相技术和设备。

车上自动切换方式是当列车通过分相区时,头车接收地面上的信号,列车控制系统保证双弓不同时升起并断开主断路器;列车断电不降弓,依靠惰行通过分相无电区;通过分相区后,列车根据接收到的地面信号,控制主断路器合闸受电,完成了列车过分相的全过程。这种过分相区方式的特点是地面设备简单、投资小,但对动车组持续供电有影响。

1.2.2　辅助供电系统特点

目前,动车组辅助电气系统有独立绕组供电和共用绕组供电两种形式,即由牵引变压器辅助绕组独立供电和共用牵引供电绕组由牵引变流器中间直流回路供电。

采用独立绕组供电方式的辅助电气系统需设置为辅助系统供电的变压器辅助绕组和辅助电源装置。由于辅助电源装置的输入电源来自牵引变压器,所以动车组进入分相区后,辅助供电系统将中断供电。采用共用绕组供电方式的辅助电气系统其牵引变压器不需设置辅助绕组,牵引变流器中间直流回路为辅助变流器提供电源。为了保证在通过分相区过程中向辅助系统持续供电,必须维持对中间直流环节的供电。当列车通过分相区时,只要列车的速度大于设定值,动车组牵引系统的工作模式将由牵引模式立即转换成备用制动工作模式。在备用制动模式下,牵引变流器将能量反向传输到 DC 直流电容器给中间直流环节供电。由于辅助变流器是通过直流环节直接取电的,所以只要在无电区牵引变流器保持供电,就可实现过分相区时辅助系统不断电;同时在每次通过无电区后,牵引变流器不需要重新激活。

辅助电气系统通常具有以下特点:

(1)辅助电气系统通过供电母线为各车负载供电。

(2)对于交流并网供电系统,为了避免负载同时启动产生冲击电流而引起辅助电源装置自保护,负载应采用延时启动方式。

(3)辅助电气系统负载种类多,辅助系统通常设置有多种供电制式。

(4)辅助电气系统采用冗余设计,保证系统工作的可靠性。

(5)当辅助电源装置出现故障时,能够按照负载优先级进行减载控制。

1.3 动车组车内环境与控制

环境是以人类为主体的外部世界，即人类赖以生存和发展的各种因素的综合体。根据其特征和功能的差别，人类环境可分为自然环境和人工环境。动车组车内环境属于典型的人工环境，它是以车厢围护结构为边界，一切与乘车人相关的周围事物的总称。动车组的车内环境是人们按照自己的意志创造出受控的室内环境，它既受到人为的干预与控制，以达到乘客所需求的舒适度，同时也受到自然环境的制约，因为列车不是独立于自然环境的孤立系统。要使动车组的车内环境达到规定的要求，就必须有一整套的设备及相应的控制系统加以保障。车内环境控制系统的基本功能是满足车内的照明和噪声要求，并维持车厢中规定的空气温度、相对湿度、洁净度和压力。

1.3.1 动车组车内环境

1. 车内环境的构成

动车组车内环境由多方面因素共同作用而构成。一般来说，它应包括：车内空气环境、车内声环境以及光环境。车内空气环境主要由热环境、湿环境和空气品质等部分构成。热环境好坏由空气温度的高低来判定；湿环境的优劣由空气的干湿度来表征；空气品质则由新风（新鲜空气）量的多少或空气的洁净度来区别。

列车车内空气环境中涉及舒适性的指标除了空气温度和相对湿度之外，还包括空气流速；涉及空气品质的指标为新鲜空气量、含尘量及 CO_2 含量。

对于高速列车而言，综合国内外情况和标准，车内空气环境应符合下述要求：

（1）车内温度及湿度范围

冬季客室内的平均温度在任何情况下不得低于 18 ℃，相对湿度不低于 30%。

夏季客室内的平均温度范围为 23～27 ℃，相对湿度范围为 40%～70%。

为了给行车人员提供较理想的工作环境，以确保行车安全，司机室内的温度冬夏两季控制在 18～25 ℃，在任何情况下，不得超过此范围。

客室地板上长度和高度方向的温差应≤3 ℃，尽可能实现≤2 ℃。

（2）车内空气流速

车内平均微风流速不允许超过 0.3 m/s。

（3）车内空气洁净度

空气中的 CO_2 容积浓度不大于 0.15%，空气中的含尘量不得超过 1 mg/m^3。客室和司机室都应达到此值。客室内人均新鲜空气量应达到夏季 20～25 m^3/h，冬季 15～20 m^3/h。

对于车内空气清洁度，国际铁路联盟标准中 UIC 553（客车采暖、通风和空调）规定空气中的 CO_2 容积浓度不大于 0.15%，空气中的含尘量不得超过 0.5 mg/m^3；客室内人均新风量夏季应达到 15～20 m^3/h，冬季应达到 10～15 m^3/h，司机室内人均新风量夏季应达到 30 m^3/h，冬季应达到 25 m^3/h。UIC 553 标准还规定，车内平均微风流速不允许超过 0.3 m/s，在制冷系统工作时，气流速度要高于 0.07 m/s，以避免出现“静态区域”。

2. 车内空气环境的特点

当列车以高速运行时，如果车厢密闭不严或开启车窗，则车内会产生强烈的紊流和噪声。因此，高速动车组与常速列车的区别之一就是它的车厢在列车运行时几乎是个密闭的空间。列车工作条件的特殊性造成它的内部环境与普通建筑空调房间的室内环境有许多不同之处，具体表现在以下诸方面：

(1)列车内的人员密度大，CO_2 及人体异味排放量大。

(2)车厢空间相对狭小，加上车内设施布置紧密，因此不利于空气流通，难以达到合理的气流组织。

(3)各种健康状况的人员在相对较长的时间内保持近距离接触，易于发生病菌传播。

(4)列车单位空间的外表面积大，与外界的热交换量大，近车厢壁面处空气的温度梯度较大，所以车厢内不易形成均匀的温度场。

(5)车窗所占比例相对较大，易受阳光直射，因此由辐射热引起的空调负荷较大。

因此，若使车内环境达到要达到温度、湿度适宜，空气清洁的要求，在环境控制系统的设计中，必须充分考虑上述特点。

3. 车内空气环境的影响因素

列车处于自然环境之中，其车内空气环境必然受到外部和内部两类热源的综合作用。外部热源主要是指太阳和大气；内部热源则可能包括人体以及与人类活动相关的照明、车内机电设备、器具或其他一些能量消费与传递装置。热源总是具有与车内环境不同的能量品位，并总是以导热、辐射或对流方式与外部环境进行热能的交换，进而形成加载于环境的热负荷。高温热源总是将热量传进车内，形成正值热负荷(夏季常称为"冷负荷")；低温热源则自车内带走热量，形成负值热负荷(冬季往往表现为"热损失")。

太阳是最重要的外部高温热源。它以辐射的方式与车厢围护结构或车内器具表面进行热交换，在材料层中产生吸热、蓄热和放热效应。材料蓄热升温后，或者分别向车外、车内两个方向传导热量，或者在车内各表面间反复进行长波辐射热交换，与此同时又逐渐向空气中放出对流热，形成车内的热负荷。

大气温度受自然环境和某些人为因素的影响，随时间、空间而有显著变化，属于一种典型的变温热源。它对车内环境的热作用分为两种形式，其一是通过围护结构壁体以温差传热的形式直接或间接地将热量传入或传出车内，进入车内的热量以与太阳辐射类似的传递过程逐渐形成车内的热负荷；另一种则是伴随通风空调系统的新风供应或外围护结构的新风渗透将一定的热量带入或带出车内，并即时地转化为室内热负荷。

各种车内热源主要是借助温差作用与环境进行显热交换，这种显热量同围护结构传热量一样包含着辐射成分和对流成分，故其在车内逐渐形成热负荷的过程与上述外热源的作用机理是完全一致的。

在自然环境中，车内空气环境在接受外部、内部热源综合作用的同时，也受到外部和内部两类湿源的综合作用。湿源表面与环境空气间总会存在一定的水蒸气分子浓度差或分压差，由此推动水蒸气分子的迁移，并借助其蒸发、凝结或渗透、扩散作用实现与车内环境之间的湿交换，形成相应的湿负荷。

车外大气由于自然界中水分的蒸发、汽化而常以湿空气的形式出现，并成为主要的外部湿源。当然，这种湿空气中的水汽含量也因时间、空间和气候等影响而有差异。大气中的湿分主要借助通风空调系统新风供应传进车内。

车内的湿源是多种多样的。一般情况下，人体是基本的散湿源，此外包括与乘客活动相关的生活用水器具、炊事、餐饮设备等。人体通过呼吸和体表汗液蒸发散发湿量，其他湿源则借助自由液面或器具、材料表面水分的蒸发、汽化，通过对流扩散将水蒸气混入空气中。

车内湿负荷的大小影响着空气相对湿度的高低，而相对湿度既是影响人体热舒适的一个重要参数，也是影响人体健康的一个重要因素。人体热平衡在气温较高时更多地依靠汗液蒸发，相对湿度的影响将显得更为重要，因为高温高湿会令人感觉闷热难耐，并易导致肺病、肺炎。相对湿度超过70%时，还将为许多微生物的滋长提供充足的水分和营养源。当然相对湿度过低也是不利的，特别在低温环境里会令人产生干冷的感觉。相对湿度过低还会促使呼吸系统黏膜上黏液和黏毛运动速度减缓，由此也为细菌、病菌的繁殖创造了良好的条件。

应当指出，湿源散湿过程中，伴随水蒸气的移动同时发生潜热的迁移，热源和湿源以及热传递与湿传递这两种物理概念在这里也就变得难以区分。因此，在研究车内空气环境控制时，人们已习惯于将湿源视为一种广义的热源，并且将湿负荷对环境的影响同热负荷以及空气流动一道归入热污染这一范畴。

为了减少车厢热负荷就必须注意车厢的密封性和隔热性，车厢的密封性和隔热性优劣，不但反映了空调利用率的高低，也反映了车辆运行噪声的大小程度。实践证明，夏季通过车窗玻璃侵入的太阳直射辐射热与周围环境温度的散射辐射热的热量对空调效果的影响相当大，采取相关措施可以降低20%～30%的制冷负荷。

1.3.2 动车组车内空气环境控制技术特点

列车内部空间环境质量的优劣与稳定总是受着内外两种干扰源——多变的自然环境和车内人员、照明、设备等热、湿及其他污染源的综合影响。车内环境控制的基本方法就是根据客室内环境质量的不同要求，分别应用供暖、通风或空气调节技术（HVAC）来消除各种干扰，进而在车内建立并维持一种具有特定使用功能且能按需调控的“人造环境”。

在应用供暖、通风与空调技术时，一般总是借助相应的系统来实现对环境的控制。所谓“系统”指的是若干设备、构件按一定功能、序列集合而成的总体，在广义的系统概念中尚应包括受控的环境空间。下面分别简要介绍这些车内环境控制技术的基本概念。

1. 供暖（Heating）

供暖技术一般用于冬季在寒冷地区运行的列车。客车在冬季运行的时候，外界温度比较低，车内外温差很大，经车体隔热壁的热损失较多，车内旅客散发出的热量不足以抵偿车体热损失。如果要保证车内达到规定的温度，空气在送入车内之前必须进行加热。在寒冷地区运行的空调客车上，冬季除了采用空气预热器外，通常还采用在车内设置暖气设备来补偿车体的热损失。只有在温暖地区运行的空调客车上，可以仅用热风采暖。所以，客车空气调节的加热过程一般由两部分组成，一部分是对送入车内的空气进行预热，另一部分是对车体的热损失实施补偿。

2. 通风(Ventilation)

在工程上,将保持室内环境中有害物质含量在一定卫生要求范围内的技术称为通风。通风是为改善生产和生活条件,采用自然或机械的方法,对某一空间进行换气,以形成安全、卫生等适宜空气环境的技术。换句话说,通风是利用室外空气(称新鲜空气或新风)来置换车内的空气(简称室内空气)以改善室内空气品质。

通风的功能主要有:①提供人呼吸所需要的氧气;②稀释室内污染物或气味;③排除室内生产过程产生的污染物;④除去室内多余的热量(称余热)或湿量(称余湿),通风必须由通风系统来实现。

通风系统的任务通常只是将室外新鲜空气送入室内,或将室内污浊空气排向室外,借助通风换气保持室内空气环境的清洁、卫生,并在一定程度上改善其温湿度和气流速度等环境参数。通风系统一般由进(送)排风装置、风道以及空气净化设备几个主要部分组成。送风系统主要由空气处理装置、送风机、风管和送风口等组成,其中空气处理装置的功能是按要求把室外的空气处理到规定的状态;排风系统主要由排气口或排气罩、排风机、风管和风帽等组成。

3. 空气调节(Air Conditioning)

空气调节是使房间或封闭空间的空气温度、湿度、洁净度和气体流动速度(俗称"四度")等参数达到给定要求的技术。空气调节简称空调,空调可以对室内热湿环境、空气品质进行全面调节与控制,它包含了通风的部分功能,以保证生产工艺和科学实验过程或人们对温度的舒适度需要。在某些场合,也需要对空气的压力、气味、噪声等进行控制。空气调节的任务由空调系统来完成。空调系统一般由空气处理设备、冷热源、冷热介质输配系统(包括风机、水泵、风道、风口与水管等)、自动控制系统和空调末端装置组成。空调系统形式多样,按空气处理设备的设置情况可分为集中系统、半集中系统和分散系统;按负担室内空调负荷所用的介质可分为全空气系统、空气—水系统、全水系统和冷剂系统;按集中系统处理的空气来源,可分为封闭式系统、直流式系统和混合式系统;按介质输配特征可分为定流量系统和变流量系统;按风管中空气流速可分为低速系统和高速系统,等等。

1.4 动车组控制电器

1.4.1 断路器

1. 熔断器

熔断器是一种用作过载和短路保护的电器。它主要由熔断器管(座、盒)和熔体两部分组成。熔断器管用来容纳熔体和填料,同时还是灭弧室;而熔体既是熔断器的量测元件又是执行元件,串联于被保护电路中,如图 1.6 所示。

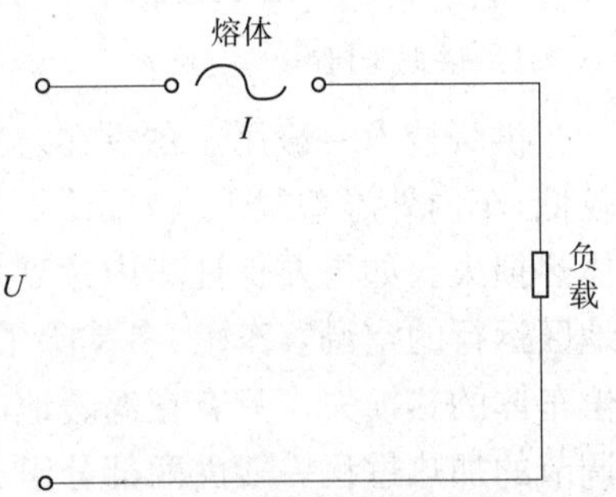

图 1.6 熔断器工作原理

为了保证被保护电路在正常工作时电流可靠通过,要求熔体在通过正常工作电流时不熔断,而当流过熔体的电流超过其额定电流一定值时，熔体自行熔断，切断电路，使电路获得保护。

由于熔断器量测机构和执行机构合为一体，所以它的结构极为简单，并具有使用维护方便、体积小重量轻、价格低廉等优点，因此得到广泛的使用。

2. 自动空气断路器

自动空气断路器，是一种结构较为复杂、动作性能较为完善的配电保护电器，其工作原理如图1.7所示。

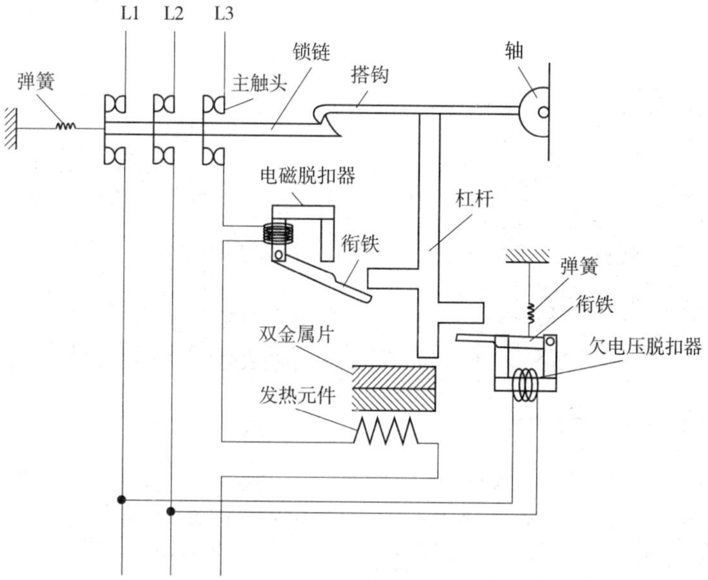

图1.7 自动空气断路器工作原理

自动空气断路器用来自动切断故障电路，同时亦可以用手动切换正常电路，和其他开关电器比较，有以下主要特点：

(1)能断开较大的短路电流。

(2)具有对电路过载、短路的双重保护。

(3)对欠压进行保护。

1.4.2 接触器

接触器是用来接通或切断带有负载的主电路或大容量控制电路的自动切换电器，用于频繁地接通和切断正常工作情况的主电路和辅助电路。与其他开关电器比较，接触器的特点是：

(1)动作次数频繁。

(2)能通、断较大电流，但一般情况只开断正常额定电流，而不能开断短路或故障电流。

(3)可以实现一定距离的控制。

1. 电磁接触器

在辅助电路和控制电路中使用的接触器均为电磁接触器，交流电磁接触器主要应用在辅助电路中,直流电磁接触器用在控制电路中。

(1)交流电磁接触器

以交流三相电磁接触器为例,它适用于交流 50 Hz、电压为 380 V 的电路中操纵负载的接通或断开。

接触器触头系统包括灭弧罩、栅片、底板、转轴、底座、触头支持件、静触头、动触头、消弧电阻等,如图 1.8 所示。接触器磁路系统包括联锁触头、转轴、磁轭、线圈、短路环、衔铁等,如图 1.9 所示。

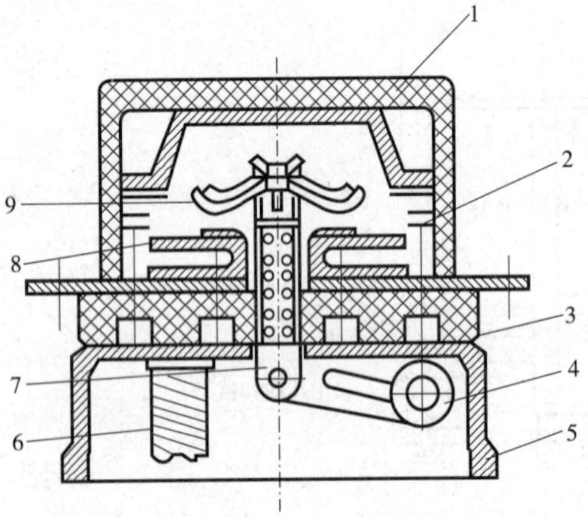

图 1.8 交流电磁接触器触头系统

1—灭弧罩;2—栅片;3—底板;4—转轴;5—底座;6—消弧电阻;7—触头支持件;8—静触头;9—动触头

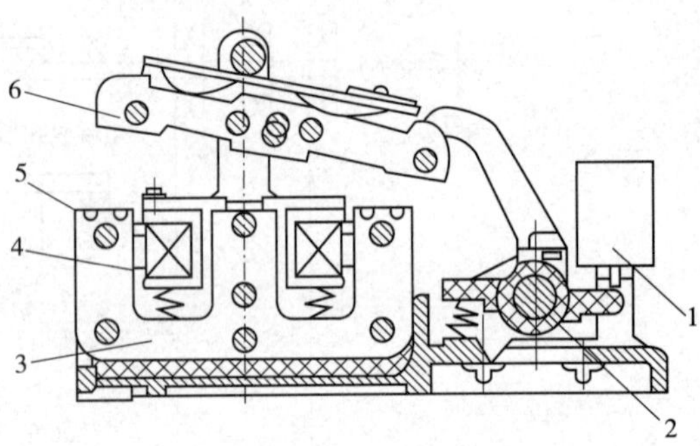

图 1.9 交流电磁接触器磁路系统

1—联锁触头;2—转轴;3—磁轭;4—线圈;5—短路环;6—衔铁

其结构特点是:灭弧罩由高强度耐弧陶瓷制成,罩内有割弧栅片,可分割电弧或短弧而冷却,每相还装有金属短弧片,可短接各触桥引出的电弧,采用这些措施以促进交流电弧尽可能在第一个半波过零点时熄弧。为了保证接触器达到工作制的熄弧能力和电寿命要求,还在断口并联了消弧电阻。在磁路系统采用硅钢片叠装而成的 E 形铁芯,以减小磁滞和涡流损耗;为了减小交流吸力的脉动,在铁芯的两端柱上设有短路环;整个磁系统采用弹性固定以提高机械寿命。为了适合列车上的直流控制,采用了双线圈结构,启动线圈和保持线圈的工作依靠接触器自身的一对常闭和常开辅助触头来完成。

(2)直流电磁接触器

直流电磁接触器的结构如图 1.10 所示。它采用整体软钢制成,衔铁绕磁轭的棱角转动为了减少吸引线圈安匝数,以减小电磁结构尺寸,采用了具有极靴的铁芯,选取小的气隙使磁阻减小;选取较大的杠杆比,从而使触头有较大的开距;为了避免由于剩磁带来的衔铁不释放现象,采用 0.1～0.2 mm 紫铜片装在衔铁上作为气隙。接触器的触头系统采用铜基指形主动触头,直接安装在衔铁上,主静触头为 T 形与弧角一起装于支架上。其为单极常开式,带有由串联的吹弧线圈和石棉水泥灭弧罩构成的磁吹灭弧装置,灭孤罩为迷宫式曲缝结构。常开辅助联锁触头在主触头的两侧,常闭辅助联锁触头在衔铁的另一端。

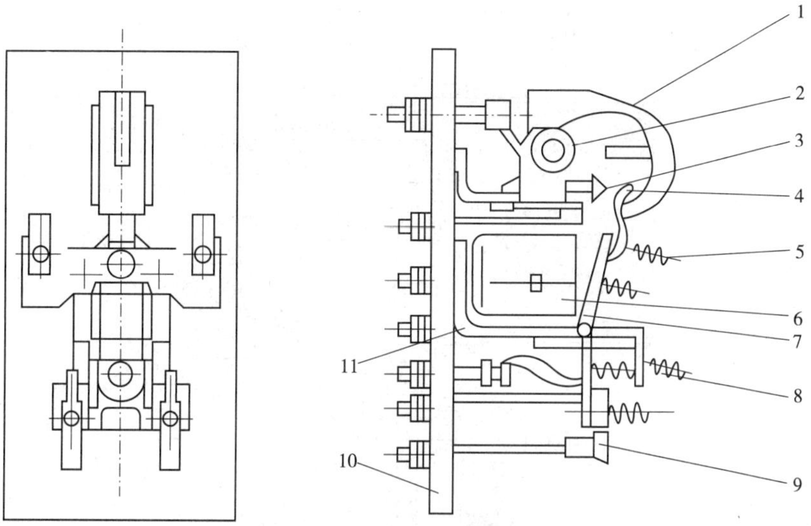

图 1.10　直流电磁接触器结构

1—灭弧罩；2—吹弧线圈；3—主静触头；4—主动触头；5—触头弹簧；
6—吸引线圈；7—衔铁；8—反力弹簧；9—辅助触头；10—底板；11—磁轭

2. 真空接触器

真空接触器主要组成部分与电磁接触器相似，所不同的是它的主触头密封在高度真空的玻璃或陶瓷圆筒内，构成真空灭弧室。真空接触器由真空灭弧室、电磁系统、支架等几部分组成。其总体结构形式有立体布置和平面布置两种。

由于真空既是一种很好的绝缘介质又是一种很好的熄弧介质，因此真空接触器触头只要分开很小距离就能可靠地熄灭电弧，它的开距比其他类型接触器要小得多。

3. 电空接触器

典型电空接触器的结构如图 1.11 所示，由电空阀、传动气缸、绝缘杆、动静触头及其弧角、灭弧罩、吹弧系统、软联线等部件组装而成。接触器的导电部分和传动气缸通过绝缘杆连接后用两块侧面板组成一个整体。动、静触头弧角分别安装在弧角支架和静触头座上。

电空接触器接通和分断电路的动作原理为：当电空阀线圈得电时打开气路，压缩空气经电空阀进入传动气缸，通过皮碗推动活塞杆带动动触头向上移动与静触头闭合，接通电路。当电空阀线圈失电时，传动气缸中的压缩空气经由电空阀排入大气，在气缸中反力弹簧作用下，动触头下移与静触头断开，将电路分断。这时，联锁触头组通过装于推杆上的联锁板的上下移动也随之进行分合的联锁转换，使电空接触器不发生误动作。

1.4.3　继电器

继电器是根据某一输入量来切换执行机构的电器，用于控制电路。继电器也可认为是传递讯号的电器，对于大部分继电器来说，输入量可以是电压、电流等电量或者是热、光、声和机械力等非电量。继电器与接触器不同的是，继电器一般是指控制电路中的主令电器和执行电器之间进行逻辑转换及传递的控制电器。因此同接触器相比较，继电器触头容量小，没有灭弧装置，体积和重量也比较小，但动作的准确性要求较高。

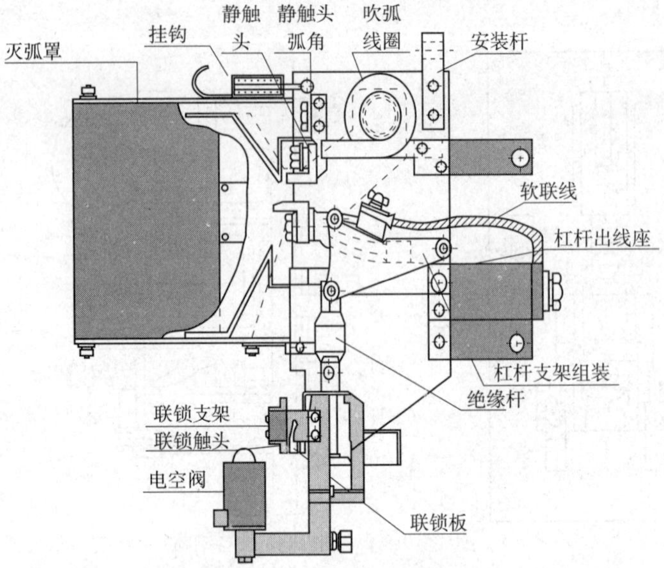

图 1.11　电空接触器结构

继电器由执行机构和控制机构两部分组成。按执行机构的种类可分为有触点继电器和无触点继电器两种。有触点继电器的执行机构为触头，它的开关特性比较理想，而无触点继电器的开关特性差些，但它具有体积小、重量轻、动作迅速、耐冲击、耐振动等优点。继电器的种类和形式很多，下面对几种典型继电器作一简要叙述。

1. 时间继电器

电子时间继电器作为控制电路中的时间控制元件，采用集成电路 555 或 556 作为功能单元的主要元件，用微型大功率密封中间继电器作为执行单元。集成电路和元器件固体封装于一个金属盒内，具有防电磁干扰、防尘和防震等作用，使整机工作更为可靠。

电子时间继电器的原理如图 1.12 所示，吸合延时时间继电器的功能单元主要由稳压电路、RC 网络、时基电路（555 或 556）、输出接口电路及信号显示电路组成。释放延时时间继电器需要在此基础上增加控制电路(虚线表示)。时间继电器的执行单元为小型密封式电磁继电器，对负载实行多路控制。

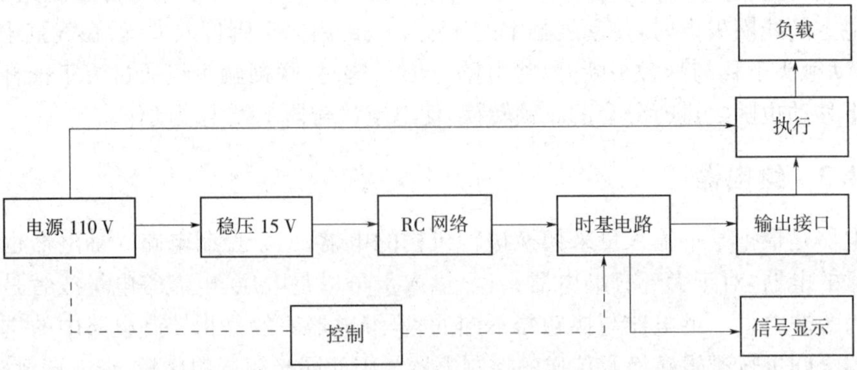

图 1.12　电子时间继电器原理

2. 中间继电器

中间继电器在控制电路中作为逻辑传递的一个环节元件，用于增加信号数量、量值放大以及开闭逻辑状态转换。直动式立体布置结构的中间继电器如图 1.13 所示，其磁系统采用螺管直动式，铁芯和线圈布置在继电器中央，8 对双断点桥式触头分别布置在磁轭的两旁。为了获得较平坦的吸力特性和足够的开距，铁芯采用锥形止铁。继电器触头还原力依靠触头支架上的一对拉伸弹簧调节，衔铁上还装有一只手动按钮，以供检查及故障操作之用。8 对桥式触头可根据需要任意组合成 2 开 6 闭、4 开 4 闭、6 开 2 闭的方式，但必须注意两个触头盒中的常开、常闭触头数应对称布置。其触头系统采用永磁钢吹弧以提高触头直流分断能力。小型化的永磁钢嵌在静触头的下部，采用无极性布置法，可以将直流电弧拉开，实现吹弧目的。

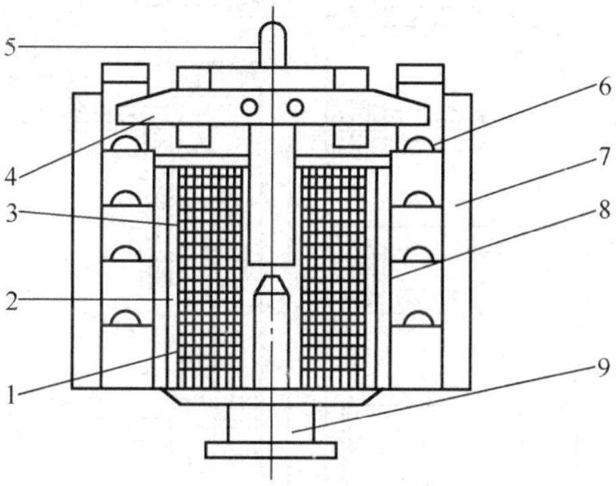

图 1.13　中间继电器结构

1—线圈；2—磁轭；3—铁芯；4—衔铁；5—按钮；
6—触头组；7—防尘罩；8—反力弹簧；9—支座

3. 电流继电器

电流继电器作为主电路和辅助电路过流保护之用。电流继电器的磁系统是由呈角板形的磁轭、固定在磁轭上的圆形铁芯及平板形衔铁所组成，如图 1.14 所示。衔铁绕磁轭棱角支点转动而成拍合式动作。磁系统上部衔铁一端装有反作用弹簧，继电器不通电时，借助于反作用弹簧的反力使衔铁打开，同样也利用改变弹簧压力大小来调节继电器动作电流设定值。在磁系统下部装有触头组，与衔铁支件连接，并由衔铁带动触头开闭。在铁芯端的衔铁上装有非磁性垫片，利用调整非磁性垫片的厚薄来调节继电器的释放电流值，即调整返回系数。

图 1.14　电流继电器结构

1—磁轭；2—反力弹簧；3—衔铁；4—非磁性垫片；
5—极靴；6—触头组；7—铁芯；8—线圈

4. 接地继电器

接地继电器用于主电路及辅助电路的接地保护，主要由电磁系统、触头系统、指示器、接线端子及有机玻璃罩等组成，其结构如图 1.15 所示，组装在由酚醛玻璃纤维压制成的底板上。图示接地继电器的磁系统为拍合式并带有吸引线圈，指示器带有恢复线圈及螺管式磁路，有两对主触头和一对联锁触头，都为桥式双断点，主触头由衔铁控制，联锁触头由指示杆带动。

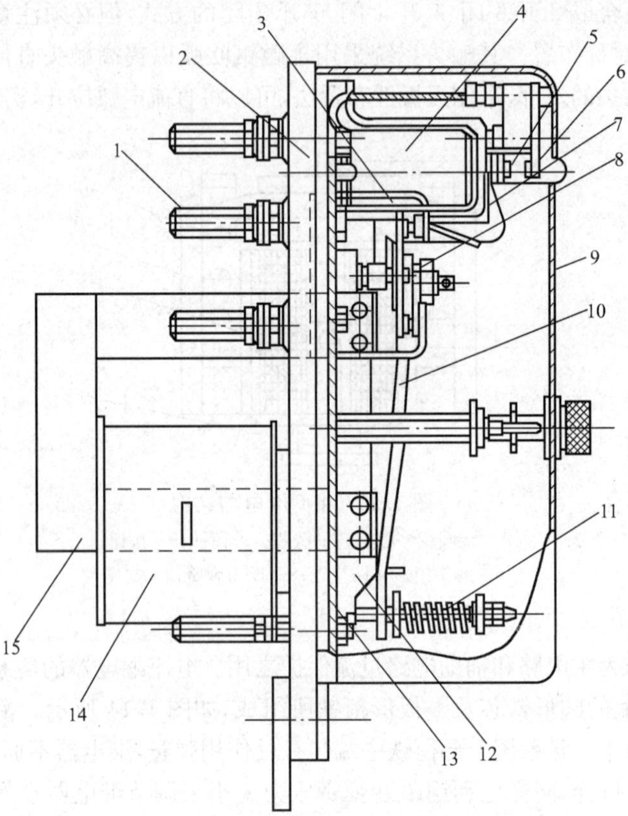

图 1.15　接地继电器结构简图

1—接线端子；2—底板；3—主触头；4—恢复线圈；5—联锁触头；
6—指示器；7—钩子；8—扭簧；9—外罩；10—衔铁；11—反力弹簧；
12—支座；13—非磁性垫片；14—吸引线圈；15—铁芯

正常工作状态，红色指示杆埋在罩内，继电器处于无电释放状态。一旦发生接地故障时，在电磁吸力的作用下，衔铁被吸合，其主触头进行分合转换，开闭有关控制电路，使断路器分断，从而达到保护目的。与此同时，衔铁压下钩子 7 的尾部，迫使钩子 7 转开，使红色指示杆脱扣并在弹簧作用下跳出外罩，显示动作信号，这是一种机械式信号，同时联锁触头也随之闭合，在司机室显示相应的信号。

当故障消失后，衔铁又在反力弹簧作用下返回。但此时红色指示杆未能回到外罩内，司机室的信号也未能熄灭。只有通过恢复电路环节，使恢复线圈短时得电，将指示杆吸入，联锁触头断开，继电器才恢复正常状态。

5. 风速继电器

风速继电器安装在变流装置、变压器等设备的通风系统风道里，用来反映通风系统的工作状态，以确保通风系统有足够的风量。

风速继电器的结构如图 1.16 所示。它是机械式继电器，测量机构是在风压力作用下绕轴转动的叶片装置，执行机构是微动开关触头。在风叶片的轴上铆有传动块并套有传动组件，它们通过扭簧传递力矩。当风叶片在风压力作用下转动时，传动块随着转动，传动块通过扭簧拨动传动组件，克服反力弹簧的作用，压迫微动开关动作，使其常开触头闭合，接通相应的控制电路正常工作。当通风系统发生故障无风量或风量很小时，风叶片在扭簧和反力弹簧的作用下恢复到原位，使继电器返回，微动开关释放，其常开触头打开，从而切断相应的控制电路。继电器的动作风速值靠调节反力弹簧来整定。

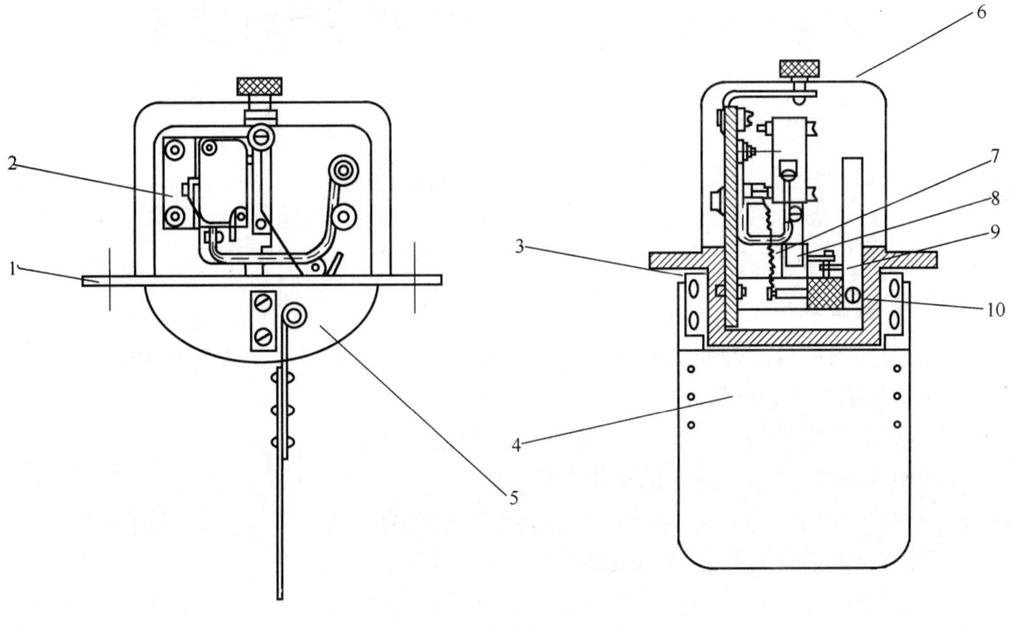

图 1.16　风速继电器结构简图

1—底座；2—微动开关；3—挡块；4—风叶；5—转轴；6—盖；
7—反力弹簧；8—传动组件；9—传动块；10—扭簧

6. 风压继电器

风压继电器用作气路保护之用（如用作主断路器的气路保护），当主断路器储风缸压力超过设定值时，压力继电器动作，触头闭合，接通主断路器合闸电路，主断路器方能合闸。避免主断路器在低气压下合闸，而无法可靠分闸的状态。

风压继电器的结构如图 1.17 所示。其作用原理为：支架组装 10 的传动件用铁片造型而成，它通过两个拉力弹簧活动穿装于支架组装 10 的孔中。当风压低于设定值时，支架组装 10 的传动件处于图示位，它与行程开关 9 的按钮分离。当气路中的空气压力达到设定值时，橡胶膜阀 13 在空气压力的作用下克服反力弹簧 6 的作用力推动活塞 11 上移、从而推动支架组装 10 的传动件，使它克服拉力弹簧的作用，绕与支架组装 10 的活连接点顺时针方向转动，触动行程开关 9 的按钮，行程开关开始动作。

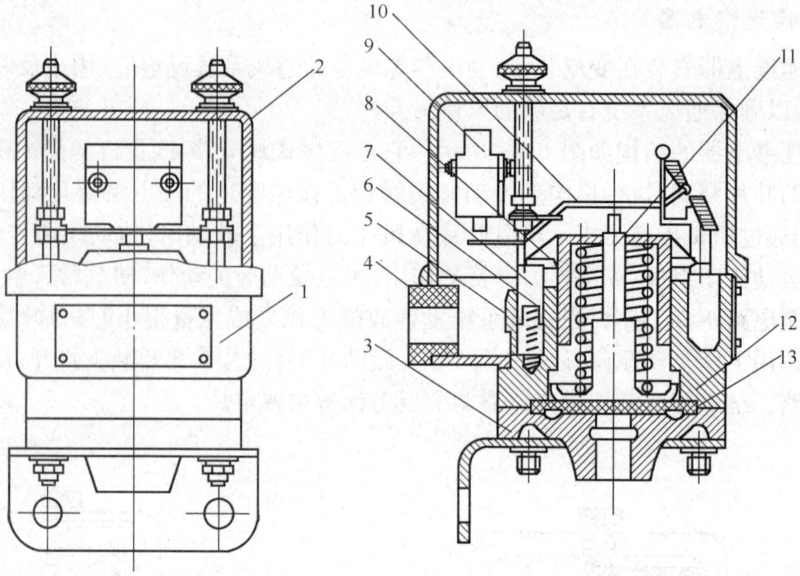

图 1.17　风压继电器结构简图

1—壳体；2—上盖；3—下盖；4—橡皮环；5—弹簧；6—弹簧；7—止销；8—调节螺母；9—行程开关；10—支架组装；11—活塞；12—阀体；13—橡胶薄膜

7. 继电器的选用

(1)根据输入信号的性质、使用环境、动作频率、寿命要求以及工作制度和安装尺寸等因素选择继电器的种类和型号。

(2)根据输入信号的电气参数，选定继电器的输入参数。

(3)根据控制要求确定接点的种类(常开或常闭)。

(4)根据被控回路的多少，确定继电器接点的对数或组数。

(5)根据负载的性质与容量，确定继电器触点的容量。

对于动作频繁的继电器，其触点由于电弧和烧损等故障，会引起其接触电阻发生变化，进而引起继电器线圈输入电压降低，当线圈输入电压低于 85% 额定电压时，继电器不能正常工作，为此，控制电路电压益选取较高值；采用低压控制时，建议采用并联型触点，以提高工作可靠性。对于触点接触电阻，应定期进行检查。

继电器触点用于开断直流感性负载时，一般在额定电压不变的情况下，开断电感性负载的电流只能为开断电阻性负载的 30%左右。

造成开断电感性负载能力降低的原因是电弧的产生，该电弧是由于自感电势与电源电压叠加，使得刚分开一点点距离的接点间隙中的空气被击穿而放电。克服这种问题可以采样以下三种办法：

(1)在触点两端并联电阻和电容。在触点断开瞬间，电容器存储电感负载的能量，使供给触点的电弧能量减少并加快熄灭；触点再闭合时，电阻会限制电容对触点的放电电流，避免触点烧损。

(2)在电感负载两端并联电容和电阻。

(3)在直流电路中使用的电感，可以在其两端并联续流二极管。

1.4.4 可编程逻辑控制器

可编程逻辑控制器(Programmable Logic Controller,PLC)是一种数字运算操作的电子系统,它采用可编程的存储器,用于其内部存储程序,执行逻辑运算、顺序控制、定时、计数与算术操作等面向用户的指令,并通过数字或模拟式输入/输出控制各种类型的机械或生产过程。

目前,PLC 使用情况大致可归纳为如下几类。

1. 开关量的逻辑控制

这是 PLC 最基本、最广泛的应用领域,它取代传统的继电器电路,实现逻辑控制、顺序控制,既可用于单台设备的控制,也可用于多机群控及自动化流水线。

2. 模拟量控制

在工业生产过程当中,有许多连续变化的量,如温度、压力、流量、液位和速度等都是模拟量。为了使可编程控制器处理模拟量,必须实现模拟量(Analog)和数字量(Digital)之间的 A/D 转换及 D/A 转换。PLC 厂家都生产配套的 A/D 和 D/A 转换模块,使可编程控制器用于模拟量控制。

3. 运动控制

PLC 可以用于圆周运动或直线运动的控制。从控制机构配置来说,早期直接用于开关量 I/O 模块连接位置传感器和执行机构,现在一般使用专用的运动控制模块。如可驱动步进电机或伺服电机的单轴或多轴位置控制模块。

4. 过程控制

过程控制是指对温度、压力、流量等模拟量的闭环控制。作为工业控制计算机,PLC 能编制各种各样的控制算法程序,完成闭环控制。PID 调节是一般闭环控制系统中用得较多的调节方法。大中型 PLC 都有 PID 模块,目前许多小型 PLC 也具有此功能模块。PID 处理一般是运行专用的 PID 子程序。

5. 数据处理

现代 PLC 具有数学运算(含矩阵运算、函数运算、逻辑运算)、数据传送、数据转换、排序、查表、位操作等功能,可以完成数据的采集、分析及处理。这些数据可以与存储在存储器中的参考值比较,完成一定的控制操作,也可以利用通信功能传送到别的智能装置,或将它们打印制表。

6. 通信及联网

PLC 通信及联网包括 PLC 间的通信及 PLC 与其他智能设备间的通信。

复习思考题

1. 动车组辅助供电系统有何类型?
2. CRH2 型动车组有哪些供电母线?

3. 车内空气环境应符合哪些要求?
4. 车内环境控制应用哪些调节技术?
5. 断路器有哪些种类?
6. 说明空气开关的工作原理。
7. 接触器特点是什么?
8. 接触器有哪些种类?
9. 继电器有哪些种类?
10. 继电器如何保护触头?
11. 可编程逻辑控制器有哪些功能?

第2章

动车组辅助供电系统

2.1 动车组配电系统

动车组配电系统的作用是将供电装置、用电设备以及控制保护设备等联成一个完整的电气系统,并将电能予以输送和分配。

2.1.1 电气线路的分类

按照车体配线的用途,有电力、广播、网络控制三个电气系统;按照车体配线在车辆中所在的部位,可分为车内和车下配线两部分。

电力配线一般采用绝缘导线;广播配线一般采用电缆线;网络控制系统传送线有列车信息传送线(光纤)及自我诊断信息传送线(多股绞合线)两种。

绝缘导线和电缆线通常由导电线芯、绝缘层和保护层三部分组成:导电线芯要具有导电性能好,机械强度大,防腐性能高等特性,主要采用铜导线。绝缘层是将绝缘材料根据其耐受电压程度的要求,以不同的厚度包裹在线芯外面而形成的,它可以把带电体与其他分开隔绝。对绝缘层材料的要求是,其电气绝缘以及热传导性能良好,目前主要采用聚氯乙烯。保护层用以保护电线免受外界机械的损伤和周围媒介质的影响,要求其具有质地柔韧且具有相当的机械强度以及耐磨、耐酸、耐油和不易燃烧的性能。

按照负载的性质以及用途,车内配线包括动力配线、照明配线、视频配线、电话配线以及控制配线等,各种配线都敷设在车顶或者侧墙内。

车内动力和照明配线开始于车内配电盘,由车下主线输入的三相交流电或者直流电经配电盘和配线分别供负载使用。同时,在分配负荷时应注意尽量使三相负载均衡。

对于视频配线和电话配线,应远离电力主线以便防止交流电杂波的干扰。

为了沟通全列车的电力和信息,每一辆车的两端都设置有专用集控连接器。

车下配线包括输送三相交流电和直流电的主线、电力连接器线以及车下各负载支线等。在满足导线截面积的条件下,车下主线一般采用两路并联的方法,并将它们敷设在钢管内以增加强度。

2.1.2 CRH系列动车组配电系统

2.1.2.1 CRH1型动车组配电系统

1. 车内电缆布置与连接原则

车内电缆分为4个等级：A代表数据线（多功能车辆主线、绞合列车主线）；B代表传感器线（速度、温度等）；C1代表DC 110 V直流线（蓄电池供电）；D代表AC 230/400 V交流线（辅助设备）。

分线箱带软管套，与门柱、厕所、空调等的电缆连接。如图2.1为车顶金属电缆槽。图中带盖内顶金属电缆槽分为4个独立槽，全部车内电缆分别放置在电缆槽内，或电缆槽的软管内。

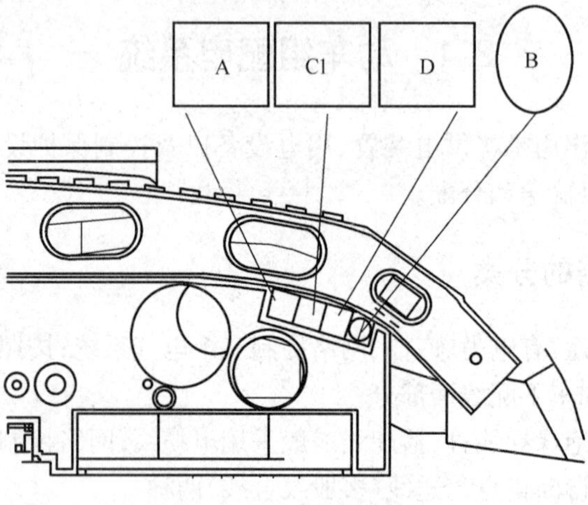

图2.1　车顶金属电缆槽

电缆在通过台可以从车厢一侧调换到另一侧，但应保持电缆独立的电缆等级。

从车顶电缆槽连接车内设备：穿过防火墙密封框接司机室，司机室门每侧一个分线箱，分别连接单元空调、模块板。

模块板的目的是尽量减少从电气柜穿过车辆的电缆量。模块板是预制的，并在通过台每侧安装一个。

模块板包括：控制门继电器、入口照明DC/DC变流器、作为车辆电缆布线接口的连接器。

模块板的目的是输送电能：为门柱加热器供电，给行李架照明和电脑供电，为通过台、入口和厕所照明供电，进行内外门的供电和控制，为内外信息显示供电并进行控制，为清洁柜插座供电。

主要布线原则是：

(1)乘客区侧墙加热器的电缆直接接电气柜。

(2)中央吊顶和靠近风挡的照明电缆直接接电气柜。

(3)从端墙一侧到另一侧的电缆放置在挡风门上方的软管里。

(4)司机室和司机操作台电气柜之间的电缆放置在车体结构上的电缆槽内。

2. 动车组外部电力连接器

CRH1 型动车组每个车前端有一个 125 A(IEC)的插头,其电气原理如图 2.2 所示。

动车组每辆 Tp 车的两侧有一个 KC20 的插座、每辆 Tb 车的两侧有两个 KC20 的插座。侧边外部电力连接器(8 个连接器设计适用所有 125 A 输入),如图 2.3 所示。

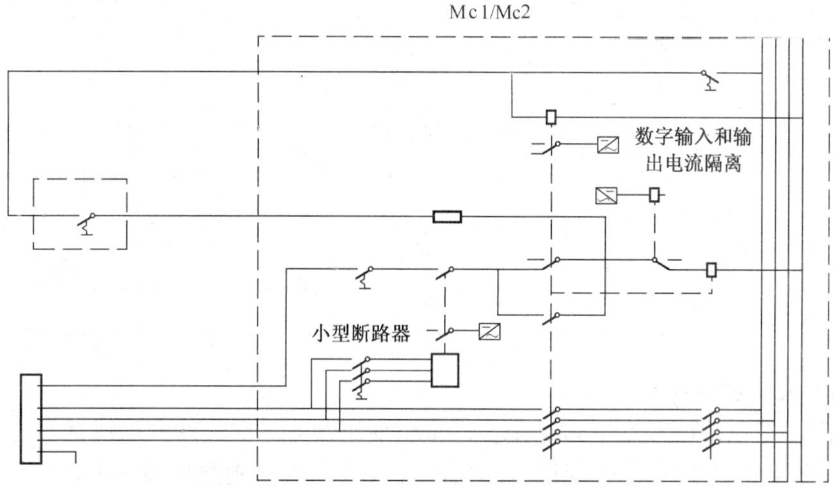

图 2.2 CRH1 动车组车前端外部电力接入原理图

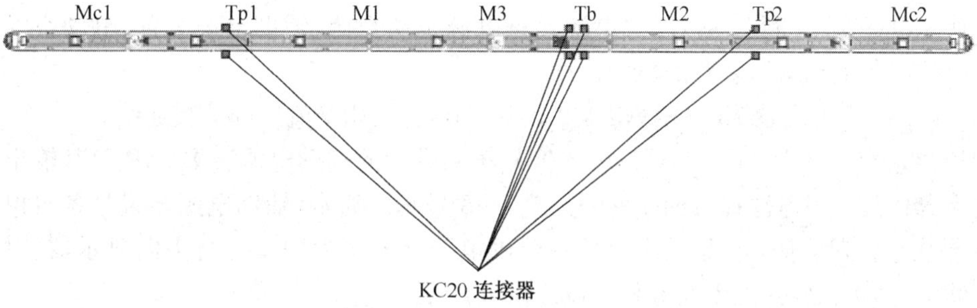

图 2.3 CRH1 动车组侧边外部电力连接器位置

2.1.2.2 CRH2 型动车组配电系统

1. CRH2 型动车组配电系统线号、记号分类

(1)关于线号的分配方案

CRH2 型动车组配电系统以下述方法分配线号,线号分类见表 2.1。

	1-	2-	3-	4-	A-	1
线号格式:	千位	百位	十位	个位	英文	附加数字

①千位、百位数字用于区别电源系统、信号种类。0(零)的时候,可以省略。

②十位、个位数字作为顺序号分配。0(零)的时候,可以省略。

③英文记号用于在相同信号系统中,信号是有关联的。

④附加数字用于在相同信号系统中,需要比英文记号更详细的区分时使用。

表 2.1　CRH2 型动车组配电系统线号分类

线　号	分类说明	线　号	分类说明
1～99	控制指令回路 DC 100 V	900～906	主回路接地、主回路过电流检测
100～199	DC 100 V 系统	1100～1199	广播回路
200～249	AC 100 V 系统(稳定输出)	1400～1499	ATP 天线、无线电服务系统
250～299	AC 100 V 系统(非稳定)	1500～1599	主回路
300～399	AC 220 V 系统	1600～1699	ATP 装置
400～499	辅助制动型、ATP 信号、速度发电机	2500～2502	特高压回路(AC 25 kV 系统)
500～599	主变换回路	M+3 位号码	车辆信息控制装置的输出、输入线号
700～799	AC 400 V(单相)系统	MF+3 位号码	光缆的线号
741～743;771～791	AC 400 V(三相)系统	J+3 位号码	与 LKJ 2000 有关的线号
800～899	空调装置		

交流电路主要配线说明：

①701、751 线系统(AC 400 V/50 Hz)。牵引变压器的三次侧的输出线是经过三次侧电源的交流接触器(ACK1)和牵引变压器油泵电机(GRT)向接地继电器 3(GR3)及无电压继电器 1(NVR1)供电。

②704、705 线系统(AC 400 V/50 Hz)。采用交流接触器(ACK1)将牵引变压器的 3 次侧作为动车组(3 辆、2 辆、3 辆)三次电源。该电源是供空调、辅助电源装置、电动空气压缩机、换气装置、各电动送风装置的电源。

③771、781、791 线系统(三相 AC 400 V/50 Hz)。三相交流 400 V 贯通线。

④202 线系统(AC 100 V/50 Hz)。1、8 号车厢设置的辅助电源装置(APU)其输出电压的波动为±10%。该电源提供给 1～4 号车、5～8 号车。通常，辅助电源装置是各自单独运行的，1 台发生故障，通过电源感应由另一台供电。该电源为列车运行去向显示器、对号座位显示器、各插座、厕所、洗手间等相关设施供电。

⑤251 线系统(AC 100 V/50 Hz)。辅助电源装置内的辅助变压器的次级输出的电源电压，会随着接触网电压的波动而变化，即使是 100 V 的电源也会波动。该电源用于各种加热器的电源。

(2)关于设备记号的分配方案

设备记号以下述基本方法进行命名：

CM-　CO-　　R-　　　R-　　　1

名称-　功能 1-　功能 2-　机器记号-　附数

①“名称”一般用英文简称。例如上面例子中的 CM 表示空气压缩机 Compresser Motor，记号名称分类见表 2.2。

②“功能”表示动作的功能。不必要时可以省略。例如上面例子中功能 1 的 C 代表关；O 代表开；CO 代表断开；功能 2 的 R 代表辅助。

③“机器记号”表示机器的种类。例如机器记号 R 表示继电器(Relay)。机器记号的示

例见表 2.3。

④“附加数字”表示相同的功能用于复数机器时,可作为顺序号附加。

表 2.2 CRH2 型动车组配电系统记号名称与分类说明

记号名称	分类说明	记号名称	分类说明
AC	交流	HMLp	前部标识灯
AP	空气压力	MC	主控制器
APU	辅助电源装置	MLp	后部标识灯
ATC	ATP 装置	MM	主电动机
B1～7	制动器 1～7 挡	MRr	气源
Bat	蓄电池	MT	主变压器
Bz	蜂鸣器	Pan	受电弓
Cab	司机室	RrLp	备用灯
CI	主变换装置	SB	辅助制动开关
CM	空气压缩机	UB	紧急制动开关
D	侧拉门装置	VCB	真空断路开关
EB	快速制动		

表 2.3 CRH2 型动车组机器记号名称与分类说明

机器记号名称	说　明	机器记号名称	说　明
R	继电器	V	电磁阀
TR	时限继电器	He	加热器
K	接触器	Th	温度检测器
N	断路开关	Lp	指示灯
S	开关	T(Tr)	变压器

CRH2 型动车组电路中设备记号见表 2.4。

表 2.4 CRH2 型动车组电路中设备记号

序　　号	设备记号	记号说明
1	153K	153 线接触器
2	155R	155 线继电器
3	156R	156 线继电器
4	30DLR	30 km/h 门锁继电器
5	30SR	30 km/h 速度继电器
6	5DLR	5 km/h 门锁继电器
7	5SR	5 km/h 速度继电器

续上表

序　　号	设备记号	记号说明
8	A5SR	5 km/h 速度继电器辅助继电器
9	70SR	70 km/h 速度继电器
10	ACK1	交流电接触器 1
11	ACK1R	交流电接触器 1 继电器
12	ACK2	交流电接触器 2
13	ACK2R	交流电接触器 2 继电器
14	ACLN	滤清器断路器
15	ACM	辅助压缩电机
16	ACMGV	辅助压缩电机控制器
17	ACMGVR1,2	辅助压缩电机控制器继电器 1,2
18	ACMHe	辅助压缩电机加热器
19	ACMK	辅助压缩电机接触器
20	ACMN	辅助压缩电机 NEB
21	ACMR1,2	辅助压缩电机继电器 1,2
22	ACMS	辅助压缩电机开关
23	ACOCR1,2	交流电过流继电器 1,2
24	ACOCRR1,2	交流电过流预留继电器 1,2
25	ACVN1,2	转换电源断路器 1,2
26	ADCD1,2	自动门控设备 1,2
27	ADCOS11～12、21～22	自动门控设备切断开关 11～12，21～22
28	ADN1,2	自动门控设备断路器 1,2
29	AHeK	辅助加热器接触器
30	AHeKN	辅助加热器接触器断路器
31	AHeS	辅助加热器开关
32	AHWN	自动洗手盆断路器
33	AMLpR1～3	标志灯预留继电器 1～3
34	AmpN1,2	放大器断路器 1,2
35	AOCN	交流电过流断路器
36	APCR	空气管路关闭继电器
37	APCS	空气管路关闭开关
38	APCV	空气管路关闭阀
39	APOR	空气管路开启继电器
40	APOV	空气管路开启阀

续上表

序　　号	设备记号	记号说明
41	APPS	空气管路压力开关
42	APU	辅助电源装置
43	APUCN	辅助电源装置控制断路器
44	APUBMN	辅助电源装置风机电机断路器
45	ARf	辅助整流器
46	ARfK	辅助整流器接触器
47	ARfKR	辅助整流器接触器继电器
48	ARfN2	辅助整流器断路器 2
49	ARfRN	辅助整流器接触器断路器
50	Arr	避雷器
51	ASCN	激活的悬挂控制断路器
52	ATCBR	ATC 制动继电器
53	ATN	辅助变压器断路器
54	ATPBTMN	ATP BTM 装置电源断路器
55	ATPCOR	ATP 切断继电器
56	ATPDMIN	ATP DMI 装置电源断路器
57	ATPDRUN	ATP DRU 装置电源断路器
58	ATPFN	ATP 风扇电源断路器
59	ATPN1	ATP 主电源断路器 1
60	ATPPK	ATP 主电源接触器
61	ATPSTMN	ATP STM 装置电源断路器
62	ATPVCN	ATP 装置电压控制器断路器
63	ATr	辅助变压器
64	B运非R	制动控制手柄“运转-快速” 定位继电器
65	B1 非 R	制动控制手柄“1N-快速”定位继电器
66	B2 非 R	制动控制手柄“2N-快速”定位继电器
67	B3 非 R	制动控制手柄“3N-快速”定位继电器
68	B4 非 R	制动控制手柄“4N-快速”定位继电器
69	B5 非 R	制动控制手柄“5N-快速”定位继电器
70	B6 非 R	制动控制手柄“6N-快速”定位继电器
71	B7 非 R	制动控制手柄“7N-快速”定位继电器
72	B 非 R	制动控制手柄“快速(运转-7N)”定位继电器
73	B1～3K	制动控制手柄 “1N-3N”定位接触器

续上表

序　号	设备记号	记号说明
74	B4～5K	制动控制手柄“4N-5N”定位接触器
75	B6～7K	制动控制手柄“6N-7N”定位接触器
76	B非K	制动控制手柄“非常”定位接触器
77	Bat	蓄电池
78	BatK1,2	蓄电池接触器1,2
79	BatK2R	蓄电池接触器2继电器
80	BatKCN	蓄电池接触器控制断路器
81	BatKN	蓄电池接触器断路器
82	BatN1,2	蓄电池断路器1,2
83	BatVDN	蓄电池电压检测断路器
84	BCCN	制动控制单元控制断路器
85	BCU	制动控制单元
86	BCUHe	制动控制单元加热器
87	BCUN	制动控制单元断路器
88	BMK	风机电机接触器
89	BR1	制动继电器1
90	BTRCN	制动命令转换控制单元断路器
91	BV	制动阀
92	BVN	制动阀断路器
93	BVR	制动阀继电器
94	BVR1,2	制动阀继电器1,2
95	BVTR	制动阀限时继电器
96	BzS	蜂鸣器开关
97	CabGS	司机室接地开关
98	CabHe1,2	司机室加热器1,2
99	CabHeN1,2	司机室加热器断路器1,2
100	CabHeS1,2	司机室加热器开关1,2
101	CabLp	司机室照明灯
102	CabLpN	司机室照明灯断路器
103	CabLpS	司机室照明灯开关
104	CabRLpConR	司机室室内照明灯接触器插座
105	CabRrLp	司机室预留灯
106	CabRrLpN1,2	司机室预留灯断路器

续上表

序　　号	设备记号	记号说明
107	CabTeLp	中间司机室测试灯
108	CabTeS	中间司机室测试开关
109	CDR1,2	电流检测继电器
110	CI	变流器逆变器
111	CIBM1～3	变流器逆变器风机电机 1～3
112	CIBMN1～3	变流器逆变器风机电机断路器 1～3
113	CIBMNR	变流器逆变器风机电机断路器继电器
114	CICN1,2	变流器逆变器控制断路器 1,2
115	CIFR1,2	变流器逆变器故障继电器 1,2
116	CIGRR1,2	变流器逆变器接地继电器 1,2
117	CM	压缩机电机
118	CMCN	压缩机电机控制断路器
119	CMCOR	压缩机电机切断继电器
120	CMCOR-R	压缩机电机切断继电器-重新设置
121	CMCORR1,2	压缩机电机切断重复继电器 1,2
122	CMGV	压缩机电机控制器
123	CMK	压缩机电机接触器
124	CMN	压缩机电机断路器
125	CMSN	压缩机电机同步断路器
126	CMV	压缩机电机阀
127	CMVTR	压缩机电机阀限时继电器
128	CORR	切断重复继电器
129	COSN	切断开关断路器
130	COSN1	切断开关断路器 1
131	CrFM	乘务员室风扇电机
132	CrFMN	乘务员室风扇电机断路器
133	CrFMS	乘务员室风扇电机开关
134	CSR	恒速继电器
135	CT1	电流变压器 1
136	CT3	电流变压器 3
137	CttCN	接触器控制断路器
138	CUHCS	车钩手柄关闭开关
139	CUHOS	车钩手柄开启开关

续上表

序　号	设备记号	记号说明
140	CVT	恒压变压器
141	DCR	直流电源继电器
142	DICOS1,2	门互锁切断开关 1,2
143	DIR	门互锁继电器
144	DIRR11,12	门互锁预留继电器 11,12
145	DIRR21,22	门互锁预留继电器 21,22
146	DIRR31,32	门互锁预留继电器 31,32
147	DIRR41,42	门互锁预留继电器 41,42
148	DIRS	门互锁继电器开关
149	DLS	门锁开关
150	DMS1～4	门微型开关 1～4
151	DN	门断路器
152	DOCHN	门鸣叫断路器
153	DPSR 1～4	门按钮传感继电器 1～4
154	DS1～4	门开关 1～4
155	DSN	门开关断路器
156	DV11,12, 21,22	门磁阀 11,12, 21,22
157	DV31,32, 41,42	门磁阀 31,32, 41,42
158	DVCN1,2	门上阀门控制断路器 1,2
159	DVCR1,2	门磁阀关闭继电器 1,2
160	DVN1,2	门阀断路器 1,2
161	DVOR1,2	门磁阀开启继电器 1,2
162	DVR 11,12,13,21,22,23	门磁阀继电器 11,12,13,21,22,23
163	DVS1,2	门磁阀开关 1,2
164	EBR	ATP 紧急制动继电器
165	EBz	紧急蜂鸣器
166	EBzCOS	紧急蜂鸣器切断开关
167	EBzR	紧急蜂鸣器继电器
168	EBzRR	紧急蜂鸣器重启继电器
169	EBzRS	紧急蜂鸣器重启开关
170	EBzS1,2	紧急蜂鸣器开关 1,2
171	ECgConR	电子转换器接触继电器
172	ECgConV	电子转换器接触阀

续上表

序　号	设备记号	记号说明
173	ECgRIsR	电子转换器接触缓解继电器
174	ECgRIsV	电子转换器接触缓解阀
175	EGCN	紧急接地开关控制断路器
176	EGCS1,2	紧急接地开关关闭转换器 1,2
177	EGCV	紧急接地开关关闭阀
178	EGCVN	紧急接地开关关闭阀断路器
179	EGOCK	EGS 开启和关闭阀
180	EGOS1,2	紧急接地开关开启开关 1,2
181	EGOV	紧急接地开关开启阀
182	EGOVN	紧急接地开关开启阀断路器
183	EGS	紧急接地开关
184	EGSHe	紧急接地开关加热器
185	EGSR	紧急接地开关继电器
186	EL1,2	电子照明 1,2
187	ELN	电子照明断路器
188	EVBat	紧急通风蓄电池
189	EXConR	外部电源连接器插座
190	EXR1,2	外部电源继电器 1,2
191	ExTh	外部热量
192	FrBz	防火蜂鸣器
193	FrBzR	防火蜂鸣器继电器
194	FrBzRS	防火蜂鸣器重启开关
195	FrBzS1,2	防火蜂鸣器开关 1,2
196	FrLP	防火灯
197	FVSN	瞬时阀传感器断路器
198	GB11～14	接地刷 11～14
199	GB21～24	接地刷 21～24
200	GHe	玻璃加热器
201	GHeN	玻璃加热器断路器
202	GHeTh	玻璃加热器热量
203	GR3	接地继电器 3
204	GRR3-1	接地预留继电器 3
205	GRR3-2	接地预留继电器 3

续上表

序号	设备记号	记号说明
206	GRT	接地继电器变压器
207	GS	接地开关
208	HELPS	救助开关
209	HLp1～4	头灯 1～4
210	HLp1～4HR	头灯 1～4 远光灯继电器
211	HLp1～4LR	头灯 1～4 近光灯继电器
212	HMLpDS	头部标志灯变光开关
213	HMLpN	头部标志灯断路器
214	HMLpS	头部标志灯开关
215	HmRS	小时计重启开关
216	Innet1～2N	Internet 运行断路器
217	JAHeK	连接辅助加热器接触器
218	JAHeR	连接辅助加热器继电器
219	JaN1,2,3	机套断路器 1,2，3
220	JBVR	连接蓄电池继电器
221	JCMR	连接压缩机电机继电器
222	JRrLpK	连接预留灯接触器
223	JRrLpR	连接预留灯继电器
224	KBA1R	缓解制动“1N”辅助继电器
225	KBA4R	缓解制动“4N”辅助继电器
226	KBMg	主控制箱磁性线圈
227	KBMgN	主控制箱磁性线圈断路器
228	KBMgS	主控制箱磁性线圈开关
229	KRR	接触器预留继电器
230	LKJCOR	LKJ 切断继电器
231	LKJN	LKJ 断路器
232	LKJPK	LKJ 电源接触器
233	LvADCD	盥洗室自动门控设备
234	LvADN	盥洗室自动门断路器
235	LvDCS1,2	盥洗室自动门关闭开关 1,2
236	LvDOS1,2	盥洗室自动门开启开关 1,2
237	LVHe1～4	调整加热器等级 1～4
238	LvLp	盥洗室灯

续上表

序　号	设备记号	记号说明
239	LvLpN	盥洗室灯断路器
240	LvLpS1,2	盥洗室灯开关 1,2
241	MaRConR1	设备室接触器插座
242	MaRLp1,2	设备室内照明 1,2
243	MaRLpN1,2	设备室室内照明断路器 1,2
244	MC	主控制器
245	MCN1～3	主控制器断路器 1～3
246	MCPR	主控制器接通继电器
247	MCR	主控制器继电器
248	MCRR	主控制器预留继电器
249	MC 切 R	主控制器“切”定位继电器
250	MLpN	标志灯断路器
251	MLpR1,2	标志灯继电器 1,2
252	MLpS	标志灯开关
253	MMBM1,2	主电机风机电机 1,2
254	MMBMN1,2	主电机风机电机断路器 1,2
255	MMCOR	主电机切断继电器
256	MMCOR-R	主电机切断继电器 - 重新设置
257	MONN1,2	监控器设备断路器 1,2
258	MOTN1,2	监控器终端设备断路器 1,2
259	MRHPS	主风缸高压开关
260	MRLPS	主风缸低压开关
261	MRPSR	主风缸空压开关选择继电器
262	MRrAPSR	主风缸空压开关继电器
263	MSP1,2	扬声器监控器 1,2
264	MTBM	主变压器风机电机
265	MTBMN	主变压器风机电机断路器
266	MTCOR	主变压器切断继电器
267	MTCOR-R	主变压器切断继电器 - 重新设置
268	MTCORR	主变压器切断预留继电器
269	MTOFR	主变压器油流量继电器
270	MTOFRR	主变压器油流量预留继电器
271	MTOPM	主变压器油泵电机

续上表

序　号	设备记号	记号说明
272	MTOPMN	主变压器油泵电机断路器
273	MTr	主变压器
274	MTThR	主变压器热动继电器
275	MTThRR	主变压器热动预留继电器
276	MXR	混合继电器
277	MXRN1,2	混合继电器断路器 1,2
278	NBR	正常制动继电器
279	NBTR	正常制动限时继电器
280	NRLpR	一定数量照明继电器
281	NVR	无电压继电器
282	NVR1N	无电压继电器 1 断路器
283	NVR1VD	无电压继电器 1 电压检测仪
284	OCTN	过流变压器断路器
285	PaConR1～4N	PC 接触器断路器
286	PaIvN	PC 逆变器断路器
287	Pan	受电弓
288	PanCGS	受电弓转换开关
289	PanCOR	受电弓切断继电器
290	PanCOR-R	受电弓切断继电器 - 重新设置
291	PanDAR	受电弓降弓命令辅助继电器
292	PanDRN	受电弓降弓命令继电器断路器
293	PanDS	受电弓降弓开关
294	PanDWR	受电弓降弓继电器
295	PanIR	受电弓互锁断路器
296	PanN	受电弓断路器
297	PanUCK	受电弓升弓保持阀
298	PanUR	受电弓升弓继电器
299	PanUS	受电弓升弓开关
300	PanUV	受电弓升弓阀
301	PanUVN	受电弓升弓阀断路器
302	PCON	压力切断断路器
303	PCOR	ATP 供电切断继电器
304	PCOV	压力切断阀

续上表

序　号	设备记号	记号说明
305	PG1～4	脉冲发生器 1～4
306	PLpCOS1,2	主照明切断开关 1,2
307	PLpN1,2	主照明断路器 1,2
308	PR	供电继电器
309	PS1～4	压力开关 1～4
310	RCAR	牵引命令辅助继电器
311	RConN	室内接触器断路器
312	RConR1,2	室内接触器插座 1,2
313	RLp	室内照明
314	RLpCAR	室内照明控制辅助继电器
315	RLpConR	室内照明接触器插座
316	RLpK	室内照明接触器
317	RLpN1～3	室内照明断路器 1～3
318	RrLp	预留灯
319	RrLpCgK	预留灯转换接触器
320	RrLpCgN	预留灯转换断路器
321	RrLpCgN2	预留灯转换断路器 2
322	RrLpCgR	预留灯转换继电器
323	RrLpCgS	预留灯转换开关
324	RrLpN	预留灯断路器
325	RS	重启开关
326	RSR1	重启开关继电器
327	SBN1,2	子制动断路器 1,2
328	SBNR	子制动继电器
329	SBN1R	子制动继电器 1
330	SBN1 补接	子制动断路器 1 补接
331	SCNCRN1,2	部分控制 MCR 断路器 1,2
332	SCN1～3	部分控制断路器 1～3
333	SCK	部分控制接触器
334	SCR	部分控制继电器
335	SCTR1,2	部分控制限时继电器 1,2
336	SGZR1,2	部分故障继电器 1,2
337	SMCR1,2	部分 MCR1,2

续上表

序　号	设备记号	记号说明
338	SVCBCR	部分 VCB 关闭继电器
339	SVCBOR	部分 VCB 开启继电器
340	SConN1～4	运行接触器断路器 1～5
341	SePR	传感器电源继电器
342	SePN	传感器电源断路器
343	SG	速度发生器
344	SIV	静态逆变器
345	SKG1～4	防滑发生器 1～4
346	SKN	防滑断路器
347	SKVR	防滑阀继电器
348	SKVRR	防滑阀预留继电器
349	SLR	防滑检测继电器
350	SLRR	防滑检测预留继电器
351	SP	扬声器
352	SPCOS	扬声器切断开关
353	SqS	顺序开关
354	SS1～4	速度传感器 1～4
355	SVCBCR	部分真空电路断路器关闭继电器
356	SVCBOR	部分真空电路断路器开启继电器
357	TAX2N	TAX2 断路器
358	TAX2PK	TAX2 电源接触器
359	TeLp	测试灯
360	TInFN	列车信息设备断路器
361	ToBz	卫生间蜂鸣器
362	ToBzR	卫生间蜂鸣器继电器
363	ToBzS1～3	卫生间蜂鸣器开关 1～3
364	ToConN	卫生间连接器插座断路器
365	ToConR1,2	卫生间连接器插座 1,2
366	ToFM1,2	卫生间风扇电机 1,2
367	ToFMN1,2	卫生间风扇电机断路器 1,2
368	TSC1N	TSC1 断路器
369	TSC1PK	TSC1 电源接触器
370	TSHeN	卫生间座位加热器断路器

续上表

序　号	设备记号	记号说明
371	TThRN	车辆热动继电器断路器
372	TThRR	车辆热动预留继电器
373	TWBat	列车无线广播蓄电池
374	TWBatN	列车无线广播蓄电池断路器
375	TWCN	列车无线广播充电器控制断路器
376	TWEmCgK	列车无线广播紧急转换接触器
377	TWEmCgS	列车无线广播紧急充电器开关
378	TWN	列车无线广播装置控制断路器
379	TyClV	轮胎清洁阀
380	TyClVN	轮胎清洁阀断路器
381	UBR	紧急制动继电器
382	UBRS	紧急制动重启开关
383	UBRSR	紧急制动重启开关继电器
384	UBRSWR	紧急制动重启开关继电器
385	UBS1,2	紧急制动开关 1,2
386	UBTR1,2	紧急制动限时继电器 1,2
387	UR0	设备命令继电器
388	UVN	紧急磁阀断路器
389	UVR	紧急磁阀继电器
390	UVR1,2，3	紧急磁阀继电器 1,2，3
391	UVRS	紧急磁阀继电器短路开关
392	V1	电压计 1
393	V3	电压计 3
394	V4	电压计 4
395	VCBARN	真空电路断路器辅助继电器断路器
396	VCBA1R	真空电路断路器辅助继电器
397	VCBCOR	真空电路断路器切断继电器
398	VCBCOR-R	真空电路断路器切断继电器-重启
399	VCBCR1,2	真空电路断路器关闭继电器 1,2
400	VCBCS	真空电路断路器关闭开关
401	VCBHe	真空电路断路器加热器
402	VCBN	真空电路断路器断路器
403	VCBOAR	真空电路断路器开启辅助继电器

续上表

序　号	设备记号	记号说明
404	VCBOR1,2	真空电路断路器开启继电器 1,2
405	VCBOS	真空电路断路器开启开关
406	VCBRR	真空电路断路器预留继电器
407	VCgS	电压计转换开关
408	VDTN	电压检测变压器断路器
409	VeFM	通风风扇电机
410	VeFMCN1,2	通风风扇电机控制断路器 1,2
411	VeFMN	通风风扇电机断路器
412	VN1	电压计断路器 1
413	VN3	电压计断路器 3
414	VN4	电压计断路器 4
415	WaPFS	水泵浮动开关
416	WaPHe	水泵加热器
417	WaPHm	水泵小时计
418	WaPMV1	水泵磁阀 1
419	WaPMV2	水泵磁阀 2
420	WaP	水泵
421	WaPN	水泵断路器
422	WaPR	水泵控制继电器
423	WaPTh	水泵加热器恒温器
424	WhDR	鸣笛声下降继电器
425	WhDV	鸣笛声下降阀
426	WHeN1,2	水加热器断路器 1,2
427	WLMN	水位计断路器
428	WLMR	水位计继电器
429	WPN	雨刮器断路器
430	LMPN	机车电源断路器
431	LvDECS	盥洗间门
432	LvDHS	盥洗间门

2. CRH2 型动车组车内配电盘设备布置图

CRH2 型动车组配电盘设在通过台，T1c(1 号车)、M1(3 号车)、T1k(5 号车)、M1s(7 号车)设在 2 位侧，T2(4 号车)、M2(2、6 号车)设在 1、2 位侧，T2c(8 号车)设在 1 位侧。

M1s(7 号车)还设置温水洗净式保温坐便用机器室。配电盘门设置为能使用暗锁的结构。配电盘的布置如图 2.4 所示。

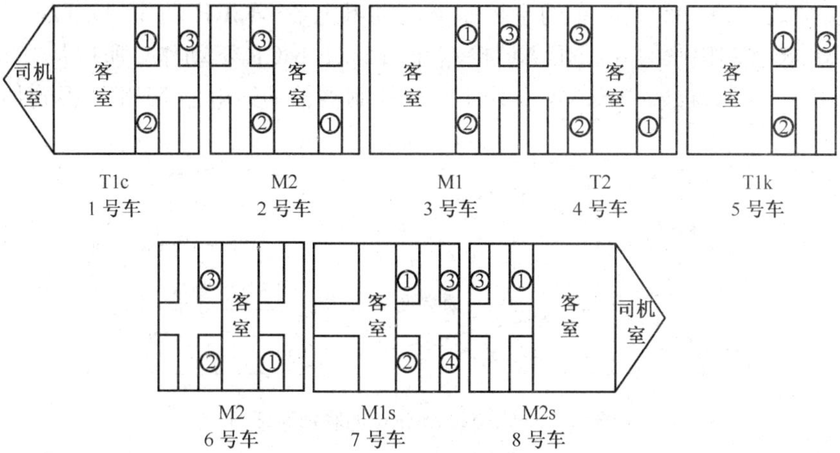

图 2.4　配电盘的布置

1—服务配电盘;2—运行配电盘及继电器盘;
3—温水污物配电盘及监视器;4—冲洗座便用配电盘

运行用配电盘中配置了相关牵引变流器、电动送风机、辅助电源装置、空气压缩机、制动装置、监视器、装置、广播设备、保温、振动等的脱扣式开关(NFB)、关门连动和蜂鸣器的复位开关等。

服务用配电盘中配置了相关空气调节装置、送排气装置、照明、自动门和各显示器的脱扣式开关(NFB)、空调显示设定器、外部电源用连接器等。服务配电盘为双开门式、对于操作频度高的空调显示设定器、要以操作方便为目的来考虑安装的位置。各种配电盘门均安装锁,采用闭锁的方式。

温水污物配电盘安装配置了温水器、污物处理装置、水泵(抽水)装置、坐便器、盥洗室等。

3. CRH2 型动车组车内配线原理图分析示例

动车组车内配线包括广播回路配线、灯具回路配线和其他回路配线。

广播回路配线:广播回路的配线作为抗干扰对策,使用通过电线管的配线。

灯具回路配线:各室灯具的配线组合入各灯具中,各个灯具间再用连结器相连接。

其他回路配线:监控回路和有关显示器、关门装置、厕所的配线通过顶棚电线槽或固定在电线支架上。

图 2.5(见书后插页)为 CRH2 型动车组拖车 T1c 配线原理图,其原理如下。

(1)受电弓、真空断路器电路

电源为 102 线。

小型压缩机:按下辅助空气压缩机起动开关(弹簧复归)ACMS,104 线加压。由于辅助空气压缩机侧的继电器自我锁定,ACMS 开,即使 104 线不加压仍继续动作。

主控制器继电器(MCR)和主控制器辅助继电器(MCRR)的联锁:T1c 车 MCR (3 列、B 行)以 3 线(从 103 线)为电源,以制动设定器手柄位置在运转～非常(非常指紧急制动)及主控制器辅助继电器 MCRR NC 接点关闭的条件进行动作。

T1c 车、T2c 车的 MCR 及 MCRR 的关系如图 2.6 所示。如果 T1c 车 MCR 动作，经由制动电路贯穿线，(3Y、3Z)T2c 车的主控制器辅助继电器 MCRR 动作，与 T2c 车的主控制器继电器 MCR 线圈串联的 MCRR NC 接点开，T2c 车 MCR 不动作。所以从 T2c 车 MCR 接点经由制动电路贯穿线，(3X、3W)T1c-1 车主控制器辅助继电器 MCRR 得到加压的电路没有形成。

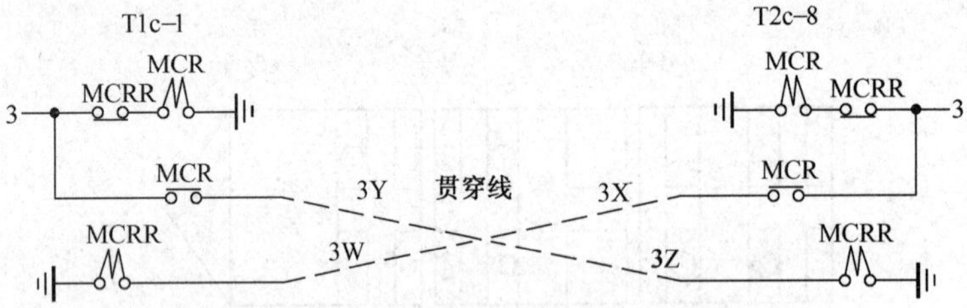

图 2.6　MCR 和 MCRR 的联锁原理图

MCR 和 MCRR 的联锁如下：

VCB 关闭指令：使用 VCB 投入开关 VCBCS 关闭或过分相 VCB 关闭指令（SVCBCR）发出 7 线加压 VCB 复位指令。

VCB 开指令：使用 VCB 开关 VCBOS 关闭对 8 线加压、输出 VCB 断开指令。

使用以监控器电路的输出指令进行动作的受电弓下降辅助继电器 PanDAR 关闭、在对 VCB 开放辅助继电器 VCBOAR 线圈进行加压的同时，使用 VCBOAR 接点关闭，8 线加压、使用 VCB 断开指令输出、或过分相 VCB 开指令（SVCBOR）进行 8 线加压、VCB 断开指令输出。

(2)保护接地电路

EGS 关闭指令：以保护接地开关投入开关 EGCS1 关闭对 EGS 投入指令 109 线加压。

EGS 开指令：以保护接地开关开放开关 EGOS1 关闭对 EGS 断开指令 108 线加压。

(3)蓄电池接触器(BatK1)

以制动设定器 BV(运转～非常)断开对 BatK1 控制 105 线进行加压，发出 BatK1 投入指令(105 线励磁→BVR1 励磁→BVR1 接点关闭→BatK1 励磁)。

(4)预备灯切换电路

通过按下预备灯切换开关 RrLpCgS(4B)，对预备灯投入指令 170 线加压，RrLpCgK(1E)被励磁，然后 191 线励磁，预备灯(2 h)亮灯。同时对预备灯切换继电器 RrLpCgR 线圈(4B)加压。

联挂其他编组时，把上图的 BV(运行-非常)、JBVR、103 线换读成 RrLpCgS、JRrLpR(但因接点容量的关系，不是直接通过 JRrLpR，而是经过一段中介通过 JRrLpK)、170 线，使 JRrLpR 动作，关闭其接点，对 JRrLpK 线圈加压，也能从 102 线对预备灯投入指令 107 线加压，对联挂编组侧发出预备灯投入指令。

(5)试验电路

按下空档开关 SqS、X79 线加压、空档继电动作，关闭常开接点，在主控制器辅助继电器 MCR 关闭的条件下进行 79 线加压，向监控器发出空档指令。

(6)停放指令电路

通过监控器输出、M280-M296 间得到加压,停放指令辅助继电器 AMLpR2 动作。

使用 AMLpR2 的 NO 接点 T1c 车 AMLpR1、T2c 车 AMLpR1 动作,把 AMLpR1 及 AMLpR2 的接点信号输入到监控器中央装置输入电路。

(7)辅助电热器电路

在外部温度检测器 ExTh 关闭的条件下、按下辅助电热器用开关 AHeS、电热器控制分并用接触器 JAHeK 线圈得到加压,用其常开接点使辅助电热器控制指令 171 线得到加压。由此,AheK 得到励磁、辅助电热器投入。

如果联挂其他编组时,通过分别把 BV(运行-非常)换读成 JAHeR、把 JBVR 换读成 JAHeR、把 105 线换读成 171 线,其他编组使 JAHeR 动作,关闭其接点,使 JAHeK 线圈加压,也能从 103 线对辅助电热器控制指令 171 线加压,向联挂编组侧发出辅助电热器控制指令。

(8)车内压开放

当车辆速度超过 30 km/h、30SR 为常开、车内压开放电磁阀 PCOV 的通路得到解开。

(9)无线蓄电池控制

103B 线为 DC 100 V,平时从 103 线、非常(紧急)时从 102 线得到供电。该电路(DC 100 V)用电压表 V3 测量。预备灯切换继电器 RrLpCgR 的常开接点在关闭的条件下,按下列车无线用蓄电池切换开关 TWEMCgS,连接 103B 线和 118 线。118 线得到加压后、在 T2c(8 号车)、TWEmCgK 得到励磁、从蓄电池 TWBat、118 A 线得到供电。

(10)传送控制架

从无线电源 118 A 线供电给传送控制架。

(11)电压表灯

用 202 线(单相 100 V、50 Hz、单线接地)向电压表灯 EL1、2 供电。

(12)机房灯

用 202 线(单相 100 V、50 Hz、单线接地)向机器房灯 MaRLp1、机器房插座 MaRConR1 供电。

从 115 线(服务机器电源 DC 100 V)使机器房灯 MaRLp2 得到加压。此外、此电路连接到运转室灯外部电源插座 CabRLpConR。

(13)司机室灯电路

从 115 线(服务机器电源 DC 100 V)分别经由仪器灯 SW 连接压力计灯、经由运转室灯开关 CabLpS1 连接运转室灯 CabLp1、经由 CabLpS3 连接运转室灯 CabLp3。通过操作各开关、能够使各灯亮灯。此外,此电路连接到运行室灯外部电源插座 CabRLpConR。

从 103B 线(DC 100 V)分别经由运行室灯开关 CabLpS1 连接运行室台灯 CabRrLp2、经由 CabLpS4 连接台灯 CabRrLp4。通过操作各开关、能够使各灯亮灯。此外,此电路连接到运行室灯外部电源插座 CabRLpConR。

进而,从来自刮雨器电源装置的 98A、98E 线向运行室台灯 CabRrLp5、CabRrLp6 供电。

(14)气笛电热器

从 251 A 线(单相 100 V、50 Hz　保温电路、单线接地)给 4 个气笛电热器、切换电气连结器供电。

(15)热线玻璃电热器

从251线(单相100 V、50 Hz　非稳压、单线接地)向一套玻璃电热器电路进行供电。

(16)司机室暖气

从251线(单相100 V、50 Hz　非稳压、单线接地)向一套运行室电热器电路供电。

(17)辅助电热器电路

通过辅助电热器控制171线加压、辅助电热器用接触器AHeK动作。

通过AHeK接点关闭、251A线(8D)得到加压、在成为保温用电热器LVHe1～4、抽水装置用电热器的电源的同时、还成为气笛电热器(9B)的电源。

(18)预备灯切换接触器

通过预备灯切换指令170线加压、预备灯切换接触器RrLpCgK动作。

由此,RrLpCgK的接点(3E)关闭、119线得到加压、预备灯(2H)亮灯。

(19)插座电路

从302线(单相220 V/50 Hz、单线接地)向列车室及卫生间插座电路供电。

(20)照明电路

列车室灯分197、198线2组,通过台灯、卫生间灯、厕所灯、走廊灯连接电路199线(包括臭氧发生器),非常灯(紧急灯)连接电路191线。

连接电路监控器的室内灯灭灯指令线的M302、M300线之间的室内灯控制用辅助继电器RLpCAR线圈因平时没有加压。所以室内灯用接触器RLpK1、2线圈没有加压,197、198、199电路的列车室灯、通过台灯等亮。在此3电路的电源侧分别插入室内灯用断路器。预备灯电路191线平时从103线经由预备灯切换接触器RrLpCgK的NC接点进行加压。非常时(紧急时),T1c车通过操作预备灯切换开关RrLpCgS,预备灯指令170线得到加压,预备灯切换接触器RrLpCgK的线圈得到加压,NC接点断开,NO接点关闭。因此,预备灯电路191线切换成来自102线的加压。然后从监控器发出室内灯灭灯指令,连接M302、M300线间的室内灯控制用辅助继电器RLpCAR线圈得到加压、RLpK1得到励磁。

此NC接点为断开,因此上述197、198、199电路的列车室灯、通过台灯等就灭。

此外,此电路连接到外部电源插座RLpConR。

(21)辅助电源装置

电源从牵引变压器MTr3次绕组,经由交流电路接触器ACK1,从704、754线获得单相、400 V、50 Hz。

771、781、791线为辅助电源装置三相、400(1±10%)V/50 Hz输出、贯穿T1c-1、M2-2、M1-3、T2-4编组的前半部分。771G、781G、791G线为辅助电源装置冷却风扇驱动用电源,113线为辅助电源装置控制电源。251线仅仅是使用辅助变压器ATr、把牵引变压器3次绕组的非稳定化电压变换成单相100 V的非稳定化电源。112G线输出过分相检测信号。

(22)辅助整流装置

辅助整流装置由辅助电源装置的三相[400(1±10%)V/50 Hz输出],把DC 100(1±10%)V往103线输出的整流器和向302、202线分别提供单相220 V、100 V的恒电压变压器构成。

当电压确立(101 线加压)后,辅助整流器整流装置直流电源接触器用继电器 ArfKR,辅助整流器整流装置直流电源接触器 ArfK 动作,把 DC 100(1±10%)V 向 103 线加压。

进而,经由 ArfKR 常开接点,停放用继电器 MLpR 常闭接点对控制指令 114 线进行加压。

(23)温水器

从 251 线经由温水器用断路器 WheN1,2 进行温水器加压,温水器通过热敏式控制进行动作。过度加热时,通过温度传感器检测使断路器跳闸。

(24)厕所电路

由 103 线向臭氧发生器、紧急传呼电路、厕所通知灯电路进行加压。

2.1.2.3 CRH3 型动车组配电系统

1. 交流配电

交流配电如图 2.7 所示。车载辅助电源用于为辅助装置(例如风扇、泵)和暖通设备(例如空调、卫生设施)供电。每节 EC01/EC08 和 IC03/IC06 车上都装有牵引变流器。单辅助变流器装置(ACU)和双辅助变流器装置(D-ACU)的输入端连接至牵引变流器的中间电路。出现电源故障时,由于牵引电动机的发电机运行模式,可以通过中间牵引电路的电源继续提供车载电源。

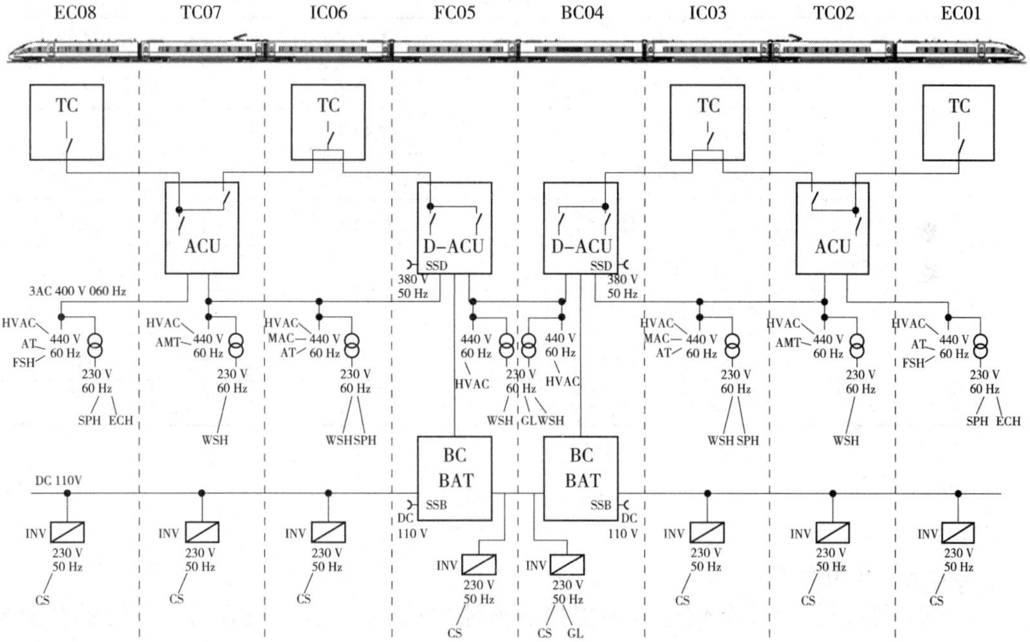

图 2.7　车载电源框图

ACU—辅助变流器单元;GL—厨房负载;AMT—主变压器的辅助系统;HVAC—空调舱/司机室;AT—牵引装置辅助系统;INV—逆变器;BAT—蓄电池组;MAC—主空气压缩机;BC—电池充电器;SPH—砂管加热器;CS—清洁用插座;SSB—蓄电池箱的外部电源插座;D-ACU 双辅助变流器装置;SSD—双辅助变流器装置的外部电源插座;ECH—自动车钩加热;TC—牵引变流器;FSH—前挡风玻璃加热;WSH—水系加热

每节 TC02/TC07 车中都有一个单辅助变流器装置，它们连接至每节 EC01/EC08 车内的牵引变流器的中间电路。在 FC05 车和 BC04 车中，每节车都有一个双辅助变流器装置。它们连接至每节(IC03/IC06)车内的牵引变流器的中间电路。每个牵引单元的双辅助变流器装置和单辅助变流器装置都连接至输入侧的耦合电缆，可为其余的牵引变流器的辅助变流器装置供电(两个牵引变流器的其中一个出现故障时)。

所有辅助变流器装置的输出端都为整个列车的母线同步提供三相 AC 440 V/60 Hz 的电源。正常操作中母线贯穿整个列车。母线出现故障时，通过断开辅助变流器装置的耦合接触器可隔离各段。

电池充电机和蓄电池安装在 FC05 车和 BC04 车内。电池充电机由 440 V、60 Hz 母线供电，它们为电池、DC 110 V 系统和连接至母线的其他负载供电。DC 110 V 系统贯穿整个列车。

每节车都配有逆变器，由 DC 110 V 电源母线供电，并为每节车提供单相 AC 230 V/50 Hz 电源，例如，为旅客用插座供电。两节车之间的单相 AC 230 V/50 Hz 电源未连接。

230 V/60 Hz 单相交流母线为列车中的低输出热消耗装置供电，例如，用于撒砂管加热器。该电源由三相 AC 440 V/60 Hz 交流母线经过变压得到。

CRH3 型动车组的交流负载设备见表 2.5。

表 2.5　交流负载设备

电压	三相 AC 440 V/60 Hz	三相 AC 230 V/60 Hz	三相 AC 230 V/50 Hz
负载	客室空调	厨房的一些负载	交流插座
	驾驶室空调	水系统加热	
	主空气压缩机	撒砂管加热	
	主变压器的辅助系统	车钩加热	
	牵引变流器辅助系统		
	前风挡加热		
	辅助变流器冷却单元		
	充电机		

2. 直流配电

直流配电原理如图 2.8 所示。

DC 110 V 供电分为：

(1)“BD”母线供电(持久供电)，用于接通电池主接触器电源，旅客信息系统的紧急操作，列车无线电紧急操作，应急照明。

(2)“BN1”母线供电(通过主电池接触器接通)，用于中央控制单元 CCU 1，主要照明，辅助变流器装置控制。

(3)“BN2”母线供电(通过主电池接触器接通)，用于中央控制单元 CCU 2，控制柜通风机。

直流母线由电池充电机(BC)与两个牵引单元的电池(BAT)供电，其供电分配见表 2.6。

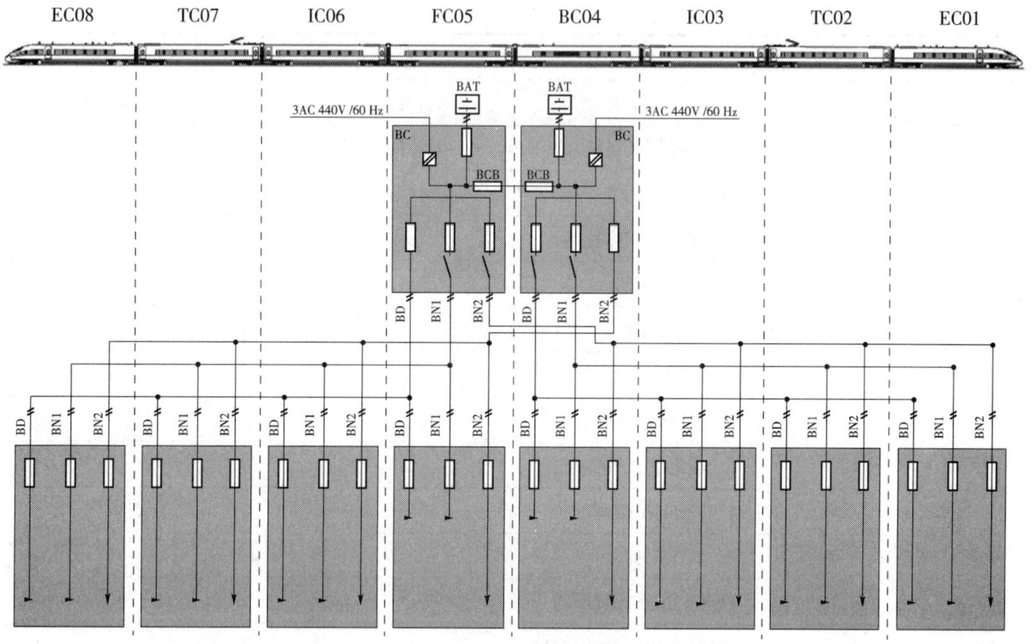

图 2.8　DC 110 V 分配框图

BAT—蓄电池；BD—直流电池母线；BC—电池充电机；BN1、BN2—普通电池母线；BCB—BCB 母线

表 2.6　直流供电分配表

牵引单元 / 充电机	牵引单元 1			牵引单元 2		
	BD	BN1	BN2	BD	BN1	BN2
BC04 车充电机	●	●				●
FC05 车充电机			●	●	●	

为了提高特定负载(例如紧急照明、CCU、MMI 等)的可用性,“BN”母线分为母线 1 和母线 2(BN1、BN2)。因此,在 EC01/EC08 车中,一个 CCU 由 BN1 母线供电,另一个 CCU 由 BN2 母线供电。

电池母线通过电池主接触器接通后,列车控制将加载(CCU、KLIP 站、MMI 和中继器),其他 110 V 负载在它们加载后接通。

如果一个牵引单元的充电机或电池发生故障,各电池母线可以由另一个牵引单元通过 BCB 母线供电。

CRH3 型动车组的直流负载设备见表 2.7。

表 2.7　直流负载设备

供电模式	BN1	BN2	BD
负载	中央控制单元 CCU1	中央控制单元 CCU2	应急照明
	KLIP 站(冗余 1)	KLIP 站(冗余 2)	旅客信息系统
	MVB 转发器-电源线 A	MVB 转发器	驾驶员/乘务员 MMI

续上表

供电模式	BN1	BN2	BD
负载	牵引变流器控制 1	牵引变流器控制 2	紧急尾灯信号
	空调控制系统	紧急照明(组 2)	制动防滑保护
	控制柜通风机(左)	控制柜通风机(右)	列车无线通讯
	前窗玻璃加热控制		
	主照明		
	阅读灯		
	紧急照明(组 1)		
	司机室顶灯		
	辅助变流控制		
	充电机控制		
	车门控制		
	旅客信息系统显示器		
	卫生设备用水系统控制		
	撒砂管加热器控制		
	辅助空气压缩机控制		
	轮缘润滑		
	制动(阀)		
	制动控制单元		
	列车控制系统		
	火警		
	驾驶室的显示器		
	列车广播		
	外部照明		
	安全环		
	厨房控制		
	受电弓/主开关/控制		

3. 电气柜分布

CRH3 型动车组车内电气柜的位置如图 2.9 所示。

149.10—车辆开关装置电气柜(EC01/08);149.20—旅客信息系统电气柜(EC01/08);
149.30—车辆控制面板(EC01/08);159.10—暖通空调电气柜(EC01/08);
159.20—运行控制系统电气柜(EC01/08);159.40 CTCS 电气柜(EC01/08);
242.20—旅客信息系统电气柜(TC02/07);242.30—暖通空调电气柜(TC02/07);
242.40—车辆控制面板(TC02/07);248.10—车辆开关装置电气柜(TC02/07);

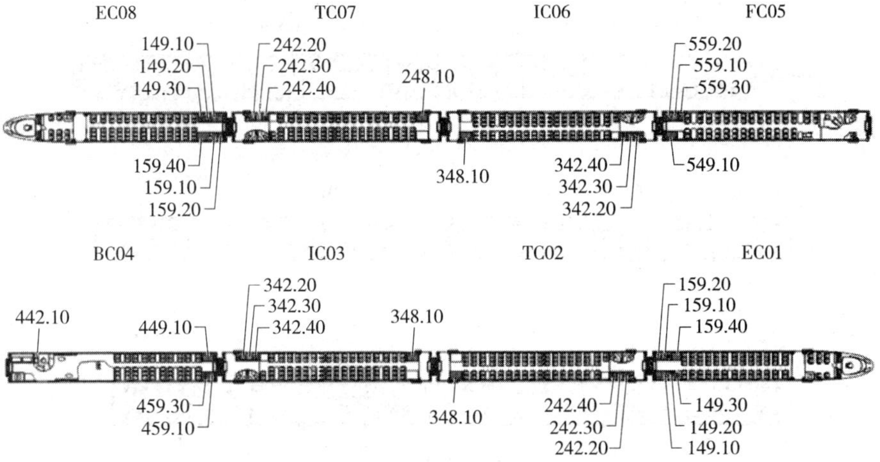

图 2.9　电气柜的位置

342.20—旅客信息系统电气柜(IC03/06);342.30—暖通空调电气柜(IC03/06);
342.40—车辆控制面板(IC03/06);348.10—车辆开关装置电气柜(IC03/06);
442.10—旅客信息系统电气柜(BC04);449.10—车辆开关装置电气柜(BC04);
459.10—暖通空调电气柜(BC04);459.30—车辆控制面板(BC04);
549.10—车辆开关装置电气柜(FC05);559.10—暖通空调电气柜(FC05);
559.20—旅客信息系统电气柜(FC05);559.30—车辆控制面板(FC05)。

2.1.2.4　CRH5 型动车组配电系统

1. 配线电路

CRH5 型动车组配线电路符合 IEC60617 标准,分为高压系统、高压辅助系统、中压系统、交流插座配线、低压系统、24 V 插座配线、网络 TCMS 配线、警惕装置、能量计、信号系统、车载电话系统、牵引系统、制动系统、防滑系统、空气压缩机、客室空调、司机室空调、外部照明、内部照明、司机室和司机台照明、外部门、后视系统、风笛、自动车钩、撒沙系统、轮缘润滑、卫生间、饮水机、旅客信息系统、热轴系统、烟火报警系统、连接器和端子板、转向架传感器、二极管板、继电器板等。

2. 电气柜分布

CRH5 型动车组每节车上均配有不同类型的电气柜和电子柜:所有车中均配置中压/低压电气柜(QEL)和电子设备机架柜(QRK),MC1/MC2 车配司机室控制设备柜(QCA)、报警与信号设备柜(QRS)和(QRR)柜,TPB 车配厨房设备控制(QKC)柜和列车长室(QEK)柜。

动车组中各机柜的位置如图 2.10 所示。

其中,电子设备机架柜(QRK)中安置旅客信息管理系统(PIS)的 LCD 机架和扩音器机架、指令架、主处理单元(MPU)的牵引控制单元、防噪音系统、输入输出(I/O)箱和网关。

QRR 和 QRS 柜中放置 TAX2、LKJ2000、DC/DC 变流器、用于 CTCS 和 CIR 控制通信的 GSMR、网关、车载主机、主处理单元(MPU)的牵引和辅助控制单元、GFX3 设备、CTCS 柜、气动面板。

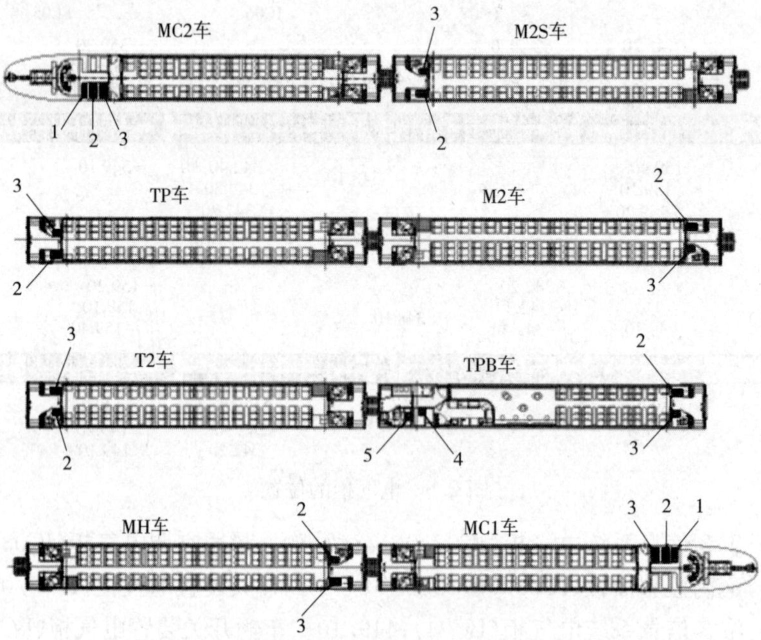

图 2.10 CRH5 型动车组电器柜分布

1—QCA 柜；2—QEL 柜；3—QRK 柜；4—QKC 柜；5—QEC 柜

2.2 动车组辅助供电系统

2.2.1 辅助电气系统设备与容量

在决定供电系统的总容量时，必须考虑电气负载的需要功率、功率因数、效率等因素。

一般的电气设备如电动机，在其产品目录和说明书上都标有它的额定功率和效率。该额定功率是指电动机在正常工作状态下，本身轴上所具有的有效机械功率。因此，电动机的需要功率(Real Power)等于效率除有效机械功率，单位一般用 kW 表示。

负载的功率因数是针对交流电路而言的，其大小由负载的视在功率(Apparent Power)除需要功率得到。

视在功率等于负载的电压与电流的乘积，单位一般用 kV · A 表示。

供、配电系统中没有被利用的电能称无功功率(Reactive Power)，单位一般用 kvar 表示。

电热元件等电阻性负载的功率因数等于 1，一般荧光灯和控制电器，功率因数小于 1。

1. CRH1 型动车组辅助供电系统设备与容量

在每一个 Mc 和 M 车上设有一个辅助逆变器和滤波装置。辅助逆变器输出通过隔离变压器和接触器同三相列车供电母线相连接。辅助供电系统的故障状态和冗余措施的控制可以通过列车控制管理系统(TCMS)进行监视和控制。列车过分相的短暂过程中，辅助系统可不断电维持正常运行。辅助系统各负载也可以从外部三相电源输入获取。外接供电时采用三相 AC 380 V/50 Hz 地面电源。

通过设置相位旋转保护装置以保护辅助电机，避免其以错误的方向运转。即使蓄电池完全放电，外接电源也可以启动蓄电池充电功能。当外接三相电源同三相母线连接后，同三相电源连接的辅助逆变器立即断开。外接电源插座的位置在每个基本单元车组中的拖车每侧(每侧一个)。

向底架上的设备供电的配电系统和配电盘安装在底架配电箱内。车内设备的配电盘置于地板面以上(在车的两端)。司机室设备的配电盘置于司机室内。

CRH1 型动车组设计人员计算了 8 种不同工况下的供电系统容量。

(1)正常运行

正常运行状态下，冬季和夏季的用电需要功率、视在功率和无功功率列于表 2.8。

表 2.8　正常运行下的功率表

冬季负荷			夏季负荷		
需要功率	视在功率	无功功率	需要功率	视在功率	无功功率
673 kW	678 kV・A	82 kvar	491 kW	576 kV・A	301 kvar

(2)一个 ACM 发生故障

当一个 ACM 发生故障时，控制系统将自动将供电系统转换到“一个 ACM 发生故障”模式：一般负载正常工作，5 辆车客室的空调功率减小一半，其余三辆车客室的空调循环交替的全功率工作。

这种情况下的冬季和夏季的用电需要功率、视在功率和无功功率列于表 2.9。

表 2.9　一个 ACM 故障时的功率表

冬季负荷			夏季负荷		
需要功率	视在功率	无功功率	需要功率	视在功率	无功功率
544 kW	551 kV・A	82 kvar	414 kW	482 kV・A	247 kvar

(3)至少有两个 ACM 可用

当两个或者三个 ACM 发生故障时，控制系统将自动将供电系统转换到“至少两个 ACM 可用”模式：七辆车的客室空调(除了用于废排风扇的)断开，司机室空调在没有司机的车辆中断开，所有强迫通风的电加热器断开。

这种情况下的冬季和夏季的用电需要功率、视在功率和无功功率列于表 2.10。

表 2.10　至少有两个 ACM 可用时的功率表

冬季负荷			夏季负荷		
需要功率	视在功率	无功功率	需要功率	视在功率	无功功率
247 kW	258 kV・A	76 kvar	226 kW	267 kV・A	142 kvar

(4)400 V 母线发生短路

在 400 V 母线上发生短路时，控制系统将自动将供电系统转换到“400 V 总线上发生短路”模式。此时：

①Tb 车厢内的隔离接触器自动断开，将短路电路部分分断隔离，一半车辆负载从 400 V 母线上断开。但由于系统冗余，负荷断开不会使车辆停止。

②正常母线部分的负荷将自动断开，以补偿（故障部分的）蓄电池充电器带来的额外负担，并弥补分为两个 400 V 系统时的负荷不对称。发生短路车辆的一半负荷将断开（在短路处），另一半车辆客室空调（HVAC）的供电量减少一半。

当短路发生在 Mc2、Tp2、M2 线路时，冬季和夏季的用电需要功率、视在功率和无功功率列于表 2.11。

表 2.11　400 V 母线发生短路时的功率表 1

冬季负荷			夏季负荷		
需要功率	视在功率	无功功率	需要功率	视在功率	无功功率
304 kW	310 kV·A	59 kvar	240 kW	279 kV·A	142 kvar

当短路发生在 Mc1、Tp1、M1、M3、Tb 线路时，冬季和夏季的用电需要功率、视在功率和无功功率列于表 2.12。

表 2.12　400 V 母线发生短路时的功率表 2

冬季负荷			夏季负荷		
需要功率	视在功率	无功功率	需要功率	视在功率	无功功率
193 kW	198 kV·A	45 kvar	158 kW	186 kV·A	97 kvar

（5）回送时由外部三相电缆供电

当列车处于回送状态（无受电弓），由车辆通过前端的外部供电插头供电时，采用“回送时由外部三相电缆供电”模式：负载为所有的蓄电池充电器（限电）、不受控制的负荷（不能断开的负荷）、一个空气压缩机。

这种情况下的冬季和夏季的用电需要功率、视在功率和无功功率列于表 2.13。

表 2.13　回送时由外部三相电缆供电时的功率表

冬季负荷			夏季负荷		
需要功率	视在功率	无功功率	需要功率	视在功率	无功功率
53 kW	63 kV·A	35 kvar	47 kW	58 kV·A	35 kvar

（6）回送时由牵引电机发电

当列车处于回送状态（无受电弓），由车辆牵引发电机处于制动状态再生供电时，采用“回送时由牵引电机发电”模式：负载为全部的蓄电池充电器、防寒（除了客室内水箱）、不受控制的负荷（不能断开的负荷）、司机室空调、一个空气压缩机。

这种情况下的冬季和夏季的用电需要功率、视在功率和无功功率列于表 2.14。

表 2.14　回送时由牵引电机发电时的功率表

冬季负荷			夏季负荷		
需要功率	视在功率	无功功率	需要功率	视在功率	无功功率
103 kW	109 kV·A	36 kvar	50 kW	62 kV·A	35 kvar

(7)牵引其他车并提供其三相电源

当本列车牵引另一列动车组并向其提供电能时，采用"牵引它车并提供其三相电源"模式，其基本情况与"一个 ACM 发生故障"模式相同：一般负载正常工作，5 辆车客室的空调功率减小一半，其余三辆车客室的空调循环交替的全功率工作。

(8)外电源供电

当动车组同任一拖车的外部电源插头相连，采用"外电源供电"模式：防寒(除了客室区脚蹬加热器和水箱)、蓄电池充电器(限电)、不受控制的负荷(不能断开的负荷)、单负载最高负荷时可操作。

这种情况下的冬季和夏季的用电需要功率、视在功率和无功功率列于表 2.15。

表 2.15　外电源供电时的功率表

冬季负荷			夏季负荷		
需要功率	视在功率	无功功率	需要功率	视在功率	无功功率
75 kW	78 kV·A	24 kvar	56 kW	65 kV·A	33 kvar

2. CRH2 型动车组辅助供电系统设备与容量

每列车设置 2 台辅助电源装置(APU)，分别向 4 辆车提供辅助电源。当一台辅助电源装置发生故障时，可通过另一台辅助电源装置向全列车提供辅助电源。

辅助电源装置(APU)由 APU 输入辅助整流器、PWM 三相输出逆变器、逆变器输出变压器、CVCF 输出变压器、辅助变压器等构成。

辅助电源装置输入输出参数见表 2.16。

表 2.16　CRH2 型动车组辅助供电系统容量

输入	输出 1	输出 2	输出 3	输出 4	输出 5
单相 AC 400 V	DC 100 (1±10%)V, 116 kW	单相 AC 100 (1±10%)V/50 Hz, 12 kV·A	单相 AC 220 (1±10%)V/50 Hz, 11.3 kV·A	三相 AC 400 (1±10%)V/50 Hz, 123 kV·A	单相 AC 100 $(1^{-41\%}_{+26\%})$/50 Hz, 22 kV·A

辅助整流器柜由整流器变压器、辅助整流器构成。APU 的输入电源是牵引变压器辅助绕组输出的 AC 400 V，通过可控硅混合电桥变换成为直流电。该直流电通过 PWM 三相逆变器变换成为交流电，通过逆变器输出变压器提供三相 AC 400 V/50 Hz 电源。

稳压稳频(CVCF)输出变压器将三相 AC 400 V 电源变换成单相 AC 220 V、AC 100 V 的稳压电源。辅助变压器将牵引变压器辅助绕组的 AC 400 V 变换成另一单相 AC 100 V 电源。辅助整流器箱使用整流器变压器将 APU 的三相 400 V 电压输出变压后，通过三相全波整流器，输出 DC 100 V。

输入整流器部分使用大电流、高电压器件，实现了小型、轻量化。逆变器单元使用可高速开关的 IGBT，通过高频 PWM 控制，实现了滤波电抗器的小型、轻量化。辅助整流装置采用自冷式，由整流器变压器、整流二极管单元、用于补偿输出电压下降特性的电阻等构成。

动车组上设 AC 220 V 电源插座，不设 DC 24 V 及 DC 36 V 的插座。辅助电源装置的输出满足 JISE 6402。全列车共设 5 组蓄电池，蓄电池组容量可维持应急用电量 2 h。运行过程中，蓄电池组可在线路上充电。

辅助系统采用冗余设计，在动车组上安装 2 台牵引变压器，其辅助绕组输出至辅助电源装置的 AC 400 V 电压分别供电给 4 节车厢。动车组设置了用于切换的辅助绕组电源感应回路，当一台牵引变压器故障时，为了使另一台正常运转，牵引变压器能够通过辅助绕组向 8 节车厢供电。当辅助绕组电源切换后，空调装置半功率运行。

在动车组上安装 2 台辅助电源装置(APU)，一台辅助电源装置供给 4 节车厢所需辅助用电。当一台辅助电源装置发生故障时，为了使另一台正常运转的辅助电源装置能够向 8 节车厢供电，设置了用于切换的扩展供电回路。辅助电源装置的输出容量的设计能够在故障时用一台正常运转的辅助电源装置向整列车供电。因此，当一台辅助电源装置故障时无需减少负荷。辅助系统设有完善的安全接地措施以及自诊断功能和故障保护功能。在列车信息控制系统和辅助电源装置之间设置自诊断功能接口，由列车信息控制系统实施。

出现故障时的系统供电容量计算列于表 2.17。由表可见，APU 的 5 个电压输出额定容量均大于对应电源规格的整列车合计负载功率。

表 2.17　系统供电容量计算

辅助电源装置(APU)	1～4 号车负载	5～8 号车负载	整列合计负载	APU 额定容量
DC 100 V(ARf)	24.4 kW	23.3 kW	47.8 kW	58 kW×2 台=116 kW
AC 100 V(CVT)-夏	3.4 kW	3.6 kW	7.1 kW	12 kW
1 号车 APU 停止时	停止	7.1 kW		12 kW
8 号车 APU 停止时	7.1 kW	停止		12 kW
AC 220 V(CVT)-夏	1.9 kW	6.3 kW	8.1 kW	12 kW
1 号车 APU 停止时	停止	8.1 kW		12 kW
8 号车 APU 停止时	8.1 kW	停止		12 kW
AC 100 V(ATr)-夏	2.9 kW	2.4 kW	—	22 kW
AC 100 V(ATr)-冬	11.8 kW	11.2 kW		22 kW
AC 400 V(SIV)	57.8 kW	65.2 kW	123 kW	123 kW
1 号车 APU 停止时	停止	123 kW		123 kW

注：ARf—辅助整流器柜；CVT—恒压变压器；ATr—辅助变压器；SIV—静态逆变器。

动车组车外车体侧面装有连接外部电源的插座(单相 AC 400 V/50 Hz)，M2 车(2 号车及 6 号车)上各有一处。车辆检修基地设置有外部电源，可供辅助电路的工作。

3. CRH3 型动车组辅助供电系统设备与容量

每列车设有 4 台辅助变流器；设有 2 组容量为 300 A · h 110 V 的蓄电池组和 2 台充电

机，充电机、蓄电池安装在一等车（FC05）和餐车（BC04）车下。

动车组通过有效供电控制来确保最大可用供电输出，当检测辅助变流器的最大输出电流超过额定输出电流时，控制将减少空调系统或采暖系统的输出。

按照接入负载最大功率800 kV·A，接入负载平均功率为500 kV·A计算，供电功率管理如下：

一个单辅助变流器故障，包括双辅助变流器中的一个辅助变流器单元故障，另一个单辅助变流器单元能够继续工作：功率不限制；交流供电干线由其余的辅助变流器供电。

两个单辅助变流器或一个双辅助变流器故障：只减少与旅客舒适性相关的负载，如主采暖输出功率减少到1/2，空调系统输出功率减少到1/2。

每个牵引单元的一部分负载由BN1（电池常规供电1）供电，另一部分负载由BN2（电池常规供电2）供电，当一个充电机故障时，另一个充电机完全负责向所有的直流负载供电。还有一部分特别重要的负载如应急照明、列车广播、无线电等采用BD（电池直接供电）供电。

当充电机故障时，为保证重要负载的供电，需要切除部分负载，断电时间与工作负载关系如下：

（1）通过分相区或者短时电源中断0～4 min以内，所有直流负载正常工作。

（2）电源中断5～30 min时，紧急通风、应急灯、司机人机界面、乘务员人机界面、广播负载正常工作。

（3）电源中断31～120 min，应急灯、广播负载正常工作。

4. CRH5型动车组辅助供电系统设备与容量

每列车设有5台辅助变流器，每辆动车一台；8组蓄电池和电池充电机，每辆车一套。

动车组内各车设AC 220 V（卫生间、列车长室、司机室各1个，客室2个）插座及DC 24 V（每车2个，车下裙板内）行灯插座。

辅助系统供电输出品质符合EN 50155等标准。各种制式的供电系统均有各自独立的可靠的安全接地措施。供电设施具有自诊断功能和故障保护措施。供电线路发生的过载、短路、瞬时大电流冲击、过压、欠压、接地等现象均有保护，确保旅客安全。

辅助供电电源系统采用冗余设计，当发生故障时，能够进行切换，确保列车正常运行。在1台或2台辅助变流器故障的情况下，可以不受任何限制地向辅助负载供电。

（1）中压分配系统功能

该系统由两个配电四极线路组成；每个辅助变流器为与对应的三相AC 380 V/50 Hz线路连接的中压载荷供电。中压供电线路配置接触器允许在正常和故障条件下配置中压线路，它们是带有辅助接触器（1个常开＋1个常闭）的四极单稳态型号。

中压分配系统降级模式性能：

①在1个变流器故障的情况下，其他4个可以无任何限制地为列车的所有中压负载供电。

②在2个变流器故障的情况下，其他3个可以按照中压负载的重要性和优先性选择策略来为列车的所有中压负载供电。

③在1个牵引变压器故障的情况下，2个变流器没有被供电而其他3个可以按照中压负载的重要性和优先性选择策略来为列车的所有中压负载供电。（除故障的牵引变压器的辅

助系统和相关变流器以外)。

中等电压系统可以通过 425 A 三相车间插座(PCMT)从列车外部的一个三相系统供电。在遵守事故预防原则下提供外部供电操作。每个中压车间插座配备有防止将两个不同电压源并联的保护系统。

2. 低压分配系统

该系统由一个电源分配线路(B1+)和一个半列列车线路(+Lp)组成,2 个线路有一个负极;该负极连接到接地。在列车水平下,低压载荷通过使用 8 个蓄电池充电器(CBs)来保证,每个是一个 15 kW 蓄电池充电器;蓄电池充电器位于每个车辆的底架上。蓄电池(B)和低压线路之间的连接是通过退耦二极管来完成的,以这种方式蓄电池给列车线路提供电源。15 kW 蓄电池充电器的任务是把(由辅助变流器产生的)AC 400 V/50 Hz 电源系统三相电压转变成标称 DC 24 V 直接电压。

每个蓄电池充电器(CBS)提供输出 DC 24 V 直流电(B1+,+Lp 和+B),分别给相关车辆的低压负载供电,并且为相应蓄电池组件(B)充电。每个蓄电池充电器的分支 B1+由一个分支+B 的二极管(DD)来退耦,并且同列车的其它蓄电池充电器的分支 B1+一道并联到列车系统级别;分支+Lp 正好相反,是供电 B+和 B1+之间的或。电源供电 B1+和+Lp 被连接到编组的每个车辆中的电气柜上,目的是在考虑以下可能性,按照系统要求为每个车辆的低压负载使用不同电势:

(1)重载荷(制动,照明,牵引和辅助变流器等)。

(2)进行充分冗余的设备或系统(信号接收器,驱动和控制,在控制台上的信号等)。

(3)特殊或紧急载荷(防滑,防火系统试验,内部和外部司机室和紧急照明等)。

(4)只在列车激活条件下的活动用户(受电弓,压缩机,空调系统等)。

每个蓄电池充电器配备一个蓄电池隔离开关,目的是由司机关断低压载荷,在多单元编组情况下,由网络控制系统的逻辑单元来管理。

8 个蓄电池可以在以下性能减少的紧急条件下为所有低压负载供电:

(1)没电头 5 min 给所有负载(包括客室和阅读灯)供电。

(2)5 min 后,聚光灯和 2 侧灯带被关闭,一些不重要的系统处于备用状态,紧急通风被打开。

(3)没电 30 min 后,客室的直接照明和客室其他部位(通过台,折棚,卫生间)减少到一半功率。

(4)没电 60 min 后直到 120 min 为止,客室的直接照明被减少到紧急照明水平。

(5)没电 120 min 后,紧急照明被保持打开,直到一个最小电压继电器被切断。

该列车的每个车辆上提供一个低压车间插座,位于蓄电池充电器上,目的是在车辆段由 DC 24 V 外部系统给蓄电池充电。

2.2.2 CRH1/CRH380D 型动车组辅助供电系统

2.2.2.1 概述

CRH1 型动车组以 Regina 型动车组为原型车,通过公司内部技术转移,由 BSP 公司在国内制造生产。动车组由 8 辆车组成，其中 5 辆动车 3 辆拖车，组成 3 个列车单元，每个列车单元都有其完整的 380 V 交流辅助供电和 110 V 蓄电池供电。首尾车辆设有司机室，可双向驾驶，编成后结构如图 2.11 所示。

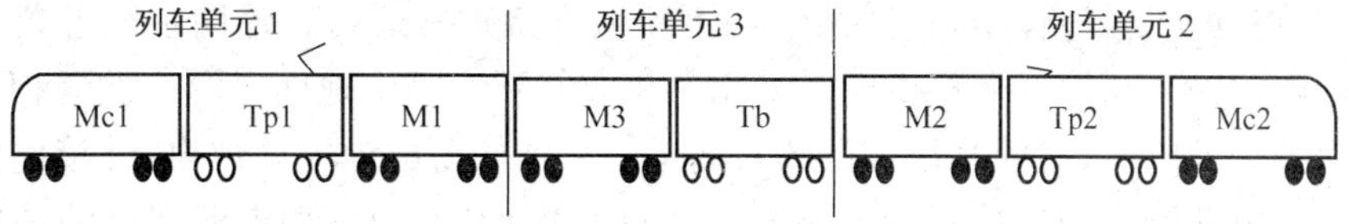

图 2.11　CRH1 动车组编组形式

Mc—带驾驶室的动车；M—中间动车；Tp、Tb—拖车

在动车下分别设置一套辅助电源装置，CRH1 型动车组辅助供电系统工作原理如图 2.12 所示。AC 25 kV 高压电经设置在拖车上的牵引变压器降压后输入相邻动车牵引变流器的网侧变流器单元(LCM)9，辅助变流器 11 由网侧变流器单元(LCM)9 输出的直流环节DC 1 650 V电压供电，经过处理后得到三相 AC 380 V 和 DC 110 V 两路电源，为列车的采暖、HVAC、变流器和变压器的冷却、空气压缩机、照明、控制、广播、列车无线等设备提供电源。

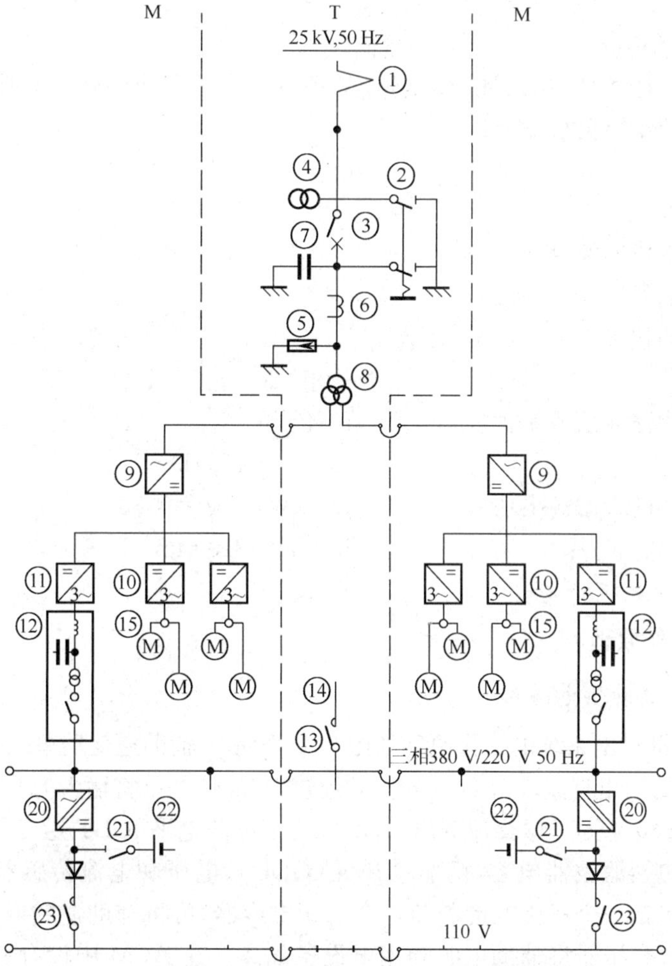

图 2.12　CRH1 型动车组辅助供电系统工作原理

在每一个 Mc 和 M 车上设有一个辅助逆变器和滤波装置。滤波器将逆变器输出中的谐波成份滤除。辅助逆变器输出通过隔离变压器和接触器同三相列车供电母线相连接。辅助供电系统的故障状态和冗余措施的控制可以通过列车控制网络系统(TCMS)进行监视和控制。列车过分相的短暂过程中,辅助系统可不断电维持正常运行。辅助系统各负载也可以从外部三相电源输入获取。外接供电时采用三相 380 V/50 Hz 地面电源。设置相位旋转保护装置以保护辅助电机,避免其以错误的方向运转。即使蓄电池完全放电,外接电源也可以启动蓄电池充电功能。当外接三相电源同三相母线连接后,同三相电源连接的辅助逆变器立即断开。外接电源插座的位置为每个基本单元车组中的拖车每侧一个。向安装在底架上的设备供电的主要配电系统和配电盘设在底架内的配电箱内。车内设备的配电盘应置于地板面以上(在车的两端)。司机室设备的配电盘置于司机室内。每一个基本单元车组应有两个充电器和两组蓄电池。两个充电器和两组蓄电池应同蓄电池母线相连。充电器和蓄电池设置于动力车(Mc 和 M)内。蓄电池充电器将辅助电源三相电压转化为 DC 110 V 电压。蓄电池电压通过 DC 110 V 母线传输,母线同充电器和蓄电池相连,避免产生环流,在蓄电池与母线连线上设有一个功率二极管,从而避免通过母线向其充电。

2.2.2.2 技术指标

辅助逆变器的任务是输出三相 220/380 V/50 Hz,并将其供给列车上所有的交流负载。

辅助逆变器的主要负载如下:

- 列车采暖
- 空调
- 变流器和变压器的冷却
- 蓄电池充电器

辅助逆变器的技术指标为:

• 输出电压	三相 220/380×(1±5%)V
• 输出电压中谐波的最大含量	10%
• 频率	50×(1±1%)Hz
• 一个逆变器的最大输出功率	147 kW,$\cos\phi=0.88$
• 总体尺寸(高/长/深)	350/410/810 mm
• 质量	90 kg

2.2.2.3 工作原理

1. AC 380 V 辅助供电系统

AC 380 V 辅助供电系统的工作原理如图 2.13 所示。辅助逆变器单元(ACM)同网侧变流器单元(LCM)的输出直流环节 DC 1 650 V 连接,它的任务是将输入的 DC 1 650 V 通过逆变得到三相 220/380 V/50 Hz 交流输出。ACM 为三相两电平 IGBT 逆变器,产生所需要的三相输出电压。包括滤波器电容、门驱动单元(GDU)、电压和电流传感器及控制单元等。三相输出滤波器包括一个三相电抗器和一个三相电容器,可将辅助逆变器产生的谐波成分过滤掉。三相隔离变压器将辅助电源和用电设备隔离。在 ACM 中设有一个电源装置,为控制单元、GDU 及电压和电流传感器供电。GDU 的主要任务是开关 IGBT。当电源出现故障或 IGBT 出现短路/过流时，GDU 可将 IGBT 断开。GDU 还可检测其自身的电源。控制器通过光纤向 GDU 传输信号，使系统具有较高的抗电气干扰能力。ACM 采用空间矢量调制法控制。为了在起动和接上较大负载时达到最好的控制效果，应采用恒定的电压－频率比控制，直到达到额定电压为止。辅助电源三相电压的幅值通过检测相电压实际值进行反馈控制。

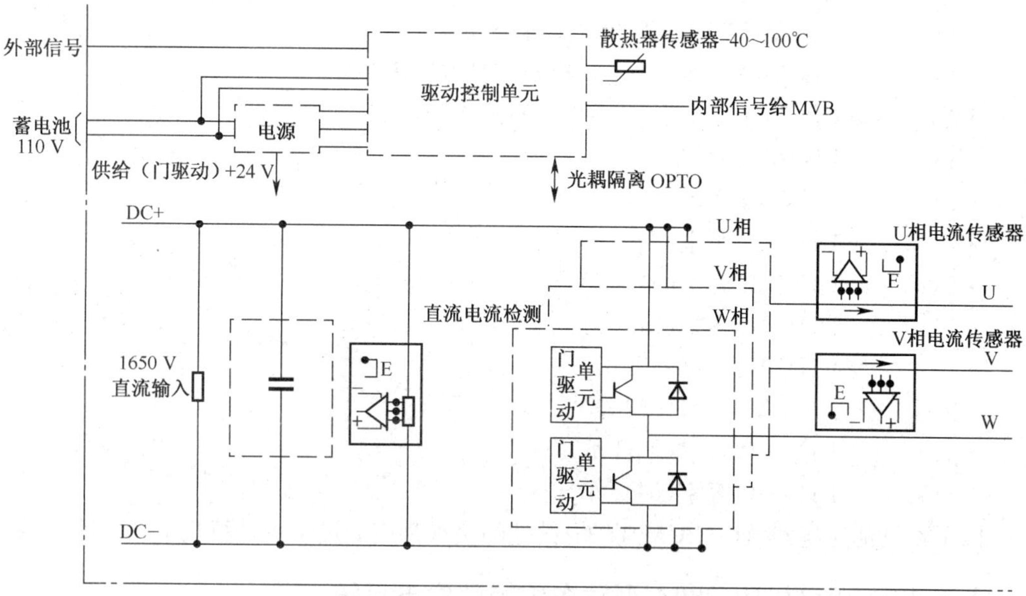

图 2.13　AC 380 V 辅助供电系统的工作原理示意图

ACM 采用基于微处理器的控制单元。辅助逆变器单元同牵引变流器一起，安装在同一个机箱内。变压器和滤波器箱内有隔离变压器、滤波器、主接触器和系统接地等。辅助逆变器、滤波器和变压器的冷却系统同牵引变流器的冷却系统合为一体。辅助供电系统具有完善的故障诊断和保护功能。出现故障时，辅助逆变器接触器能够将辅助逆变器断开。每个三相电源系统都高电阻接地。这种连接都在每个三相辅助系统的"0 V"(0 V 指中线)和车体之间。该连接置于每个基本单元车组的拖车内。如果出现一处接地故障，应不影响辅助系统供电。设一个控制继电器，监控辅助系统和车体之间的电阻。三相母线设置接地开关，接地开关包含在基本联锁系统中。

2. DC 110 V 辅助供电系统

DC 110 V 辅助供电系统工作原理示意图如图 2.14 所示，充电器 20 和蓄电池 22 设置于动力车(Mc 和 M)内。蓄电池充电器 20 将辅助逆变器 11 输出的三相AC 380 V 电压转化为 DC 110 V 电压后，一路通过直流触点 23 向列车 DC 110 V 母线供电，另一路通过蓄电池触点 21 给蓄电池充电。蓄电池充电器 20 是一个 IGBT 变流器，在其与辅助逆变器 11 之间设置了一个滤波变压器 12。

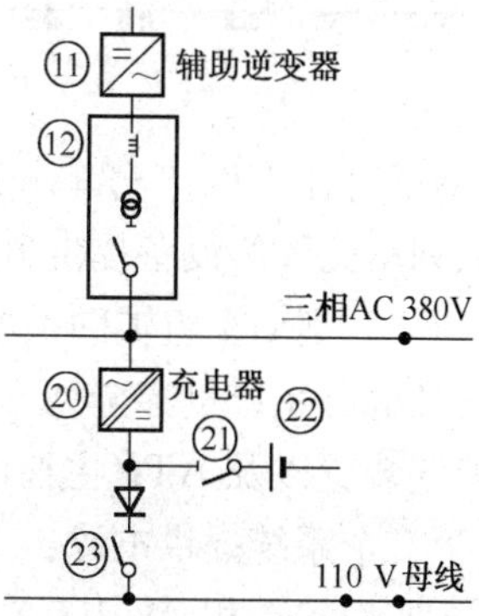

图 2.14　DC 110 V 辅助供电系统的工作原理示意图

3. 辅助负荷启动顺序

5 个 ACM 在启动过程中，辅助负荷必须延时顺序启动，以降低系统担负的启动电流。多数负荷可通过功能简化的车辆计算机控制。负荷以下列顺序激活：

- 0 s　1 个 BCM(Mc1 车)、水箱加热器、水冷器、污物箱加热器、变流器模块、变压器冷却
- 2 s　+1 BCM(M1 车)，3 个空压机、排水管
- 4 s　+1 BCM(M3 车)，1 个司机室 HVAC(Mc1 车)
- 6 s　+1 BCM(M2 车)，1 HVAC(Mc2)司机室
- 8 s　+1 BCM(Mc2 车)
- 10 s　+1 HVAC 客室(Mc1 车)
- 12 s　+1 HVAC 客室(Tp1 车)
- 14 s　+1 HVAC 客室(M1 车)
- 16 s　+1 HVAC 客室(M3 车)
- 18 s　+1 HVAC 客室(Tb 车)
- 20 s　+1 HVAC 客室(M2 车)
- 22 s　+1 HVAC 客室(Tp2 车)
- 24 s　+1 HVAC 客室(Mc2 车)

除了蓄电池充电器模块(BCM)以外，其他的负载都应通过车辆计算机单元激活。

2.2.3 CRH2/CRH380A 型动车组辅助供电系统

2.2.3.1 概述

CRH2 型动车组以 E2-1000 型动车组为原型车，通过全面引进设计制造技术，由四方股份公司在国内制造生产。动车组由 8 辆车组成，其中 4 辆动车 4 辆拖车；首尾车辆设有司机室，可双向驾驶，编成后结构如图 2.15 所示。

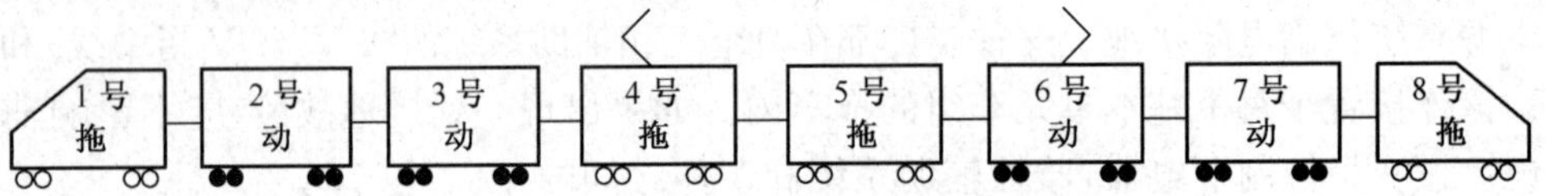

图 2.15　CRH2 型动车组编组形式

动车组在 1 号、8 号车分别设置一套辅助电源装置(APU)，为空气压缩机、照明、控制、广播、列车无线等设备提供电源；在 2、4、6 号车上分别设有一个蓄电池箱。

CRH2 型动车组辅助供电系统由牵引变压器 3 次辅助绕组提供电源，采用干线供电方式，按各电源系统贯穿全列车。和牵引变压器 3 次线圈直接连接的系统中，连接有空调装置、换气装置以及 ATP 主控电源。辅助电源装置(APU)的输入为 400 V，该设备作为电源向以下 5 个系统提供电源：

- 非稳定单相 AC 100 V 系统
- 稳定单相 AC 100 V 系统
- 稳定单相 AC 220 V 系统

• 稳定三相 AC 400 V 系统
• 稳定 DC 100 V 系统

辅助供电系统如图 2.16 所示。非稳压单相 AC 100 V 系统，由辅助变压器（ATr）仅将牵引变压器辅助绕组的 AC 400 V 电压直接降压至 AC 100 V，向热水器的加热器等容许电压变动的负荷供电。稳压 AC 100 V、AC 220 V 系统和稳压 DC 100 V 系统，使用辅助电源装置与 AC 400 V 实现隔离，并且降压和稳压。稳压三相 AC 400 V 与牵引系统相关的辅助设备（牵引变压器、牵引变流器、牵引电机用各送风机等）连接。稳压 DC 100 V 系统向车辆的控制电源、车厢照明、蓄电池等供电。

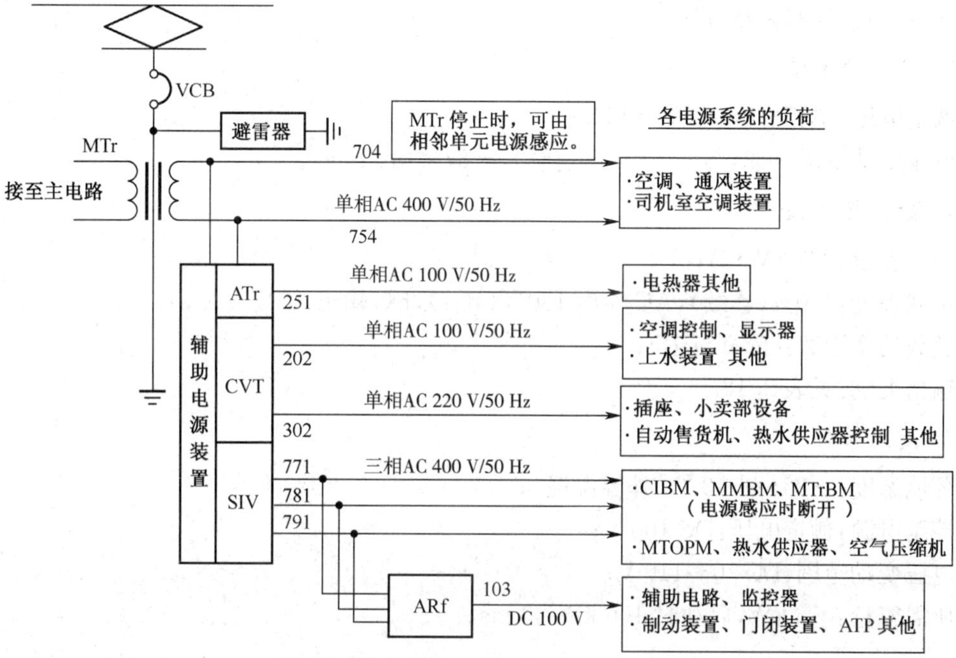

图 2.16　CRH2 动车组辅助供电系统图

辅助供电系统采用冗余设计，在动车组上安装 2 台牵引变压器，其辅助绕组输出至辅助电源装置（APU）的 AC 400 V 电压分别供电给 4 节车厢。当一台牵引变压器故障时，为了使另一台正常运转，牵引变压器能够通过辅助绕组向 8 节车厢供电，设置了用于切换的辅助绕组电源感应回路。当辅助绕组电源切换后，空调装置半功率运行。相邻单元具有相互支援功能，在动车组上安装 2 台辅助电源装置，一台辅助电源装置供给 4 节车厢所需辅助用电。当一台辅助电源装置发生故障时，为了使另一台正常运转的辅助电源装置能够向 8 节车厢供电，设置了用于切换的扩展供电回路。辅助电源装置的输出容量的设计能够在故障时用一台正常运转的辅助电源装置向整列车供电。因此，当一台辅助电源装置故障时无需减少负荷。辅助系统设有完善的安全接地措施以及自诊断功能和故障保护功能。在列车信息控制系统和辅助电源装置之间设置自诊断功能接口，由列车信息控制系统实施。

动车组车外车体侧面装有连接外部电源的插座（单相 AC 400 V/50 Hz），M2 车（2 号车及 6 号车）上各有一处。车辆检修基地设置有外部电源，可供辅助电路的工作。

2.2.3.2 APU 技术指标

1. 形式

辅助电源装置：APU BOX；

辅助整流器：ARf BOX。

2. 方式

电路方式：单相桥式 IGBT 脉冲整流器＋三相桥式 IGBT 逆变器方式；

控制方式：逆变器稳压控制方式；

冷却方式：强制风冷方式。

3. 输入额定值

额定电压：单相 AC 400 V/50 Hz；

电压变动范围：＋24％～－31％（连续），－37％（10 min）。

4. 输出额定值

额定容量：227 kV·A；

负载程度：100％（连续），AC 输出 180％（10 s），DC 输出 120％（20 s）；

负载功率因数：85％（延迟）；

输出类别：见表 2.18。

5. 使用条件

环境温度：－25～＋40 ℃（外界温度）；

控制电源：额定电压：DC 100 V；

电压变动范围：DC 70～110 V；

所需容量：0.6 kW，启动时 1.6 kW 10 ms。

表 2.18 CRH2 动车组 APU 输出电压种类

类别	交流三相	交流单相		直流（辅助整流器箱）	内置 ATr（不稳定）输出
额定电压	AC 400 V	AC 100 V	AC 220 V	DC 100 V	AC 100 V
额定输出	123 kV·A	12 kV·A	12 kV·A	58 kW	22 kV·A
电压精度	＋10％～－10％	＋10％～－10％	＋10％～－10％	＋10％～－10％	＋26％～－41％
频率	50(1±1％)Hz	50(1±1％)Hz	50(1±1％)Hz	—	50 Hz
失真率	5％以下	—	—	—	—
AC 输出电压瞬间变动（ATr 除外）	＋5％、－5％（AC 400 V 输出）（输入电压 AC 400 V，负载变动在 70％～100％）				
电压瞬间变动时的稳定时间	1 个循环（20ms）以下				
其他	效率在 90％以上				

2.2.3.3　工作原理

本辅助电源装置(APU)向辅助电路、蓄电池、荧光灯等供电;输出 DC 100 V 向插座、服务设备等供电;输出 AC 100 V 和 AC 220 V;向牵引系统的相关通风机输出三相AC 400 V;其内还设有向电热器等供电的 AC 100 V 电源用辅助变压器(ATr)。每列车设置 2 台辅助电源装置,分别向 4 辆车提供辅助电源。当一台辅助电源装置发生故障时,可通过另一台辅助电源装置向全列车提供辅助电源。

1. 辅助电源装置(APU)工作原理

辅助电源由辅助电源装置(APU)和辅助整流器(ARf)两个装置组成,辅助电源的功能如图 2.17 所示,图中上方虚线框内是辅助电源装置的功能方框图,下方虚线框内是辅助整流器的功能方框图。

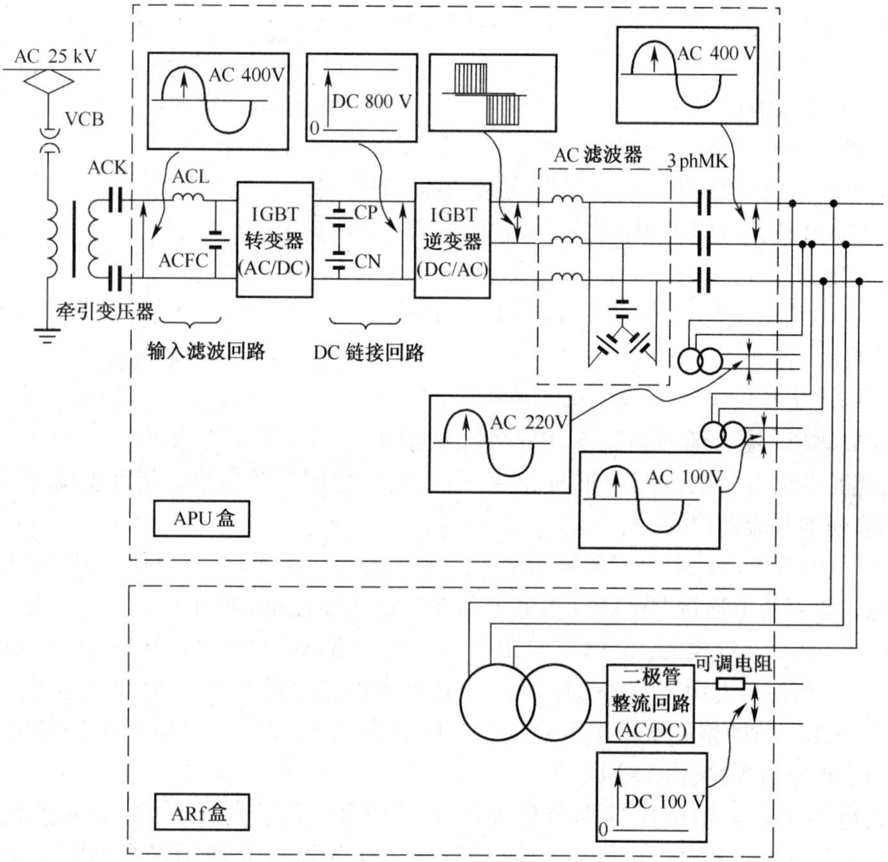

图 2.17　辅助电源功能方框图

(1)牵引变压器

牵引变压器将架线电压 25 kV 变换成辅助电源装置的输入电压 AC 400 V,同时也担负辅助电源装置对架线的绝缘作用。

(2)输入滤波回路

输入滤波回路是降低从架线流入到脉冲整流器/逆变器上的高频电流。

(3)IGBT 脉冲整流器

脉冲整流器将牵引变压器的单相交流输出电压变换成直流的恒定电压。控制方式采用使用了大容量 IGBT 的脉宽调制方式(PWM)。

(4)DC 环形回路

滤波电容器将稳定的直流电压供给后段的逆变器。

(5)IGBT 逆变器

逆变器将直流电变换成为恒频恒压的三相交流电。

(6)AC 滤波回路

AC 滤波回路降低逆变器输出电压中的由于切换所产生的高频电压,使其输出畸变很小的正弦波。

(7)输出接触器

输出接触器 3 phMK 担负切断和辅助电源装置间的负荷的作用。

(8)辅助整流器(ARf)

①二极管整流电路

整流电路通过二极管三相桥电路变换 APU 的 AC 400 V 输出电压,对电池供给 DC 100 V 电压。

②可调电阻

可调电阻使直流输出电压具有如图 2.18 所示的下垂特性。

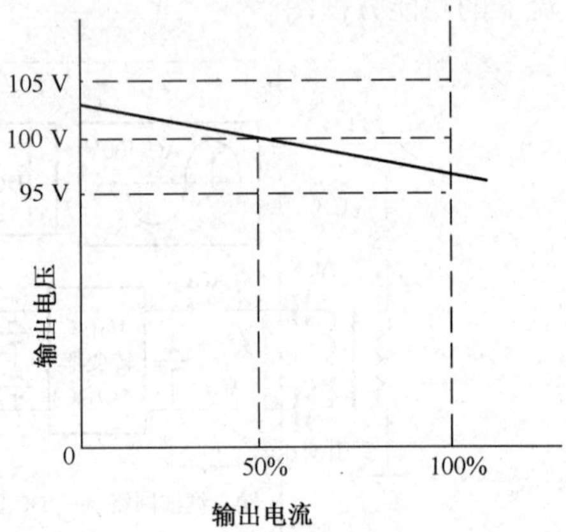

图 2.18　电压下垂特性

辅助电源装置(APU)的电路原理如图 2.19 所示,APU 由 APU 输入辅助整流器、PWM 三相输出逆变器、逆变器输出变压器、CVCF 输出变压器、辅助变压器等构成。辅助整流器柜由整流器变压器、辅助整流器构成。

APU 的输入电源是牵引变压器辅助绕组输出的 AC 400 V,通过可控硅混合电桥变换成为直流电。该直流电通过 PWM 三相逆变器变换成为交流电,通过逆变器输出变压器提供三相 AC 400 V/50 Hz 电源。CVCF 输出变压器将三相 AC 400 V 电源变换成单相 AC 220 V、AC 100 V 的稳压电源。辅助变压器将牵引变压器辅助绕组的 AC 400 变换成另一单相 AC 100 V电源。辅助整流器箱使用整流器变压器将 APU 的三相 400 V 电压输出变压后,通过三相全波整流器,输出 DC 100 V。

辅助电源装置采用可控硅混合整流器+三相 IGBT 逆变器方式,输入整流器部分使用大电流、高耐压器件,实现了小型、轻量化。逆变器单元使用可高速开关的 IGBT,通过高频 PWM 控制,实现了滤波电抗器的小型、轻量化。辅助整流装置采用自冷式,由整流器变压器、整流二极管单元、用于实现输出电压下降特性的电阻等构成。动车组上清扫用电源插座使用 AC 220 V,在每辆车上配置 2 个,蓄电池组容量可维持应急用电量 2 h。

2. 辅助电源装置(APU)动作说明

辅助电源装置(APU)的主要构成部件见表 2.19。

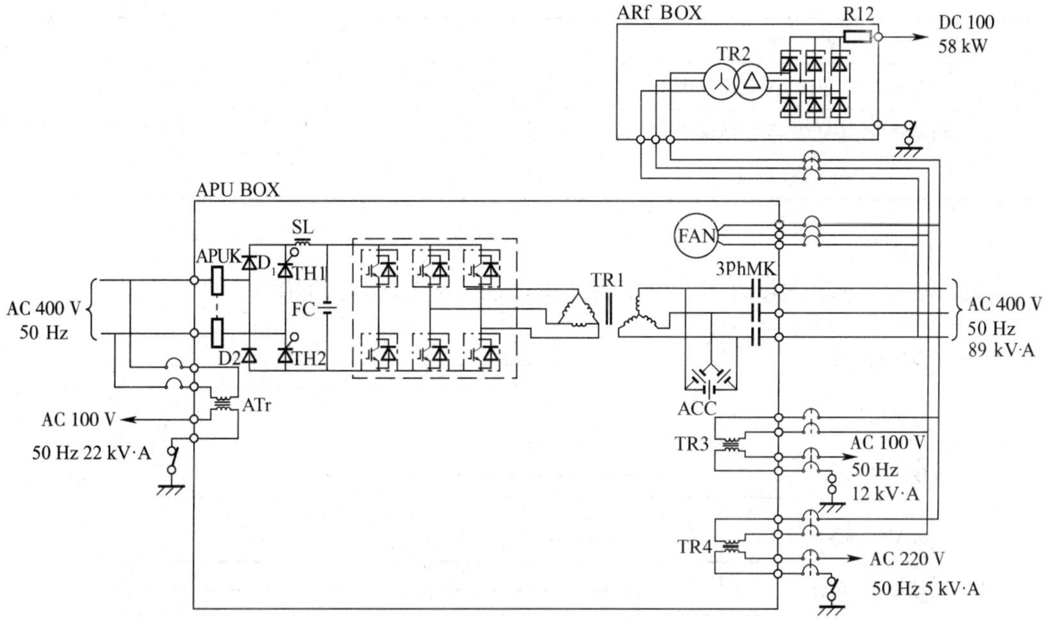

图 2.19　辅助电源装置电路图

表 2.19　APU 主要构成部件

名　　称	数量	备　　注
辅助变压器(AC 100 V 输出用)	1	ATr
输入侧电磁接触器	1	IVK1
充电电阻用电磁接触器	1	IVK2
充电电阻	1	RC
输入变压器	1	TR1
输入滤波电抗器	1	ACL1
输入滤波电容器	1	ACFC
滤波电容器	5	FCU
输出滤波电容器	1	ACC
变频器单元	2	U、V 相
逆变器单元	3	U、V、W 相
控制单元	1 套	
放电电阻	1	DCHKR
放电用电磁接触器	1	DCHK
输出侧电磁接触器	1	3 phMK
电动送风机	1	FAN
辅助整流用变压器	1	TR2

续上表

名　　称	数量	备　　注
辅助变压器(AC100V 定压输出用)	1	TR3
辅助变压器(AC220V 定压输出用)	1	TR4
辅助整流单元	1 套	ARf

1)动作说明

辅助电源装置动作起动/停止时间表如图 2.20 所示,通常动作为:

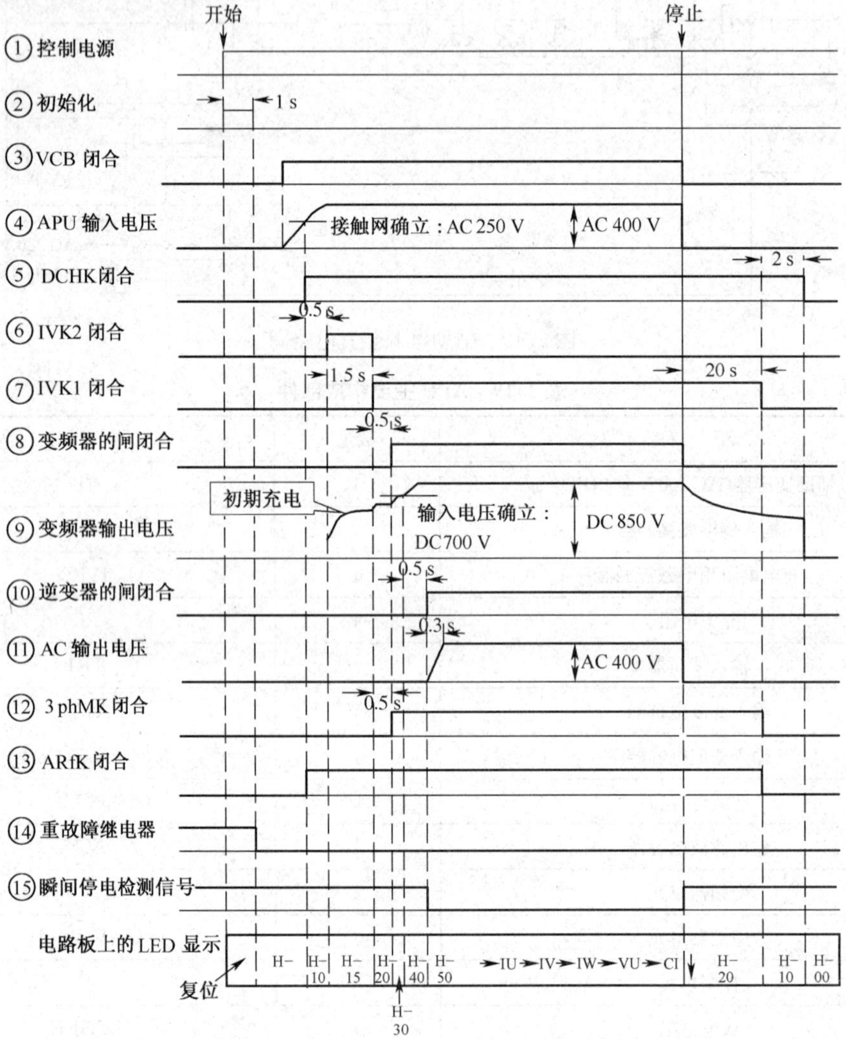

H-00:CPU复位后
H-10:DCHK闭合
H-15:IVK2闭合
H-20:IVK1闭合
H-30:变频器闭合
H-40:逆变器输入电压确立
H-50:逆变器闭合

IU:输出电流U相
IV:输出电流V相
IW:输出电流W相
VU:输出电压U相
VV:输出电压V相
VW:输出电压W相

F:输出频率
L:AC接触网电压
VC:变频器输出电压
CI:变频器输入电压

图 2.20　辅助电源装置动作起动/停止时间表

(1)起动条件

①控制电源有 DC 100 V。

②无重故障、轻故障时。

③脉冲整流器的输入电压在 AC 250 V/50 Hz 以上。

④耐压试验连接器在运转的位置上。

(2)停止条件

①控制电源无 DC 100 V 时。

②有轻故障、重故障时。

③耐压试验连接器不在运转位置时。

(3)起动、停止动作

①控制电源 ON:

②APU 起动:控制电源闭合后,再闭合 VCB,APU 的输入电压确立,APU 开始起动;

VCB 闭合后,控制电源再被闭,APU 的 CPU 初期复位、然后起动开始。

③DCHK 的闭合:APU 的输入电压一旦被确立(AC 250 V 以上),通过来自 CPU 的指令,DCHKAR 被励磁,DCHK 就被闭合。

④IVK2 的闭合:闭合 DCHK 0.5 s 后,由来自 CPU 的指令,IVK2AR 被励磁。

⑤IVK1 的闭合:IVK2 被闭合 1.5 s 之后,由来自 CPU 的指令,IVK1AR 被励磁。IVK1 被闭合,0.5 s 后变频器进行软起动。变频器的输出电压在达到 700V 的时候,逆变器的输入电压被确立,0.5 s 之后逆变器进行软起动。

⑥3 PhMK 的闭合:IVK1 闭合 0.5 s 之后,由来自 CPU 上的指令,APUKAR 被励磁,3 phMK 闭合。

⑦APU 停止:VCB 变为 OFF、如没有输入电压(AC 250 V 未满),APU 停止。变频器、逆变器变为 OFF 后,IVK1、IVK2、3 phMK 在 20 s 之后断开,DCHK 22 s 之后断开。

(4)各种信号输出

①ARfK 闭合:APU 的输入电压一旦被确立(AC 250 V 以上),由来自 CPU 的指令,ARfKR 被励磁,ARfK 闭合。在 APU 停止的时候,变频器、逆变器变为 OFF,20 s 之后 ARfK 断开。

②APU 故障:APU 发生重故障的情况下,通过来自 CPU 的指令,对 APUFAU 进行励磁。由此,向监视器发出 APU 故障信号。

③瞬间停电检测:APU 的输出在停止的情况下,根据 CPU 的指令,向外部输出瞬间停电检测信号(停电最短为 0.5 s)。

(5)运转状态的显示

CPU 初始化后、在基板的 LED 上显示下面运转状态。

①H-00:CPU 初始化。

②H-10:DCHK 闭合。

③H-10:IVK2 闭合。

④H-20:IVK1 闭合。

⑤H-30:变频器闭合。

⑥H-40：逆变器输入电压确立。

⑦H-50：逆变器闭合。

⑧在 H-50 状态下最初显示 H-50，然后顺序地显示以下的测量值。

AC 输出相电流：IU，IV，IW；AC 输出线间的电压：UV，VW，WU；输出频率：F；架线电压：L；变频器输出电压：VC；变频器输入电压：CI。

2)保护说明

APU 的保护根据有无自动再起动分为轻故障和重故障两大类。APU 停止后进行自动重新启动称为轻故障，监视发生轻故障后 60 s 以内是否发生第二次轻故障，不发生的情况下则中止监视继续进行通常的动作。APU 停止后不自动重新启动称为重故障。APU 的保护设定见表 2.20。

表 2.20　保护设定表

序号	故障编码	故障名称	设定值	故障类别		
				重 1	重 2	轻
1	E-90	变频器输入过电流(CONVOCD)	变频器输入电流若在额定的 250%以上，瞬间检测		○	
2	E-91	变频器用 IGBT 异常(CONVFO)	由变频器用栅极驱动电路板进行栅极信号不相一致的检测		○	
3	E-62	输入接触器 1 不闭合(IVK1D)	IVK1 闭合指令发送后，等待 1 s 后 IVK1 辅助接点不动作的情况下进行检测			○
4	E-63	输入接触器 2 不闭合(IVK2D)	IVK2 闭合指令发送后，等待 1 s 后 IVK2 辅助接点不动作的情况下进行检测			○
5	E-86	输入接触器 1 不断开(IVK1DA)	IVK1 闭合指令停止后，等待 1 s 后 IVK1 在辅助接点不断开的时候进行检测		○	
6	E-87	输入接触器 2 不断开(IVK2DA)	IVK2 闭合指令停止后，等待 1 s 后 IVK2 在辅助接点不断开的时候进行检测		○	
7	E-85	温度异常(THD)	通过冷却器上设置的温度继电器进行保护检测(84±2) ℃	○		
8	E-92	逆变器用 IGBT 异常(INVFO)	通过逆变器用栅极驱动电路板进行栅极信号不一致的检测		○	
9	E-74	AC 输出过压(ACOVD)	AC 输出电压在额定的 130%以上时瞬间检测			○
10	E-75	AC 输出低电压(ACLVD)	AC 输出电压在额定的 80%以下持续 1 s 时检测			○
11	E-76	AC 输出短路(ACOSC)	AC 输出电流在额定的 150%以上，并且，输出电压在额定的 65%以下的状态持续 2 s 时检测			○
12	E-77	控制电源异常(CPSF)	控制电源的输出电压，在额定的 90%以下时检测			○

续上表

序号	故障编码	故障名称	设定值	故障类别		
				重1	重2	轻
13	E-78	逆变器输入过压(INVOVD)	逆变器的输入电压(=变频器的输出电压),达到1 000 V以上的时候瞬间检测			○
14	E-79	逆变器输出过电流(IAOC)	逆变器的输出电流在达到额定的250%以上时,瞬间检测			○
15	E-80	输入异常(STF)	把变频器闭合指令发送之后,等待1 s后,变频器的输出电压在没有达到700 V上时检测;IVK2闭合信号发送之后,变频器的输出电压在300 V以下持续5 s的情况下检测;程序测试时,变频器的输出电压在达到50 V以上的情况下检测	○		
16	E-81	AC输出过电流(ACOCD)	AC输出电流在额定的110%以上,持续超过10 s的情况下检测	○		
17	E-82	AC输出电压异常(ACLOVD)	AC输出电压在额定的105%以上时,而且,在95%以下,但是持续60 s的情况下检测	○		
18	E-84	接地检测(GFD)	接地电流在1.5 A以上持续1 s的情况下检测	○		
19	E-64	输出接触器不闭合(3 phD)	3 phMK闭合指令发送后,等待1 s后 3 phMK辅助接点不动作的情况下进行检测			○
20	E-88	输出接触器不断开(3 phDA)	3 phMK闭合指令停止后,等待1 s后 3 phMK在辅助接点不断开的时候进行检测	○		
21	E-65	放电接触器不闭合(DCHKD)	DCHK闭合指令发送后,等待1 s后 DCHK辅助接点不动作的情况下进行检测			○
22	E-89	放电接触器不断开(DCHKDA)	DCHK闭合指令停止后、等待1 s后 DCHK在辅助接点不断开的时候进行检测	○		

(1)重故障1

通过一次故障检测,闸控全部OFF后,为重故障(不进行自动再起动)。

↓

IVK1、IVK2、3 phMK一起断开,2 s之后DCHK断开,故障闭锁。

↓

通过车上复位(外部复位)、地板下APU的复位(局部复位),或控制电源关闭投入(3 s以上),进行再起动操作。

(2)重故障2

通过一次故障检测,闸控全部OFF后,为重故障。(不进行自动再起动)

↓

IVK1、IVK2、3 phMK 一起断开，2 s 之后 DCHK 断开，故障闭锁。

IVK1、IVK2、DCHK 只在输入接触器 1 不断开、输入接触器 2 不断开时继续闭合。

↓

不接受车上复位(外部复位)的操作。

通过地板下 APU 的复位(局部复位)，或者控制电源关闭投入(3 s 以上)时，可能复位。

(3)轻故障

故障发生之后，闸控全部 OFF。IVK1、IVK2、3 phMK 断开，为轻故障。

(DCHK 只在逆变器输入过电压的情况下断开)

↓

APU 自动复位

↓ ——→ 60 s 之间再次发生故障

60 s 之间没有再次发生故障　　↓

↓　　以后和重故障 1 同样处理

继续运行

3. DC 100 V 系统工作原理及主要配线系统

辅助整流器箱使用整流器变压器将 APU 的三相 400 V 电压输出变压后，通过三相全波整流器，输出稳压 DC 100 V，向车辆的控制电源、车厢照明、蓄电池、插座、服务设备等供电。

DC 100 V 系统框图如图 2.21 所示，可由 102、103 线两条线供电。通常是由 103 线供电，架线停电时，通过操作应急灯切换接触器，在将电源由 103 线切换到 102 线的同时，即可向广播装置，应急灯等最低限度所需的设备供电。

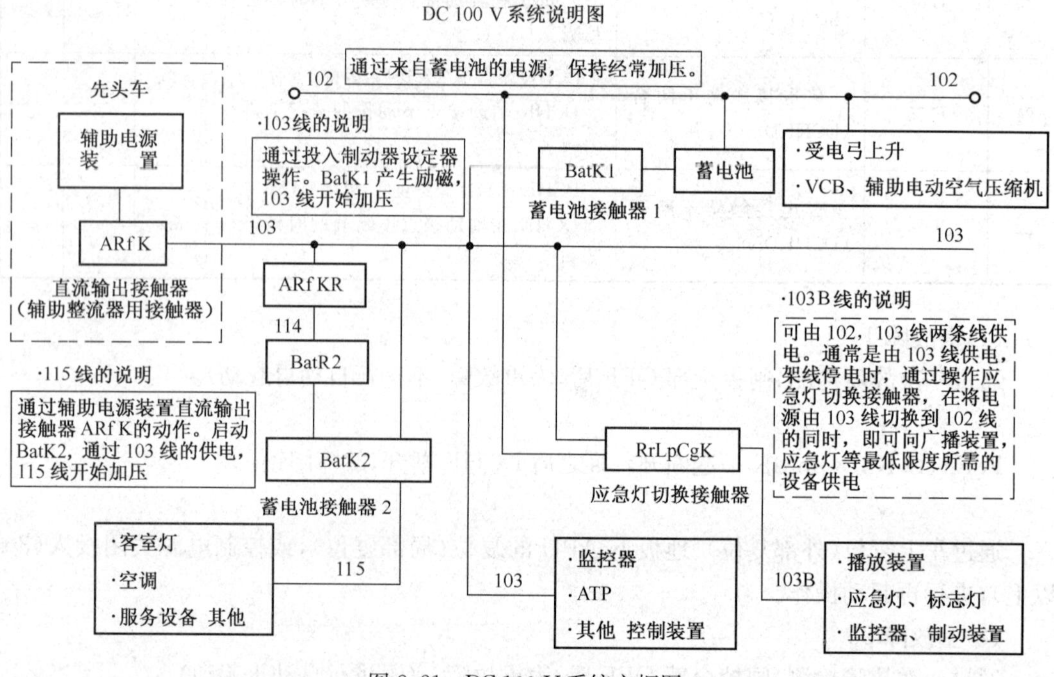

图 2.21　DC 100 V 系统方框图

(1)102 线系统

由蓄电池提供的电源平时就成为接通的使用状态，随时为辅助电动空气压缩机、受电弓及真空断路器(VCB)等与行车相关设备提供电源。

(2)103 线系统

就列车编组的贯通而言，在 VCB 接通前，各车使用备用电源(蓄电池)。VCB 接通后，辅助电源的输出线 101 线(103 线的场合是经过辅助整流器接触器(ARfK)提供电源。

由于制动设定器手柄接通，105 线接通，M2 车的制动阀继电器(BVR)动作，通过 BVR 接点接通，蓄电池接触器 1(BatK1)动作，103 线被接通。此外，即使断开制动设定器手柄，若 VCB 接通时，由于 BatK1 继续动作，103 线仍处于接通状态。

该电源用于控制电路、ATC、监控器、车辆开关门电路等主要的直流电源装置及机器。

(3)103B 线系统

在由 102 线及 103 线两者提供电源的电路中，通常是由 103 线供电。在接触网停电时，进行切换备用灯的操作，将备用电源接入，为两头车的标志灯、回转接触电源、广播设备、备用灯等提供电源。

(4)115 线系统

电池的充电电路确立后施加电压。它以辅助电源装置的直流输出为重要条件。其过程概况是:用作辅助电源装置的直流输出的继电器(ARfKR)动作，114 线接通→导致 M2 车的蓄电池接触器 2(BatK2R)励磁→通过 BatK2R 的动作，致使 M2 车的 BatK2R 励磁→通过来自 103 线的电源 115 线接通。它是用作客房灯、自动门、空调及辅助旋转机器控制等服务设施的电源。

2.2.4 CRH3/CRH380B/C 型动车组辅助供电系统

2.2.4.1 概述

辅助供电系统主要为车载设备提供交流或直流电源，核心电源设备为辅助变流器，辅助变流器分单辅助变流器(ACU)和双辅助变流器(D-ACU)。

交流 25 kV 高压电由设置在 TC02、TC07 车上的牵引变压器降压为 1 550 V 后，作为每辆动车的牵引变流器的输入，辅助变流器将牵引变流器的中间直流电压 DC 3 000 V 变换成为三相 AC 440 V/60 Hz 作为输出，向列车交流干线供电。单辅助变流器安装在变压器车(TC07/ TC02)车下，双辅助变流器安装在一等车(FC05)和餐车(BC04)车下。

直流供电采用 110 V 电压制式，动车组设有 2 组容量为 300 A·h，110 V 的蓄电池组和两台充电机，充电机、蓄电池安装在一等车(FC05)和餐车(BC04)车下。

辅助供电系统的原理如图 2.7 所示牵引变流器(TRC)的直流中间电路作为辅助变流器(ACU)的电源，每个牵引单元的两个牵引变流器(TRC)同时与本单元的两个辅助变流器(ACU)连接。所有的辅助变流器都通过供电母线向整列列车同相位输出三相 AC 440 V/60 Hz 电，在正常情况下，列车供电母线贯通整列车。AC 440 V/60 Hz 供电母线为电池充电机供电，电池充电机给蓄电池充电，同时为 DC 110 V 负载供电，DC 110 V 供电母线贯穿整列列车。

车载电源箱内装有小变压器，将三相 AC 440 V/60 Hz 电变为单相 AC 230 V/60 Hz 电，向本车的伴热等交流负载供电。每辆车上有一个逆变器将 DC 110 V 逆变成单相 AC 230 V/50 Hz 电，给清洁设备用插座等供电，车与车之间相互独立。

双辅助变流器上有一个外接电源插座，在库内作业时，由外部 380 V/50 Hz 电源为三相 440 V/60 Hz 干线供电。在每一个电池箱内有一个 DC 110 V 外接电源供电插座，列车停放在车库时，能够通过电池箱内 DC 110 V 外接电源插座提供 DC 110 V 电源。

2.2.4.2　单辅助变流器

1. 技术参数

单辅助变流器的技术参数见表 2.21。

表 2.21　单辅助变流器技术参数

最大尺寸(长×宽×高)	1 886 mm×2 978 mm×699.5 mm
安装点的数量	4
质量	约 1 450 kg
箱体通风处防护等级	IP 21 per IEC 60529
箱体不通风处防护等级	IP 54 per IEC 60529
制冷方式	强制风冷
输　入	
标称电压	DC 2 700～3 600 V
输入滤波器	EMC 滤波器
输　出	
输出频率	(60±1) Hz
额定输出电压	三相 AC 440 V
相对额定电压的动态输出电压公差	±25%
静态输出电压公差	±5%
输出电压的最大升幅	<10 V/μs
失真系数	<10%
输出滤波器	EMC 滤波器 /正弦滤波器
额定输出功率	160 kV·A
允许的最大输出电流 持续 10 ms 持续 10 s 持续	 700 A 334 A 209 A
输出接触器	三极式(由内部控制器触发)
辅助控制	
额定电压	DC 110 V
电压范围	+25%，−30%

2.外部接口

单辅助变流器有如下外部接口(具体位置如图 2.22 所示)：

• DC 3 000 V 输入：　　　　X1

- 输出：　　　　　　　　1A(三相 440 V，60 Hz)X10
- 输出：　　　　　　　　1C(三相 440 V，60 Hz)X12
- 控制输入和输出：　　　插头 X4
- MVB 总线和接口：　　 插座 X5
- 服务接口：　　　　　　插头 X6

图 2.22　单辅助变流器外部接口的位置

3. 结构

单辅助变流器安装在车辆的地板下面，所有电气元件置于钢制外壳中，通过四个支撑座弹性连接到车体边梁上。单辅助变流器包括开关和保护部件、各种监控设备和电源模块。图 2.23 为单辅助变流器主要部件的位置。

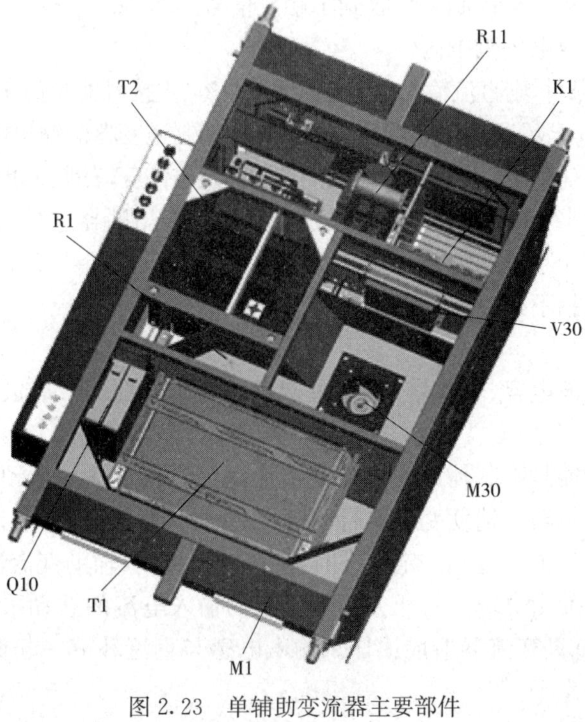

图 2.23　单辅助变流器主要部件

K1—Sibcos-M2500 主控制器；M1—内置风扇；M30—主风扇；Q10—耦合断路器；
R1—滤波电感；R11—预充电电阻；T1—脉宽调制逆变器；T2—变压器；V30—电容

4. 工作原理

(1)基本原理

单辅助变流器的基本原理如图 2.24 所示。

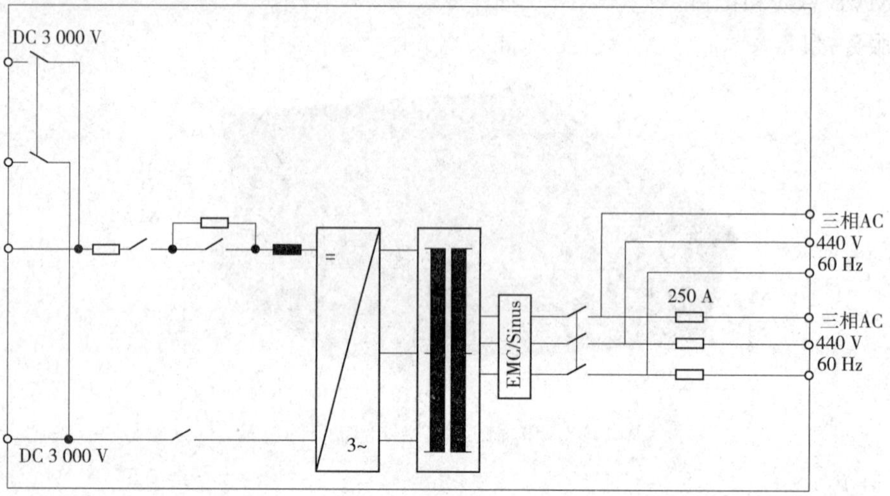

图 2.24　单辅助变流器的基本原理图

单辅助变流器直接连接到牵引变流器的中间电路上，标称电压为 DC 3 000 V。操作单辅助变流器需要满足下列条件：

• 单辅助变流器从机车控制系统收到了触发信号。

• 输入电压在有效电压范围内。

如果满足了接通条件，则直流输入电压经由滤波电容、主接触器和预充电接触器供给脉宽调制逆变器模块(PWMI)，PWMI 接通并启动。如果脉宽调制逆变器的输出电压处于规定范围内，则输出接触器关闭，单辅助变流器的控制器则向控制器发出信息，表明三相交流输出已经准备好。

AC 440 V 输出则经由变压器、EMC 滤波器以及输出熔断器进行供电。

(2)主要部件

单辅助变流器包括下列主要部件：

①输入部分

输入部分包括滤波电容、输入熔断器、主接触器、预充电装置、滤波电感、输入电压和电流传感器。

预充电装置的功能是限制辅助变流器的浪涌电流。它包括一个预充电电阻、一个预充电接触器和多个主接触器。辅助变流器启动时，预充电接触器关闭，直流支撑电容通过预充电电阻充电。直流连接电压达到一定水平时，主接触器关闭，辅助变流器无电阻工作。安装滤波电感的目的在于使由 IGBT 的开关操作引起的输入电流的波动平滑，吸收线路上的冲击电压，从而防止对辅助变流器造成损坏。输入电感与直流环节一起保持输入电流中的谐波含量处于非常低的水平。

②脉宽调制逆变器

逆变器模块包括一个受控三相电桥，该电桥将来自牵引变流器的 DC 3 000 V 电压变为三相脉宽调制(PWM)440 V/60 Hz 输出电压。脉宽调制逆变器以固定频率模式工作。

脉宽调制逆变器包括一个散热器,上面安装有 IGBT 开关、二极管、直流连接电容和驱动板。该模块上没有控制器。主控制器单独安装在外壳上,使用一台变压器进行电隔离,并将脉宽调制逆变器高电压变为可用的三相 AC 440 V 电压。

脉宽调制逆变器如图 2.25 所示。

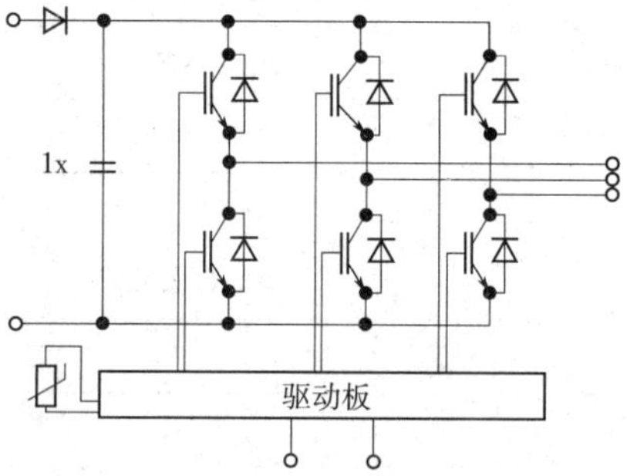

图 2.25　脉宽调制逆变器框图

③主控制器

SibcosÒ-M2500 控制器为主控制器和模块控制器的组合。它负责全面系统控制、与上级控制通信以及不同类型功率变流器的控制和调节(比如脉宽调制逆变器)。

SibcosÒ-M2500 控制器配备 16 条 IGBT 控制通道、14 条 IGBT 反馈输入以及 8 条数字输入和 4 条数字输出。此外,该控制器还配备了专用直流电源输入。

(3)冷却

单辅助变流器采用强制风冷,进气口和排风口如图 2.26 所示。

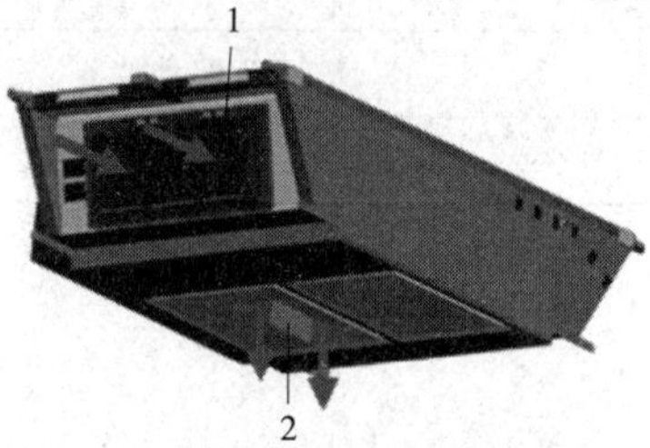

图 2.26　单辅助变流器的进气口和排风口

1—进气口;2—排风口

空气由安装在外壳前部的两个滤清器进入,然后被引导进入电源模块的散热片,主风扇将冷风吹到中间的隔室,冷风然后通过变压器,最后通过位于底部的两个排风口排出。

主风扇由主控制器 Sibcos — M2500 根据温度进行控制,各模块将散热器的温度反馈给控制器,控制器对温度进行监控,并依据温度情况直接打开或关闭主风扇。

2.2.4.3　双辅助变流器

1. 技术参数

双辅助变流器的技术参数见表 2.22。

表 2.22　双辅助变流器技术参数

最大尺寸（长×宽×高）	3 485 mm×2 978 mm×699.5 mm
安装点的数量	4
质量	约 2 700 kg
箱体通风处防护等级	IP 21 per IEC 60529
箱体不通风处防护等级	IP 54 per IEC 60529
制冷方式	强制风冷
牵引变流器中间输入	
标称电压	DC 2 700～3 600 V
输入滤波器	EMC 滤波器
外部电源三相 AC 380 V，50 Hz 输入	
标称电压	三相 AC 380 V/50 Hz
功率	约 200 kW（最大 300 A）
输　出	
输出频率	(60±1)Hz
额定输出电压	三相 AC 440 V
相对额定电压的动态输出电压公差	±25%
静态输出电压公差	±5%
输出电压的最大升幅	<10 V/μs
失真系数	<10%
输出滤波器	EMC 滤波器 /正弦过滤器
额定输出功率	2×160 kV · A
允许的最大输出电流 持续 10 ms 持续 10 s 持续	 700 A 334 A 209 A
输出接触器	三极式(由内部控制器触发)
辅助控制	
额定电压	DC 110 V
电压范围	-30%～+25%

2. 外部接口

电缆经由电缆密封插入到接线盒中，双辅助变流器有下列接口(外部接口的位置如图 2.27 所示)：

- DC 3 000 V 输入：　　　　X1
- 外部电源输入：　　　　　X20
- 输出：　　　　　　　　　1A(三相 AC 440 V/60 Hz)X10
- 到蓄电池充电器的输出：　1B (三相 AC 440 V/60 Hz)X11
- 输出 ：　　　　　　　　 1C (三相 AC 440 V/60 Hz)：X12
- 控制输入和输出：　　　　插头 X4
- MVB 总线和接口：　　　　插座 X5
- 服务接口：　　　　　　　插头 X6

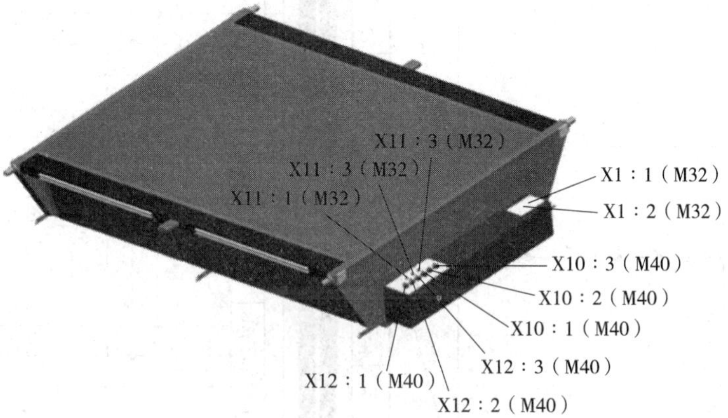

图 2.27　双辅助变流器外部接口的位置

3. 结构

图 2.28 所示为双辅助变流器主要部件的位置。

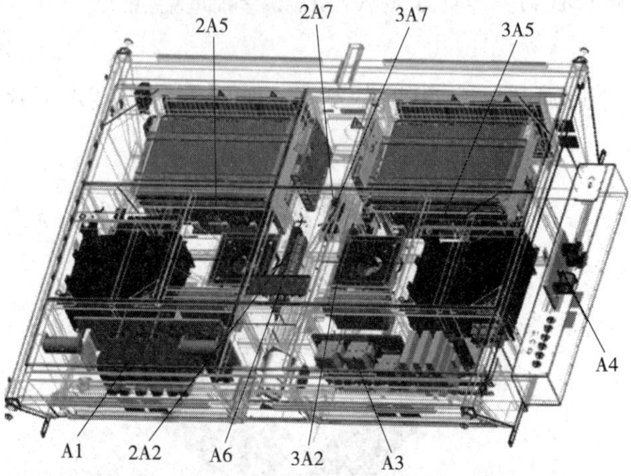

图 2.28　双辅助变流器主要部件

A1—有主接触器和预充电接触器的电路板；A2—有 3AC 电压检测装置的电路板；
A3—有输出/外部电源接触器和输出熔丝的电路板；A4—有滤波电容器的电路板；
A5—有变压器的电路板；A6—有滤波电容器的电路板

4. 工作原理

(1)基本原理

双辅助变流器的基本原理如图 2.29 所示。其基本工作原理、操作时需要满足的条件与单辅助变流器相同。

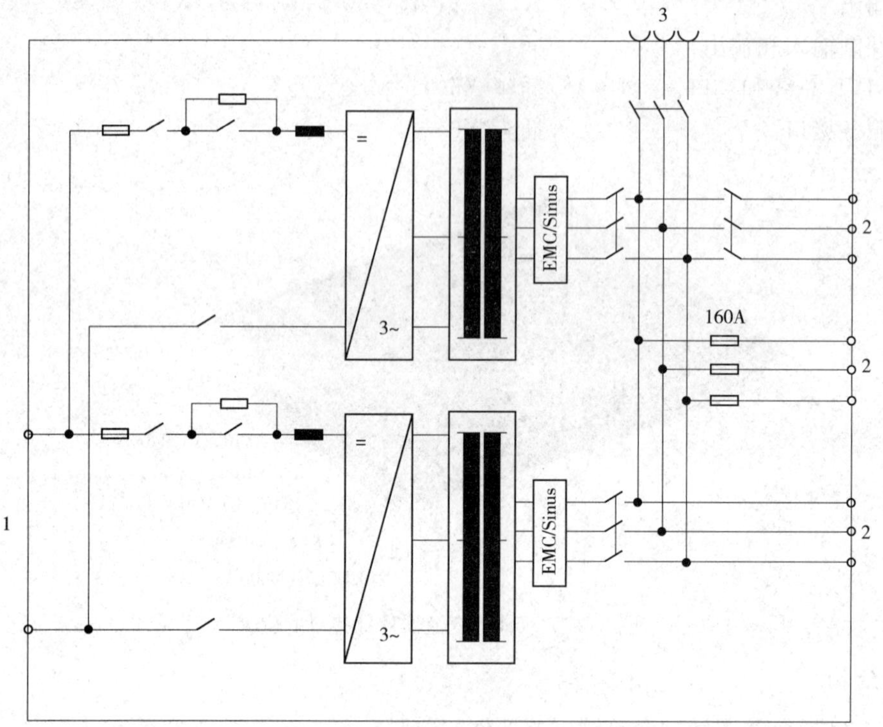

图 2.29　双辅助变流器的基本原理图

1—DC 3 000 V;2—三相 AC 440V/60Hz;3—外部电源三相 AC 380V/50Hz

(2)冷却

双辅助变流器也采用强制风冷,其冷却基本工作过程与单辅助变流器相同,进、排气口位置如图 2.30 所示。

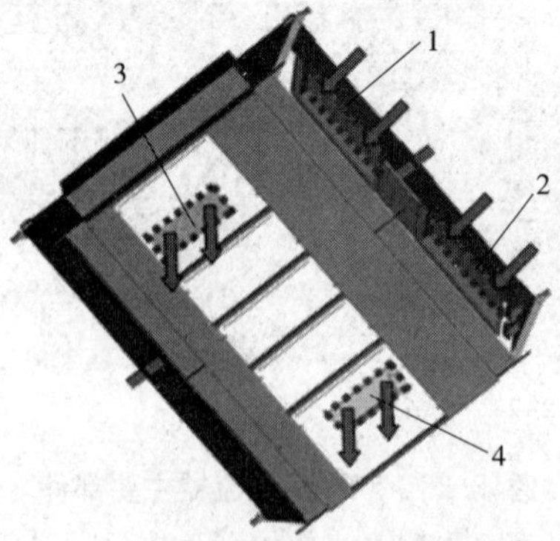

图 2.30　双辅助变流器的进气口和排风口

1—ACU2 进气口;2—ACU3 进气口;

3—ACU2 排风口;4—ACU3 排风口

2.2.4.4 外部电源

为了确保在高压设备接地或列车停车时，原来由三相 440 V 总线供电的设备继续工作，可以使用外接三相 380 V 电源为三相 440 V 列车总线供电。外接电源供电负载包括：充电机、采暖和空调系统、其他 440 V 负载。在双辅助变流器箱体一侧中间位置，设置了外接电源输入插座 X20。由于双辅助变流器安装在餐车和一等车的车下，动车组的外接电源插座布置在动车组的中间位置，每侧一个。

外接电源输入插座如图 2.31 所示。

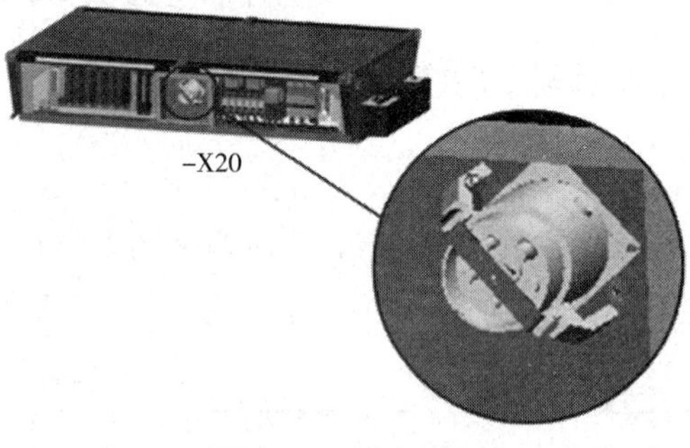

图 2.31 插座 X20

地面插头如图 2.32 所示。

地面电源的供电品质也必须符合动车组的要求，见表 2.23。

图 2.32 地面插头

表 2.23 地面电源技术参数

要求	条件
频率	50 Hz
额定电压	三相 AC 380 V
最大电流	300 A
最大功率	200 kW

对于动车组(包括重联动车组)，只能通过一个外接电源插座给整列车供电。对整列动车组供电时，通过控制器将一台双辅助变流器上的耦合接触器闭合，关断另一台双辅助变流器上的电源。通过列车的“锁-闭部件”，激活外部电源。

在下列情况下，外部电源接通：

- 中央控制器(CCU)发出了工作模式“外部电源”指令；
- 外部电源的输入电压在有效范围内；
- 外部电源的相序不存在问题；
- 没有接地故障信息。

外接电源供电通过一等车(FC05)控制面板上的一个钥匙开关来操作。钥匙开关有 3 个位置：“440 V ON ”(正常位)、“OFF”(关闭位)、“外部供电”位。

如果钥匙开关从“440 V ON”位置通过“OFF”位置转到“外部供电”位置时，外部供电激活。在钥匙开关从“440 V ON”位置到“OFF”时，主断路器断开，受电弓降弓。另外，除了最小电压监控，所有交流负载断开。

在“外部供电”位置，当所有必须的开关和控制功能完成后，“外部供电准备”指示灯亮。钥匙能从“外部供电”位置取出，用钥匙打开两个双辅助变流器外接电源供电插座中的一个，开始外接电源供电。

另外，CRH3 动车组在每一个电池箱内有一个 DC 110 V 外接电源供电插座，在列车停放在车库时，能够通过电池箱内 DC 110 V 外接电源插座提供 DC 110 V 电源。

2.2.5 CRH5 型动车组辅助供电系统

2.2.5.1 概述

CRH5 型动车组的编组形式如图 2.33 所示，分成两个动力单元，一个动力单元由 3 个动车和 1 个拖车(M-M-T-M)组成，另一个动力单元由 2 个动车和 2 个拖车(T-T-M-M)组成。

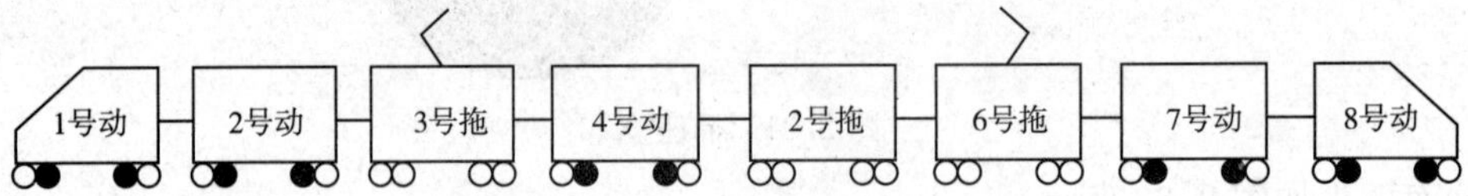

图 2.33 CRH5 型动车组编组形式

辅助供电系统由辅助变流器、蓄电池、充电机等组成，每列车设有 5 台辅助变流器，每辆动车一台，和牵引变流器安装在一起，每列车设 8 组蓄电池和电池充电机，每辆车一套，如图 2.34 所示(图中代号见表 2.24)。AC 25 kV 高压电经设置在拖车上的牵引变压器降压成 1 770 V后，输入每辆动车中的牵引变流器。辅助变流器将牵引变流器 DC3 600 V 的中间直流电压变换成 AC 380 V 后，为空气压缩机、冷却通风机、油泵/水泵电机、空气调节系统、采暖、照明、旅客信息系统等设备提供电源。CRH5 动车组辅助供电系统的工作原理如图 2.35 所示(图中代号见表 2.24)。

表 2.24 CRH5 型动车组辅助供电系统图中代号

代号	功能	代号	功能	代号	功能
4QC1,4QC2	四象限变流器	KAUX	辅助变流器隔离开关	SMT	接地开关
B	24V 蓄电池	L(BT)	低压负载	SMT1	接地刀闸开关
CADC	辅助中间滤波电容	Lp(BT)	特殊低压负载	SMT400	中压接地开关
CAI11，CAI12，CAI13，CAI14	辅助斩波输入滤波电容	L(MT),La(MT),Lb(MT)	中压负载	TA1,TA2	副边绕组电流变送器
CAUC1,CAUC2	辅助斩波输出电容	LAUC	辅助斩波输出电抗	TA1_M1,TA2_M1,TA1_M2,TA2_M2,	牵引电机电流变送器

续上表

代号	功能	代号	功能	代号	功能
CBS	蓄电池充电机	LAUX	辅助斩波输入滤波电抗	TA1AUX，TA2AUX	辅助变流器电流变送器
Cdc	直流环节电容	LU1，LU2，LU3	三相辅助输出滤波电抗	TA3	负极电流变送器
CH－INV AUX	辅助变流器	M1，M2	牵引电机	TAB	蓄电池充电电流变送器
CHF1，CHF2	制动斩波器	PCBT	低压库插	TAL	25 kV 直流环节电压变送器
CONVTRAZAU	牵引辅助变流器	PCMT1，PCMT2，PCMT3，PCMT4	中压库插	TAP	原边变流变送器
CU1，CU2，CU3	三相辅助输出滤波电容	PNT	25 kV 受电弓	TLU	三相辅助输出软开关
DD，D1，D2	二极管	PRECOMB	断路器箱	TPM	25 kV 直流电压变送器
DJ，DJ1	真空断路器	RADC	辅助中间滤波放电电阻器	TR1，TR2	辅助中频变送器
FB1，FB2，FB3	蓄电池自动开关	Rdc	直流环节放电电阻器	TSB	蓄电池断路器
FSC	火花间隙	REO	制动变阻器	TT	牵引变送器
FSC1	25 kV 避雷针	RF1，RF2	制动电阻器	TV1，TV2，TV3	电压变送器
INV－TRAZ1，INV－TRAZ2	牵引变流器	SAZ1，SAZ2，SAZ31，SAZ32	两极断路器	XPBT	参考接地

辅助供电系统采用干线供电方式，供电制式为 AC 380 V 和 DC 24 V。AC 380 V/50 Hz 用电设备：空气压缩机、冷却通风机、油泵/水泵电机、空气调节系统、采暖设备；AC 220 V/50 Hz 用电设备：前窗加热器、厨房设备、内部插座；DC 24 V 用电设备：照明设备、旅客信息系统、应急通风装置和控制装置。车组内各车设 AC 220 V（卫生间、列车长室、司机室各 1 个，客室 2 个）插座及 DC 24 V（每车 2 个，车下裙板内）行灯插座。辅助系统供电输出品质符合 EN 50155 等标准。各种制式的供电系统均有各自独立的可靠的安全接地措施。供电设施具有自诊断功能和故障保护措施。供电线路发生的过载、短路、瞬时大电流冲击、过压、欠压、接地等现象均有保护，确保旅客安全。每个牵引控制单元的每侧各设一个 AC 380 V 外接电源插座，每个插座可为半列车的辅助设备供电。辅助供电电源系统采用冗余设计，当发生故障时，能够进行切换，确保列车正常运行。在 1 台或 2 台辅助变流器故障的情况下，可以不受任何限制地向辅助负载供电。

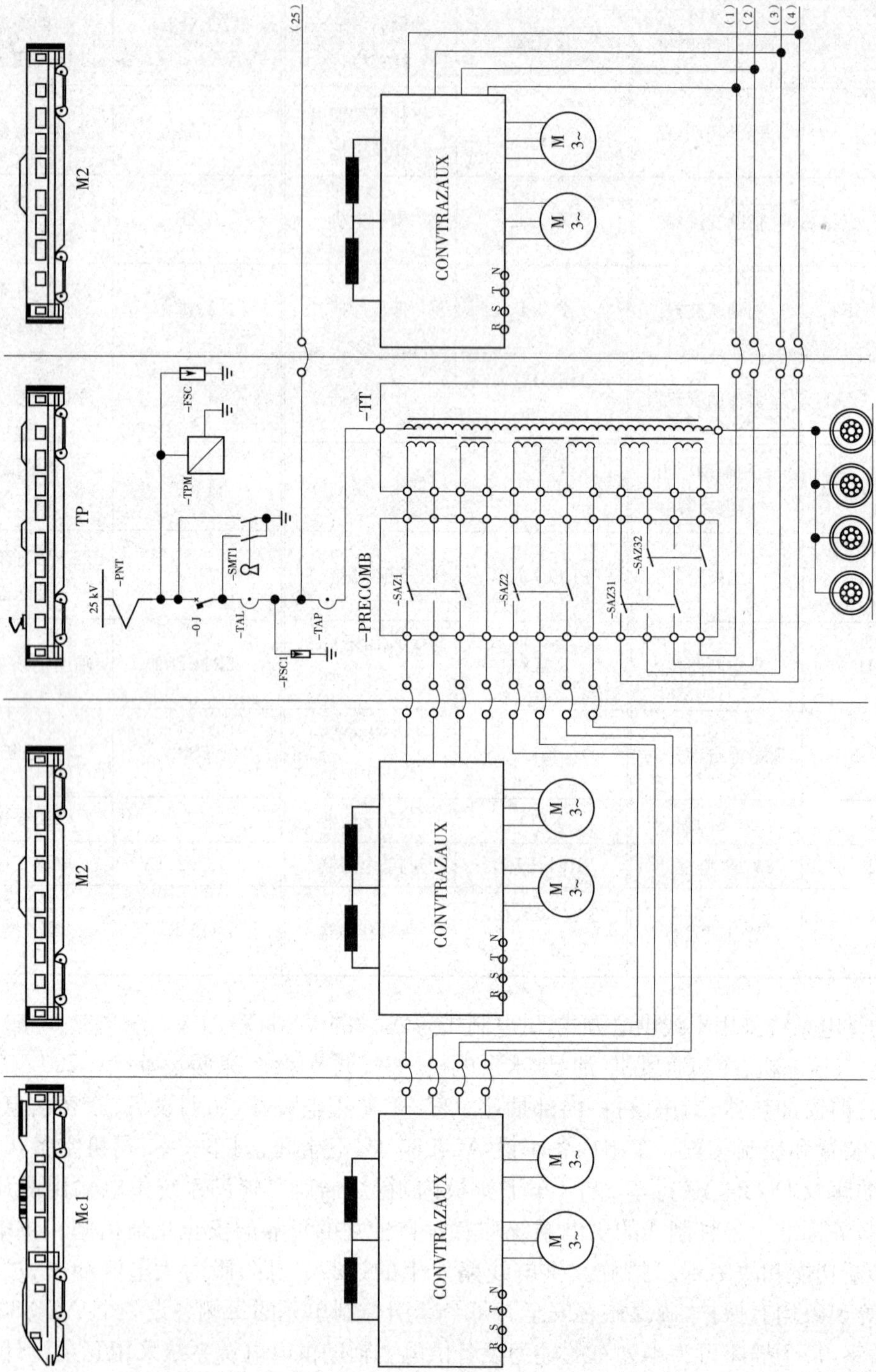

（a）Mc1、M2、TP、M2车

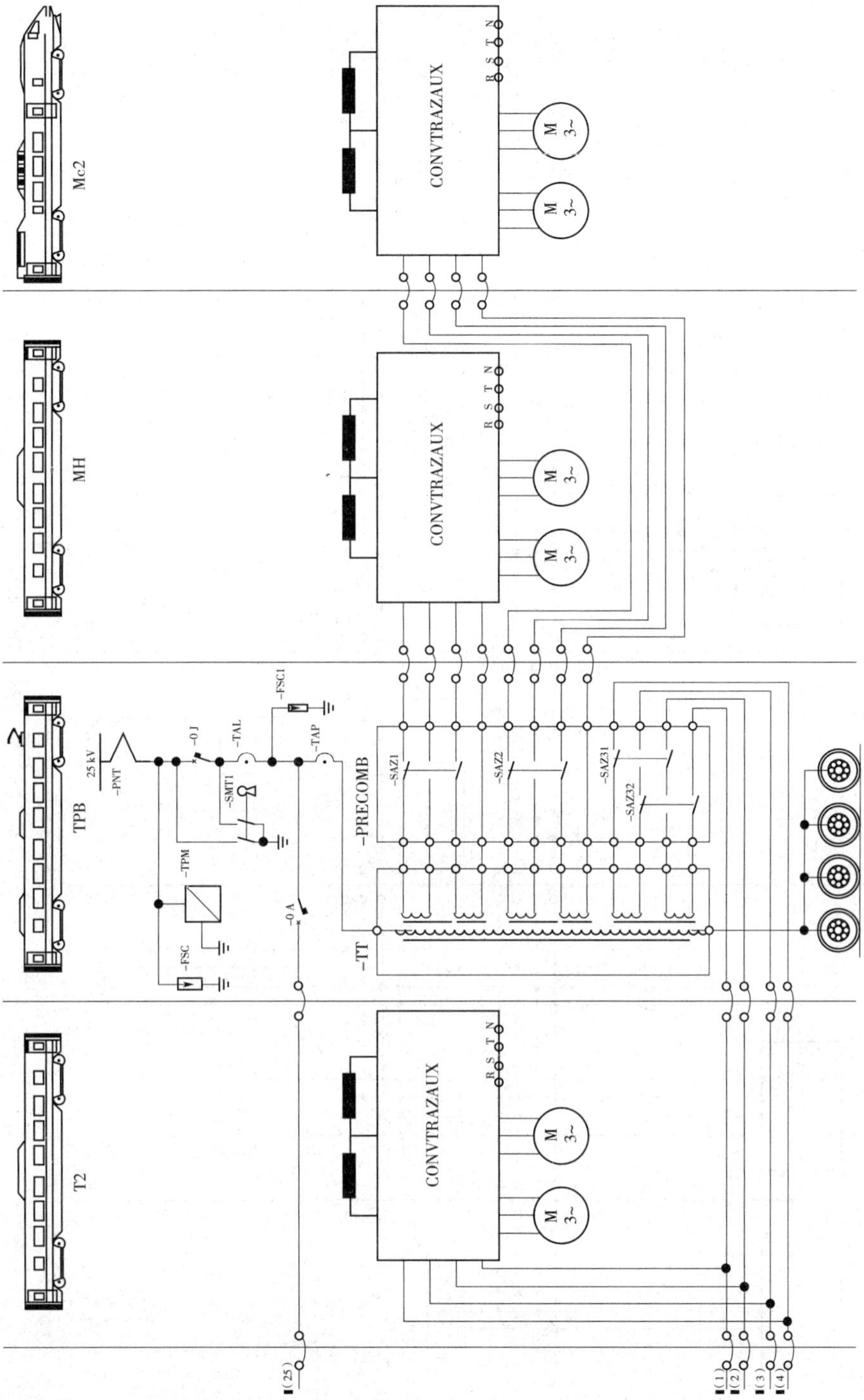

（b）T2、TPB、MH、Mc2车

图2.34　CRH5型动车组变流器组件配置图

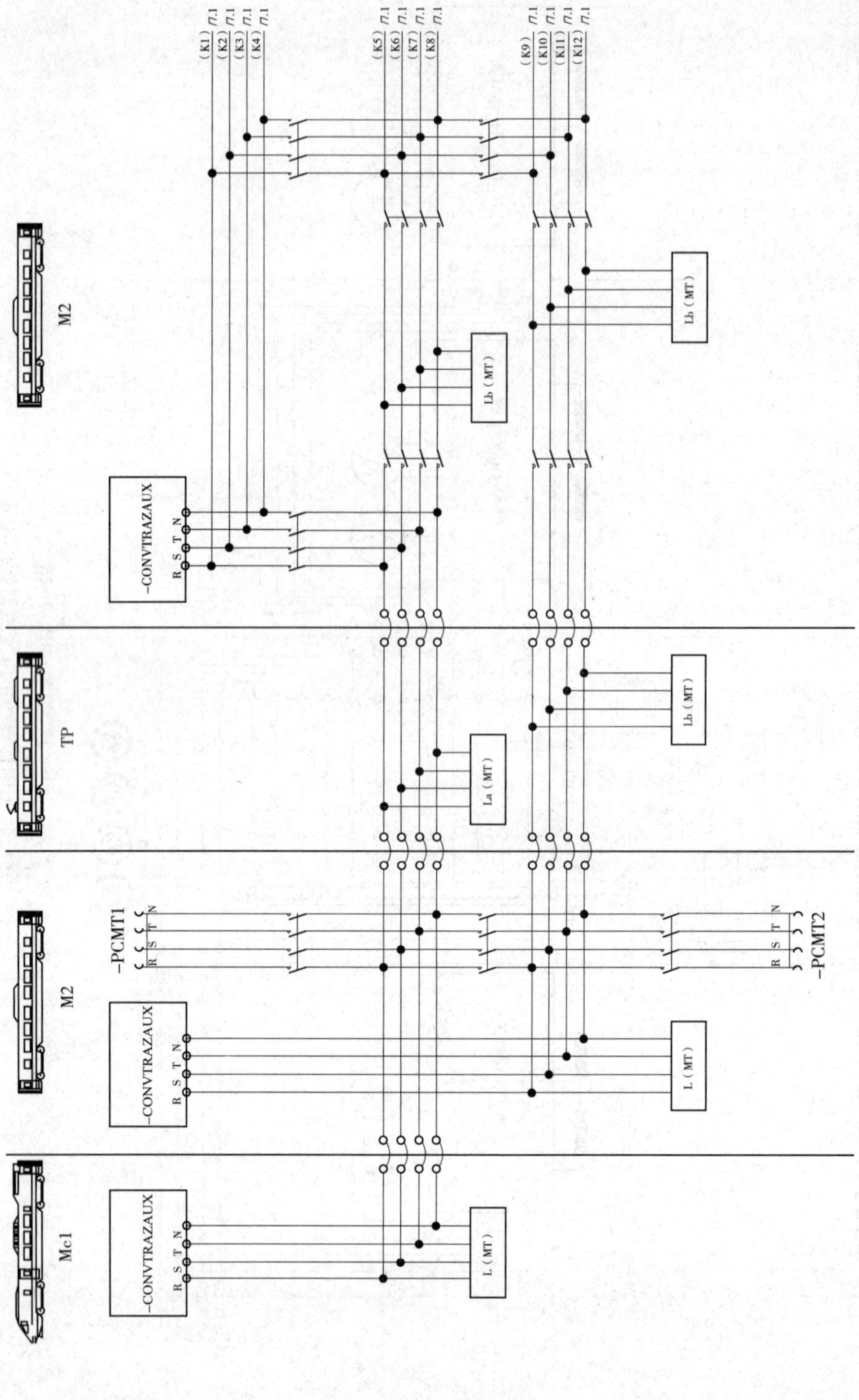

（a）Mc1、M2、TP、M2车

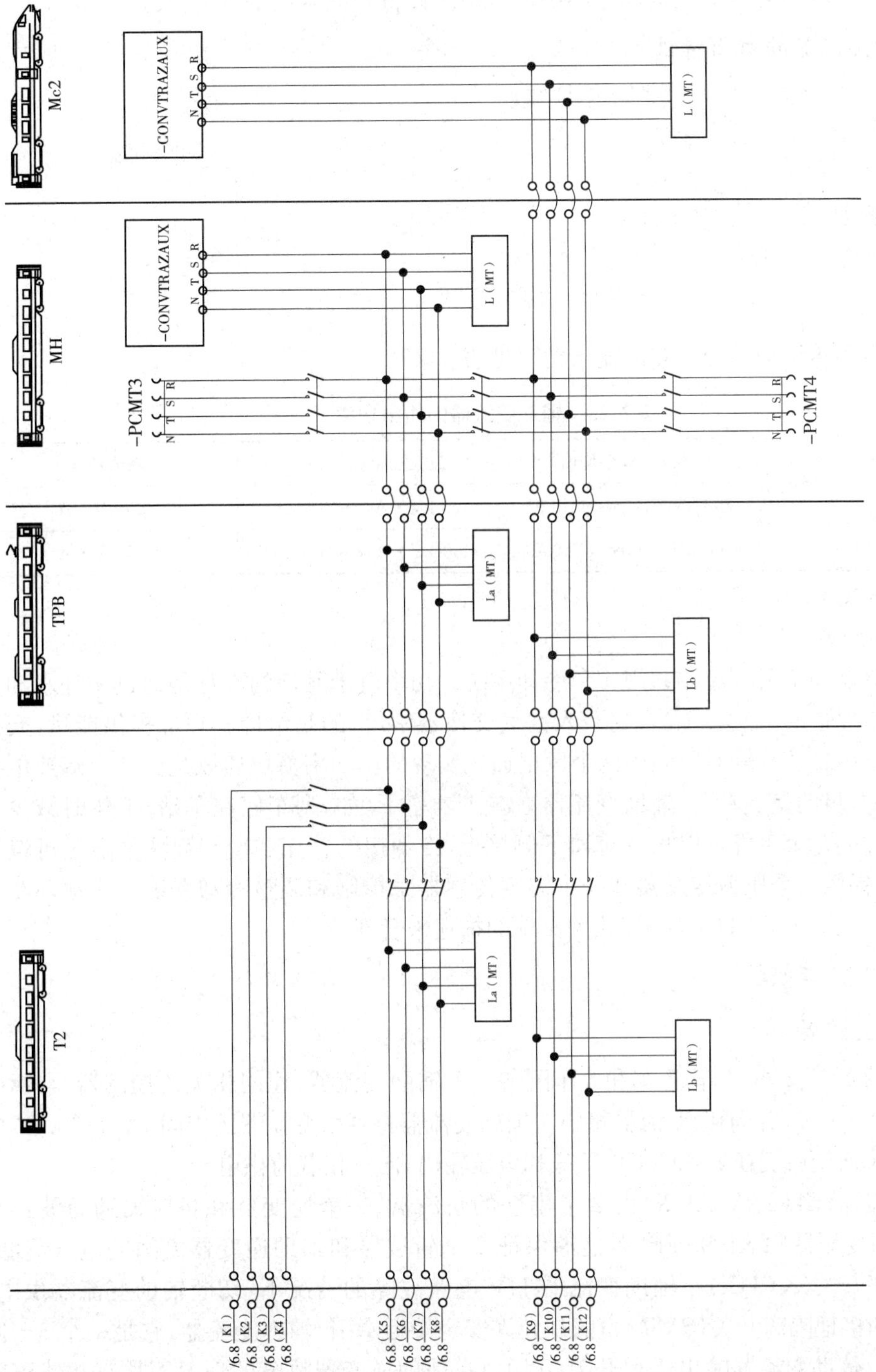

（b）T2、TPB、MH、Mc2车

图2.35　CRH5型动车组辅助供电系统工作原理示意图

2.2.5.2 技术指标

辅助变流器的主要任务是为动车组的所有中压设备和低压设备供电，其技术指标如下：

1. 辅助变流器的输出特性

- 额定电压　　380 V＋中性线；
- 电压变化　　±5％；
- 总谐波失真　　≤10％；
- 额定频率　　50 Hz；
- 频率变化　　±2％。

2. 输出功率

CRH5型动车组辅助变流器的输出功率见表2.25。

表 2.25 辅助变流器的输出功率

环境条件	连续功率(平均值)	最大功率(15 min)	峰值功率
冬季(1)	290 kV·A，cos φ＝0.93	400 kV·A，cos φ＝0.95	525 kV·A
夏季(2)	300 kV·A，cos φ＝0.79	400 kV·A，cos φ＝0.83	530 kV·A

注：(1)环境温度低于15 ℃；
(2)环境温度最高为45 ℃。

辅助变流器和牵引变流器共用一套冷却系统。功率电子元件的冷却是通过循环水和乙二醇混合物来保证的，把这个混合物泵入空气交换器中，目的是给周围环境提供能量，交换器冷却气体是通过从车辆对应侧由两个风扇通风实现的。功率模块通风是由2个双速电机风扇来完成的，目的是当牵引/辅助变流器在减少功率下(如，列车停在车站)工作时减少噪音。冷却组件的每个零件可以从变流器下侧接近，冷却剂的补充和冷却剂液位显示可以从车辆侧完成，提供一个压力传感器和一个温度传感器来控制和调整冷却系统。冷却环路温度水平由牵引控制单元(TCU)按照相关文件的描述来管理。

2.2.5.3 工作原理

1. 辅助变流器

动车组的1车、2车、4车、7车和8车配备一个辅助变流器，连同相关的控制器，与牵引变流器安装在同一牵引/辅助变流器箱中。辅助变流器将牵引变流器的中间DC 3 600 V电压经斩波降压逆变后变换成AC 380 V三相电压输出，向三相载荷供电。

辅助变流器(CH-INV AUX)由2个串联的斩波器，一个逆变器和相应辅助滤波器组成。2个高频变压器(TR1和TR2)，能够保证2个斩波器和辅助逆变器之间的电气绝缘。HV单极隔离开关(KAUX)在辅助变流器HV电路故障的情况下，切断辅助变流器供电。HV电容器的接地隔离开关(SMT)目的是允许安全接近牵引/辅助变流器，它是一个6－闸刀隔离开关。辅助变流器输出远程开关(TLU)在辅助逆变器故障的情况下从三相线路隔离。手动隔离开关(SMT400)来接地三相线路并且隔离相关车辆的电气柜。

辅助变流器包括：4个1 200 A IGBT构成2个辅助斩波器；2个600 A IGBT和8个整

流二极管用于谐波整流；6 个 1 200 A IGBT 和相关的二极管构成辅助逆变器。

每个牵引/辅助变流器能够在 40 ℃环境温度下以及大于等于 22.5 kV 的一个架空线电压下为辅助系统供电。牵引/辅助变流器是具有 IGBT 的一个变流器，双阶段 600 A-6 500 V IGBT 的输入变流器为辅助服务的变流器供电，具有 600 和 1 200 A IGBT 的辅助变流器(CH-INV AUX)，在 AC 380 V/50 Hz 下为列车辅助服务供电。辅助控制器(ACU)正确控制辅助变流器的 IGBT 来产生三相 AC 380 V/50 Hz 电压。

输入变流器在输出端组成 2 个单相并联桥，它能够对相应的牵引变压器次级绕组输出交变电压(AC 1 770 V)进行整流，结果获得一个稳定的输出直流电压，输出电压 DC 3 200～3 700 V。辅助变流器通过从中间滤波器获取电源，通过 2 个斩波器和一个高频退耦变压器产生给辅助逆变器供电的电压。

辅助变流器从电路角度看，包括：

- 一个单极形式线路隔离开关(KAUX)。
- 一个输入滤波器。
- 两个斩波器。
- 两个高频变压器。
- 两个单相整流桥。
- 一个中间滤波器。
- 一个三相辅助逆变器。
- 一个输出滤波器。
- 一个 EMI 滤波器。
- 一个输出遥控开关(TLU)。
- 一个辅助变流器控制器(ACU)。
- 一个手动隔离开关(SMT400)。

辅助变流器采用 IGBT 双段式结构，前段为斩波降压，后段为谐振整流加逆变，电路原理如图 2.36 所示。从中间回路输出的电压(3 600 V)，经过隔离开关 KAUX、退耦电抗器 LINCH 进入变流器辅助模块内，经过两组串联的单相半桥斩波电路(开关频率 4 K)、两个斩波降压变压器(TR1、TR2)、两组串联的单相全波整流电路输出脉宽可调的斩波电压，再经过串联的两组谐振滤波器(两个 IGBT、两个电容串联组成，IGBT 开关频率 8K)、斩波电抗器、滤波电容(CADC)、均压电阻(RADC)输出辅助逆变器所需的 DC 600 V 电源，再经过空间电压矢量逆变器(开关频率 2K)输出 PWM 波。

(1)输入滤波器

输入滤波器是 LC 形的，通过直接在牵引中间滤波器上的隔离开关 KAUX 与牵引逆变器并联并且组成一个 200 μH 电感器(LAUX)和 4 120 μF 电容器(CAI11，CAI12，CAI21 和 CAI22)。当输入滤波器供电电压变动时，输入到 2 个下部斩波器电压被限定；此外，电压传感器(TV3)测量在输入滤波器上的电压，是使辅助变流器操作只能限定在预先设定的变化范围内。

(2)高频斩波器

它是辅助变流器第一阶段并且组成 2 个高频(4 kHz)斩波器。主要任务是：转换辅助变流器操作必需的 DC 600 V 输入电压，通过把频率变压器(TR1-TR2)放入输入电压和辅助逆变器供电电压之间来保证电气绝缘。斩波器输出阶段使用8个高频二极管组成2个单相整流桥和一个LC形的中间滤波器，由一个1 mH电感器（LAUC）和一个980 μF电容器（CADC）组成，在操作频率(8 kHz)双下部斩波器频率下工作。

(3)辅助逆变器

逆变器阶段使用带有1 950 Hz转换频率的PWM技术，由3个双IGBT和相关二极管组成；每个双IGBT组成三相的一个分支。辅助变流器主要任务是把输入直接电压(DC 600 V)转换为三相+中性AC 380 V/50Hz系统电压以给车载中等电压供电。一个LC形式的三相输出滤波器限制输出电压谐波分配，这种滤波器由电感器LU1、LU2和LU3以及三相电容CU1、CU2和CU3组成。中性连接是通过输出电容器星形中心连接的。控制和保护是通过输出遥控开关(TLU)的电压传感器和相位上的电流传感器来完成的。

(4)EMI滤波器

为了在辅助变流器输出端减少电磁噪声，要按照标准EN 50121-3-2来使用在中等电压供电系统和低压输出上的滤波器。

(5)辅助变流器控制器(ACU)

辅助变流器控制器配备一个微处理器，通过IGBT和对应的机电元件按照测量的输入电压和电流以及产生的输出电压和电流来产生正确命令驱动辅助变流器。通过使用正确电压和电流传感器使参数读取成为可能。

由该控制器提供正确的电子保护功能，适合停止以下模式的辅助变流器：

①在以下情况下临时停止：

• 供电电压浪涌超过允许值；
• 过载或短路；
• 过热。

②在以下情况下永久停止：

• 在三相输出中缺少一相；
• 在AC 380 V线路上变流器外部重复短路；
• 内部短路。

辅助控制器和车辆逻辑之间的通信是依靠MVB实现的。

(6)输出遥控开关TLU

是四极单稳态形式，它允许为对应三相线路(R-S-T-N)供电，其功能是由配备一个微处理器的控制器驱动的，当相关辅助逆变器产生的电压是充足时，该控制器驱动它关闭并在一个设定门槛值下驱动它打开。

(7)手动隔离开关SMT400

具有交流触点的三极形式，隔离来自对应三相线路的辅助变流器的切换以及变流器内部三相线路的接地。

2. 低压辅助供电

动车组低压辅助供电系统工作原理如图2.37所示(图中代号见表2.24)。每列车设8组蓄电池和电池充电机，每辆车一套，电池充电机的主要功能是用于车载电池进行充电，同时为低压车载辅助设施供电。

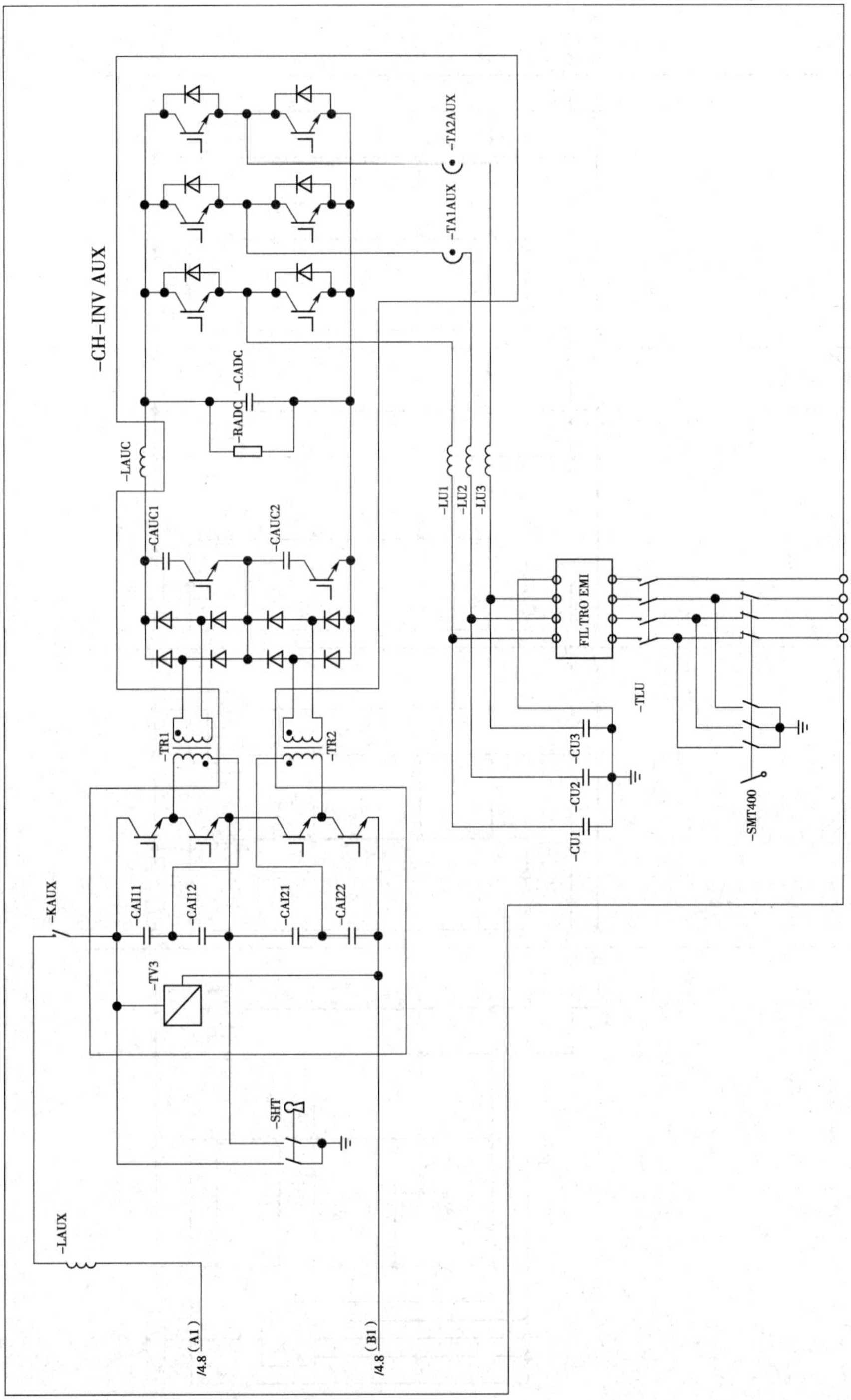

图2.36　CRH5型动车组辅助变流器工作原理示意图

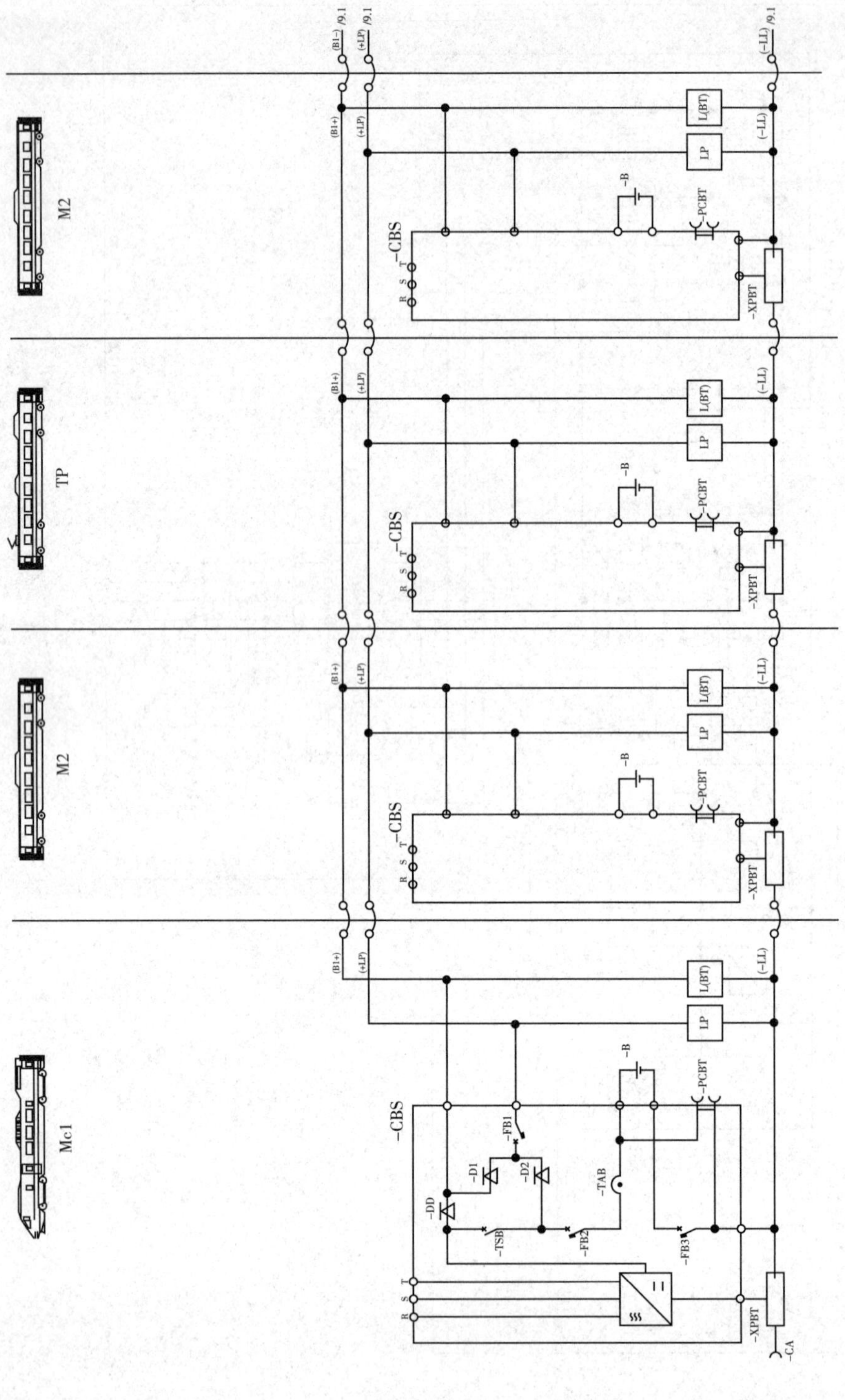

（a）Mc1、M2、TP、M2车

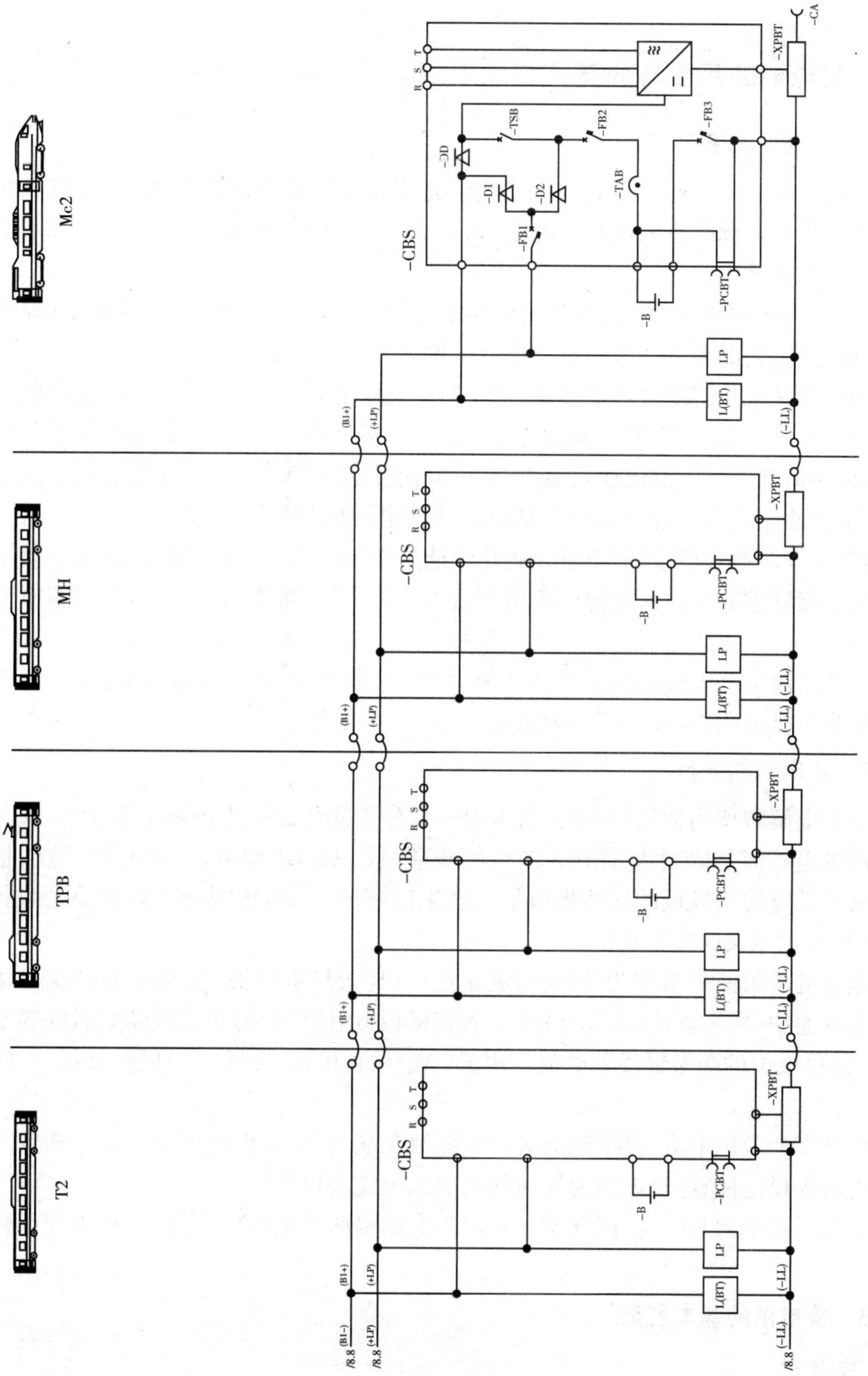

（b）T2、TPB、MH、Mc2车

图2.37　CRH5型动车组低压辅助供电工作原理示意图

2.3 蓄电池与充电机

2.3.1 蓄电池的用途与分类

2.3.1.1 蓄电池的用途

电池是将化学能变为电能的工具。由于电池是用化学转换方法得到电能，所以又叫化学电池。常用的化学电源有原电池和蓄电池，如手电筒用干电池等属于原电池，酸性蓄电池和碱性蓄电池等属于蓄电池。

原电池是利用化学能转变为电能的一种不可逆电池。当化学变化的活性物质（即有效物质）全部作用完后，它的寿命便告终了。所以又称为一次电池。

蓄电池顾名思义就是把能量储蓄起来，使用时把化学能转变为电能放出来，变换的过程是可逆的。就电能作用来说，当蓄电池已完全放电或部分放电后，两电极表面形成了新的化合物，这时如果用适当的反向电流通入蓄电池，可以使已形成的新化合物还原成原来的活性物质，又可供下次放电之用。这种用反向电能输入蓄电池的做法，叫做充电；电池供给负载电路使用，叫做放电。换句话说，放电就是将化学能转变为电能，供外电路使用；充电就是将电能转变为化学能储蓄起来。蓄电池的充电和放电过程，可以重复循环多次，所以蓄电池又称为二次电池。

放电时电流所流出的电极称为正极或阳极，以“＋”号表示；电流经过外电路之后，返回电池的电极称为负极或阴极，以“－”号表示。

2.3.1.2 蓄电池的分类

根据电极和电解液所用物质的不同，蓄电池一般分为酸性蓄电池和碱性蓄电池。

酸性电池的电解液是浓度为 27%～37%的硫酸（H_2SO_4）水溶液，即稀硫酸，硫酸是酸性化合物。酸性蓄电池正极板的活性物质是二氧化铅（PbO_2），负极板的活性物质是绒状铅（Pb），所以酸性蓄电池又叫做铅蓄电池。

碱性蓄电池的电解液是浓度为 20%的氢氧化钾（KOH）水溶液，氢氧化钾是碱性化合物。在碱性蓄电池中，用氢氧化镍[$Ni(OH)_3$]做正极板，用铁（Fe）做负极板的叫做铁镍蓄电池；用镉（Cd）做负极板的叫做镉镍蓄电池。用银（Ag）做正极板，用锌（Zn）做负极板的，叫做锌银蓄电池。

根据工作状态的放电电流，蓄电池分为供电电池和起动电池：供电电池一般为额定放电率下的放电电流提供电能；起动电池为短时间内的大电流提供电流。

动车组主要采用镉镍蓄电池，因此本节在简略介绍铅酸蓄电池的基础上，重点介绍镉镍蓄电池。

2.3.1.3 蓄电池的基本名词

1. 额定容量

蓄电池从额定电压放电到终止电压所提供的电能，单位一般用 A・h 表示。

额定容量（A・h）＝放电电流（A）×放电时间（h）

2. 放电率

蓄电池在一定电流下，放电所能持续的时间。

小于 1 h 的放电率为高放电率，用字母“G”表示；1～5 h 放电率(包括 1 h)为中放电率，用字母“Z”表示；5 h 以上(包括 5 h)为低放电率，不用字母表示。

如 TG350 型蓄电池的额定容量为 350 A·h。

在 10 h 放电率下，放电电流为 35 A，容量为 350 A·h。

在 6 h 放电率下，放电电流为 52.5 A，容量为 315 A·h。

在 3 h 放电率下，放电电流为 85.7 A，容量为 252 A·h。

3. 放电最终电压

蓄电池应停止放电，进行充电的电压为最终电压。TG 型蓄电池一般为 1.75 V。

4. 影响蓄电池容量的因素

蓄电池是通过化学反应产生电能，因此，电池容量取决于电极里所含活性物质的量。

(1)放电电流越大，电池容量越小

原因：放电过程产生的化合物如硫酸铅形成速度过快，影响电解液向极板内层渗透，使极板活性物质利用率降低。

(2)电解液温度越低，电池容量越小

原因：随着温度的降低，电解液黏度增加，影响化学反应的效率。

(3)连续放电比间歇放电容量小

原因：连续放电使得电解液向极板内扩散不充分。

2.3.1.4 铅酸蓄电池工作原理

1. 工作原理

铅酸蓄电池从问世到如今，一直是军用民用领域中使用最广泛的化学电源。蓄电池大体上分三种：固定型防酸铅酸蓄电池、胶体铅蓄电池和阴极吸收式密封铅蓄电池。

固定型防酸铅酸蓄电池(普通型)是传统使用最多的一种蓄电池，这种电池存在着许多缺点，如电池体积大，电解液易溅出伤人和损物，而且充电过程中不断产生氢气和氧气，在气体析出过程中伴随着酸雾的产生，常使防酸帽堵塞，极易发生安全事故，并且充电过程中能耗大，充电手续烦杂、维护操作困难。所以这种电池已逐步淘汰。

由于固定型防酸铅酸蓄电池使用硫酸电解液，运输过程中会有酸液流出，充电时会有酸雾析出来，对环境和设备造成损害，人们就试图将电解液“固定”起来，将电池“密封”起来，于是使用胶体电解液的铅酸蓄电池应运而生。

初期的胶体铅蓄电池使用的胶体电解液是由水玻璃制成的，然后直接加到干态铅蓄电池中。这样虽然达到了“固定”电解液或减少酸雾析出的目的，但却使电池的容量较原来使用液体电解液时的电池容量要低 20%左右，因而没有被人们所接受。

几乎在研制胶体电池的同时，采用玻璃纤维隔膜的阴极吸收式密封铅蓄电池也诞生了，它不但使铅蓄电池消除了酸雾，而且还表现出内阻小、大电流放电特性好的优点。因而在国民经济中，尤其是原来使用固定型铅蓄电池的场合，得到了迅速的推广和应用。

阀控式密封铅酸电池，它在维护中不需要添加蒸馏水和测量电解液的比重、温度，维护方便，能量密度高，基本无酸雾逸出，可任意放置等优点，所以被广泛的采用。

不论是采用玻璃纤维隔膜的阀控式密封铅蓄电池（以下简称 AGM 密封铅蓄电池）还是采用胶体电解液的阀控式密封铅蓄电池（简称胶体密封铅蓄电池），它们都是利用阴极吸收原理使电池得以密封的。

电池充电时，正极会析出氧气，负极会析出氢气。正极析氧是在充电量达到70％时就开始了。析出的氧到达负极，跟负极起反应，负极析氢则要在充电到90％时开始。

对 AGM 密封铅蓄电池而言，AGM 隔膜中虽然保持了电池的大部分电解液，但必须使10％的隔膜孔隙中不进入电解液。正极生成的氧通过这部分孔隙到达负极而被负极吸收。

对胶体密封铅蓄电池而言，电池内的硅凝胶是以 SiO 质点作为骨架构成的三维多孔网状结构，它将电解液包藏在里边。电池灌注的硅溶胶变成凝胶后，骨架要进一步收缩，使凝胶出现裂缝并贯穿于正负极板之间，给正极析出的氧也提供了到达负极的通道。

阴极吸收的工作原理是：

铅酸蓄电池在充电过程中 $PbSO_4$ 接近全部转化为 PbO_2 和 Pb，当电压达到一定值时，正极板析出氧气，负极板析出氢气。当端电压升高到 2.5 V/只 时，氢气和氧气按化学计量比例析出。这种电池能够实现密封是利用阴极吸收再化合的原理，使正极板析出的氧气迅速到达负极板生成氧化铅，氧化铅再与硫酸发生反应，生成硫酸铅和水，硫酸铅再与氢气反应，生成铅和硫酸。化学反应式如下：

$$2Pb+O_2=2PbO$$

$$PbO+H_2SO_4=PbSO_4+H_2O$$

$$PbSO_4+2H+2e=Pb+H_2SO_4$$

它之所以叫阀控电池，是因为它的安全阀有以下作用：

(1)使电池保持一定的内压以提高密闭反应效率。

(2)在电池内部压力正常的条件下，防止外界空气进入电池。

(3)当产生过量气体时，阀门打开，防止发生爆炸。

(4)防止电解液蒸发，避免电池干枯。

但这种电池并不是免维护电池，每年要以实际负荷做一次核对性容量实验，一般放出额定容量的30％～40％。

另一种是富液式胶体电池。它是把电解质进行糊化，胶化，以便电池能以各种方式放置而正常运行，无电解液溢出。由于这种电池性能指标较好，所以日常维护以测电池的电压为主，来发现各电池间电压是否均匀和有没有落后电池。

2. 使用方法

1)充电

(1)初充电

初充电用于新电池，目的是以恢复其容量，充电电流小于 $0.25C_{20}$ A。

(2)电池在安装后，要求进行必要的补充电

充电方法：以 $0.25C_{20}$ A 初充电流，限压 2.40～2.45 V/只进行充电，在充电末期 4 h 内，电流无明显的变化，确认为电池已完全充电。当环境温度超过(25±5) ℃时，要进行温度补

偿,温度补偿系数为0.003 V/℃。即当环境温度每升高1 ℃,充电电压向下调整0.003 V。

(3)浮充电

浮充电是将蓄电池组与整流设备并接在负载回路上,由整流设备供负载工作并向蓄电池保持微小的充电电流。浮充电压的设定(25 ℃):以2.25～2.30 V/只进行设定。

均衡和循环使用电压的设定(25 ℃):以2.40～2.45 V/只进行设定。

2)放电

(1)放电试验

放电试验的目的是检验新电池初充电的容量。试验步骤一般是在初充电完成30 min后,接上负载,按照10 h放电率对应的放电电流进行放电,计算电池电压由2.04 V下降到1.75 V的放电时间。根据放电时间和放电电流计算电池容量,当计算容量大于70%标准容量时,电池可以装车运用。

(2)准放电

准放电是在蓄电池修理前进行的放电,目的是使得极板表面生成一层硫酸铅薄膜,防止极板被空气氧化。放电步骤是,按照10 h或者6 h放电率对应的放电电流进行放电,使电池端电压降到1.95 V。

(3)过放电

过放电是指电池电压低于1.75 V,电解液比重小于1.20时仍然放电的现象。这时由于极板物质全部变成坚硬的硫酸铅,会造成充电困难,电池容量显著下降,也称为极板硫化。

3)电池的定期保养

为了保证电池系统的最佳可靠性,推荐用户每半年检查电池组系统。检查的项目包括:电池组系统的充电电压,单只电池的浮充电压,均衡充电电压,电池间连接的松紧度,电池充电设备的运行状况。

2.3.1.5 镉镍蓄电池工作原理与使用

碱性蓄电池具有体积小,机械强度高、工作电压平稳、可以大电流放电、使用寿命长和宜于携带等特点,可用作移动的通信设备、仪器仪表、自动控制等电子设备的直流电源,也可作为反压电池使用。碱性蓄电池与同容量的铅蓄电池比较,它的购置成本较高。

碱性蓄电池由于极板活性物质的材料不同,分为铁镍蓄电池、镉镍蓄电池、锌银蓄电池等系列。各种系列碱性蓄电池的构造、原理和特性略有差异,本节着重介绍镉镍蓄电池。

1. 碱性蓄电池的型号

我国碱性蓄电池的型号采用汉语拼音字母和阿拉伯数字。一般由以下几个部分组成:

(1)如为单体(每只)蓄电池,其型号仅由系列(构成正负极板的材料代号)和容量组成。

例1:TN500碱性蓄电池,"T"是负极板材料铁的代号(取其汉语拼音第一个字母,下同),"N"是正极板材料镍的代号,500表示其容量为500 A时。

例2:XYZ5碱性蓄电池,"X"是负极板材料锌的代号,"Y"是正极板材料银的代号,"Z"代表中放电率,5表示其容量为5 A时。

例 3：GNYG40 m 碱性蓄电池，第一个“G”是负极板材料镉的代号，“N”是正极板材料镍的代号；“Y”代表圆形密封结构，第四个字母“G”代表高放电率，“40 m”表示其容量为 40 mA时。

蓄电池结构为密封的圆形、扇形、方(矩)形分别用字母“Y”“B”“F”表示；蓄电池结构为全密封的则在上述字母的右下角附加“1”字，即以“Y_1”“B_1”“F_1”表示；沿长度排列的用字母“C”表示；沿宽度排列的用字母“K”表示；电池组外壳是活动盖的用字母“H”表示；方形开口的不用字母表示。

(2)几个单体蓄电池串联组成蓄电池组时，由其型号前面再加上串联个数组成。

例 4：2XYG200 碱性蓄电池组，“2”代表 2 个电池串联，“X”是负极板材料锌的代号，“Y”是正极板材料银的代号，“G”代表高放电率，200 表示其容量为 200 A 时。

例 5：10GNH60 碱性蓄电池组，“10”代表 10 个电池串联，“G”是负极板材料镉的代号，“N”是正极材料镍的代号，“H”代表蓄电池组外壳是活动盖的，60 表示其容量为60 A时。

2. 镉镍蓄电池结构

镉镍蓄电池如按极板结构可分为有极板盒式和无极板盒式，如按外形结构可分为开口式和密封式蓄电池。

(1)镉镍有极板盒蓄电池

镉镍有极板盒蓄电池正极由氧化镍粉、石墨粉组成，石墨主要是用来增强导电性，不参加化学反应。负极由氧化镉粉和氧化铁粉组成。掺入氧化铁粉的目的是使氧化镉粉具有较高的扩散性，防止结块，并增加极板的容量。正、负极上的这些活性物质分别包在穿孔钢带中，加压成型后成为正、负极板。

为了排灌电解液，在蓄电池外盖上有一注液口，注液口拧以密闭式的气塞，该气塞能使蓄电池内部气体排出，而防止外部气体进入，并能保证当蓄电池短时翻转时不流出电解液。

小容量的镉镍蓄电池的正极与电槽(外壳)相接，较大容量的镉镍蓄电池的电槽都不带极性，即正极不与电槽(外壳)相接。根据不同的电压要求，可将单体电池串联组合在一起，成为组合蓄电池。

(2)镉镍无极板盒蓄电池

镉镍无极板盒蓄电池中采用的极板有烧结式、压成式两种，可组装成烧结式、压成式和半烧结式三种镉镍无极板盒蓄电池。

烧结式蓄电池正负极板是以烧结的多孔性的镍基板为骨架，在多孔镍骨架的孔隙里填充氢氧化亚镍为正极板，填充氢氧化镉为负极板。

压成式蓄电池的正极以氢氧化亚镍和石墨粉为正极活性物质，以海绵镉粉和氧化镉粉为负极活性物质。正负极活性物质中以镀镍钢网为骨架，在专用模具中加压成型，成为正、负极板。

半烧结式蓄电池的极板其中一个极为烧结式，另一个极为压成式。

上述三种蓄电池中的正负极板以隔膜隔开组成极群放入塑料电槽里，然后制成镉镍无极板盒单体蓄电池。在蓄电池的外盖上也有注液口和气塞，可以排灌电解液，防止外部气体进入，保证内部气体的排出。

(3)镉镍密封蓄电池

多数镉镍密封蓄电池的正、负极板结构与镉镍无极板盒蓄电池相同。以隔膜把正负极板隔开组成极群,放入镀镍铁质圆筒中,加入电解液后,再把外壳和外盖封口密封成镉镍密封单体蓄电池。这些电池在使用前不必灌注电解液,并且任何方向放置不漏电解液。

3. 蓄电池工作原理

镉镍蓄电池极板的活性物质在充电后,正极板为氢氧化镍[$Ni(OH)_3$],负极板为金属镉(Cd);而放电终止时,正极板转化为氢氧化亚镍[$Ni(OH)_2$],负极板转化为氢氧化镉[$Cd(OH)_2$]。电解液多选用氢氧化钾(KOH)溶液。蓄电池充电时电能变为化学能贮存起来,放电时将化学能变为电能而输出,两电极所发生的电化学反应是可逆的。在充放电过程中总的化学反应式如下:

$$\underset{\text{负极}}{Cd}+\underset{\text{电解液}}{2KOH}+\underset{\text{正极}}{2Ni(OH)_3}\underset{\text{充电}}{\overset{\text{放电}}{\rightleftharpoons}}\underset{\text{负极}}{Cd(OH)_2}+\underset{\text{电解液}}{2KOH}+\underset{\text{正极}}{2Ni(OH)_2}$$

从上述化学反应式可以看到,电解液只作为电流的传导体,其浓度不发生变化;因此对于镉镍蓄电池不能依据电解液的比重来判断电池充放电的程度,唯一可靠的办法就是根据电压的变化来判断充放电的程度。

4. 镉镍蓄电池的使用

1)新蓄电池安装前的检查与连接

(1)蓄电池外壳应无裂纹、损伤、漏液等现象。

(2)电池的正负极性必须正确,壳内部件应齐全无损伤,有孔气塞通气性能应良好。

(3)连接条、螺栓及螺母应齐全,并无锈蚀。

(4)带电解液的蓄电池,其液面高度应在两液面线之间,防漏运输螺栓应无松动、脱落。

(5)测量电池的干燥电压:开箱取出蓄电池,先不注入电解液,直接测量极柱间的电压。

(6)蓄电池排列上架:小心仔细地将未注入电解液的蓄电池按顺序放置架上,电池间距离由连接片的尺寸来定。蓄电池底部不需加垫任何东西,蓄电池排列好以后,用连接片严格按相邻电池正负极相接依次串联起来,连接片和螺母上涂上凡士林作为保护层。完成电池组内部接线后,再进行充电器和蓄电池间的连接,先接充电器柜一侧,再接蓄电池极柱侧。

2)电解液的配制

蓄电池的电解液一般是氢氧化钾和氢氧化锂的水溶液,因此配制电解液时,容器应选用干净的塑料或钢制容器,不可使用铜、铝或镀锌容器。

电解液的配制必须用蒸馏水或去离子水(脱盐水)。如果使用普通水,即使是饮用水(因为含有杂质),电池经过长时间的运行,电解液将会被污染,并会影响电池的使用寿命。

电解液对脱盐水的要求是:①电导不大于 10 μs/cm;②水中含有杂质,折合成 $KMnO_4$ 的消耗量不超过 0.03 g/L。

3)蓄电池充放电试验

(1)试验前的准备工作

①备齐充放电记录表格。

②检查蓄电池接线正确,电池上无任何杂物,电池的电解液液位合适,接线正确,接线

柱、连接板、连接螺栓紧固。打开所有电池的排气孔。

③放电电阻的准备:利用旧的空汽油桶制作一个水电阻作为吸收电池放电电能的负载,利用桶壁作为水电阻的一极,另一极用一块 8 mm 厚的铁板,铁板的宽度和高度视铁桶的大小和操作空间大小而定。铁板悬挂在铁桶上,用固定在铁桶上方支架上的倒链来调节铁板插入铁桶水中的深度,达到调节水电阻阻值的目的。

④充电器柜的性能试验都已经完成,各项数据均满足技术要求。

(2)充电试验

①充电前测量并记录蓄电池组的总电压及单电池的电压、电解液的比重和温度。

②电解液温度在 25 ℃以后,即可对电池进行充电试验。

③按照电池规定的充电电流进行,记录充电开始时间。

④经常监视充电电流指示,尤其是开始的 10 min 左右。发现电流变化,应及时调整,维持充电电流恒定。

⑤充电过程中,每隔 1 h 对每个电池电压和电解液的比重、温度进行测量,应及时做好试验记录。随着充电,电池电压逐渐升高,充电电流要下降,应及时调整,维持电流恒定。

⑥充电中如测量发现电解液的温度超过 45 ℃,必须停止充电,待温度降到 35 ℃以下,再恢复充电(要记录暂停时间)。

⑦充电结束后,单个电池的电压应在 1.55 V 左右。

(3)放电试验

充电结束 1 h 左右,可以开始对电池进行放电试验,为方便测量电流和电压,可以用两块万用表(数字),一块用于测量电池电压,另一块表测量放电电流。放电的过程可以通过监视两块万用表的读数对水电阻的阻值加以调整。

注意:对放电回路接线时,应先接放电现场的线路,再接电池侧的端子。

2.3.2 动车组蓄电池

2.3.2.1 蓄电池供电容量的计算

1. 动车组蓄电池运用的技术条件

(1)在停电时,应具备能够使辅助设备等工作 30 min 以上的容量。

(2)设置具备足够容量的蓄电池组,供紧急状态时使用。作为应急用电力,至少应持续工作 2 h。蓄电池组在运行时通过线路充电。

(3)当来自车辆外部的供电停止时,仅通过蓄电池应能够向车厢内照明、列车无线通信、广播装置、前后车外标识灯以及紧急换气等装置提供 2 h 以上的供电。

2. CRH2 动车组蓄电池容量计算

(1)停电时运行的负荷装置

蓄电池承受负荷时的状态可以考虑为以下三种情况。

• 第 1 种情况:架线停电或者两台 APU 发生故障时的负荷,相当于 115 线以外的 DC 100 V 负荷。(103、103B 线系统)

• 第 2 种情况:救援运转时所必要的机器在开动的状态。

• 第 3 种情况：紧急待机时的负荷，相当于 103B 线负荷。

(2)蓄电池放电电流

• 第 1 种情况：发生架线停电或者两台 APU 发生故障时

最大直流负荷＝14.412 kW

蓄电池放电电流 I_1＝14 412×0.8(放电时的电压降)/100＝115.30 (A)

• 第 2 种情况：救援运转时

最大直流负荷＝6.477 kW

蓄电池放电电流 I_2＝6 477×0.8(放电时的电压降)/100＝51.82 (A)

• 第 3 种情况：紧急待机时

最大直流负荷＝3.104 kW

蓄电池放电电流 I_2＝3 104×0.8(放电时的电压降)/100＝24.83 (A)

(3)因线路电阻产生的电压降

按照以下公式计算因线路电阻产生的电压降：

$$\Delta V=\frac{L}{1\,000}\times R\times I\times\sum_{n=1}^{m}\left(1+\frac{1-n}{N}\right)$$

式中 ΔV——第 m 节车厢的电压降，V；

L——每节车厢中的直流负荷用线路长度，m；

R——线路的导体电阻，Ω/km；

I——直流负荷电流，A；

m——从装载蓄电池的车厢开始计算，至供电距离最远车辆的节数，节；

N——由蓄电池供电的全部车厢数量，节。

按照该公式，根据以下数值可以计算出因线路电阻产生的电压降：

L＝25(车体长度)＋5(余量)＝30 (m)

R＝0.128 (Ω/km)

m＝3(6 号车→8 号车)

I_1＝5 579×0.8/100＝44.63 (A)

I_2＝2 541×0.8/100＝20.33 (A)

I_3＝1 088×0.8/100＝8.704 (A)

N＝3

电压降 ΔV 为

$$\Delta V=\frac{30}{1\,000}\times 0.128\times I_n\times\sum_{n=1}^{3}\left(1+\frac{1-n}{3}\right)$$

因此，在三种情况下因线路产生的电压降如下：

ΔV_1＝0.343 V

ΔV_2＝0.156 V

ΔV_3＝0.067 V

(4)最低允许电压

最低允许电压为直流负载的最低工作保证电压 77 V 加上因线路产生的电压降。

• 第 1 种情况:发生架线停电、或者两台 APU 发生故障时,最低允许电压=77+0.343=77.343 (V),因此,1 组蓄电池的最低允许电压为 77.343/45=1.72 (V)。

• 第 2 种情况:救援运转时,最低允许电压=77+0.156=77.156 (V),因此,1 组蓄电池的最低允许电压为 77.156/45=1.71 (V)。

• 第 3 种情况:紧急待机时,最低允许电压=77+0.067=77.067 (V)因此,1 组蓄电池的最低允许电压为 77.067/45=1.71 (V)。

(5)蓄电池容量换算时间

蓄电池的必要容量 C 如下式所示:

$$C=K\times I/L \quad (\text{A}\cdot\text{h})$$

式中 K——容量换算时间,h;

I——放电电流,A;

L——维修率,$L=0.8$。

作为蓄电池的必要容量 C,在-5 ℃的环境下,$C=300$ A·h。

由此获得容量换算时间 K 为:

• 第 1 种情况:发生架线停电或者两台 APU 发生故障时

$$K=300\times 0.8/115.30=2.08\ (\text{h})$$

• 第 2 种情况:救援运转时

$$K=300\times 0.8/51.82=4.63\ (\text{h})$$

• 第 3 种情况:紧急待机时

$$K=300\times 0.8/24.83=9.66\ (\text{h})$$

(6)蓄电池负荷限度时间

以容量换算时间 K 以及蓄电池最低允许电压(1 组蓄电池=1.8 V)为基准,根据蓄电池的特性曲线,在-5 ℃环境下的蓄电池负荷限度时间如下所示。

• 第 1 种情况:发生架线停电或者两台 APU 发生故障时

蓄电池负荷限度时间=60 min

• 第 2 种情况:救援运转时

蓄电池负荷限度时间=175 min=2 h 55 min

• 第 3 种情况:紧急待机时

蓄电池负荷限度时间=405 min=6 h 45 min

2.3.2.2 CRH1 型动车组蓄电池

1. 蓄电池系统的组成

CRH1 型动车组蓄电池系统,向列车内的控制系统、应急照明、应急通风、无线电等系统供电。蓄电池正常状态下的功能是向 TCMS 系统、照明、无线电系统等提供电源电压,并在蓄电池充电机出现临时性故障时,起能量缓冲器作用。

蓄电池系统包括五组蓄电池和五个充电机，均与主蓄电池母线并联连接。图 2.38 所示是蓄电池系统结构图。

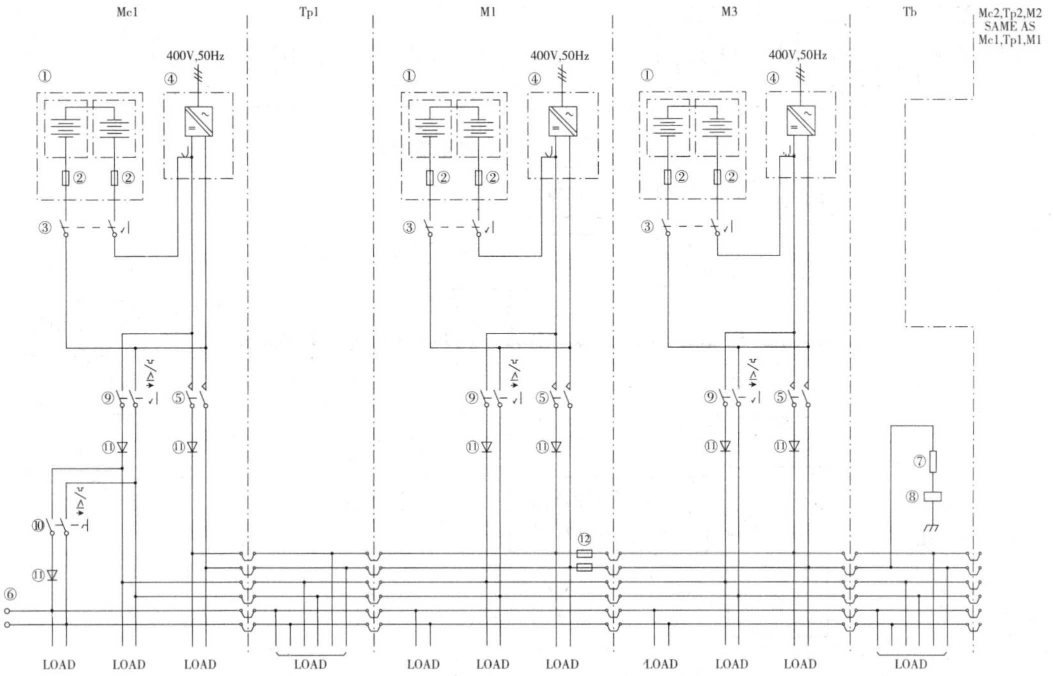

图 2.38　蓄电池系统结构图

1—电池箱；2—电池熔丝；3—电池断路器；4—电池充电机；5—电池接触器；6—列车线插座；7—接地电阻
8—接地继电器；9—断路器.紧急供电；10—断路器.列车线控制；11—阻断二极管；12—电池总线熔丝

蓄电池采用镍镉电池，容量为 200 A·h。主蓄电池母线通过接触器分为三条直流供电母线，贯穿整个列车。第一条母线上几乎连接了所有的直流负载，第二条是应急供电母线负担应急照明和极少的 TCMS 负载，第三条是启动母线，该母线从应急供电母线获取电能，为关闭电池接触器的继电器逻辑供电。

蓄电池系统的供电情况如图 2.39 所示，电池通过熔断器和隔离开关与电池充电机并联接到电池母线上，电池接触器 1 控制整个直流母线。蓄电池接触器 1 闭合后能将蓄电池和电池充电机连接到电池母线上，如果要激活 TCMS 系统，该接触器必须闭合；蓄电池接触器 2 闭合后可给旅客信息显示屏及旅客电源插座板的 DC/AC 逆变器供电，如果外部电源中断，该接触器在蓄电池紧急供电 2 min 后断开；蓄电池接触器 3 闭合后向牵引变流器的控制计算机供电，如果外部电源中断，该接触器在蓄电池紧急供电 30 min 后断开。

蓄电池一般通过直接连接到蓄电池、接触器 1 和接触器 2 向负载供电。正常情况下，当充电机停止工作后 2 min，接触器 2 断开；60 min 后，接触器 1 断开以保护蓄电池不过放电。

如果电池不能得到及时充电，根据电池电压状态，保护电路将起作用，具体指标见表 2.26。蓄电池连接的负载见表 2.27。

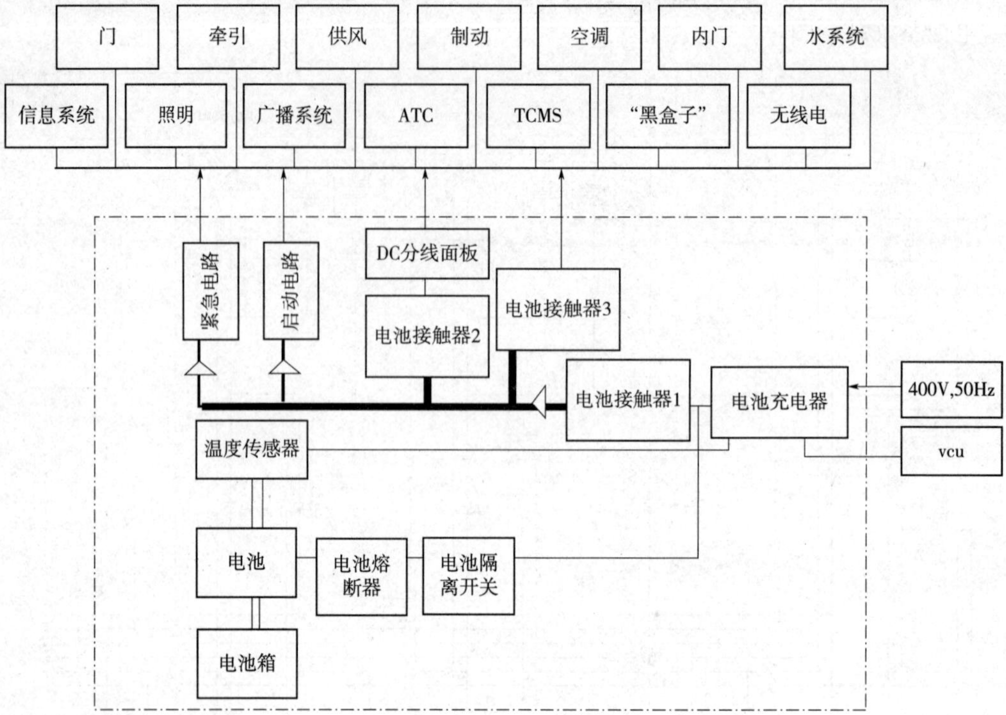

图 2.39　蓄电池系统的供电情况

表 2.26　电池状态与报警现象

电池状态	报警现象与原因
电池电压低于 101 V	电池未及时充电使电池电压低于 101 V
电池电压低于 97 V	当电池电压低于 97 V 时，电池保护接触器断开；这时可以人工闭合接触器，使车内装置工作 5 min
电池电压低于 84 V	当电池电压低于 84 V 时，所有的继电器和接触器都自动断开，紧急制动产生作用，这时电池不能供电

表 2.27　蓄电池分电路负载

蓄电池载荷	直接供电	接触器 1 供电	接触器 2 供电
前灯和后灯		●	
雨刷		●	
自动车钩控制器	●		
外门		●	
向后监视器		●	
辅助空气压缩机与干燥器		●	

续上表

蓄电池载荷	直接供电	接触器1供电	接触器2供电
制动与控制器		●	
磁轨制动		●	
车内环境控制系统		●	
紧急通风		●	
内端门		●	
常用照明			●
紧急照明	●		
阅读灯			●
车内信息系统		●	
紧急通讯系统		●	
信息显示			●
火灾报警		●	
PC连接器		●	
卫生系统控制	●		
列车主机系统		●	
列车底层计算机系统	●		
ATC		●	
列车广播系统		●	

2. 蓄电池放电时间周期

(1)基本参数

蓄电池类型:NiCd碱性电池,电池组额定电压:110 V,额定容量为200 A·h。

如果一个充电机锁闭不能使用时,有足够的冗余。

应急通风的放电时间:2 h;应急照明的放电时间:5 h。

(2)蓄电池放电时间周期的划分

蓄电池放电时间周期分为五个阶段:

- 前2 min:不减少负荷,系统紧急通风。
- 2～30 min:电脑系统仍然工作,此时为紧急通风和应急照明。
- 30～120 min:电脑系统仍然工作,此时为紧急通风和应急照明。动力系统的一些控制计算机被切除。
- 120～300 min:应急照明
- 300～305 min:A启动模式

各阶段蓄电池放电负载与功率见表2.28。

表 2.28　蓄电池放电负载与功率

放电阶段	标定载荷		蓄电池的功率	
前 2 min	主电脑和变流器： 内部设备： 制动、空气： 总计：	3.8 kW 39.2 kW 1.2 kW 44.3 kW	电池功率： 消耗能量：	8.86 kW 0.3 kW·h
2～30 min	主电脑和变流器： 内部设备： 制动、空气： 总计：	3.8 kW 16.1 kW 1.2 kW 21.2 kW	电池功率： 消耗能量：	4.24 kW 1.97 kW·h
30～120 min	主电脑和变流器： 内部设备： 制动、空气： 总计：	0.7 kW 16.1 kW 1.2 kW 18.0 kW	电池功率： 消耗能量：	3.62 kW 5.43 kW·h
120～300 min	主电脑和变流器： 内部设备： 制动、空气： 总计：	0.1 kW 1.8 kW 0 kW 1.9 kW	电池功率： 消耗能量：	0.38 kW 1.1 kW·h
300～305 min	主电脑和变流器： 内部设备： 制动、空气： 总计：	4.65 kW 3.85 kW 1.21 kW 9.71 kW	电池功率： 消耗能量：	1.94 kW 0.16 kW·h

3. 蓄电池的接地保护措施

蓄电池系统的接地保护采用负极高阻抗接地，如图 2.40 所示。其目的是在发生单极接地故障时，列车仍然可以使用蓄电池系统的电力；缺点是将检测不到负极和车体（地）之间的单极接地故障，因此必须定期试验负极和地之间的电阻值。

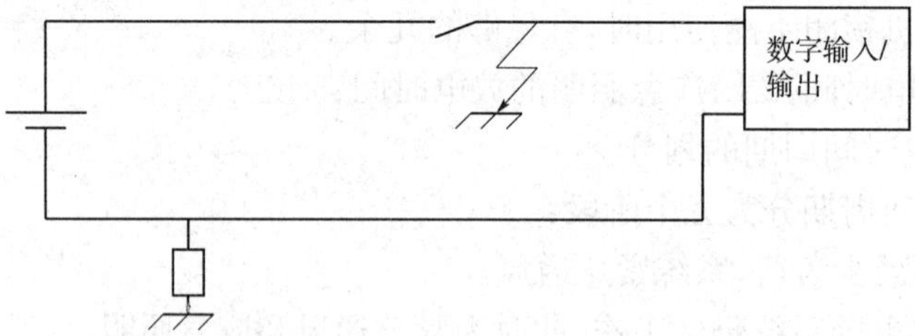

图 2.40　负极是高阻值的接地原理图

2.3.2.3　CRH2 动车组蓄电池

1. 蓄电池的基本参数

动车组采用阴极吸收式铅酸蓄电池，蓄电池额定容量为 100 A·h（20 h 放电率）；列车无线系统采用镉镍蓄电池，蓄电池额定容量为 60 A·h(5h 放电率)。两种电池的规格见表 2.29 和表 2.30。

表 2.29　阴极吸收式铅酸蓄电池规格

编号		ESLB3-G1	ESLB3-G2
额定电压(V)		12	6
20 h 放电率容量(A·h)		100	100
最大外形尺寸(mm)	总高	248 以下	
	箱高	210±2	
	宽度	173±2	
	总长	407±2	
20 h 放电率容量(25 ℃)	放电电流(A)	5	
	放电时间(min)	1 140 以上	
	放电终止电压(V)	10.5	5.25
大电流放电性能(−5 ℃)	放电电流(A)	120	
	放电时间(s)	5	
	放电后电压(V)	10.68 以上	5.34 以上
容量保存率(%)		80 以上	
重量(kg)		约 37	约 21
备注	数量	7	1

表 2.30　列车无线系统采用镉镍蓄电池规格

编号		P-6000VE-72
额定电压(V)		84(1.2 V/个)
5 h 放电率容量(A·h)		60
外形尺寸(mm)	高度	265±1.0
	宽度	722±2.0
	总长	417±0.1
5 h 放电率参数(25 ℃)	放电电流(A)	12
	放电时间(min)	300 以上
	放电终止电压(V)	70
质量(kg)		约 150
数量(个/列)		70

2. 蓄电池的使用与维护

(1)蓄电池正常使用条件

为提高防水性能，蓄电池箱体采用铆接结构和提高制作性、防水性的焊接结构两种构造。在蓄电池的箱体上部有抽气用的烟囱，箱体下部有排水孔。追加排水孔的作用是排出从烟囱进入的水、霜，从而提高其可靠性。

打开车体中心侧的检查盖进行接触器的检查；打开车侧的检查盖可更换蓄电池。

蓄电池的正常使用采用浮充电方式，浮动充电电压为 2.25 V/个，充电电压波动范围可以在 2.23～2.30 V/个之间。蓄电池的正常使用温度范围是－15～＋45 ℃。

(2)蓄电池的定期维护

①根据蓄电池组的连接个数(45 个)，充电电压应该保持在 98～104 V 之间。

②根据蓄电池组的连接个数(45 个)，电池开路测量的放电终止电压应不低于 78.75V。

③如果蓄电池充放电试验结果显示电池容量低于 50%额定值，表明电池需要更换(测试的环境温度在 25 ℃)。

④检查电池外观，不能有外形龟裂、电解液泄漏、蓄电池接线端子腐蚀等现象。

⑤定期清扫蓄电池外箱。

2.3.2.4 CRH3 动车组蓄电池

CRH3 型动车组蓄电池的功能是在系统故障情况下(缺少接触网电压，牵引变压器或变流器故障，蓄电池充电机故障等)确保向重要负载供电。

1. 蓄电池技术参数

CRH3 动车组蓄电池技术参数见表 2.31。

表 2.31 CRH3 动车组蓄电池技术参数

单体电池	
型号	FNC 1502 HR
标称电压	1.2 V
标称容量	160 A·h
电解液密度	1.19 kg / L
外形尺寸(长×宽×高)	115 mm×122 mm×309 mm
质量	7.05 kg
电解液体积	1.50 L
水储量	0.50 L
蓄电池组	
标称电压	100.8 V
标称容量	2×160 A·h
外形尺寸(长×宽×高)	712 mm×712 mm×350 mm
质量	738(1±5%)kg
温度传感器	NTC 10 k

2. 蓄电池组结构

电池组由 2 个电池托盘组成，每个电池座盘上装有 84 节串联的 FNC 1502 HR 型单体电池。单体电池的互连使电池组的标称电压达到 100.8 V。

单体电池的装配方式能够确保 100.8 V 电池组的技术参数符合 DIN EN 50272-2 和

IEC 50124 标准的要求。

蓄电池组的安装方式如图 2.41 所示。

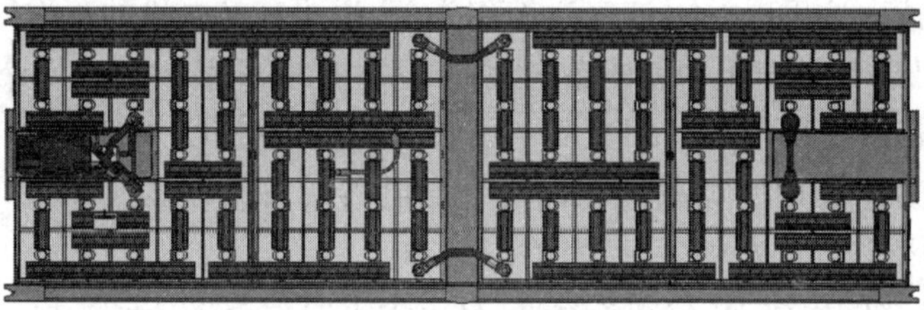

图 2.41　蓄电池组安装图

3. 蓄电池组充电特性

蓄电池组的充电特性如图 2.42 所示。

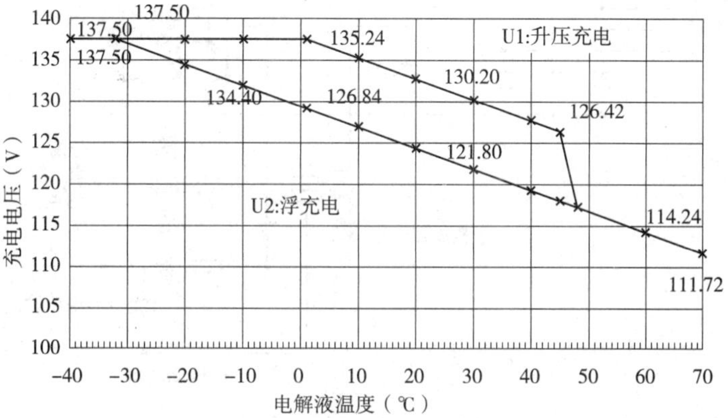

图 2.42　蓄电池组充电特性

(1)升压充电

首先，使用最大充电电流 96 A 为电池充电，直至充电电压达到 U_1；然后，充电电压会持续保持在 U_1 水平（充电电流减少）；温度＞45 ℃时，充电电压将减少至 U_2。

(2)浮充电

如果负载电流减少至 13 A 以下，则充电电压将从 U_1 转为 U_2；通过进一步减少充电电流使负载供电得以继续。

(3)转换至升压充电

如果充电电流增加至超过 19 A，则会转换至升压充电工作方式。

如果温度传感器接线损坏，则充电器连续工作；这种情况下，必须将充电电压控制在 118.02 V（1.405 V/节）。

2.3.3　充电机工作原理

充电机的主要作用是向直流母线供电，同时对蓄电池组充电。根据充电机与主变流器、辅助变流器的组合方式，可以将其分为两种形式：(1)CRH1 型、CRH3 型、CRH5 型动车组采用主变流器＋辅助变流器＋充电机的形式，即辅助变流器从主变流器的中间直流环节取电、将其转换为辅助三相电作为充电机的输入，充电机再将其转换为直流电；(2)CRH2 型动车组采用主变压器辅助绕组＋辅助电源装置（APU）的形式，即辅助静态变流器与辅助整流器结合在一起，由辅助电源装置（APU）输出稳压 DC100 V，其工作过程与原理在 2.2.3 中已经介绍，不再赘述。这里以 CRH1 型动车组为例，说明其充电机的工作原理。

充电机在 CRH1 型动车组中就是蓄电池充电模块 BCM（Battery charger module），是一个静止的变流装置，其作用是将三相交流电压转变成直流电压，用来向蓄电池充电，并为直流母线提供电能，为其他直流负载供电。每个充电器的总功率为 13 kW，其中输出功率为 8 kW、最大充电功率为 5 kW。

充电器为一体化的模块，除冷却系统外，有三个主要子系统：一个三相桥式输入整流器，一个 IGBT 逆变器和一个输出整流器。BCM 的主电路原理如图 2.43 所示。

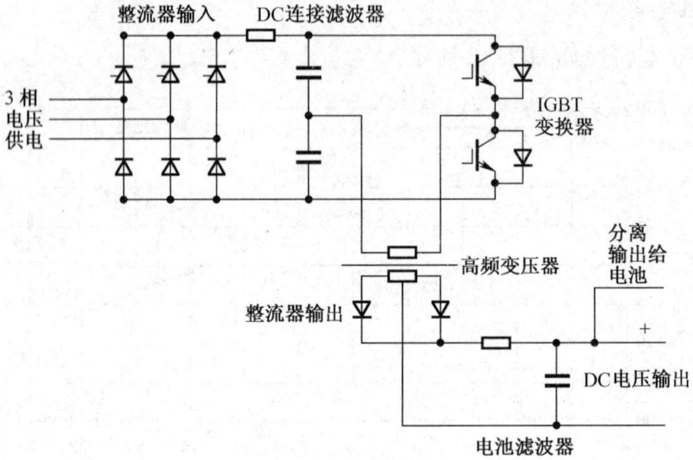

图 2.43　BCM 的主电路

输入整流器是一个半控三相桥式整流器，对三相输入电压整流；IGBT 对直流电压进行高频斩波，两个 IGBT 轮流切换，在高频变压器原边产生高频矩形交变电压，带中心抽头的次级线圈经两个二极管再次整流，输出直流电压。

滤波器的作用是防止电磁干扰和改善输出品质。直流环节滤波器减小整流电压的纹波，电池滤波器改善了输出直流的平滑性。

控制 IGBT 的开断比（控制比）可得到期望的直流输出：可使直流输出电压保持在恒定值；如果总输出电流或蓄电池充电电流超过最大允许值，输出电压就会降低，这时 IGBT 的控制比要以输出电流为控制指标，蓄电池充电器以恒电流方式运行。

BCM 的电路原理如图 2.44 所示，除主电路外，图中还给出了整流触发单元（DYTP600A）、BCC/I（Battery Charging Control unit，电池充电控制单元）控制计算机、冷却风扇、控制器电源和测试信号等部分。

BCM 的主要构成如下：

（1）输入整流器；

（2）直流环节滤波器（电感和电容）；

（3）IGBT 变流器；

（4）高频变压器；

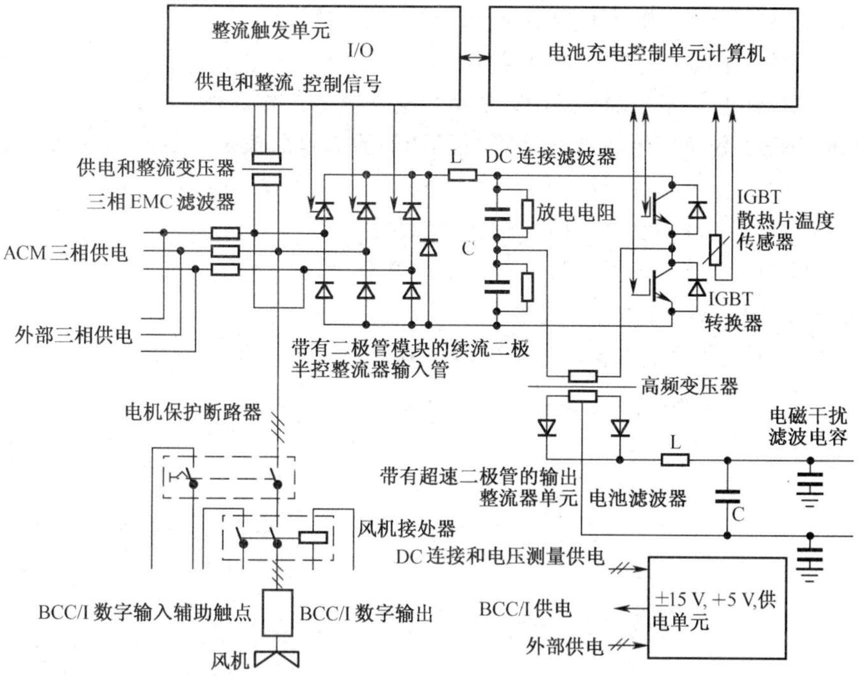

图 2.44　BCM电路原理

(5)输出整流器(两个二极管);

(6)蓄电池滤波器(感应和电容);

(7)控制单元BCC/I;

(8)冷却风扇;

(9)保护传感器和测量传感器。

BCM是单机设备,能够独立工作,既含有冷却系统,也含有控制系统,模块安装在车辆的底架中。到BCM的电源和信号电缆,来自模块顶上的电缆管道,通过BCM上盖板中的孔引入BCM,内外电缆间的连接端子置于BCM内部,在外壳上既没有电缆密封管也没有插座。有一个连接器用于三相输入,一个输出到电池总线,一个输出到电池以及一个共用的输出,用于电池总线和电池的负极。

PT100-元件将IGBT散热器温度送给控制单元(BCC/I),如果温度不高于预设值,散热器仅通过自然对流冷却就可以了;如果温度超过预设值,就激活冷却风扇,强迫散热器冷却。冷却空气从BCM的后部吸入,通过散热器,从BCM顶部和底部的通风孔排出。因为冷却空气来自两个模块间的间隙而非直接来自车身外,所以没有太多灰尘、雨雪进入。排出的气流也可防止通风孔顶部和底部被颗粒(例如塑料袋或树叶等)堵塞。

复习思考题

1. 按照用途,车体配线有什么种类?
2. CRH1型动车组配线有何特点?

3. 分析 CRH2 型动车组 T1c 车配线图。
4. 动车组如何考虑辅助供电系统容量?
5. 简述 CRH1 型动车组 AC 380 V 辅助供电系统的工作原理。
6. 简述 CRH2 型动车组辅助电源装置(APU)的工作原理。
7. 简述 CRH2 型动车组 APU 的故障分类。
8. 简述 CRH3 型动车组单辅助变流器的工作原理。
9. 简述 CRH5 型动车组辅助变流器的工作原理。
10. 简述动车组蓄电池运用的技术条件。
11. 简述 CRH1 型动车组蓄电池系统的组成。
12. 简述 CRH1 型动车组充电机工作原理。

第3章

动车组车内电气设备

动车组要求在既安全又简便的操纵下获得各种不同工况的良好运行性能，而这些要求是通过一系列不同电气设备的安全工作来满足的。本章主要介绍动车组车内电气设备，包括照明系统、火灾探测系统、广播系统、旅客信息显示系统、电开水器与电热温水箱等设备的组成和工作原理。

3.1 照明系统

电气照明是一门综合性的技术，它不仅应用光学和电学方面的技术，也涉及建筑学，生理学等方面，电气照明在国民经济中占有相当重要的地位。人们的生产和生活各方面活动都需要应用电气照明技术，动车组也从上述两个方面对电气照明有一定的要求。电气照明的重要组成部分是电光源和照明配件。照明技术的发展趋向是：在电光源方面，要求提高光效、延长寿命、改善光色、增加品种和减少附件；在照明配件方面，要求提高效率、配光化、组装化、轻型化和标准化。总之，要求高质量、低费用。

3.1.1 照明的基本概念

1. 光

光是能引起视觉的电磁波，又称可见光。其波长一般在 380～780 nm 范围内，不同波长的光给人的颜色感觉不同；波长短于 380 nm 的光称紫外辐射，波长大于780 nm的光称红外辐射。

2. 光通量

光源在单位时间内，向周围空间辐射并引起视觉的能量，称为光通量，以 ϕ 表示，单位为 lm（流明）。

例如，一个 100 W 的白炽灯，在 220 V 的额定电压下发出的光通量为 1250 lm；一个 40 W的荧光灯，在 220 V 的额定电压下发出的光通量为 2 440 lm。

3. 发光效率（简称光效）

一个电光源所发出的光通量与该光源所消耗的电功率之比，称为发光效率，以 η 表示，单位为 lm/W（流明/瓦）。

如上述的 100 W 白炽灯的发光效率(12.5 lm/W)比 40 W 荧光灯的发光效率(61 lm/W)要低。发光效率是电光源的重要技术指标。

4. 发光强度(简称光强)

光源在某一特定方向上单位立体角内(每球面度)辐射的光通量,称为光源在该方向上的发光强度,以 I 表示,单位为 cd(坎)。

若点光源在立体角 ω 内发出的光通量为 F,则 F 与 ω 之比称为发光强度,即

$$I=F/\omega$$

上式中 ω 是以光源为球心,以任意为半径的球面上切出的球面积 S 对此半径 r 平方的比值,即

$$\omega=S/r^2$$

立体角 ω 的单位是球面度。

当光源在 1 球面度的立体角内均匀发出 1 lm 的光通量,则此光源的发光强度等于 1 cd。

在实际应用中,我们测得光源在空间各个方向的发光强度,并以光源中心为起点而给出的矢量表示各个方向的发光强度的数值,则所有矢量的终端将在一个曲面上,这个曲面称为光度曲面。大多数光源的光度曲面对于通过光源中心点的垂直轴线是对称的。因此若用一通过垂直轴线的平面来切割光度曲面,则在此平面上就形成一条曲线,这条曲线表示光强度在这个平面上的分布状况,称为发光强度曲线或光度分布曲线。

5. 照度

单位面积上接收的光通量称为照度,其符号为 E,单位为 lx(勒)。

被光均匀照射的平面上的照度为:

$$E=\phi/A$$

式中 A——被照射面积,m^2。

均匀分布的 1 lm 光通量在 1 m^2 的表面面积上所产生的照度为 1 lx。工作场所必需的照度为 20~100 lx。

例如满月在地面上产生的照度仅 0.2 lx,正午露天地面的照度达 10^6 lx。

当采用某方向发光强度为 I_a 的点状光源照明时,受照面上某点的水平照度与它至光源的距离(r)平方成反比,和入射角的余弦($\cos\theta$)成正比,称为平方反比定律,可以用下式表示:

$$E=\frac{I_a\cos\theta}{r^2}$$

这一公式说明,被照面离灯愈近,它的照度愈高,而且是按平方增长。正因为如此,我们在日常生活中,为了增加工作面上的照度,常采取将灯放低一些,并且尽可能将它放在工作面的正上方,这种作法就是为了缩短距离和减小入射角。此式也反映了照度与光强 I 成正比关系。

在照明设计中,照度是一个很重要的物理量。国家规定了各种工作条件下的照度标准。

6. 亮度

发光体在给定方向单位投影面积上的发光度称亮度,其符号为 L,单位为 sb(熙提)。煤油灯火焰的亮度约 1.5 sb,钨丝白炽灯的亮度约 500~1 500 sb。

$$1\ \text{sb}=1\ \text{cd/cm}^2$$

较小的亮度单位是 nt：

$$1\ \text{nt}=1\ \text{cd/m}^2$$

亮度也是照明装置的一个重要物理量。当发光表面的亮度相当高时，对视觉会引起不愉快及有害作用，这种情况称为光辉，它是发光表面的特性。由于亮度高作用所产生的视觉状态称为眩光，它是眼睛状态的特征。

在照明设计中，为避免眩光，应限制直射或反射耀光，可采用保护角较大的灯具或采用带乳白玻璃光罩的灯具，也可以通过提高灯具的悬挂高度来实现。

眩光是指由于亮度分布不适当，或亮度的变化幅度太大，或由于在时间上相继出现的亮度相差过大，所造成的观看物体时感觉不舒适或视力减低的视觉条件。眩光按其引起的原因分直射眩光和反射眩光两种。

一般说来，被视物与背景的亮度比超过 1∶100 时，就容易引起眩光。

为限制眩光可采用以下几种办法：

(1)限制光源的亮度、降低灯具的表面亮度。如对亮度太大的光源，可用磨砂玻璃、漫射玻璃或格栅限制眩光。格栅保护角应在 30°～45°范围。

(2)局部照明的照明器应采用不透光的反射罩，且照明器的保护角应不小于 30°；若照明器安装高度低于工作者的水平视线时，照明器的保护角应为 10°～30°。

(3)正确地选用照明器型式，合理布置照明器位置，并选择好照明器的悬挂高度是消除或减弱眩光的有效措施。照明器悬挂高度增加，眩光作用就减小。没有保护角的照明器，应该具有较低的亮度。为了限制直射眩光，室内一般照明用的照明器对地面的悬挂高度，应不低于 2 m。

7. 色表与显色性

作为照明光源，除要求发光效率高和成本低以外，还要求它发出的光具有良好的颜色。所谓光源的颜色有两个方面的意思，一是人眼直接观察光源时所看到的颜色，称为光源的色表；另一是指光源的光照射到物体上所产生的客观效果。如果各色物体受照的效果和标准光源(标准昼光)照射时一样，则认为该光源的显色性好(显色指数高)；反之，如果物体在受照后失真，则该光源的显色性就差(显色指数低)。

显色性最优的以显色指数为 100 表示，其余光源的显色指数小于 100。表 3.1 为常用光源的显色指数。

表 3.1　常用光源的显色指数

光源	白炽灯	日光色荧光灯	白色荧光灯	高压汞灯	氙灯
显色指数	97	75～94	55～85	22～51	95～97

例如，现在城市街道上路灯已逐步采用高压汞灯一类的气体放电光源。如果从远处看高压汞灯，一定感觉它发出的光既亮又白，但当看到被它照射的人的面孔时却并不满意，看

起来好象在脸上抹了一层青灰。这说明高压汞灯的色表不错,但显色性不好。

8. 阴影

阴影的功能有两种,一种对视觉有害,另一种对视觉有利。

(1)有害的阴影

由于方向性照明及障碍物造成的阴影(如手的挡光)会使被照对象的亮度和亮度对比下降,对视觉工作是不利的。为克服不利的阴影需注意合理地布置灯具,特别是指向性很强的灯具,应避免在离开较远的地方分散装置,否则会使阴影扩大。另外,还需注意提高照明的扩散度。

(2)有利的阴影

适度的阴影能够表现出物体的立体感、实体感和材质感。物体上最亮部分和最暗部分的亮度比称为亮暗比。亮暗比小于 2∶1 时有平板感,大于 10∶1 时又过分强烈,而在 3∶1 时最理想。在观察浮雕、复杂工件、卡尺、玻璃器皿上的刻度以及凹凸不平的表面等情况下,适度阴影是必要的。一般情况下,用指向性光源从斜方向照射,即能收到良好效果。

9. 照明方式

照明方式可分为下列三种:

(1)一般照明

不考虑特殊局部的需要,为照亮整个工作面而设置的照明。它由若干灯具对称排列在整个顶棚上组成,因而可以获得必要的照度均匀度。对于工作位置密度很大而对光照方向又无特殊要求,或工艺上不适宜装设局部照明装置的场所,宜使用一般照明。

(2)局部照明

为满足某些部位的特殊需要而设置的照明。此种照明方式往往采用机床工作灯、台灯、斜照型灯或反射型灯泡。

(3)混合照明

一般照明与局部照明共同组成的照明。对于工作位置需要较高照度并对照射方向有特殊要求的场所,宜采用混合照明。混合照明中的一般照明,其照度不宜小于该等级混合照明照度的 10%～20%,且不宜低于 30 lx。

3.1.2 常用电光源

1. 白炽灯

白炽灯是靠电能将灯线(钨丝)加热至白炽而发光,它由灯丝、支架、引线、泡壳和灯头几部分组成。白炽灯的灯丝通常由钨制成,这是由于钨的熔点高(3 680 K),蒸发率小的缘故。熔点高而蒸发率小材料可以工作于较高的温度。灯丝的工作温度愈高,其辐射的可见光在辐射总能量中所占比例愈高,从而提高了发光效率。

白炽灯根据泡壳内充气与否可分为真空泡(40 W 以下)和充气泡(40 W 以上)两种。真空泡的灯丝温度通常不超过 2 400 K,温度若再继续提高,灯的寿命将因钨丝蒸发的迅速增加而显著缩短。实验指出,灯丝工作温度从 2 400 K 提高到 3 000 K,灯丝蒸发率增加7 600

倍，灯的寿命将从 1 000 h 减到不足 1 h。因为真空泡的灯丝温度不很高，所以它的发光效率仅为 7～9 lm/W。而充气泡是在灯泡内充入氩、氮气体，这些气体增加了灯丝周围的压力，从而有效地抑制钨的蒸发。所以这种灯泡虽因气体对流会引起一定的热损失(约占 12%～19%)，但是由于灯丝工作温度可提高到 2 700～3 000 K，在不降低寿命的前提下，其发光效率可以提高到 10～18 lm/W。

2. 碘钨灯

碘钨灯是一种充碘的白炽灯，这种灯在点燃过程中，从灯丝蒸发出来的钨在泡壁区域内与碘化合成碘化钨，这是一种挥发性卤钨化合物，它扩散到热灯丝附近又可分解为碘和钨，释放出来的钨沉积到灯线上，碘则重新扩散到泡壁附近再与钨化合，这一过程称为钨的再生循环。碘钨灯由于应用了钨的再生循环原理，大大减少了钨的蒸发，灯丝的工作温度可提高 3 000～3 200 K，发光效率可以达 20～30 lm/W。但应注意，在使用管状的碘钨灯时，要严格水平放置，不然会因对流而使钨的再生循环不均匀，以致烧断灯丝。

3. 荧光灯

荧光灯是一种管壁涂有荧光物质(如卤磷酸钙)的低气压水银放电灯，荧光灯的工作原理是：当电路接通后，由于镇流器、灯丝和启辉器是串联的，电源电压通过镇流器、灯丝加在启辉器的两电极间，启辉器中的低气压氖气开始辉光放电，放电产生的热量，使内部的 U 形双金属片(动触片)受热伸开，与静触片接触，即启辉器两电极短路，于是电流通过镇流器和串联的灯丝，使灯丝得到预热，时间约 1～3 s。灯丝受热后，从而发射大量电子。同时，启辉器内因为两电极的短路，导致辉光放电熄灭，随后，双金属片冷却而又与静触片脱离。在脱离瞬间，电路中的电流突然消失，于是会在镇流器两端产生一个比电源电压高得多的感应电压，被加到灯管灯丝之间，使管内氩气电离而产生自放电。同时，管内汞滴受热汽化而电离。汞蒸汽放电时，大量辐射紫外线，这些紫外线激发涂复在灯管内壁的荧光粉后，发出可见光。

这种发光叫频闪效应。因为闪光变化很快，以及视觉暂留的特性，所以在观察静止物体时感觉到发光仍是连续的，但在观察运动物体时，就会有抖动的感觉，要避免这个缺点，可用二灯式回路，它是在其中一个灯的回路里加接分相元件，使两个灯的电压相位不一致，这样可以减轻照明时的闪烁。也可采用三灯式回路，分别接在三相电源上，则消除频闪效应的效果更好。

4. 高压汞灯

高压汞灯是一种高气压水银放电灯，它的外形是一个螺丝灯头式的灯泡，在硬质玻璃泡壳内还有一根石英玻璃放电管，固定在镀镍的铁丝支架和不锈钢环上。放电管中两端都有一个主电极，其中一端还有一个引燃极，在管内抽去空气后充以适量的水银和少量氩气。在泡壳与放电管之间抽真空或充氮气作为保护气体，以隔离外界空气温度对放电管内水银蒸汽压的影响。

当电源接通时，由于两个主电极 J1 和 J2 距离较远，所以不能立即放电，而引燃极和主电极 J1 距离很近(2～3 mm)，通过启动电阻(20～60 kΩ)相连，电源电压直接加在 J1 和引燃极之间，由于电场强度很高，其附近气体击穿，开始辉光放电而发出紫红色的光(主要是氩气发光)。由辉光放电产生的电子和离子在主电极间电场的作用下，很快产生繁流过程，过渡到两主电极之间的弧光放电。在灯点燃的初始阶段，是低气压的水银蒸汽和氩气放电。这时管压降很低，约 25 V 左右，放电电流很大，约 5～6 A，称为启动电流。低压放电时放出的热量，使管壁温度升高，水银逐渐汽化，水银蒸汽压和灯管电压逐渐升高，电弧开始收束，逐步向高气压放电过渡。当水银全部蒸发后，管压开始稳定，进入稳定的高压水银蒸汽放电。这个过程约需 4～10 min。因此，高压水银灯熄灭以后，不能立即启动，要等水银凝结后，才能再次点燃，约需 5～10 min。

接在引燃极间的启动电阻的作用是限制电流，保护引燃极不致因电流太大而发热损坏，同时当主电极间开始放电后使主电极 J1 与引燃极之间的放电加速停止。

5. 氙灯

氙灯是一种内充高纯度氙气的弧光放电灯。实验指出，高压氙气的弧光放电所发出的光非常接近于日光，故有“小太阳”之称。目前氙灯可分为长弧氙灯、短弧氙灯和脉冲氙灯三类。

6. 高压钠灯

高压钠灯也是一种强弧光放电灯。它采用半透明多晶氧化铝陶瓷材料制成放电管，充入汞和汞钠剂，产生很高的钠蒸气压力，并充入惰性气体，以便辅助起动。

它在形式上与高压水银灯相似，一般没有辅助电极，启动时也不进行预热，但需要较高的启动电压（2 000～2 500 V）。启动后依靠离子对电极的轰击使电极加热而产生热电子发射。

7. 低压钠灯

低压钠灯由特制玻璃管制成，管内充入高纯钠和惰性气体，利用钠蒸气放电发光。与高压水银灯相似，低压钠灯启动时，首先在主电极和辅助电极之间形成辉光放电，然后很快在两个主电极间形成弧光放电。当弧光放电使放电管加热到一定的温度时，管壁上的薄层固相钠开始蒸发。随着钠气压力的增大，放电的钠蒸气黄色电辉逐渐增强，当温度增高到正常运用温度时，钠蒸气达到额定压力。虽然它有极高的发光效率，但它实际上是黄色单色光，显色性差。

8. 金属卤化物灯

金属卤化物灯是一种新型的气体放电灯，它是在高压水银灯中添加适当的金属卤化物，以提高光色和发光效率。金属卤化物灯的发光原理与高压水银灯相似。点灯时，放电首先在主电极和辅助电极之间的惰性气体中形成，随后发展到两个主电极之间。对于没有辅助电极的灯，则采用高频触发电电路使放电管引燃。常见的金属卤化物灯有碘化钠-碘化铊-碘化铟灯（简称钠-铊-铟灯）。

9. 新型荧光灯

新型荧光灯是近年开发的节能新光源。它采用较细直径的玻璃管弯曲成圆环形、双曲形、H 形和双 D 形等。其内壁涂上三基色荧色粉，能发出近似于白炽灯的光色，但发光效率比白炽灯高。例如 13.5 W 的新型荧光灯即可相当于 60 W 的白炽灯。

10. LED 灯

LED（Light Emitting Diode），即半导体发光二极管，基本结构由一块电致发光的半导体材料组成，能够将电能直接转化为可见光，它改变了白炽灯钨丝发光与节能灯三基色粉发光的原理，而采用电场发光。

LED灯的核心是一块半导体晶片，晶片的一端附在一个支架上，一端是负极，另一端连接电源的正极，整个晶片被环氧树脂封装起来。半导体晶片由两部分组成，一部分是P型半导体，在它里面空穴占主导地位，另一端是N型半导体，在这边主要是电子。这两种半导体连接起来的时候，它们之间就形成一个P-N结。当电流通过导线作用于这块晶片时，电子就会被推向P区，在P区里电子跟空穴复合，就会以光子的形式发出能量，这就是LED发光的原理。而光的波长也就是光的颜色，是由形成P-N结的材料决定的。

LED灯的特点非常明显，具有光效高、耗能少、寿命长、稳定性高、响应时间短、适用性强、对环境无污染、多色发光等优点。

3.1.3 照明系统布置原则

根据上述各种电光源的发光原理和结构特点，在照明设计中一般可按下述原则选用：

1. 照明种类的选择和控制

(1)在灯具的悬挂高度较低(4 m及以下)又需要较好的视看条件的屋内场所，宜采用荧光灯。

(2)照明开闭频繁、照度要求较低时，宜采用白炽灯，因为白炽灯的开关次数对其寿命没有什么影响。

(3)正常照明一般单独使用，也可与紧急事故照明、值班照明同时使用，但控制线路必须分开。紧急事故照明是在正常照明因故障熄灭的情况下，供继续工作或人员疏散用的照明。事故照明必须采用能瞬时可靠点燃的光源，一般采用白炽灯或卤钨灯。采用蓄电池作疏散用事故照明电源时，其连续供电时间不应少于20 min。

2. 保证照明的质量

首先是要在量的方面，创造合适的照度(或亮度)；而在质的方面，要解决眩光、光的颜色、阴影等问题。为了防止眩光和使照度分布均匀，不宜采用大功率的光源。

3. 保证光源的显色性和色温

(1)光源的显色性对视觉功能有很大的影响。在需要正确辨别色彩的场所，为避免失真，应合理选择光源的显色性。

(2)光源的色温会影响人们冷暖舒适的感觉。同一色温下的光源，其照度不同时，人的感觉也不相同。一般低色温的光在较低的照度下感到愉快，而在高照度下则感到过于刺激。高色温的光在低照度下感到阴沉昏暗，而在高照度下则觉得愉快。因此，为了调节冷暖感，可根据不同环境的特点，采取适当色温的光源来增加舒适感，如在炎热区域宜使用高色温冷色调光源，冷饮场所也宜用冷色光源。反之宜使用低色温暖色光源。

(3)改善光色的方法可以采用显色指数高的光源，如白炽灯、卤钨灯、日光色荧光灯、日光色镝灯、高显色高压钠灯。另外，也可采用混合光照明。即在同一场所内，采用两种及以上的光源照明。

4. 保证照度的稳定性

照度的不稳定不但会分散工作人员的注意力，对司机安全驾驶不利，而且将导致视觉疲劳。引起照度的不稳定的原因是电源电压的波动，如线路负荷的变动、电动机的起动都会引起电压的波动。另外，由于光源的老化、灯具污垢增加均会降低照度。此外灯具的摆动也会引起照度不稳定。为此必须注意灯具的固定及防止气流的冲击。

3.1.4 动车组照明系统

3.1.4.1 CRH1 型动车组照明系统

CRH1 型动车组设计的照明系统在旅行中为乘客和乘务人员提供安静、和谐的环境，同时，也为列车提供良好的工作照明。照明系统分为一般照明和紧急照明。一般照明是在车厢内为乘客和乘务员提供满意的照明，一般照明可调节为强光或弱光照明。紧急照明包括在一般照明中，只是部分灯具连接到紧急照明的电源上。

列车内的所有照明设备由 110 V 直流蓄电池供电，并通过转换向所有灯泡和灯管供电。所有微型断路器都安装在电气柜内。

乘客区、通过台、厕所、厨房和乘务员室内的照明由荧光灯管和卤素灯组成。

司机室的照明由安装在司机室内的开关控制。

1. 乘客区域的一般照明可调节为强光或弱光照明

当强光照明开关打开后，灯具被激活。一般“强光”照明下，司机室和地板的光照度≥100 lx；客室地板、走廊、通过台地板、厕所 0.6 m 镜前和 1.6 m 地板上方都要求光照度＞200 lx；厕所地板光照度＞50 lx。

强光照明时打开客室车顶内两排平行的荧光灯；行李架内的荧光灯；功能板内的荧光灯（客室餐厅区、厨房外侧墙、乘务员室和残疾人厕所周围的区域）；通过台车顶内的 2 支灯具（每支内有两个荧光灯管）；蹲式/坐式卫生间外的 2 支灯具（每支内有 2 个荧光灯管）；每个外门机械罩内的 2 支卤素聚光灯（当门打开时开）；蹲式/坐式卫生间内的 2 支卤素聚光灯；残疾人厕所的 4 支卤素聚光灯；每个风档内的 2 支卤素聚光灯；每个乘务员室车顶内的 4 支聚光灯；乘务员室外车顶内的 2 支卤素聚光灯；每个垃圾箱模块内的 1 支卤素聚光灯；厨房车顶内的 10 支卤素聚光灯；厨房工作台上方的 4 支卤素聚光灯。

使用弱光照明时，客室车顶内的荧光灯管关闭，上述所有其他灯具开。

2. 乘客区域紧急照明

当紧急照明启动时，所有以下灯具被激活：各大客室车顶内的两支荧光灯；各小客室内顶内的 1 支荧光灯；客室内顶/车厢内的共 3 支灯管；厕所（坐式/蹲式/残疾人）各有 2 支卤素聚光灯；通过台车顶内的 1 支灯具（各有 2 支荧光灯管）；厕所（蹲式/坐式/残疾人）外部区域内的 1 支灯具（各有 2 支荧光灯管）；乘务员室外车顶内的 2 支卤素聚光灯；乘务员室车顶内的 2 支聚光灯；司机室内照明。

3. 不同区域照明分类

（1）客室内顶灯

客车车顶内的照明包括在内顶模块中。模块有两种长度。通过台两侧是短模块，客室内是长模块。在模块内，有两排纵向的荧光灯和逆变器。长模块有两支 35 W 荧光灯管，短模块有 2 支 28 W 荧光灯管。

灯管下侧有个灯罩。照明电缆沿 C 型材铺设。连接模块的是电缆连接器。

灯具模块各边内有电缆连接器。电源接至一端。在另一端,与另一个模块连接。这样,灯具相互连接。在有紧急灯模块中,需要两根专用电缆。一根先于模块连接,另一根后于模块连接。

(2)通过台照明

每个通过台内有两个圆形灯具安装在内顶板内,每个有 2 支 9 W 日光灯管。2 支日光灯管用一个逆变器,安装在内顶上方。

两节车厢之间的风挡照明采用 2 支卤素灯具,每个车厢 1 支。卤素灯为 12 V/20 W。灯具嵌装在车顶内。2 支卤素灯使用一个逆变器,安装在车顶上方。

(3)外门照明

每个外门装有照明灯,用于车厢的入口处。每个车厢门入口处有两只 12 V/20 W 卤素灯具。聚光灯嵌装在机械罩内。通过台内的 4 支卤素灯与一个逆变器连接。灯安装在开门一侧。当门关闭时,卤素灯关闭。

(4)行李架内照明

除用餐区和 Tb-车厢的残疾人厕所外部区域以外,所有客室都有行李架。行李架分为两种。一种是 1 872 mm 长,带 1 支 35 W 荧光灯管;另一种 1 527 mm 长,带 1 支 28 W 荧光灯管。每支荧光灯管有一个逆变器。

只有一等车厢有阅读灯。每个灯具模块有 2 支 12 V/10 W 的卤素灯,1 支用于靠窗座位,另 1 支用于走廊座位。4 支阅读灯使用一个逆变器,安装在行李架的前侧内。行李架上的一根电缆和插头连接器与侧墙上的插座连接器连接。

(5)功能板照明

Tb-车厢内的客室用餐区装有功能板,2 块在厨房对面的侧墙上,1 块在乘务员室内。1 种 1 872 mm 长,带 1 支 35 W 荧光灯管。另 1 种 1 524 mm 长,带 1 支 28 W 荧光灯管。功能板包括 1 支灯具,有 1 支 35 W 或 28 W 的荧光灯管。

(6)厕所照明

厕所车顶内有 2 支卤素聚光灯,带 1 个逆变器,安装在镜子后面。厕所照明与应急照明系统连接。

残疾人厕所车顶内有 4 支卤素聚光灯,带两个逆变器,安装在镜子后面。2 支卤素灯连接各逆变器。其中 1 个逆变器与应急照明系统连接。

(7)乘务员室照明

乘务员室的照明包括侧墙上的功能板(35 W)和车顶内的 4 支卤素灯(20 W)。2 个逆变器安装在乘务员室旁边的电气柜内。2 支卤素灯连接各逆变器。其中 1 个逆变器与应急照明系统连接。

(8)厨房照明

厨房照明包括 14 支卤素灯(20 W)。10 支卤素灯嵌装在车顶内,4 支卤素灯嵌装在工作台上方。4 支卤素聚光灯与应急照明系统连接。

(9)司机室照明

司机室照明包括一支安装在车顶内的灯具,有 2 支 18 W 荧光灯管。灯管与一个逆变器连接,逆变器安装在灯具内。无论列车是否被激活,照明供电先于蓄电池接触器。

驾驶室照明由司机室内的开关控制。

(10)应急照明

如果一般照明打开，蓄电池充电失效，一般照明将保持两分钟。然后，应急照明将保持298 min的激活状态。如果在298 min结束之前蓄电池充电开始，在紧急照明不中断的情况下，一般照明打开。

如果一般照明关闭，蓄电池充电失效。应急照明将被直接打开。紧急照明要保证客室多数区域亮度≥30 lx；地板所有区域亮度≥5 lx。

乘务员室内的卤素聚光灯与“应急照明”连接，并由乘务员室内的开关控制。

3.1.4.2 CRH2型动车组照明系统

CRH2型动车组照明包括客室照明、通过台照明、厕所及洗脸间的照明、多功能室照明等部分。

1. 客室照明

客室内设有DC 100 V的快速起动荧光灯，部分兼用于应急照明。荧光灯及照度符合中国标准，照度不小于200 lx。

客室照明为通过灯罩的隐形照明。

2. 通过台照明

通过台及走廊车顶设DC 100 V、20 W荧光灯(应急照明灯设在2、4位侧)。通过台部分照明照度不小于30 lx。各车走廊上有良好的照明。

3. 厕所及洗脸间的照明

采用DC 100 V、20 W及40 W(残疾人用)的白色荧光灯，可兼作应急灯。

4. 多功能室照明

多功能室的为DC 100 V、40 W荧光灯兼应急灯。

3.1.4.3 CRH3型动车组照明系统

1. 客室照明

客室照明的目的就是照亮整个车厢，为旅客和工作人员提供旅途生活和工作所必须照明。客室照明按区域分为客室主照明(行李架灯带)、一等车及头车休闲区各座席的单个阅读灯、餐车厨房顶灯，还包括其它区域(通过台、卫生间、走廊、司机室、乘客服务区)的顶部射灯以及餐车吧区特殊装饰灯。

按功能可分为主照明、应急照明。主照明与应急照明由司机控制台上的司机人机界面和乘客服务室里的人机界面操作。

客室区域的主照明主要是行李架灯带，行李架灯带安装在行李架的正下方，客室灯带为内置荧光灯，不同长度的灯模块安装在预组装好的支撑型材上，支撑型材安装在行李架的正下方。客室内的行李架灯带光源为荧光灯，分为36 W、30 W、18 W三种。客室照明主要由DC 110 V供电。

走廊、通过台、卫生间等区域，为了产生一个变化的旅行环境，加强灯光照明效果，采用顶部射灯。射灯光源为卤素灯，分为10 W(DC 110 V)、10 W(DC 12 V)、20 W(DC 110 V)、

20 W(DC 12 V)四种。射灯附带相应的直流变换器。

餐厅顶部区域,为加强照明和装饰效果,采用餐厅顶灯,餐厅顶灯光源为荧光灯,2×30 W。

在一等车客室和头车休闲室,装有可以单独开关的阅读灯。阅读灯与按钮开关都集成在一起,旅客可单独调节。阅读灯光源为卤素灯 10 W。

2. 司机室照明

为了确保司机室区域具有足够的照度,司机室在顶部设置了照明设备,司机室照明属于应急照明。

司机室区域设置 6 支 20 W (DC 12 V)射灯,射灯光源为卤素灯,射灯附带相应的直流变换器。

3. 应急照明

应急照明提供所有区域的基本照明,正常供电时,应急照明和主照明一起工作,出现供电故障时,应急照明由蓄电池供电,保证照明不间断。应急照明属于客室照明。司机室的卤素顶射灯属于应急照明,可单独切换。

应急照明包括:客室行李架灯带部分 30 W 荧光灯、通过台区域的部分射灯、司机室的顶部射灯、卫生间内的顶部射灯、乘务员室的顶部射灯、走廊区域的部分射灯、厨房的部分顶灯。

3.1.4.4 CRH5 型动车组照明系统

1. 全车照明

全车照明是指车内的所有照明都工作,如果影视显示器打开,它上方的 2 个灯则熄灭。

这些照明可以在各节车厢内通过“全灯控制器”开关控制,一般是要由司机室的“列车控制”开关打开后。

2. 半车照明

半车照明的目的是为了白天列车穿越隧道时设置的工况,这时,只有侧墙上方的荧光灯、车顶内的紧急照明灯点亮。

这些照明可以在各节车厢内通过“半灯控制器”开关控制,一般也要由司机室的“列车控制”开关打开后才可以。

3. 夜晚照明

夜晚照明由乘务员室内的开关控制,这时只有车顶内的紧急照明灯、侧墙和厕所的部分灯点亮。夜晚照明开关不受司机室内的总开关控制。

4. 紧急照明

紧急照明是在紧急状态下自动点亮的,同时门口以及厕所的部分灯也在紧急照明时点亮。

5. 司机室照明

司机室照明由司机操纵台上的“司机室灯控制器”开关控制,它可以使司机左侧的灯单独亮，也可以使司机室内的2个灯都亮。

6. 阅读照明

阅读灯安装在座椅上方的行李架内，开关与灯安装在一起，由乘客自己控制。

7. 餐车照明

在餐车除了有荧光灯以外，还有卤化物灯。这些灯的照明由餐车配电盘单独控制。

3.1.4.5 照明系统的维护

当照明出现问题时，通常是灯管出现了问题，因此，首先需要更换灯管。当更换灯管不起作用时，可能是电源转换器出现了故障。

对于客室内的阅读灯和餐车内采用的卤化灯，也是先更换灯管，当更换灯管不起作用时，可能是开关出现了故障。

3.2 动车组火灾探测系统

3.2.1 火灾探测系统的组成与功能

3.2.1.1 火灾探测系统发展史

世界上诞生火灾自动报警系统已有多年历史。综观人类开发火灾自动报警系统的过程，我们可以把这一段历史分为5代。

1. 第1代

从19世纪40年代～20世纪30年代，感温探测器占主导地位，火灾自动报警系统的发展处于初级阶段。最早的火灾探测技术当推1890年英国人研制的感温探测器，开创了历史上火灾探测技术的先例。

20世纪初，定温探测器得到了改进和发展。此种类型的探测器造价都比较低，误报也少，但其缺点是灵敏度比较低，探测火灾的速度比较慢，尤其对阴燃火灾往往不响应，常发生漏报。

20世纪20～30年代，为了满足迅速探测火灾的需要，人们利用升温速率原理，又发明了一种新探测器，即差温火灾探测器。

差温火灾探测器比定温探测器对火灾的响应速度快得多。此间，研制出了空气管式和机械式两种类型。

此外，人们又将差温和定温两种功能组合在一起，研制出了兼有差温、定温两种功能的感温火灾探测器，即差定温组合式火灾探测器。

2. 第2代

从20世纪40年代至70年代，感烟火灾探测器登上舞台，将感温火灾探测器排挤到次要地位。火灾信号传输的导线为多线制。

1940年瑞士科学家 Walter Jaeger 对电离室进行测试，发现当烟雾进入电离室时，电离电流会骤降。此现象触发了他利用这一原理开发新的火灾探测器。1941年离子式烟雾探测器正式面世，使火灾探测技术进入了一个崭新阶段。感烟探测器的灵敏度比感温探测器大大提高，实现了预报火灾的目的。其后不断完善，到20世纪70年代，已逐渐取代了感温探测器的主导地位，市场占有率达90%。

但是离子式感烟探测器毕竟内置放射性元素“镅241”，在制造、运输、贮存以及损坏弃置等方面都会对人体有害。因此，世界环保组织早已提出用其他感烟探测器代替离子式感烟探测器。

20世纪70年代末期，为了扩大探测火灾的范围并针对离子式感烟探测器抗干扰能力及稳定性差、误报率高等不足，光电式感烟探测器问世。利用光散射原理探测烟雾的光电感烟探测器在技术上趋于成熟，打破了离子式感烟探测器垄断市场长达20年的局面。

从那时开始，离子和光电两种感烟探测器性能上的差异受到了人们较多的评价。经过实践，人们一般认为离子感烟探测器对有焰火较灵敏，光电探测器对缓慢阴燃火较灵敏。现在这两种探测器每年的销售量大约平分秋色。

3. 第3代

从20世纪80年代初开始至80年代后期，总线制火灾自动报警系统蓬勃兴起。在此期间，由于电子器件落后的原因，人们开发总线制火灾自动报警系统的设想不能实现。幸运的是电子工业的发展为实现人们这一设想提供了可能，从而把以前的多线制改成两线制系统，也就是人们一般所称的总线制系统。总线制系统在经济方面能节省布线费用，但总线制的最大缺点是调试困难，抗干扰能力差。在这个阶段，瑞士CERBERUS公司首先推出F900离子感烟探测器总线制产品，以后各国相继研制成多种地址编码总线制系统。

4. 第4代

从20世纪80年代后期开始至90年代，由于模拟量可寻址技术的出现，给火灾探测技术带来了一场革命，这种技术为各种火灾探测器的改进和发展注入新的活力。模拟量系统中的火灾探测器，处理讯号的方式是模拟量式而不是开关量式，探测器实际是一个传感器，本身不决定“火灾”或“非火灾”，只是将一个模拟量讯号传送到控制器，由控制器中的微处理器通过软件程序，判断讯号的性质而发出火警讯号。通过报警系统可查询每个探测器的地址及模拟输出量，大大提高了系统的可靠性，降低了误报率，使火灾探测技术迈进了一大步。严格说来，这种系统还是一个初级智能系统，它的智能是单向性的。它只在控制机中有智能功能而在探测器中没有智能功能，且在控制机中的智能功能只是按照规定的运算法和程序运行，而真正的智能系统应该是可以根据现场环境自动调整运行参数，具有自我学习和自适应能力等一系列高级功能的系统。尽管它的实报与误报的比例在10∶1以下，但是随着火灾自动探测系统应用的日益普遍，其绝对数量不断增加，经常发生误报会降低自动探测系统的可信度，造成不必要的损失，影响它的应用。因此，寻找适当的信号处理算法和探测方式在确保准确检测火灾的同时又具有极低的误报和漏报，一直是火灾自动探测研究的首要任务。

5. 第5代

随着经济的飞速发展，财产的日益增长，预防火灾的发生也就更加重要了。而现在的报警器是在起火之后才响起，即使消防队员接到报警，立即赶往现场，损失的财产也远比救出来的多;被水浇坏的财产有时也远比被火烧掉的多。由于火灾报警事关重大,要求自动探测系统绝对可靠,不允许有漏报警,同时其误报应当越少越好。虽然30多年来传统感烟探测器的误报率和漏报率一直很高,而灵敏度一直太低,但是以侦烟为主的传统探测系统,仍没有退出历史舞台。

20世纪90年代以来,澳洲和欧洲出现了极早期火灾智能预警系统,从而使火灾探测技术发生了一场革命。第5代火灾自动报警进行了技术革命,该系统除采用先进的激光探测技术和独特的主动式空气采样技术以外,还采用了全新的"人工神经网络"算法。它是现代神经生物学、信息处理和贮存技术的结晶,其系统具有很强的适应性、学习能力、容错能力和并行处理能力,近乎于人类的神经思维。从而可用全方位的方法判断火灾信号的真假,为火灾探测技术开辟了崭新的发展途径。这也是一种分布式智能系统。这种系统除了控制主机带有前述的智能外,每一个子机也具有智能功能,也就是说,在子机内设置了具有"人工神经网络"的微处理器。子机与主机进行双向智能信息交流,使整个系统的响应速度及运行能力空前提高,误报率几乎接近为零,确保了系统的高灵敏性和高可靠性。

通常使用的感烟火灾探测器有离子式和光电式两种,其灵敏度范围适用于保护一般民用建筑场所,而且不能进行早期预警,而现实中在一些重要或特殊场所,要求对火灾进行超早期报警,以达到消防的最高境界——防而不消!由此产生了对高灵敏度火灾探测器的工程需求。近年来,针对这种工程应用的实际需要,国外开发出了高灵敏度人工智能感烟火灾探测报警(High Sensitivity Artificial- intelligence Smoke Detection,HSASD),它能探测到人眼看不见的烟,并发出报警信号,为早期探测预报火灾提供了有效的手段。初期的火灾可能阴燃、闷烧90 min以上,虽然少量的烟很难被肉眼所见,可是"极早期火灾智能预警系统"却能侦测出来。它不像传统感烟火灾探测器,只是被动等待烟雾出现,而是主动不断地抽取空气样本到侦测器内进行分析。因此,它对于初期火灾具有极灵敏的反应,并主动地显示烟雾浓度的连续变化量,以提醒潜在的危险,提前消除火灾隐患。

3.2.1.2　火灾探测系统的组成与功能

早期的火灾探测系统的组成主要是感烟火灾探测器以及报警电路。由于火灾过程中的燃烧产物在不同时刻体现出不同的特征,通常分为气体、烟雾、热辐射和温度,因此,人们为了实现火灾报警,通常根据图3.1显示的燃烧进程布置不同类型的火灾探测器:烟雾传感器、火焰光学探测器和快速热敏高温探测器。

由图3.1可见,烟雾传感器有最快的报警时间,因此这种类型的传感器是火灾探测系统中必用的。基于不同的物理效应,烟雾传感器从原理上分为离子感烟探测技术和光学感烟探测技术。

现代的消防系统随着计算机的发展向高度的自动化方向转化。在短短的20年中,消防系统经历了分立元件、数控、单片机、工控机一代代的发展,控制形式也由一对一的多线制到总线制,总线制已成为发展的主流。

四总线制是总线中最常使用的控制方式,线制简单,工程调试方便,而且对远程开关的功耗、线阻、压降等等一些指标要求低。在四总线中四线指电源24V线、编码发射线(信息发送线)、A/D采样线(信息返回线)和地线。DC 24V是国标中优先使用的电源等级,其功率能满足最大负荷要求;编码发射线是将正在巡检的部位点和将要携带的控制状态编码、发

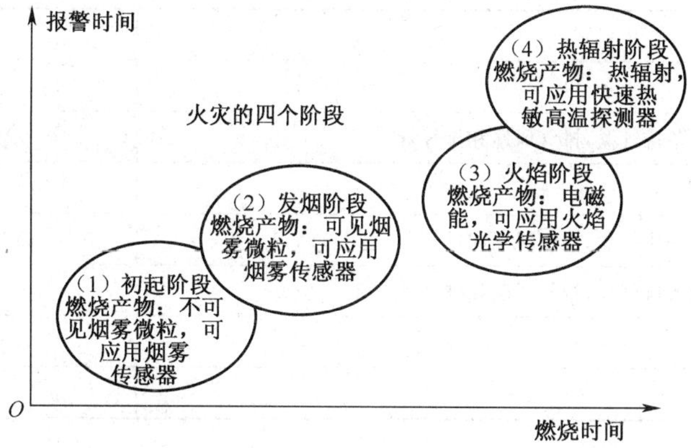

图 3.1　火灾发生的四个阶段以及相应探测器件

送。编码中含有启动位、地址位、数据位和奇偶校验位；A/D 采样线是将火灾报警控制器和远程开关的模拟量或数字量送入控制器，以便对返回信息进行处理。

3.2.2　动车组典型火灾探测系统

1. CRH1 型动车组火灾探测系统

CRH1 型动车组配备的火灾探测系统，可以发现驾驶室、乘务员室、卫生间及客室的烟/高温险情。烟火报警系统可以预防火灾，迅速探测到列车内的烟火以便防止其扩散到列车的其他部分。

(1)系统组成

烟火报警系统分布在列车上的所有车厢，表 3.2 列出了不同车厢的探测器，包括隐藏的光学烟/热组合探测器，以及在乘务员室内的一个控制设备和明火/热险的报警指示器。

采用的烟/热组合探测器，可以识别吸烟排出的烟雾和明火烟雾的差异，因为明火不但产生烟还有热。

表 3.2　烟火报警系统分布

Mc 车厢	位置
1 烟/热组合探测器	驾驶室
1 烟/热组合探测器	卫生间
3 烟/热组合探测器，配备排气盒，排气风扇和排气管	客室
1 烟/热组合探测器，配备排气盒，排气风扇和排气管	列车门廊
M 和 Tp 车厢	位置
1 烟/热组合探测器	每个卫生间
3 烟/热组合探测器，配备排气盒，排气风扇和排气管	客室
1 烟/热组合探测器，配备排气盒，排气风扇和排气管	通过台
Tb 车厢	位置

续上表

1 烟/热组合探测器	乘务员室
1 烟/热组合探测器	卫生间
1 烟/热组合探测器,配备排气盒,排气风扇和排气管	餐车区域
1 热险探测器	餐车
1 烟/热组合探测器,配备排气盒,排气风扇和排气管	通过台
1 烟/热组合探测器,配备排气盒,排气风扇和排气管	客室
1 控制设备	乘务员室
1 指示器	乘务员室

控制设备位于 Tb-车厢。在列车上,有两个连接在控制设备的闭合电路,闭合电路带有可探明位置的探测器。每一节车上备有 6 个探测器。控制设备通过 RS485 连接到列车控制监视系统(TCMS)上。故障警报提示、服务警报或检测器故障警报会从每一个独立的检测器通过控制器传输至 TCMS IDU 指示器上。信号通过 BT 标准界面协议传输。

CRH1 型动车组采用 TS1000 模块组成列车的烟火报警系统,该系统采用可编址的烟雾探测器和控制单元,适用于恶劣环境;该系统在探测、控制和通信方面的设计能针对实际安装环境调节适当的敏感度;组合探测器在烟雾蔓延的测定方面能区别是隐火还是大火,TS1000 设有与自动灭火系统相连的接口,并据此选出最合适的自动控制方式。烟火探测系统的结构框图及接线如图 3.2 所示。

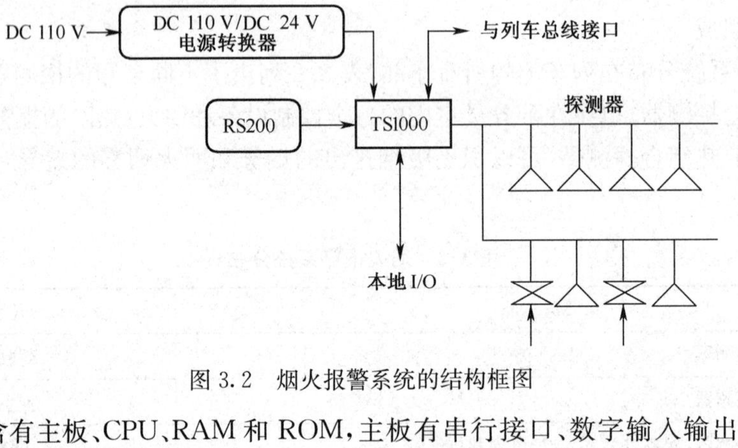

图 3.2 烟火报警系统的结构框图

TS1000 含有主板、CPU、RAM 和 ROM,主板有串行接口、数字输入输出,系统与“地”悬浮。系统的控制和显示有两种方式,一种是通过操作员面板 RS200 控制单元,其通信信号接口为 RS485;另一种是通过 PC 机,与 PC 机之间的连接也是 RS485 接口方式。

TS1000 中央单元的系统配置也是通过 PC 机实现的,系统有一个专用的 RS232 接口,提供从 PC 机下载配置文件的通道。

探测器、I/O 单元与检测环之间通过 FSK 调制连接,这种方式在恶劣的电气环境下具有良好的抗干扰性能。许多类型的探测器和 I/O 单元都可与 TS1000 的检测环接口,常用的有以下几种传感探测器:

①烟雾、热组合光学探测器，可用于恶劣的船舰和工业场合，其故障情况可在RS200操作面板上显示。

②吸气式烟雾探测器，内置风扇采样环境烟雾信息，可用于空间受限和探测器易于损坏的场合。

③热探测器，适于恶劣的船舰和工业场合，其故障情况可在RS200操作面板上显示。

系统的所有控制与显示都在RS200操作面板上进行，该面板通过RS485接口与TS1000连接，检测环的显示与控制可通过在面板上输入与之关联的符号名来操作，也可直接使用地址来寻址。

(2)明火/热险警报

如果烟火报警系统发现列车内有烟/热险，它会向列车控制和监视系统(TCMS)发出指示。发现烟/热险的信息会显示在驾驶室和乘务员室的TCMS IDU显示器上。在指示器上，不同车厢探测器的位置会用发光二极管标识。比如如果在驾驶室里有警报指示，标注驾驶室的发光二极管会在指示器上发亮。

一旦探测到列车内的烟/热险，TCMS会关闭空气处理设备以及回流空气，同时关闭过道门。排气系统会以最大气流方式排出烟气。

在重置烟火报警系统之前，驾驶员或乘务员要对列车进行检查，以查明导致警报的原因。

指示器配备重置按钮，按下以后，系统会在警报指示后重置。二极管在重置后停止发光。

(3)运行警示与冗余

运行警示，清洁或更换探测器以及探测器故障会通过列车控制和监视系统(TCMS)信号界面处理。

明火/热险警告系统的故障会被TCMS系统检测到。如果控制设备和TCMS之间没有通过网络交换数据，那么从连接到TS1000控制设备会发出数字输出，产生总警报。

(4)系统服务及维护

在控制设备上有服务界面，并带有同笔记本电脑相连的服务端口。服务程序可以处理不同的参数设定，并显示出每一个探测器的状态。

在线路上，每一个探测器都有自己唯一的地址。在更换线路中的探测器后，系统在初始化启动过程中会为新的探测器指定一套具体的设定。

烟雾探测器发出的假警报次数随着探测器变脏而增多，鉴于此原因，服务警报系统将显示烟雾探测器需要清理的时间。当服务警报系统发出警报时，烟雾探测器LED灯变黄，司机显示器上显示警报来自哪节车厢。

每个控制器都有警报服务系统复位按钮，如果控制器上同时出现火灾警报与服务警报，火灾警报将会优先提示。

每节车都有火灾警报控制器。每个控制器都与烟雾探测器相连。控制器通过输入/输出数字信号向列车计算机系统传达火灾警报。控制器上有个服务警报复位按钮。

每个控制器都安装有三盏带颜色的LED灯，显示状态：

红灯亮，表示火灾警报；

黄灯亮,表示服务警报;

绿灯亮,表示系统运行中。

2. CRH3 型动车组火灾探测系统

(1)动车组火灾探测系统组成

在 CRH3 型动车组的下列设备中配有火灾探测器:

• 牵引变流器;
• 辅助变流器装置;
• 卫生设施;
• 旅客信息系统电气柜;
• 车辆开关装置电气柜;
• 司机室。

可以进行早期火灾预警的光学感烟探测器是火灾探测的主要部分;另一种火灾探测器是线性热敏探测器,用于为安装在地板下的设备(如牵引变流器,辅助变流器装置)提供火灾早期预警。

来自于火灾探测器的信号将由位于每辆车的旅客信息系统电气柜中的火灾探测控制单元(FDCU)进行评估。每辆车的火灾探测系统均独立运行。

火警回路独立于列车控制,在动车组发生火灾险情时发出火灾信号,所有车的 FDCU 触点在火警期间将火警回路中断。为确保火警回路在 FDCU 破坏的情况下不再自行闭合,火警将通过接触器电路切换至自持模式。

出现火警时,至少会作出以下响应:

• 发送至列车司机的报警信号(声音信号和视频信号);
• 通过人机界面(MMI)发送至列车司机和乘务员的故障信息;
• 发送至乘客服务区范围内乘务员的报警信号;
• 动车组声音报警信号以及受火灾影响的车中的可见报警信号;
• 受火灾影响的车内的空调系统自动切断(非风扇减速运转);
• 自动接通列车内的应急灯电源;
• 借助启动的火警回路,电气柜的通风将停止。

火灾发生时,首先要先确定受到火灾影响的区域。火警装置监测到的火灾将被显示到驾驶员和列车员的人机界面上,同时发出声音警报信号。在人机界面上选择相应诊断信息,就可以找出受火灾影响的车厢以及其中的具体区域。

注意,如果人机界面失效,那将不再显示受影响车厢以及其中的具体区域,但声音警报信号仍然激活。受影响车厢只能通过车厢上的火灾警报器来确定。

为了将火灾发生时烟雾的扩散控制到最小,必须关闭整列动车组上的空调系统。火警装置将触发受影响车厢中的空调系统的自动关闭功能。如果列车外部发生火灾,也有必要关闭空调系统以防止烟雾被吸入车厢内部。通常,整列动车组的空调系统由驾驶员通过驾驶员人机界面关闭;仅在必要时,可以通过位于每节车厢中的车辆控制面板来关闭空调系统。

在火警系统出现故障或火警系统无电力供应的情况下,详细相关信息将显示在有人驾驶司机室的人机界面上以及乘客服务室中以指示哪辆车发生了故障。

(2)CRH3 型动车组火警监控回路

CRH3 型动车组采用设置安全回路的方式监控影响行车安全的一些重要信息，并且保证当监控的系统发生故障时，使列车能够导向安全。火警监控回路属于 CRH3 型动车组的安全回路之一，图 3.3 是安全回路的一个构成简图。

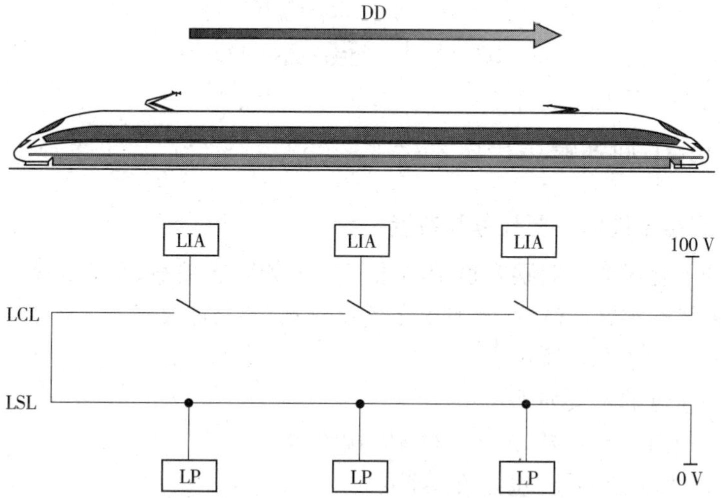

图 3.3　安全回路简图

DD—行驶方向；LCL—回路控制线路；LIA—回路断路器(施动者)；
LP—回路参与者；LSL—回路状态线路

该回路系统采用的原则为当接通蓄电池电源时，可向列车控制线路(称为回路控制线路-LCL)提供 110 V 的电源。直至最后一节车的全车线路都通过监测接触元件(回路断路器-LIA)进行通电。回路控制线路的电平反馈至列车尾二级列车控制线路(回路状态线-LSL)中。二级线路也敷设在整个列车组中，经二级线路，状态评估元件(回路参与者-LP)可对回路具体状态进行查询(通过辅助接触器)。回路中断时，回路状态线路也断电，相应的消息被发送至连接的回路参与者处，随后将产生相应的结果。

出现故障时，通过激活有人驾驶的司机室控制台上相应的故障开关可操控回路。故障开关可控制全车的回路断路器(LIA)。此外，正常运行的列车控制系统将向回路参与者(LP)"报告"被控的安全回路。

列车控制系统将在软件中对安全回路状态进行跟踪，以便作出可靠的诊断。从而，列车控制系统可检测与安全回路中设定点状态的偏差，并在诊断系统内报告这些偏差。

诊断系统可确保向服务人员报告错误事件，消息的检测时间较短，并指导乘务员调整列车操作模式，如使其适应制动性能降低的情况，从而排除连续和单个事件影响的累积后果。

火警回路是一条与列车控制无关的警报线，当动车组出现火灾时，火警回路将发出火警信号。如果通过回路报告了火警信息，司机室中将出现视听信号，司机可通过回路状态接触器看到信号，声音信号将通过各车声音发送系统传输给乘务员，乘务员通过每节车厢的声音传播听到信号。

一旦列车火警发生，火警回路的所有回路状态继电器(LSR)必须断开。另外中央控制单元(CCU)可读取LSR的情况，通过司机的人机界面(MMI)声音信号传给司机。

取消火警回路的监控功能可由操纵端的“火警回路”故障开关旋到“关”的位置上来实现，这将导致动车组的火警回路不再处于监控状态。“火警回路”故障开关的位置由列车控制来识别，会产生司机MMI的记录信息和相关信息；如果故障开关在非操纵端起作用，回路也将断开，并且通过CCU在司机的MMI产生相关信息。

3.3 广播系统

3.3.1 CRH1型动车组广播系统

3.3.1.1 广播系统的主要任务与布置

广播系统的主要任务是向乘客显示与旅行相关的广播信息、负责乘务人员和乘客间的语音通讯。该系统在乘客区域内，具有电子信息显示，并与通过扩音器的数字公告通知相结合。广播系统布置如图3.4所示。

广播系统中字母的定义如下：

IR：　接口架，包括DVA和GPS接收器
CC：　客车控制器，包括放大器
DVA：　数字扩音器
PECU/B：　带有制动杆的乘客应急通信单元
ID：　内部显示
HS　手提步话机
GNM：　鹅颈管麦克风
CIB/C　通信接口箱—司机室/乘务员舱
CIB/V　通信接口箱—走廊
MITRAC：　CRH1内部通信协议
LS：　扬声器
LR：　行李架
FL：　功能表
VT：　走廊
TCMS：　列车电脑管理系统
GPS：　全球定位系统
ES：　娱乐系统

3.3.1.2 主要组件以及功能

1. 客车控制器

管理红外线通信、管理至显示的通信、管理至通信接口箱(CIB)的通信、管理至应急通信单元(PECU/B)的通信、管理至显示单元(CDU)的通信、管理至扬声器的通信、管理至内部信息网络的通信、管理至娱乐系统(ES)的通信。

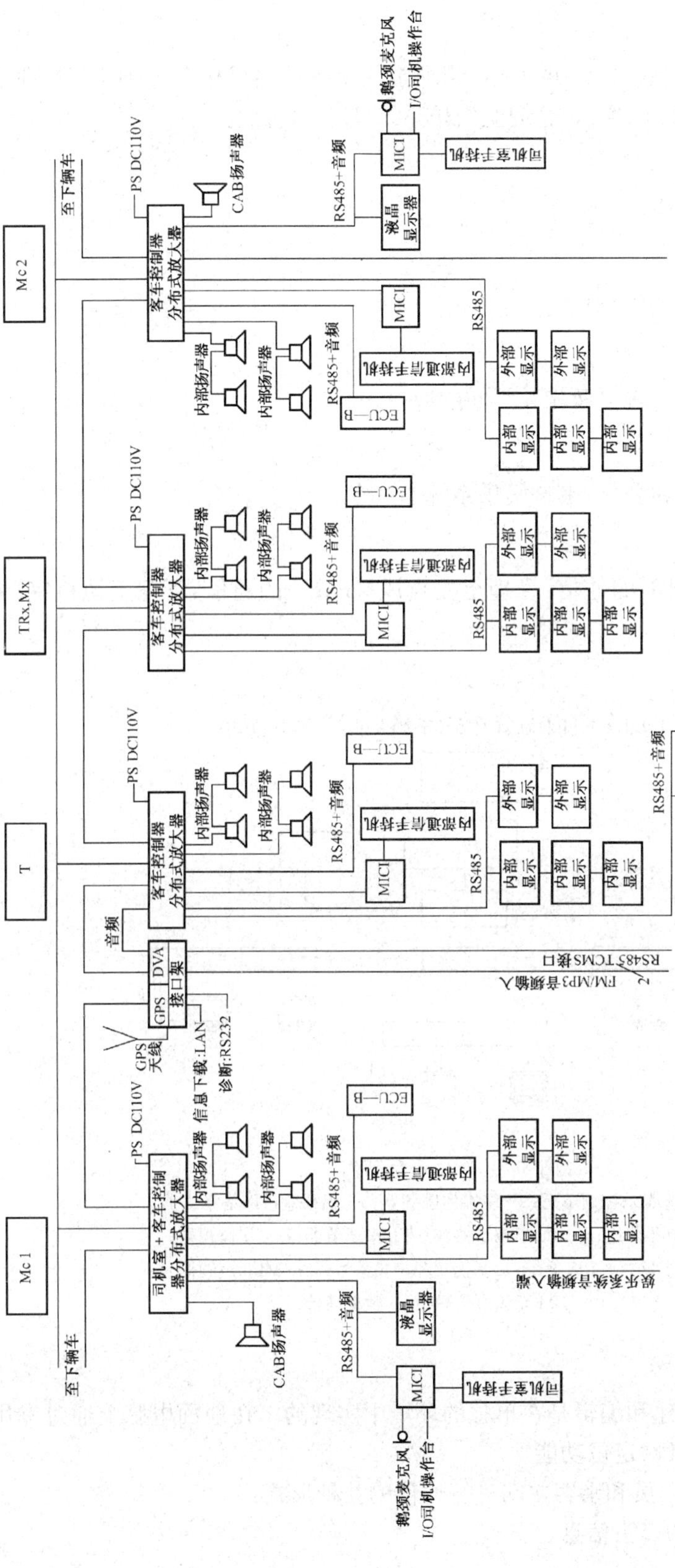
Mc1
T
TRx,Mx
Mc2
至下辆车
PS DC110V
司机室+客车控制器分布式放大器
客车控制器分布式放大器
内部扬声器
RS485+音频
MICI
乘务通信手持机
ECU—B
RS485
内部显示
外部显示
液晶显示器
司机室手持机
鹅颈麦克风
I/O司机操作台
CAB扬声器
GPS天线
信息下载:LAN
诊断:RS232
GPS
DVA
接口架
音频
RS485 TCMS接口
FM/MP3音频输入
娱乐系统音频输入

图3.4　系统布置示意图

2. 接口架

接口架管理与客车控制器(CC)的通信、管理至数字扩音器(DVA)的通信、管理至 GPS 天线的通信、管理至 TCMS 的通信、管理至娱乐系统(ES)的通信。

3. 数字扩音器

执行所有自动播音公告。

4. 手提步话机

使列车人员能够进行公告、对讲。

5. 鹅颈管麦克风

使乘务人员能够进行公告以及相互之间的通信。

6. 扬声器

让乘客和乘务人员听到公告、来自娱乐系统的声音。

7. 通讯接口箱

管理与手提步话机(HS)的通信、管理至麦克风(GNM)的通信、管理至司机室/乘务员室内数字 I/O 按钮的通信。

8. 娱乐系统(ES)

娱乐系统是一个安装于动车组内的分布式系统,如图 3.5 所示。

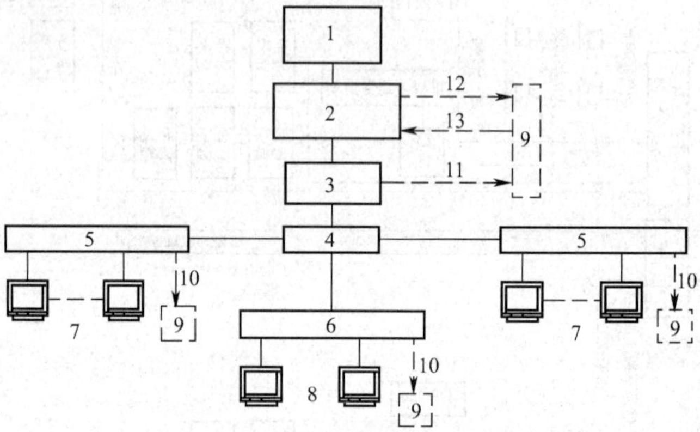

图 3.5　娱乐系统结构

1—多媒体娱乐控制单元;2—多媒体服务器;3—置顶盒带网络集线器;
4—调节器分组;5—Mc 车调节器;6—Tb 车调节器;7—20′监视器;
8—30′监视器;9—PIS 系统;10—视频和声频信号;11—MP3 声频信号;
12—FM 无线电信号;13—数据通信。

9. 车内信息系统(PIS)

动车组车内信息的创建和编辑是在单独的环境中实现的。在地面电脑上通过专用应用程序完成。此系统还有 GPS 定位功能。

PIS 系统提供了在列车员和乘客之间进行通信的几种形式:

①播音,列车员发布的口头信息。

②列车员之间的内部通信。

③乘客紧急通信。

④通过数字声音自动播放的车站信息。

⑤通过内部和外部显示器自动显示的车站信息。

⑥通过内部和外部显示器显示的一般信息内容。

⑦娱乐播放的声频分配(带静音功能)。

ES 和 PIS 系统可以共享几种信息:

①从 PIS 到 ES 的路由数据

PIS 发出路由数据,ES 选择显示在每一个视频监视器上。显示的数据有:

- 自动车站信息;
- 播音内容和预设的信息。

②PIS 和 ES 之间的声道数据

ES 为 PIS 提供将来自 ES 的声道与哪一个 PIS 车辆控制器相连的数据。

PIS 发送是否在每个 Mc 车或餐车内有影像在播放的信息数据。

③从 ES 到 PIS 的声频信号

ES 与 PIS 有个声频连接,可将来自每个声道如视频、Mp3 或 FM-无线电等的声音传输到 PIS。

3.3.2 CRH2 型动车组广播系统

3.3.2.1 广播系统构成

广播接收系统由天线存放盒、收音机广播架构成,如图 3.6 所示。

1. 天线存放盒

天线存放盒是安装在搭载收音机广播架的车辆(7 号车)的天花板内的,接收外部 AM/FM 电台的电波。

天线存放盒 AM 用环形天线、半波长 FM 天线、AT 和 FM 放大器、DC 电压/信号分离回路构成。

2. 收音机广播架

收音机广播架上有接收控制单元、发送单元、电源单元。

(1)接收控制单元

被放大的信号通过 AM/FM2 分配器,经−6 dBm 的衰减,被分配为 AM/FM 各 2 路信号。被分配的信号发送到 AM/FM 接收器中。

另一方面,高级数据链路控制(HDLC Format)的公里里程信息事前被存入存贮装置 ROM 中,按照公里里程电台变换表,选择载波,预置各收音机接收机。其结果,从输出端子拾取各个被选台的音频信号。各个被选台频率在面板上的 2 块 LCD 显示屏上,以 AM1/FM1、AM2/FM2 的方式,显示其接收频率。

(2)发送单元

AM/FM 各 2 台的接收音频信号被送到发送单元。接收音频信号、再生音频信号的4 路

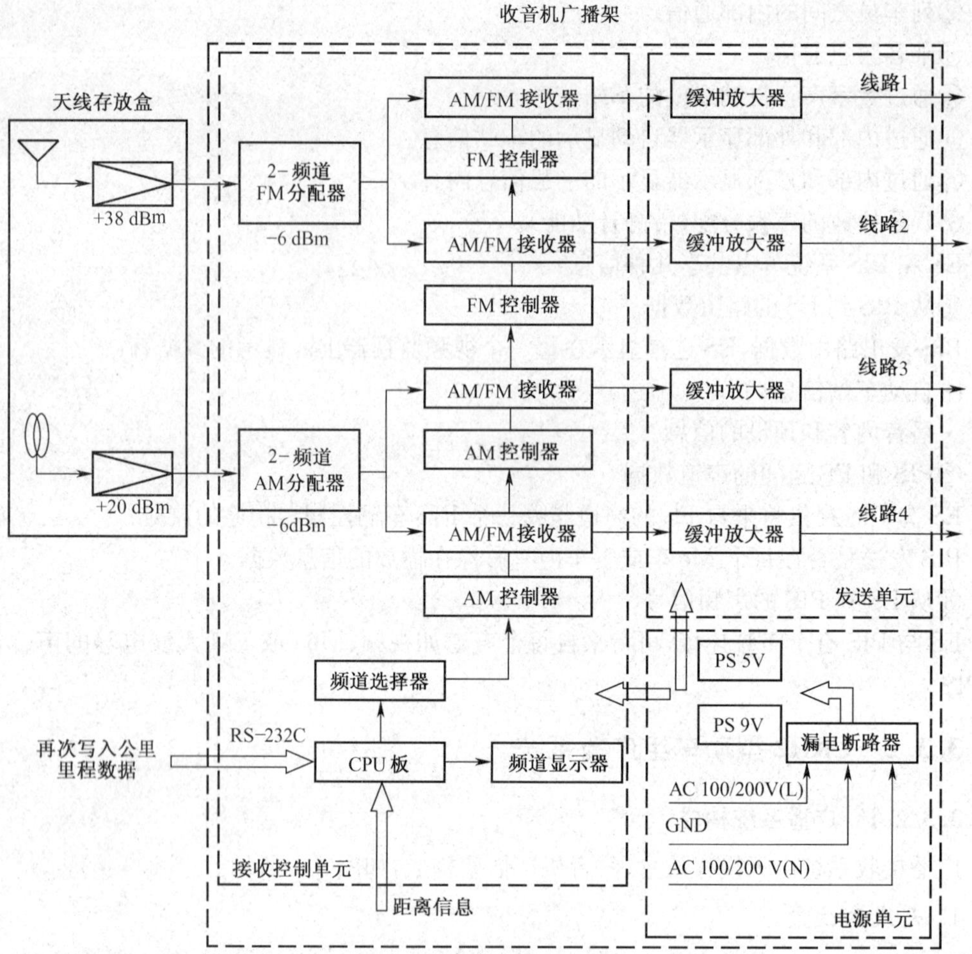

图 3.6　广播接收系统图

系统信号分别经由缓冲放大器(Buffer Amplifier)输出。

(3)电源单元

电源单元向接收控制单元、发送单元提供 DC 5/7 V 的电源。电源单元的输入为通用 100/200 V。电源单元作为漏电检测装置,配备了漏电断路器(100/200 V、15 A、15 mA)。

3.3.2.2　收音系统规格

1. AM/FM 接收机

(1)接收频率:FM——76～90.0 MHz

TV——90.0～108.0 MHz

AM——530～1620 kHz

(2)回路方式 FM 超外差方式、AM 二次变频超外差方式

(3)接收机输出(4 系统):245 mV(−10 dBs)(输出阻抗 10 kΩ 以下)

2. 缓冲放大器输出

缓冲放大器输出(4 系统):245 mV(−10 dBs)(输出阻抗 1 kΩ 以下)

3. 公里里程重写入

公里里程一频率信息可以在客户端 PC 上安装，公里里程信息为 CSV 数据格式。输入接口为 RS232C。

3.3.3 CRH3 动车组广播系统

CRH3 动车组的广播及内部电话用于司机和乘务人员或乘客之间的语音通信。司机室内部通讯站不仅可以实现对全列广播、可选车厢的广播，实现各通讯站的拨号(在单动车组或重联动车组都可实现)；而且在车辆控制器(CCT)故障时，还可以实现司机室与各车厢之间的内部相互通讯。具有音量的设置功能，操作人员可以在列车乘务区借助于系统总控单元(STC)的服务端口设置广播的基础音量。各车厢广播声音的设置可以根据列车的运行速度自动调整，整列车的音量设置和可选的广播保持不受背景音乐音量设置的影响。

广播和内部通讯系统包括安装在各处的电话听筒和音频控制单元，电话音频信号和控制信息通过音频控制单元连接至 UIC568 与 RS485 总线。各车厢电话通过两对(4 芯)线路连接，其中一对用于拨号和通话。RS485 上的通信信息主要用于实现列车广播的切换。

广播和内部通讯的基本功能在每个单动车组内都是可用的。重联的动车组中，每个动车组和整列车的基本功能也同样可用。

各车厢内部通讯站通过拨号键实现对全列广播、可选车厢的广播。实现各通讯站的拨号，在单动车组或重联动车组都可实现。但此功能仅在连接了 CCT 的情况下可用，一旦车辆控制器(CCT)因故障失效，此功能将不可用。

每节车厢的内部通讯子系统都包含有一个内部通讯站和防火箱以及连着扬声器的 CCT，CCT 与防火箱都安装在 PIS 柜中，各个车的防火箱都连在 UIC 总线上，扬声器安装在行李架上。

3.4 旅客信息显示系统

动车组旅客信息显示系统是一个能够给旅客提供与旅行相关信息的系统，主要包括列车当前到站，前方到站、正晚点情况，当前时间、运行速度、临时停车等信息。旅客信息显示系统利用动车组通信网络实现信息的传输，主要包括车外信息显示设备、车内信息显示设备、车内标识等，下面以 CRH2 为例叙述典型动车组旅客信息显示系统的组成。

3.4.1 动车组车外信息显示

CRH2 型动车组车外信息显示设备由侧面目的地显示器、车号显示器组成。

1. 侧面目的地显示器

侧面目的地显示器为 LED 显示器，分别设置在每辆车两个侧墙靠近车门处，用于显示车次信息、起始站名和终点站名、列车类别等信息。

侧面目的地显示器技术参数及 LED 单元规格参见表 3.3 和表 3.4。

表 3.3　侧面目的地显示器技术参数

项　　目	规　　格
输入电压	AC 100 V，50/60 Hz
输入电压变动范围	AC 90～110 V
使用温度范围	－10～50 ℃
相对湿度	30%～90%(没有结露)
功率消耗	150 W 以下
绝缘电阻	500 V 绝缘电阻计算为 10 MΩ 以上
绝缘电压	商用电源 AC 1 200 V，1 min

表 3.4　LED 单元规格表

项　　目	规　　格
显示颜色	红、绿、琥珀色
目视角度	150°以上
显示控制	上段：固定显示；下段：滚动显示
最大亮灯率	50%

侧面目的地显示器的显示画面包括上段和下段两部分，如图 3.7 所示。上段用于显示车次(英文字母最多 4 个、数字最多 6 位)，显示内容由列车信息控制系统传来的英文字母显示数据和数字显示数据；下段为滚动显示(滚动速度为 64dot/s)，用于显示车站名、列车类别等信息显示。

上段 (显示车次)
下段 (显示车站名、列车类别)

图 3.7　侧面目的地显示器显示画面

显示文字大小为 16×16 LED 点阵全角文字(以 GB 2312—1980 规格为标准)和 8×16 LED 点阵半角文字(车号用英文数字显示)。接收文字编码体系为 GB 2312—1980 规格编码和 ASCII 编码。

显示内容由乘务人员通过列车信息控制系统，使用工作卡输入。车辆电源闭合后，列车信息控制系统中设定列车类别、始发站名、目的地名、车号信息都以 00H 的数据形式向侧面目的地显示器发送。

列车在停车中或停车前(当列车信息控制系统检测到 30 km/h 以下的速度时)，侧面目的地显示器接收列车信息控制系统发出的车号信息、列车类别、目的地名、始发站名等数据并进行显示。

行驶中(当列车信息控制系统检测到 30 km/h 以上的速度时)，列车信息控制系统不再向侧面目的地显示器发送始发、目的地、列车类别、车号等数据，所以侧面目的地显示器为无显示。另外，60 s 内没有从列车信息控制系统接收到信息数据时，侧面目的地显示器上、下段显示的内容将消除。

为了不显示误接收的数据，只有连续 2 次接收到同样数据时，侧面目的地显示器才作为正规的数据进行显示。从列车信息控制系统收到数据后、对于需要显示的数据(车号、目的地、始发、类别)有变化的时候、先消除显示、然后显示重新接收的数据内容。

侧面目的地显示器还设置了显示功能的诊断试验模式，在进行试验模式时，从列车信息控制系统收到试验指令后显示试验模式。显示内容为斜线(琥珀色)的滚动显示。

2. 车号显示器

CRH2 动车组车号显示器为 LED 显示器，每辆车有两个，设置在车门旁。车厢号的编排同样通过列车信息控制系统确定。车号编号规律为：单独编组时以及联挂时的头车的 T1C 车为 1，流水号码为 1、2、3…(最大为 8)，联挂时中间的 T1C 车为 9，流水号码为 9、10、11…(最大为 16)。

车号显示器技术参数及显示单元规格与侧面目的地显示器一样。

电源闭合时、车号显示器根据内置的控制电路板旋转开关的设定以及列车信息控制系统发出的加挂(车辆)指令显示车号。开关的设定和显示内容参见表 3.5。

表 3.5　设定车厢号及显示

波段开关 SW3 设定值	无加挂车辆指令时的显示内容	有加挂车辆指令时的显示内容
0	（无显示）	（无显示）
1	1	9
2	2	10
3	3	11
4	4	12
5	5	13
6	6	14
7	7	15
8	8	16
9	试验显示	试验显示

3.4.2　动车组车内信息显示

1. 乘客信息显示器

CRH2 动车组向旅客提供相关车内信息显示的设备主要是设置在客室两端拉门上方的乘客信息显示器，用于显示当前到站、中途停车站、前方到站、正晚点情况、当前时间、运行速度、实时新闻、禁烟标志和厕所有人/无人等旅客信息。乘客信息显示器为 64 mm×512 mm 三色图形 LED，显示方式为滚动或固定显示。乘客信息显示器在车上的安装情况如图 3.8 所示。

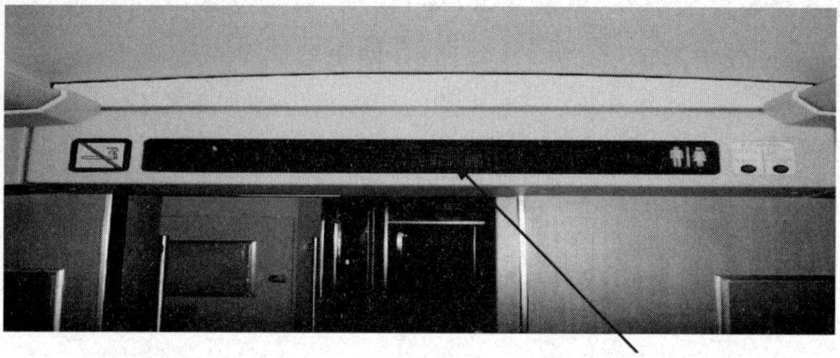

图 3.8　乘客信息显示器

(1)显示器构成

显示器由文字显示部分、控制部分和电源部分构成。

①文字显示部分

显示面积：64 mm×512 mm；

显示 LED 点阵数：16×128 LED 点阵；

显示颜色：红、绿、琥珀色(红、绿同时亮灯)；

最大固定显示文字数:8 个字。

②控制部分

对列车信息终端装置的接口以及 LED 显示器进行显示控制。另外、把特殊文字等数据记忆保存在内部的存储 IC 上。

③电源部分

包括显示部分及控制部分的电源。电源规格为:

输入电压:DC 100×(1±10%)V;

输出电压:DC 5×(1±5%)V。

(2)乘客信息显示器规格

额定输入电压:AC 100 V;

输入电压变动:AC 90～110 V;

运行温度:0～50℃;

运行湿度:30%RH～90%RH(没有结露水);

绝缘电阻:500 V 兆欧表 20 MΩ 以上。

(3)显示内容

显示文本内容依赖于列车信息终端装置的传送信息、有如下的滚动或固定显示模式:实时文本显示、插入显示、交替显示、时刻显示。

(4)显示文字的规格

显示文字以 16×16 点阵构成的文字为基础、有全角半角的文字显示。

(5)传送信号接口

①显示指令接收信息

从列车信息终端装置接收以下的显示指令:串行故障检查数据、实时文本显示指令、插入显示指令、文本交替显示指令、显示文本(先)指令、显示文本(后)指令、显示文本消除指令、时刻指令、稀用字登录文字(符号 dot 数据)存储指令。

②串行传送信号

列车信息终端装置→乘客信息显示器:各显示指令具有的每个传送定时内,列车信息终端装置都会把显示指令传送给乘客信息显示器。

乘客信息显示器→列车信息终端装置:乘客信息显示器有异常以及有外文字符等都会传送给列车信息终端装置。列车信息终端装置会以这些情报为依据、进行异常显示、记录和外文字符的传送。

③传送规格

电　　线:双绞屏蔽线;

通信方式:4 线式、半双工;

通信速率:9 600 bit/s;

线路电流:标记(“1”),17～23 mA;

　　　　　空闲(“0”),0～2 mA;

线路电压:DC 24×(1±5%)V;

接收信息方式:光耦合器接收信息。

2. 旅客信息显示器显示内容

旅客信息显示器所显示的内容(停车站向导、新闻、宣传等)在地面计算机进行编辑后，存储到IC存储卡中。通过司机室IC卡读写装置读出，输入到列车信息控制装置中。旅客信息显示器的显示内容是根据数据IC卡或通过手动设定画面输入。显示内容和文本的格式见表3.6。

表3.6 显示内容和文本格式

文本类别	显示文本格式	显示方式
始发站信息	本列车 [列车名称] [车号] 号□ 终点站为 [目的地] 停车站为 [停车站]、…、[停车站]	滚动显示
发车信息	本列车 [列车名称] [车号] 号□ 终点站为 [目的地] 下一停车站为 □ [停车站]	滚动显示2次
	下一站为 □ [下一站]	固定显示10 s;站名6个文字以上时,滚动显示5次
预告到站信息	列车马上就要到达 □ [下一站]了	滚动显示
站内停车时信息	现在列车正在 □ [当前站]	滚动显示
经过站时信息	现在列车正在通过 □ [当前站]附近	滚动显示2次
终点站信息	终点站 □ [当前站]	滚动显示
车内设施信息	车内信息…洗手间·洗漱间在 1·3·5·7号车厢	滚动显示2次
广告文	(根据在地面数据编辑电脑上输入的内容)	滚动显示1次

注:______显示绿色,其他显示橙色;□—半角空格;[列车名称]—设定的列车名称中文文字;[车号]—设定的车号数字;[目的地]、[停车站]、[当前站]、[下一站]—显示当前情况的各车站站名的中文文字。

乘客信息显示器的显示指令主要包括:

(1)运行信息指令

根据公里里程信息、门的信息、速度及停车站信息,判断并传输始发站信息、次站信息、到达站信息等显示指令。

(2)广告文指令

根据公里里程信息,判断并传输从IC卡读写装置读取到的文字信息。

(3)紧急文指令

根据IC卡读写装置读取到的显示条件(里程等)传输紧急信息。

3.5 车内电器设备

3.5.1 电开水器

1. 基本术语和定义

(1)开水器

在正常工作状态下,放水开关或阀打开就能连续供给开水的器具。

(2)电加热器

利用电能将水加热到沸点的器具。

(3)电磁加热器

由电磁感应的涡流在加热器中产生热能的加热。

(4)电阻加热器

由电流在加热器中产生电阻热的加热器,该电流不是由电磁感应引起的。

(5)感应线圈

感应加热的线圈,其内通交流电流并产生磁场以在加热器中感应出电流。

2. 主要分类

(1)开水器按加热方式分类

①电阻式开水器;

②电磁式开水器。

(2)开水器按供电电源型式分类:

①适用于具有交流供电电源客车的开水器;

②适用于具有直流供电电源客车的开水器。

(3)开水器按使用场合分类:

①适用于Z型客车(座车)用开水器;

②适用于W型客车(卧车)用开水器;

③适用于其他车型用开水器。

(4)标记

KSQ　　×——×——×——×

"开水器"　产品序号　电源类型　额定功率　水箱容积

示例:

额定功率为4.5 kW,储水腔容积为35 L,交流电源Ⅱ型开水器标记为:

KSQ Ⅱ -A-4.5-35

3. 技术要求

(1)环境条件

海拔:≤1 500 m;温度:+5～+45 ℃;相对湿度:最湿月月平均最大相对湿度不大于90%。

(2)主要技术参数

开水器主要技术参数见表3.7。

表3.7 开水器主要技术参数

技术项目	座车	卧车
额定功率(kW)	4.5	3
产开水量(L/h)	≥40	≥25
出水温度(℃)	≥95	
储水腔容积(L)	≥18	
降温速度(℃/h)	≤5	

(3)开水器一般要求

①开水器的结构简单、实用、运用安全可靠,且便于维护和保养。

②开水器壳体采用不锈钢材质制造,表面平整,不允许有划痕等任何明显缺陷。

③开水器内、外胆材质厚度应不小于1.2 mm,内胆采用不锈钢(或不低于其性能的材质)制造,焊缝平直、均匀、整齐、牢靠,无虚焊、缺焊、焊穿等缺陷。

④与饮用水接触的材料、涂层等均应符合国家卫生标准。

⑤开水器主要零部件应按相应的检验规则检验合格后方可使用。

⑥开水器应能承受45 kPa水压试验,各处不应渗漏现象。

⑦在TB/T 3058—2002规定的1类A级的振动条件下,开水器应能正常工作。

⑧开水器工作时,旅客所能触及的开水器外壳的表面最高温度应不大于60℃。

⑨开水器使用的紧固件或高速件,应采用锁紧措施,以保证在正常使用条件下不会松动。

⑩开水器与外部相连管座为RC1/2。

⑪开水器内胆及电加热元件表面应做防垢处理或采用其他有效防垢措施。

⑫开水器尽可能采用一体式结构。当必须采用分体式时,其控制箱相应的隔热、防水、防潮功能并达到绝缘要求。

(4)开水器结构设计要求

①开水器采用沸腾翻水式原理,以保证能连续提供符合卫生标准的饮用开水。

②电阻加热器与电磁加热器均应采用不锈钢材质,正常使用寿命电阻加热器不少于6 000 h,电磁加热器不少于9 000 h。

③开水器应采用性能可靠的自动进水系统,并能保证封水性能良好。

④开水器应设置缺水自动报警保护装置。当加热腔内水位低于控制水位低于控制水位时,缺水自动报警保护装置自动报警并切断加热电源。

⑤开水器应设置防干烧保护装置。当加热腔内温度达到130℃时,防干烧保护装置应在3 s内切断加热电源,并不自动恢复。

⑥开水器的电路及电器件应有短路、过载保护措施。

⑦开水器进水管路中应设置水过滤装置。

⑧开水器应设置储水腔满水自动断电保护装置。

(5)电气安全要求

①开水器的壳体应设置接地端子，并有接地标志。接地用铜导线的最小截面积为 4 mm^2。应采用不锈钢材质、不小于 M5 的接地螺栓。

②在正常工作状态下，开水器泄漏电流不大于 0.5 mA/kW。

③交流电源开水器应有漏电保护装置，漏电保护动作值不大于 30 mA，动作时间不大于 1 s。

4. 开水器试验方法

(1)水压试验

向开水器内注水至规定水位，在 45 kPa 水压下保持 12 h，观察各处泄漏情况。

(2)振动试验

开水器在工作状态下，按照 TB/T 3058—2002 的 1 类 A 级规定进行。

(3)封水性能试验

当开水器加热腔内水位至规定水位时，自动进水系统应能自动截断水路，停止注水。

(4)缺水自动报警保护试验

使加热腔内水位低于控制水位时，缺水自动报警保护装置应自动报警并切断加热电源。

(5)防干烧保护试验

使开水器缺水并使缺水自动报警保护功能失效，当加热腔内温度达到 130 ℃时，检验防干烧保护装置是否在 3 s 内动作、自动切断加热电源，并不可恢复。

(6)储水腔满水自动断电保护试验

使储水腔内开水达到满水水位，观察是否自动断加热电源。

(7)产开水量试验

向开水器加热腔内注水(冷水温度 18 ℃时)至规定水位时通电，从开水器第一次沸腾翻水时开始记时，开水器连续工作 1 h，测量开水器产开水量。

(8)降温速率试验

当开水器储水腔处于满水状态时，切断电源，停止加热，并同时测量储水温。以后每隔 0.5 h 测量一次，共测量 6 次(室温 15～20 ℃)，计算降温速率。

(9)电压波动试验

当调压器使电源电压在规定的电压范围内变化时，加热器应能正常工作。

(10)漏电保护试验

模拟漏电工况，检查漏电保护装置动作是正常。

(11)泄漏电流试验

交流电源开水器正常工作时，按图 3.9 测量电源线与开水器壳体之间的泄漏电流。

(12)绝缘电阻值的测定

用 500 V 兆欧表测量热水器电路的绝缘电阻，主电路的绝缘电阻用 1 000 V 兆欧表测量。

首先将规定的兆欧表接到开水器(或电加热元件)上的带电和非带电部分之间，然后以

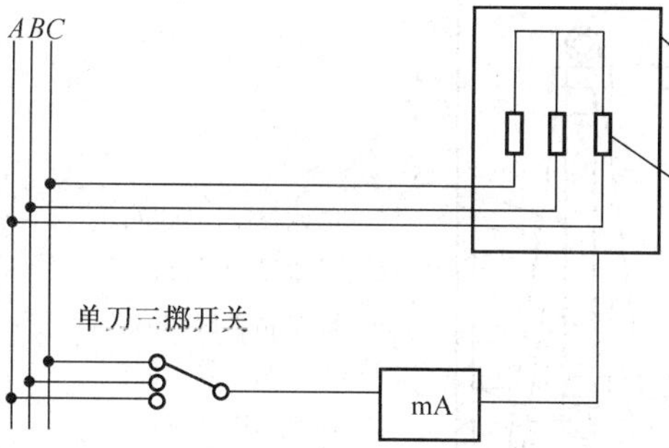

图 3.9　开水器泄漏电流电路

120 r/min 的速度摇动兆欧表，1 min 后，读取绝缘电阻值。

冷态绝缘电阻值在非工作状态下测量；热态绝缘电阻值在断电后 30 s 内测量；湿热态绝缘电阻值按 GB/T 2423.4—1993 的规定进行湿热试验后测量。

开水器整机绝缘电阻值应达到：

冷态：≥5 MΩ；热态：≥2 MΩ。

开水器电加热元件绝缘电阻值应达到：

冷态：≥200 MΩ；热态：≥20 MΩ；湿热态：≥2 MΩ。

(13)介电强度试验

在开水器的带电部件与非带电金属壳之间施加电压，开始测试时，施加电压不应大于额定电压的一半，然后逐渐升到在 50 Hz、2 500 V 状态下，历时 1 min 应无击穿、闪络现象。

(14)表面温度试验

用半导体点温计测量开水器可触及表面的温度，表面最高温度应不大于 60 ℃。

5. 典型动车组电开水器

(1)CRH2 动车组饮水机主要技术参数

主电路额定电压：AC 400(1±10%)V；

额定功率：4.5 kW；

热水水温：≥95 ℃；

进水压力：100 kPa；

热水箱储水量：≥17 L；

热水箱产水量：≥40 L/h(进水水温为 18 ℃时)。

(2)CRH2 动车组冷热饮水机工作原理

①工作原理

图 3.10 为饮水机的结构与工作原理图。饮水机采用沸腾翻水式原理，设有保温装置，以保证能连续提供符合卫生标准的饮用热水，并且使生、热水分开，保证乘客饮用水的安全：

a. 补水电磁阀通电后，冷水经电气箱冷却管注入水箱中的烧水箱，当水位到达产水箱上限水位时补水电磁阀关闭，停止补水并开始加热。

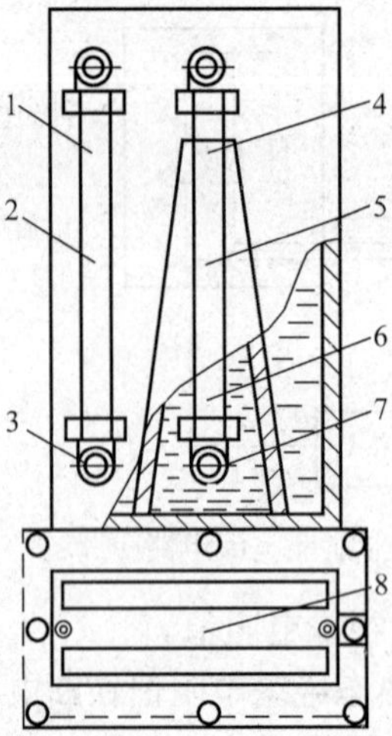

图 3.10　饮水机结构与工作原理图

b. 水沸腾后从翻水膨胀筒上端跃出，进入贮水箱，使烧水箱水位下降，当降至产水箱的中水位时补水电磁阀打开补水，至上限水位时停止补水。

c. 当贮水箱内热水水位升至上限水位时，停止加热，自动进入保温状态。

d. 当取用热水使贮水箱内开水水位降至下限水位时，再次开始加热，如此即可连续不断地供应热水。

②特点

a. 饮水机采用的自动补水系统，性能可靠，并能具备良好的密封性能；设置有缺水自动报警保护装置和防干烧保护装置。当加热腔内温度达到 130 ℃时，防干烧保护装置可在 3 s 内切断加热电源，并不可自动恢复。

b. 采用电磁感应加热模式，其感应加热线圈不与水接触，不会因电加热元件器老化而导制泄漏电流过大，引起三相大功率变流器保护停止工作。

c. 采用水电隔离的非接触水位检测技术可以解决水垢对水位传感器长期使用的影响。

③电气控制

a. 主回路主要由漏电保护器、整流电路、逆变器和感应线圈等部件组成，AC 400 V 电源经漏电保护器进入电控箱，经过三相整流模块得到 DC 500 V 左右的直流电，由功率模块组成的全桥逆变器把直流电转变成 25 kHz 左右的高频交流电，供给感应线圈，在产水箱腔体中产生涡流并使之发热将水烧开。

b. 控制电路主要由 8 位单片微处理器及外围数字电路、脉冲驱动电路、水位传感器、温度传感器、稳压电源、指示灯、继电器及控制进水的电磁阀等部件组成，在微处理器的程序作用下，能根据产水箱水位的变化，控制电磁阀的开/关，逆变器的启/停，进行断水保护、缺水自动补水、水位显示等功能。并且当逆变器发生过流、过热等异常情况时自动保护停机，等恢复正常且延时一定时间后再启动逆变器，另外微处理器能根据逆变器输出的电流电压相位信号调整工作频率，使逆变器工作在最佳谐振状态。

3.5.2 电热温水箱

电热温水箱一般安置在全自动洗面器系统中，CRH2 动车组在 T1c、M1、M1k 车内洗脸间和 M1s 车内的多功能室中有电热温水箱。

1. 技术参数

CRH2 动车组中电热温水箱的性能指标列于表 3.8 中。

表 3.8 电热温水箱的性能指标

型　号	REWS 12A1B1T2(一般用) REWS 12A1B1T3(残疾人用)
重　量	约 22 kg(水满时)
电源电压	AC 100(1$^{+23\%}_{-18\%}$)V/50 Hz
额定功率	1 100(1±5%)W
耐振动条件	JIS E4031 标准
环境条件	环境温度：0～+40 ℃ 环境湿度：90%RH 以下 冷水水温：0～+40 ℃
供水压力	最低水压：0.1 MPa 最高水压：0.6 MPa

型　号	REWS 12A1B1T2(一般用) REWS 12A1B1T3(残疾人用)
供水管路	G1/2
出水管路	排水 ：G1/2 输出水：ϕ9.5 铜管
水箱容积	11.7(1±3%)L
上水方式	通过减压阀进入水箱
出水温度	45 ℃(能够设定为 30～75 ℃)
加热器	带屏蔽的加热器
安全保护装置	温度过高自动断电
温度调节装置	液体膨胀式恒温箱

2. 结构组成

CRH2 动车组温水箱由不锈钢制水箱、保温材料及钢制外套构成。如图 3.11 所示，在水箱内部安装加热器，并且在内部设置减压阀、溢流阀。来自水箱的冷水经过减压阀进入温水箱，加热后的热水经溢流阀和连接管进入多功能洗面器的冷热混合电磁阀。

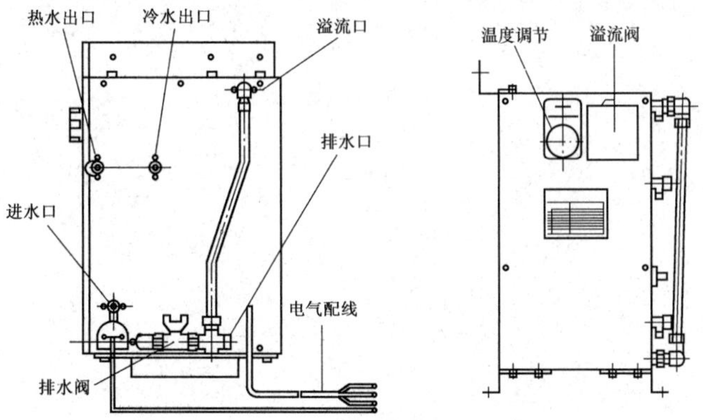

图 3.11 温水箱结构图

当接通温水箱工作电源时，电加热器开始工作，加热到设定温度时自动停止。温水箱具有防止水沸腾和异常温度上升的自动保护结构。

用水时在水泵供水压力作用下，输出热水与冷水混合后送至多功能洗面器的自动出水口。

复习思考题

1. 照明设计中一般应遵循哪些原则？
2. 动车组照明分为哪些类型？
3. 简述动车组火灾探测系统的组成。
4. 简述 CRH2 广播系统组成及功能。
5. 简述动车组旅客信息显示系统的组成。
6. 简述 CRH2 动车组饮水机的工作原理。
7. 简述 CRH2 动车组温水箱的结构组成。

第4章

动车组空调系统

4.1　动车组空调系统的总体构成和类型

4.1.1　动车组空调系统的总体构成

动车组空调系统的主要目的是在任何气候和行驶条件下，通过强迫通风、人工制冷和供暖的方法，调节车内的温度、湿度、气流速度等参数指标，从而为旅客提供舒适的车内环境。

动车组空调系统的功能是将一定量的车外新鲜空气和车内再循环空气混合后，经过过滤、冷却或加热、减湿或加湿等处理，以一定的流速送入车内，并将车内一定量的污浊空气排出车外。

动车组空调系统为完成上述任务，通常由通风系统、制冷系统、供暖系统、加湿系统以及控制系统等五大系统组成。

通风系统的作用是将车外新鲜空气吸入并与车内再循环空气混合，在滤清灰尘和杂质后，再压送分配到车内，同时排出车内多余的污浊空气，以保证车内空气的洁净度以及合理的流动速度和气流组织。通风系统通常由通风机组、空气过滤器、新风口、送风道、回风口、回风道以及排废气口等组成。为了保证旅客的舒适性，避免高速动车组会车及进出隧道时车内压力变化过大，动车组空调系统都要安装车内空气压力波动控制装置。

制冷系统（也称空气冷却系统）的作用是在夏季对进入车内的空气进行降温、减湿处理，使夏季车内空气的温度与相对湿度维持在规定的范围内。为保证制冷系统安全、有效地工作，制冷系统除压缩机、蒸发器、冷凝器、节流装置四大件外，还配有贮液器、干燥过滤器和气液分离器等辅助设备。夏季，通风机将吸入的车内外的混合空气经蒸发器冷却后送入车内，以达到降温的目的。由于蒸发器表面的温度通常低于空气的露点温度，空气中的部分水蒸气就凝结成水滴。因此，空气在通过蒸发器冷却后的同时也得到了减湿处理。

供暖系统的作用是在冬季对进入车内的空气进行预热和对车内的空气进行加热，以保证冬季车内空气的温度在规定的范围内。供暖系统通常由空气预热器和空气加热器组成。冬季，通风机将吸入的车内外空气经过空气预热器的预热后送入车内，同时，车内加热器对车内空气加热，以补偿车体和门窗的热损失。

空气加湿系统的作用是在冬季车内空气相对湿度较低时对空气加湿，以保证冬季车内空气的相对湿度在规定的范围内。加湿最简单的方法是采用电极加湿器。

控制系统的作用是控制各系统按给定的方案协调地工作，以使车内的空气参数控制在规定的范围内，并同时对空调系统起自动保护作用。

4.1.2 动车组空调系统的类型

动车组空调系统按空调系统的安装方式主要分为两类：一类为分体式空调系统（又称集中式空调系统），另一类为车顶单元式空调系统（又称独立式空调系统）。两类系统均具有制冷系统、通风系统、供暖系统和控制系统。

1. 分体式空调系统

分体式空调系统分成两个部分，将制冷压缩机、冷凝器、冷凝风扇、贮液器集中装在一个箱中，并悬挂在车底架下，而将蒸发器、通风机、膨胀阀、空气预热器等安装在车顶内部，用铜管将制冷系统的各设备连接起来，组成封闭的循环系统。我国生产的 CRH1 动车组空调系统属于此种形式。图 4.1 为分体式空调系统示意图。这种形式使车辆重心降低，但因体积大，使拆装困难和检修不方便，而且制冷管路长，接头多，容易产生泄露。

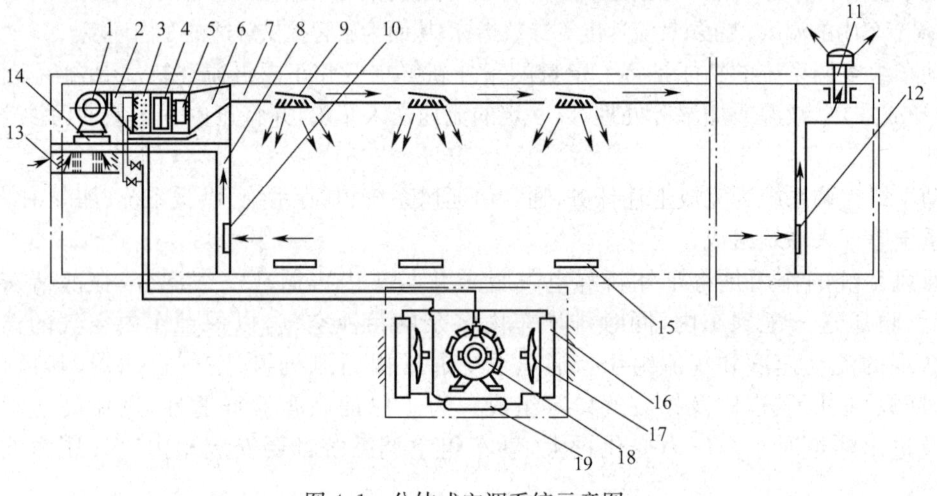

图 4.1 分体式空调系统示意图

1—通风机；2—渐扩风道；3—蒸发器；4—水分离器；5—电预热器；6—渐缩风道；7—主风道；8—回风道；9—送风口；10—回风口；11—排风扇；12—排风口；13—进风口；14—滤尘器；15—补偿电热器；16—冷凝器；17—冷凝风扇；18—压缩机；19—贮液器

2. 单元式空调系统

单元式空调系统是指将压缩机、冷凝器、节流装置、蒸发器、通风机、冷凝风机以及空气预热器等安装在一个箱内，组成一个完整的单元后安装在车顶。送风道布置在车内顶棚的中央或两侧。单元式空调系统多采用全封闭式压缩机。这种形式结构紧凑、重量轻、管路短、不易泄露，不占用车下空间，但这种形式提高了车辆重心。CRH5 动车组客室的空调系统采用单元式空调系统。图 4.2 为单元式空调系统结构示意图。

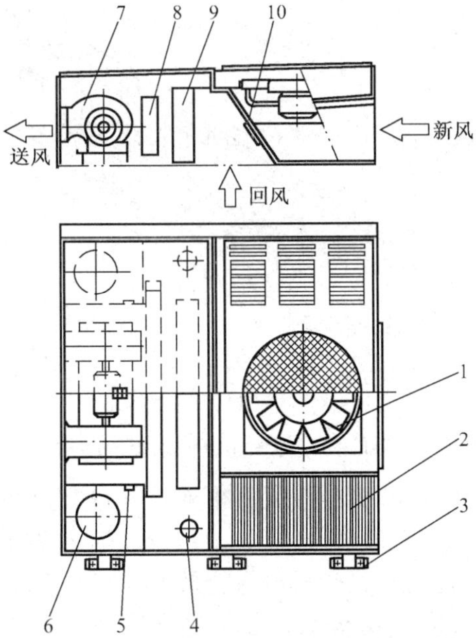

图 4.2　单元式空调系统结构示意图

1—冷凝风扇；2—冷凝器；3—安装座；
4—气液分离器；5—压力控制器；6—压缩机；
7—通风机；8—蒸发器；9—电预热器；
10—新风过滤器

4.1.3　CRH 系列动车组空调系统总体构成

1. CRH1 型动车组空调系统总体构成

CRH1 型动车组客室空调系统是分体式空调系统，主要由空气处理单元和压缩机冷凝器单元以及有关的连接管道、送风风道、电气控制装置等组成。客室空气处理单元通过法兰上的螺钉固定在车体顶棚中央位置。压缩机冷凝器单元则布置安装在车体底架的设备仓内。管路通过法兰和垫片进行连接和密封。两个废排单元分别位于每辆车的两个端部、车顶棚和顶板之间。司机室有一个布置在车顶上的单元式空调系统。

2. CRH2 型动车组空调系统总体构成

CRH2 型动车组空调系统主要由空调装置、换气装置以及通风系统构成(头车还包括司机室空调)。空调装置又由空调机组及车上配电柜内的空调显示设定器组成。客室制冷由空调制冷系统完成，客室供暖由内置于空调机组的电加热器实现。为了降低车体的重心、适应动车组高速运行，空调机组和通风系统的主要风道分别设置在地板下及地板中间。图 4.3为 CRH2 型动车组头车空调系统的总体构成示意图。

CRH2 型动车组每辆车下均设两台空调机组和一台用于提供新风和排放废气的换气装置。空调机组的控制由内置的变频控制器完成，变频控制器通过比较空调显示设定器设定的温度值和客室内检测温度值，对空调机组的压缩机、室外送风机、室内送风机进行变频控制，对电加热器进行通断控制，实现对客室空气的制冷及加热。

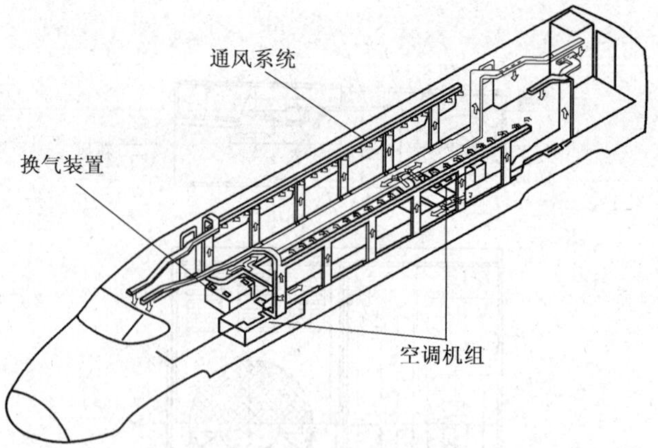

图 4.3　CRH2 动车组头车空调系统的结构示意图

空调机组和换气装置在车下与通风系统相连。每台空调机组向客室内提供新风量 12 m^3/min，回风量 48 m^3/min，总通风量为 60 m^3/min。通风系统包括新风、送风、回风和排风四种用途的风道。卫生间废气通过废排风道全部由换气装置排出。

3. CRH3 动车组空调系统总体构成

CRH3 型动车组的空调系统结构主要由以下几部分组成：安装在车顶的单元式空调机组；安装在车顶并贯穿于整车的供风道组成和风道两侧与侧墙风道连接的软风道；空调机组两侧的新、回风混合箱、新风格栅；安装在车下的废排单元；布置在车内的废排风道；空调控制系统；布置在通过台的风扇和加热器等。

空调控制系统安装在车内的控制柜内，包括空调控制单元，相关的单元接口以及控制继电器。所有交流接触器和断路器等相关的电子设备都集成在车下的一个箱子内。

4. CRH5 型动车组空调系统总体构成

CRH5 型动车组空调系统具有制冷、制热、通风、预冷、预热和应急通风的功能。空调系统在额定工况下的制冷量为 40 kW（外界为 40 ℃时，车内达到干球温度 27 ℃，相对湿度 50%）；制热量为 29 kW（外界 −25 ℃时，车内达到 24 ℃）。

CRH5 型动车组的司机室和客室内各有 1 套暖通空调系统。空调系统由以下部分组成：司机室和客室单元式空调机组，司机室和客室控制单元，废排风箱，温度传感器，压力保护系统，紧急逆变器，风道分配系统等。

4.2　动车组通风系统

通风是空气调节的重要环节。和大多数人想象的不同，虽然高速列车在运行时几乎是密封的，但车厢内的空气循环却很快，列车车厢内的空气在几分钟内就可以被更换一次。如此强劲的空气循环就归功于列车的通风系统。尽管如此，与地面建筑相比，高速列车内的通风率并不高。一般来说，目前高速列车车厢内的换气率为每小时 10～15 次，而一般写字楼为每小时 1～3 次，但是如果考虑到单位空间分布的人数，办公室的换气率则是列车车厢内的 2～3 倍。通风不足的直接结果就是 CO_2 浓度增高。虽然 CO_2

本身并没有毒性，但浓度过高则对人体健康不利。列车的通风系统除了可以给乘客提供新鲜空气外，它的另一项功能就是保证车厢内具有适当的气压，即当车外气压发生明显变化时，通风系统会将车厢内的气压维持在一个让人们感到舒适的水平。这是由于当列车高速运行时，特别是进入隧道或会车时，列车外表面进风口处的空气压力会明显不同于静态时的大气压力，如果不加以控制，车厢内的气压会随之波动，给乘客造成不适感。

4.2.1 通风系统的组成

通风系统是空调系统的重要组成部分，它的作用是将经过处理的空气输送和分配到客室并获得合理的气流组织，同时还将客室内污浊的空气排出室外，使室内的空气参数满足设计的要求。通风系统是客车空调系统中唯一不分季节而长期运转的系统，因此，它的质量状态直接影响到旅客的舒适性和空调系统的经济性。

图4.4为客车空调系统中常用的通风系统示意图。系统工作时，在通风机组的作用下，室外新鲜空气经新风口吸入车内，经滤尘器过滤并与回风混合后送入空气处理室，经过蒸发器冷却或者由电预热器预热，送入主风道，再由各送风口均匀地送入室内。室内空气的一部分，经回风口、回风道被通风机吸入作为再循环空气重复使用；另一部分则经由排风口和排风扇排出车外。

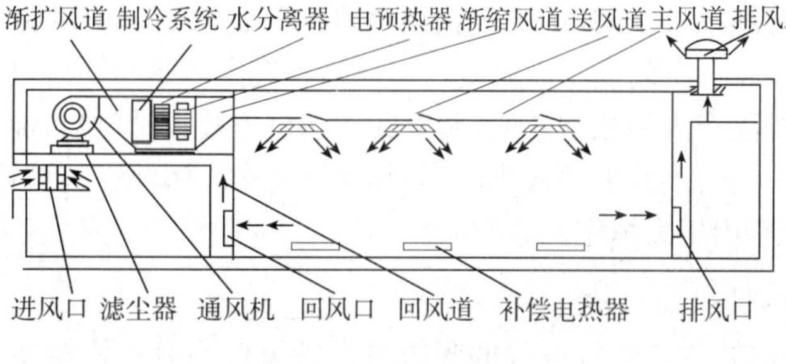

图4.4 客车通风系统原理图

通风系统一般由通风机、进排风装置、风道以及空气净化设备组成。高速列车的通风系统通常还包括空气压力波动控制装置。

1. 通风机

通风机是通风系统的动力装置，它由离心式通风机和电动机组成，一般安装在车辆端部平顶板上部空间，也可以安装在车下部，其安装位置主要取决于空气处理设备的位置。由于空间位置的限制，大部分客车单元式空调机组采用两台通风机并联使用，一台双向伸轴的电动机放在通风机中间。

按照空气流动方向，通风机安设在空气处理室前面的为压出式系统，通风机放在空气处理室后面的为吸入式系统。通风系统中，送风和回风共用一台通风机的叫做单风机系统，分别设有送风机和回风机的则叫做双风机系统。

通风机在安装时，应采用有效的隔音减振措施。一是在通风机的安装座上加装橡胶减振器；二是在通风机机壳上敷设阻尼涂料；三是在主风道与通风机相连接的风道处采用帆布或人造革制作的软风道。以减少通风机和电动机所产生的噪声传入车内客室。

2. 风道

风道的作用是输导空气。送风系统通过风道,把处理好的新鲜空气输送到客车车厢内;排风系统通过风道,把需要排除的污浊空气输送至车外。风道的形状和布置将直接影响车内的气流组织和空调效果,因为车内的送、回风量能否达到要求,在很大程度上取决于风道系统的压力分布。同时,空气在风道内流动所损失的能量,是靠风机消耗电能予以补偿的,所以风道布置也直接影响列车空调系统的经济性。风道可以由各种不同的材料制成,也可以有很多不同的构造和断面形式。风道应满足经济性、耐腐蚀、隔热性好、重量轻和易于加工等方面的要求。常用的材料有镀锌铁板、铝合金板和玻璃钢等。风道一般分为主风道、回风道和排风道。

主风道的作用是将经过空气冷却器或预热器处理后的空气输送到客室内。主风道的截面,一般有圆形和矩形两种。由于矩形风道与客室内的装饰容易协调,而且占用空间少,安装方便,所以在客车上采用较多。主风道按风道截面沿长度方向是否变化,有变截面和等截面风道之分。等截面风道的好处是制造相对方便,而变截面风道的优点是能使得风速在风道内保持恒定。如果要使风道中空气流速不变,可采用变截面风道。但变截面风道结构复杂,制造困难。在风道内部一般贴有一层吸声材料,它可有效地吸收通风机的噪声及空气流动的噪声,并减少热交换损失。

回风道是车厢与通风机之间,用于传输再循环空气的通道。回风道的断面形状一般根据其在车内的安装位置和空间大小而确定。回风道在客室一端与回风口相连。

排风道是用来排除车内污浊空气的,所以其一端是连接在排风口,而另一端与排风扇相连接。由于外界新鲜空气不断被送入车内,与其等量的车内污浊空气就由排风口,经排风道被排出车外,以保持车内压力恒定。

3. 进风口、送风口

进风口也称新风口,它是新鲜空气的吸入口。进风口一般布置在装有通风机端的车门上部,也有设置在车端上部和车顶上部的。进风口上装有百叶窗和网格用以防止杂物和雨、雪进入车内。

送风口的作用是给车厢分配空气。它的形式对射流的扩散及空间内气流流型的形成有直接影响。送风口处一般都装有散流器,它不但可以使送风均匀,达到室内气流分布合理和温度均匀,而且还可以根据室内具体要求,调节送风量的大小。

4. 空气过滤器

空气中总是不同程度的含有各种灰尘和杂质。过多的灰尘进入车内,不仅会影响旅客的舒适和健康,也不利于空气处理设备的正常工作。因此,通风系统中设有空气过滤器。过滤器应装在空气处理室的前面,它可以水平安装,也可以垂直安装。空气过滤的作用原理是使含尘的空气,通过直径比尘粒小的空隙或者通过孔径虽大但充分长且又曲折的孔道,将灰尘留下来。此外,尘埃颗粒在通过过滤器时,还会因为扩散作用、摩擦力、静电力或者材料表面湿润时产生的粘附力而使灰尘留下。过滤器的过滤效果取决于所用材料的空气通道的粗细、密实程度和通过过滤器的风速。过滤器的作用是将空气中的灰尘和杂质留在过滤器上以净化空气，如果过滤器上积尘过多，则会增大空气阻力，影响风量供给和过滤效果，因此需要定期更换清洗。

5. 空气压力波动控制装置

乘坐高速列车或飞机有时会因频繁的耳鸣现象而感到不适。这种现象因由室内外的气压差而出现，在高速列车中则主要出现在进出隧道时。列车高速运行时，其外表面的空气压力将随车速及运行环境而发生波动。特别是当高速列车会车或在隧道中运行时，车体表面的瞬时压力波幅值会在较大范围内变化。外界空气压力的这种波动会通过车体上可能存在的缝隙或空调系统的进排风口影响到车内。如果车内空气压力的变化量及变化速度超过一定值，则会刺激旅客的耳鼓膜，引起耳胀耳痛，从而影响乘客的舒适性。

车内气压对人体舒适性的影响可以用压力变化速度来评价，评价指标分为七级：第一级为 200 Pa/s，它对应于没有不舒适感觉；第七级为 300 Pa/s，它对应于强烈不舒适感觉；可以忍耐值为三级，约为 233.4 Pa/s。

针对上述问题，世界各国对高速列车都有自己的具体要求。如日本要求车内的最大压力变化率，新车不超过 200 Pa/s，旧车不超过 300 Pa/s；德国规定的压力变化率范围为：200～400 Pa/s；我国铁路部门也对高速动车组的车内气压作了具体要求：压力变化的最大值不得超过 1 000 Pa，压力变化率不应超过 200 Pa/s。

为了减少压力波的影响，保证旅客的舒适度，一方面高速列车必须采取良好的空气压力密封，列车空调系统的进排气口应避开低压或涡流区布置，另一方面需要加装可控的间歇或连续作用式进排气控制装置，以便在车外压力发生变化时调节进排气口的工作状态，防止车内空气压力变化过大，并保持一定的正压(一般不小于 30 Pa)。

在高速动车组上的空气压力保护系统，一般可分为以下两种保护模式：

(1)主动式压力波保护系统

主动式压力波保护系统，又可称连续换气装置。在压力保护过程中，使用合适的鼓风机来吸入外部新鲜空气，排除车内废气，进行空气交换，并抵消空气压力波动。

(2)被动式压力波保护系统

被动式压力波保护系统可以将动车组内部空间的气压与外部环境气压相隔离，此时压力波阀门将会关闭与外部空间交换空气的通风口。

上述两种压力保护模式各有其特点，被动式压力保护系统结构简单，性能可靠，便于维护保养，其主要缺点是当压力保护阀关闭时车内无新风，新风量不能保证。

主动式压力波保护系统须设置高压通风机，其结构复杂，体积重量较大，噪声较大，其优点是始终保持车内通风换气，保证车内新鲜空气量。

4.2.2 应急通风

1. 应急通风的概念

列车正常运行时，车厢内通风换气系统由外部电源向风机马达提供动力，以保证车内的通风换气。如遇突发事件，停电情况发生时，车内应急备用电源——蓄电池将启用。蓄电池被用于车内的紧急照明、基本控制、基本通讯和应急通风。列车正常运行时蓄电池组由外部交流电源在线充电。这里的应急通风系指，当交流动力电源失效时，空调系统由蓄电池作为电源供电，通过逆变器给风机供电，向车内送入新风的过程。应急通风的主要目的是保障旅客的生命安全，而不是提供舒适性环境。因此，应急通风对系统的基本要求是，能够在尽可能长的时间内向客室提供乘客所需的最小新风量。

2. *应急通风系统介绍*

除了供电方式不同之外，应急通风和常规通风过程在原理上没有根本性的差别。适合于空调风机使用的逆变电源是应急通风系统的关键设备。当列车外部交流回路失电时，该电源将直流电逆变成三相交流电，继续给通风机马达供电，使通风机继续工作，又称紧急逆变器。蓄电池的额定电压为 110 V，应急通风时，蓄电池的放电时间不应低于 2 h。根据技术条件，在蓄电池组的电压波动－30％～＋20％范围内，逆变电源必须为风机提供电压波动不超过±5％，频率在±1％范围内，并且总的谐波含量小于 3％的三相交流电压，并且在－20～＋55℃工作环境下均能可靠地运行。

CRH1 型动车组上的紧急通风是通过空调系统中的正常功能——客室/司机室“防火模式”的启动来实现的。如果在客室/司机室出现烟火，司机和乘务员将在手动或者自动开关位置立即启动客室/司机室“防火模式”，废排风扇将紧急通风排出烟雾。所有其他的风扇和对流取暖装置都应当关闭。如果辅助电源正常，则废排风扇由正常电源供电。如果没有辅助电源，则废排风扇由紧急逆变器供电。紧急逆变器则由电池供电。如果缺失辅助电源，则废排风扇以紧急模式启动，保证空气中的 CO_2 不超过极限水平。

CRH2 型动车组的应急通风系统，无需使用应急逆变器，可以直接通过蓄电池供电，蓄电池可保证客室内的应急通风维持时间不少于 30 min。应急通风系统是在一位端及二位端外端墙上开口，在开口位置设有气密阀机构、风机及通风格栅。送风及排风采用相同的结构，送风与排风的区别为风机进出风方向不同，进风时风机从外端墙往车内送风，同时排风机从车内向车外排风，可保证应急通风量大于 10 m^3/(人·h)。

CRH3 型动车组应急通风在空调系统主回路失电时工作，空调控制系统首先启动紧急逆变器工作，将车辆蓄电池提供的 DC 110 V 电源逆变为三相交流电，然后为空调系统废排风机和司机室通风机供电，实现为客室提供约 1 200 m^3/h 的新风，同时实现司机室的通风换热避免电气设备过热并为司机室提供新风。按照相关标准的要求，应急通风时间按照 30 min进行控制。

4.2.3 典型动车组通风系统

1. *CRH1 动车组通风系统*

CRH1 动车组采用分体式空调系统，空气处理单元设在车顶中部，供风由两边的矩形主风道，经消音器和散流器流入客室。在司机室后端车顶处设置有单独的空调单元。排风单元设置于每节客车车厢端部的车顶和天花板之间。CRH1 动车组通风系统送风风道在车体上的布置如图 4.5 所示。图 4.6 和图 4.7 分别为 CRH1 动车组客室及司机室的通风系统示意图。

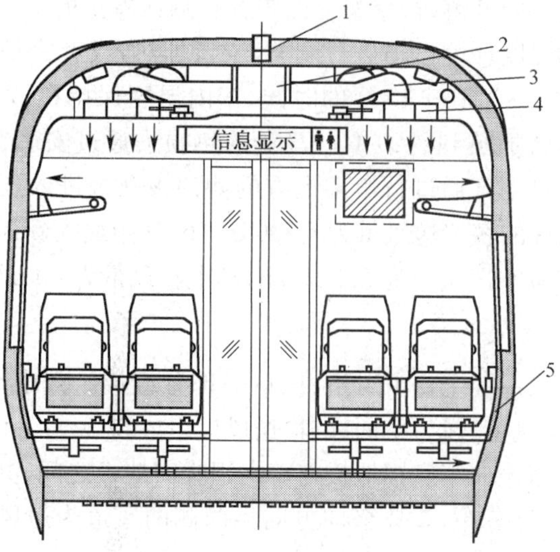

图 4.5　通风系统送风风道在车体上的布置示意图
1—车体通风风道；2—主送风风道；3—软管；
4—二级送风风道；5—侧墙加热器

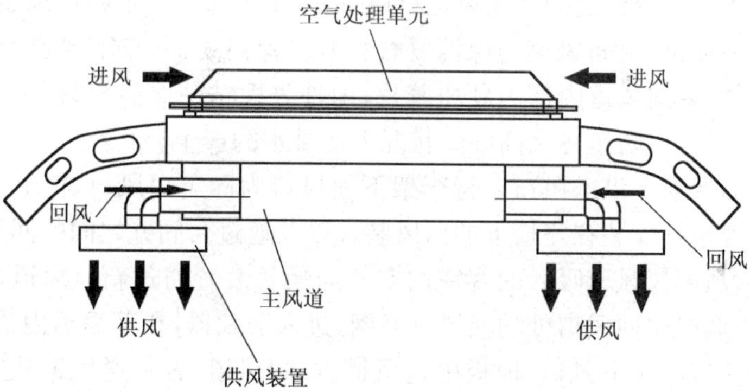

图 4.6　CRH1 型动车组客室通风系统

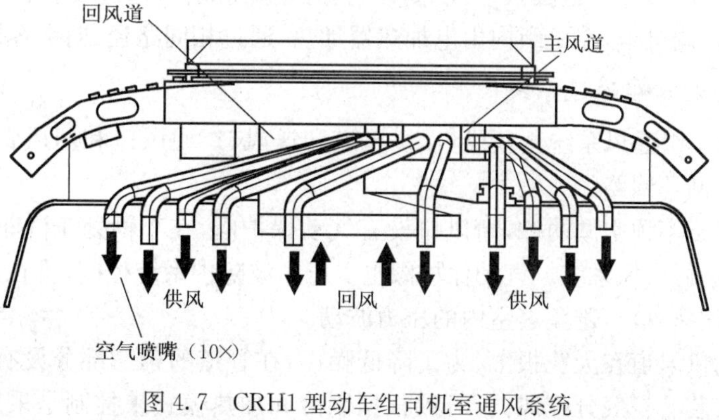

图 4.7　CRH1 型动车组司机室通风系统

主送风风道布置在车体纵向中央一线，二级风道则布置在主送风风道纵向的两侧，二级风道通过软管连接到主送风风道上。二级风道底部罩有顶板孔板，送风从顶板孔板的孔进入客室。在送风顶板孔板的外侧、行李架上面布置有侧顶板孔板。

送风可以依据外部温度环境自动进行调整，或者加热，或者冷却，确保冬季车内温度最低20 ℃，而在夏季室外气温达到+40 ℃的时候，车内温度保持在27 ℃。在加热模式下，来自空气处理单元的送风将加热到约20 ℃。车辆的热损失通过安装在车窗下侧墙上的加热器进行补偿。回风和废排空气通过行李架上方的侧顶板孔板进入到顶板上方的车顶区域。CRH1 型动车组空调系统的客室送风量为 6 200 m^3/h，其中最大新风量为 2 120 m^3/h，排风量为 2×1 000 m^3/h；司机室送风量为 800 m^3/h，其中新风量为 60 m^3/h。

2. CRH2 型动车组通风系统

CRH2 型动车组通风系统主要由风道、风口等部分组成。其中，风道包括新风风道、送风风道、回风风道和废排风道；风口由回风口、送风口组成。

通风系统的主要风道设在车底铝地板与车内铝蜂窝地板之间，共设 5 个风道，都为纵向通长风道，两侧风道成对称分布，车体横向方向靠两侧两风道为送风道，最中间风道为新风道，其余两节风道为回风道。

送风道、回风道与空调机组连接以及换气装置与回风道、废排风道连接都通过车下风道实现。车上客室送风道也为通长纵向风道，它与车下送风道通过窗间风道连接。车上客室送风道布置在窗上和行李台之间。送风道材质方面，车下风道及地板中风道采用铝板，车上客室送风道采用玻璃钢，窗间风道为保温复合材料。保温方面，车下风道及地板内风道，外表面粘贴保温材料，窗间风道内部为硬质胶片，内外表面粘贴保温材料，车上客室送风道外表面也粘贴保温材料，以防止夏天高湿度状况下冷凝水的产生。

在行李架下面及窗上设送风口。行李架下面风口为固定送风口，窗上送风口为可调风口。回风装置主要包括安装在座椅下的回风装置以及通过台间壁之间的回风格栅。

制冷送风时，从回风风道吸入的客室内空气与换气装置通过新风风道送入的新鲜空气混合，经设置在空调机组回风口处的回风过滤网，进入蒸发器，在蒸发器内进行热交换，冷却为冷空气。该冷空气经车下风道、地板中送风道、窗间风道、客室送风道从客室行李架下送风口及窗上送风口吹入客室，向乘客提供冷风。

制热送风时，从回风风道吸入空气，同样与新鲜空气混合，通过设置在空调机组回风口的过滤网，进入空调机组，在机组内由电加热器加热，通过相同路径，向乘客提供暖风。

3. CRH3 型动车组通风系统

CRH3 型动车组通风系统由新风口、供风道和送风口、回风口和回风管道、废排装置组成一套完整空气循环回路。

新风口设置于车顶空调两侧，新风口设有气动保护阀，在车辆处于洗车模式时，可关闭新风口，防止水进行供风系统。气动保护阀也受压力波防护系统控制，可在列车通过隧道和会车的时候，关闭新风口，避免客室内的压力波动。

空调系统的供风道在天花板上，为了降低噪声，在管道的第一部分设有消音器，每个消音器管道内均安装有空气分配风门，可以根据制冷和加热模式来控制是采用车厢顶部还是下部地板送风，在运行过程中不进行调节。在制冷模式下，空气主要通过多孔天花板通道送出。其余一部分从送暖气管道通过侧墙背面的风道经下部地板出口送出，并且在窗口侧下方可以对车厢内的温度分布进行调节。

所有列车基本的空气流量分配状态都是一样的，但是，每节车不同区域的分布状态由热负荷来决定供风量。回风格栅风口设在通过台顶板上空调单元后面，不通过风道连接至混合箱后进入空调单元。

车上废排风道分布在内墙和地板之间的列车两侧，将车端入口区域的废气通过车上废排风道、车下废排风道、废排单元排出。旅客信息系统(PIS)柜通过一个排风软管直接与废排管道相连，厨房也直接与废排系统相连。为了防止厨房内的空气扩散，提供给厨房的送风量一般比车厢内的少。卫生间的废气通过管道直接与废排系统管道相连，其目的是阻止由卫生间产生的污浊空气进入乘客车厢。这就从根本上阻止了有污染气味的空气进入车内，影响乘客的舒适度。

废排管道穿过车体地板与车下废排风道相连。通过与废排管道横向连接的排气单元将废气排出到大气中。每辆车都有一套位于地板下的废排单元。排风是通过车体内地板上的两个开口收集并输送至位于地板下的交叉管道，然后通过集成的废排单元将其排出到大气中。

端车上有一套带有两个抽风机的废排单元也位于地板以下，其中一个排风机为司机室提供排风。废排单元由废排风机、调节风门、压力保护阀和机体组成，废排压力保护阀与空调机组的新风压力保护阀同步动作，以保持车内压力的稳定。

4. CRH5 型动车组通风系统

CRH5 型动车组通风系统包括车顶送风道、车内客室送风道、司机室送风道、客室新风系统、司机室新风系统、排风系统。

车顶部风道分为多层结构，自内至外依次为：穿孔铝板、FIBERFORM、铝板、聚亚胺脂、玻璃钢。车顶消音风道管路距离较长，使通风机送出的高速气流能够充分平衡，最大限度地完成气流动压和静压之间的转换，并有效消除空调机组的噪声，车顶送风道通过连接风道与车内客室送风道连接。

客室送风道设在沿车长的行李架下方，通过多孔板送入车内，送风道主体风道采用铝板5754-H22 材质，外部包裹隔热材。客室送风系统主要采用静压送风的方式进行，通过设置在风道上的条缝将冷(热)空气送入客室。从系统实际运行和试验室效果来看，除个别区段送风不良外，客室送风系统的均匀性总体上比较理想，客室内部温度场也比较均匀。

司机室风道由于空间限制，其结构主要采用软风道形式连接，软风道主体为铝材质，外面包裹隔热层。司机室送风道主要与司机室空调机组连接，同时其设置了与客室风道之间的接口。当司机室空调机组发生故障时，打开与客室风道之间的阀门，可以将司机室纳入客室送风系统中，一定程度上保证司机室内部的新风供给量以及空气调节要求。

客室新风通过设置在空调机组两侧的新风口进入机组内与回风混合。司机室新风通过设置在车顶的新风单元进入司机室空调机组内与回风混合。新风单元内设置气动阀门，当压力保护装置启动时，阀门关闭，与外界环境隔绝。

每列车的排风管可通过排风单元将废气排放到大气中。排风单元安装在所有车辆的地板下面。该单元由一个排风扇和一个位于排风出口处用于压力波保护的风门组成。

排风管位于车顶下方，并通过适当的托架固定至车顶。排风管采用托架和夹钳进行稳固。排风管可收集卫生间、电器柜和客室的废气。

4.3 动车组制冷系统

动车组制冷系统普遍采用蒸气压缩制冷方式，通常由压缩机、换热器（冷凝器和蒸发器）、节流装置（膨胀阀或毛细管等）以及以贮液器、气液分离器、干燥过滤器为代表的辅助设备等组成，其中压缩机称为制冷系统的主机。制冷系统可以对送入客室的空气进行冷却处理，使客室温度条件满足乘客的舒适性需求。

4.3.1 蒸气压缩式制冷原理

1. 制冷的工作原理

由于一些物质在常压下的饱和温度很低，工程上常利用其汽化时吸热的特性来制冷。例如 R12 在一个大气压下的饱和温度是－29.8 ℃，所以若将装有 R12 液体的容器敞开口，放在密闭的被冷却空间内，由于被冷却空间内空气的温度高于 R12 的沸点，所以 R12 液体将吸热汽化，随着 R12 气体带着热量离开被冷却空间，室内空气温度逐渐下降，这个降温过程直到容器内的 R12 液体汽化完为止。为了将 R12 蒸气回收使用，需要将它再冷凝成液体，如用环境介质（如大气或水）来冷凝，蒸气的冷凝温度就要比环境介质的温度稍高一些。我们知道压力较高的蒸气其冷凝温度也较高，因此只要将 R12 蒸气用压缩机压缩到所需要的冷凝温度，就能用环境介质来冷凝它，使在被冷却空间吸热汽化的 R12 蒸气重新冷凝成液体。由于冷凝后制冷剂液体的温度高于被冷却空间空气的温度，因此必须让冷凝后的制冷剂液体降压降温，使其温度低于被冷却空间的温度，这样降压降温后的制冷剂液体就可以在被冷却空间内重新吸热汽化。制冷剂在一个封闭的系统中，只消耗压缩机的功从而反复地实现制冷剂由液体变蒸气，再由蒸气变液体的相态变化，并通过这种相变将低温处的热量转移到高温处去，这就是蒸气压缩式制冷的工作原理。

蒸气压缩式制冷机主要有压缩机、冷凝器、节流装置和蒸发器四部分组成，并用管道连接成一个封闭的循环系统，如图 4.8 所示。

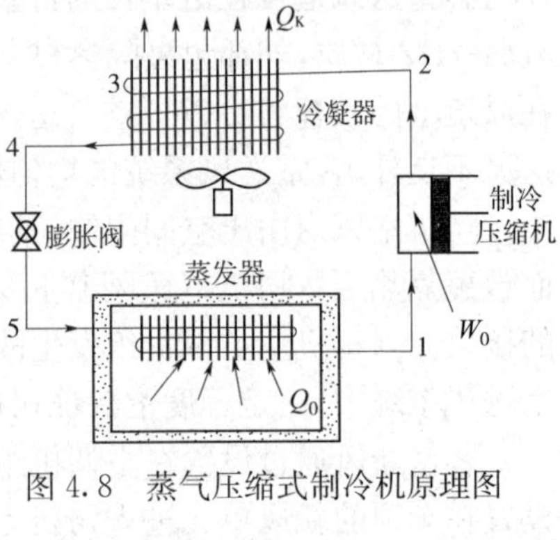

图 4.8 蒸气压缩式制冷机原理图

其工作过程如下：低温低压的制冷剂液体在蒸发器中吸收被冷却空间的热量而汽化成低温低压的蒸气后被压缩机吸入（状态点 1）。压缩机消耗一定的机械功将制冷剂压缩成压力、温度较高的蒸气并排入冷凝器（状态点 2）。高压、高温的制冷剂蒸气在冷凝器内被环境空气或水冷却，制冷剂蒸气放出热量而被冷凝成液体（状态点 4）。高温、高压的制冷剂液体经过节流装置节流降压，同时温度也降低，然后再进入蒸发器（状态点 5）。在蒸发器中，低压、低温的制冷剂液体又吸收冷却空间的热量，蒸发成低压、低温的蒸气，再被压缩机吸入，如此周而复始地循环。

制冷剂在封闭的制冷系统中经历压缩、冷凝、节流和蒸发这四个过程就完成一次制冷循环。循环的结果是消耗了压缩机的功，将低温处的热量转移到高温中去。

2. 蒸气压缩式制冷的理论循环

蒸气压缩式制冷循环是按照逆卡诺循环原理进行的，但是它又不完全与逆卡诺循环相同。为了便于用热力学方法来分析蒸气压缩式制冷循环，我们先讨论蒸气压缩式制冷的理论循环。

蒸气压缩式制冷的理论循环过程表示在 p-h 图上如图 4.9所示。

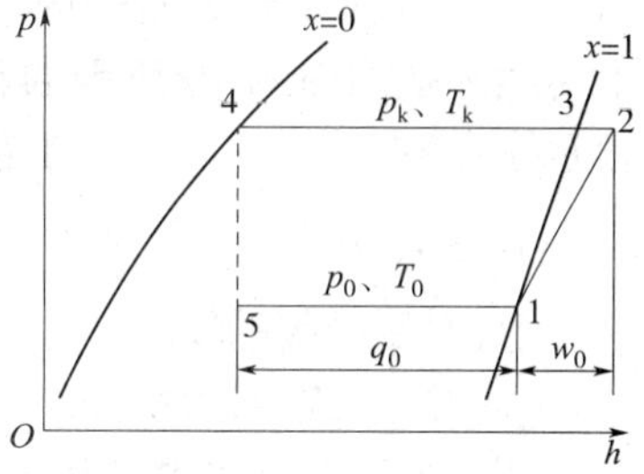

图 4.9　蒸气压缩式制冷的理论循环

图中 5-1 过程表示制冷剂在蒸发器中进行的等压蒸发吸热过程。制冷剂在保持蒸发温度 T_0 和蒸发压力 p_0 不变的条件下，吸收被冷却空间的热量而蒸发为干饱和蒸气。干饱和蒸气状态点 1 是制冷剂离开蒸发器时的状态，也是压缩机开始压缩的状态点。

图中 1—2 过程表示制冷剂在压缩机中进行的等熵（绝热）压缩过程。过热蒸气状态点 2 是制冷剂离开压缩机时的状态，也是进入冷凝器时的状态。

图中 2—3—4 过程是表示制冷剂在冷凝器中的等压冷却（2—3）、冷凝（3—4）过程。在冷却阶段（2—3），制冷剂蒸气放出过热热量，然后进入冷凝阶段（3—4），在冷凝温度 T_k 不变的条件下放出冷凝热而冷凝成饱和液体（点 4 状态）。在冷凝器中制冷剂压力等于冷凝温度 T_k 所对应的饱和蒸气压力 p_k。饱和液体状态点 4 是制冷剂离开冷凝器时的状态，也是进入节流装置时的状态。

4—5 过程表示制冷剂在节流装置中进行的节流降压过程。由于制冷剂通过膨胀阀时对外不作功，而且制冷剂流速较高，可以认为与外界没有热量交换，所以节流前后焓值相等。节流使得制冷剂的压力突然降低，由 p_k 降至 p_0，对应的饱和温度也降低，由 T_k 降至 T_0，部分制冷剂液体吸收制冷剂本身的热量而迅速汽化成饱和蒸气，这一过程也称闪发降温。湿蒸气状态点 5 是制冷剂离开节流装置时的状态，也是进入蒸发器时的状态，由于节流过程是非可逆过程，故在压焓图上用虚线表示。

3. 蒸气压缩式制冷的实际循环

前面分析的蒸气压缩式制冷的理论循环是指制冷机在理想条件下工作的，而实际上制冷机在工作时，制冷剂流过管路、蒸发器、冷凝器、各种附件阀门，以及流过压缩机内部时，都会产生阻力压降；蒸发器出口的蒸气已有一定的过热度，节流装置前的液体也有一定的过冷度；压缩机压缩蒸气不是绝热压缩的等熵压缩；冷凝过程和蒸发过程除了有流动阻力外，它们都是在有温差的情况下进行的，即冷凝温度 T_k 高于环境介质温度，蒸发温度 T_0 低于被冷却对象的温度。由于这些因素的影响，使制冷的实际循环与理论循环有所不同。

由于上述因素的影响，使蒸气压缩制冷机的实际循环与理论循环相比，压缩机的实际压缩比 $\frac{p_k}{p_0}$ 增大，循环所消耗的压缩功增加，实际输气量 V_s 将减小。实际输气量 V_s 等于理论输气量 V_h 与输气系数 λ 的乘积。理论输气量只与压缩机的结构和转速有关，而输气系数 λ 主要取决于 $\frac{p_k}{p_0}$，$\frac{p_k}{p_0}$ 增大时，λ 减小。

对这种结果影响最大的是压缩机的实际工作过程偏离了理论过程，至于制冷剂循环流经所有管路都存在阻力压降的影响，由于在设计时都适当限制了高、低压管路的阻力压降，并在蒸发器、冷凝器等结构上尽量减少了流动阻力损失，这一因素可以忽略。因此，实际制冷循环是如图 4.10 所示的具有吸气过热和液体过冷的 1′—2—3—4—4′—5—1 的制冷循环。

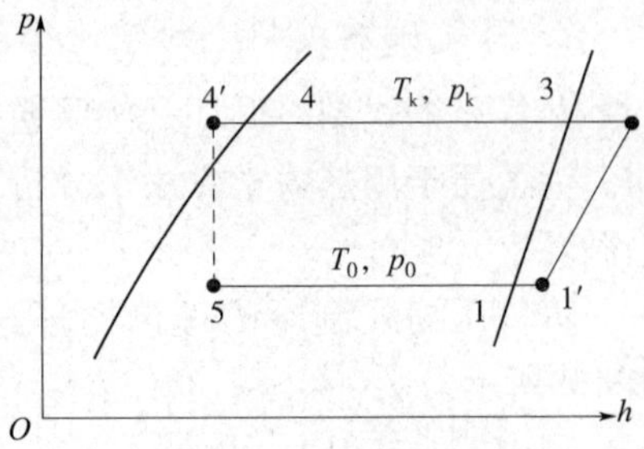

图 4.10　实际制冷循环

4. 制冷剂

(1)对制冷剂的要求

在制冷系统中，将被冷却介质的热量转移到环境介质(空气或水)中去的工作物质称为制冷剂。如在蒸气压缩式制冷装置中，是通过制冷剂在蒸发器中吸收被冷却介质的热量而汽化，然后在冷凝器中向环境介质放出热量而冷凝的相态变化过程来实现制冷的。如果说制冷压缩机是制冷系统的心脏，那么，制冷剂就是制冷系统的血液，它的性能会直接影响到制冷装置能否安全、有效和经济地工作。

在蒸气压缩式制冷机中，制冷剂除应具有较好的热力性质和物理、化学性质外，更应该具有优良的环境特性。

(2)制冷剂的种类及分类

可作为制冷剂的物质较多，其种类如下：

①无机化合物。如水、氨 R717、二氧化碳等。

②饱和碳氢化合物的氟、氯、溴衍生物，俗称氟利昂。主要是甲烷和乙烷的衍生物，如 R12、R22、R134a 等。

③饱和碳氢化合物，如丙烷、异丁烷等。

④不饱和碳氢化合物，如乙烯、丙烯等。

⑤共沸混合制冷剂，如 R502 等。

⑥非共沸混合制冷剂，如 R407C 等。

(3)几种常用制冷剂

①氨(R717)

氨属于无机化合物制冷剂，国际统一代表符号为 R717，其中 R 是制冷剂 Refrigerant 的第一个字母，7 是指无机化合物的制冷剂，17 为该制冷剂的分子量。

氨的工作压力适中，单位容积制冷量较大，放热系数高，管道流动阻力损失小，且价格低，易获得。氨与水可以任何比例互溶，因此排除了系统形成冰塞的可能性。氨液溶于水后，会降低冷冻油的润滑作用，蒸发温度稍有升高，对铜及铜合金(磷青铜除外)有腐蚀作用，故在氨制冷系统中对管道及阀件均不得采用铜或铜合金。

氨微溶于润滑油，因此氨制冷机的管道和换热器的传热表面易积油膜，影响传热。被制冷剂带入系统的润滑油也会积存在储液器和蒸发器的下部，应设排油装置使系统定期回油。氨的蒸气无色，但有强烈的刺激性气味，对人体有较大的毒性；氨蒸气容积浓度达 11%～14%即可点燃，若达到 16%～25%时可引起爆炸。因此在动车组空调装置中不宜采用。

②二氟二氯甲烷(R12)

R12无色、带轻微气味;对人体的危害性很小,只有当空气中含量超过30%时,才会因缺氧而对人体产生刺激。因此R12是一种使用安全的制冷剂。R12不燃烧、不爆炸,当温度达到400 ℃以上,并与明火接触时,能分解出有毒的光气。因此,在检修制冷机时,应避免在明火下放气。R12的标准蒸发温度为−29.8 ℃,有较广的制冷温度范围,而且压力适中,在同一温度下,其饱和压力要比氨和氟里昂22稍低,风冷时常温下冷凝压力不超过1.18 MPa。

R12的单位容积制冷量较小。R12溶水性较差,而且温度越低溶水性越差。含有水分时容易在节流装置处发生冰塞现象,含水量大时会腐蚀金属,一般规定R12中含水量不超过0.002 5%。因此在向系统冲注制冷剂时,要先经干燥,并且在系统中设干燥器。

R12液体能与润滑油以任何比例互溶。不易在冷凝器表面形成影响传热的油膜。但在蒸发器中R12不断蒸发,油却积存下来,浓度越来越高,附在蒸发器的内表面,使蒸发温度升高,传热系数降低。

R12对金属没有腐蚀作用,只对镁及含镁量超过2%的合金有腐蚀作用。R12对天然橡胶和塑料有膨胀渗透作用,所以密封材料都使用耐腐蚀的丁腈橡胶或氯醇橡胶。

R12的渗透性极强,能透过极微小的缝隙,而且由于它无色、无味不易被发现,故对系统的密封性要求很严。可采用卤素灯或电子检漏仪检测。

R12对大气臭氧层破坏严重,是最早被提出禁用的制冷剂之一。

③二氟一氯甲烷(R22)

R22与R12一样也是一种安全的制冷剂,不燃烧、不爆炸,无色、无味,但毒性比R12稍少。

R22的标准蒸发温度为−40.8 ℃,属中温制冷剂。比R12更适于低温。同一温度下的饱和压力比R12高约65%,如YZ_{25}型客车分体式空调装置采用R12作为制冷剂,其高压保护值是1.37 MPa,而单元式空调装置采用R22作为制冷剂其高压保护值是2.65 MPa。

R22的单位容积制冷量比R12大40%~60%,沸腾和凝结时的放热系数也比R12大25%~30%,所以采用R22作制冷剂的比采用R12作制冷剂的制冷装置,在制冷量相同的情况下尺寸要小很多。

R22比R12稍溶于水,但仍属于不溶于水的物质。含水量超过溶解度时,仍会产生冰塞,因此,同样要防止混入水分。

R22在高温时能与润滑油部分互溶,但在蒸发器中由于温度降低,油会从制冷剂中游离出来分为两层:一层为润滑油层,另一层为制冷剂层,导致系统回油困难。因此,蒸发器在结构上采取上供液下回气等方法,尽可能使润滑油全部返回压缩机曲轴箱中,也可在系统中装设油分离器。R22比R12更容易渗漏,因此系统的密封性要求更高。R22的其他性能与R12相似,检漏方法同R12。

R22对大气臭氧层的破坏作用比R12小得多,大约是R12的5%,它正作为某些禁用制冷剂的过渡性替代物质被使用,但最终将被停止使用。

④四氟乙烷(R134a)

R134a是一种新型的制冷剂,它的标准蒸发温度为−26.5 ℃,凝固点为−101 ℃,临界温度为 100.6 ℃。

R134a 的主要热力性质与 R12 非常相近，对金属的腐蚀性比 R12 小，化学稳定性好。R134a 的特点是对大气臭氧层没有破坏作用，安全无毒。使用 R12 的装置改用 R134a 后，基本上不需要更换部件，但原来的烷类润滑油须改用酯基类润滑油。

⑤R407C

R407C 是一种不含氯的氟代烷非共沸混合致冷剂，无色气体，贮存在钢瓶内是被压缩的液化汽。R407C 是由 R32 制冷剂和 R125 制冷剂再加上 R134a 制冷剂按一定的比例混合而成，是一种不破坏臭氧层的环保制冷剂。R407C 制冷剂有轻微的醚味、无色透明、化学性稳定；与活泼金属，碱金属、碱土金属如铝、锌、钡等不相容；不会发生聚合反应。

R407C 由于和 R22 有着极为相近的特性和性能，所以成为 R22 的长期替代物，使用于各种空调系统和非离心式制冷系统。R407C 可用于原 R22 的系统，不用重新设计系统，只需更换原系统的少量部件，以及将原系统内的矿物冷冻油更换成能与 R407C 互溶的润滑油(POE 油)，就可直接充注 R407C，实现原设备的环保更换。由于 R407C 是混合非共沸工质，为了保证其混合成分不发生改变，所以 R407C 必须液态充注。如果 R407C 的系统发生制冷剂泄漏，且系统的性能发生明显的改变，其系统内剩余的 R407C 不能回收循环使用，必须放空系统内的剩余 R407C 制冷剂，重新充注新的 R407C 制冷剂。

4.3.2 制冷压缩机

4.3.2.1 制冷压缩机类型

制冷压缩机是蒸气压缩式制冷装置的一个重要部件，它起着压缩和输送制冷剂蒸气的作用，它是推动制冷剂在制冷系统中不断循环的动力。因此，制冷压缩机被称为蒸气压缩式制冷装置的主机。

制冷压缩机按工作原理不同可分为容积型和速度型两大类。容积型压缩机是通过改变工作容积来完成气体的压缩和输送的。在容积型压缩机中，低压气体直接受到压缩，体积被强制缩小，从而达到提高压力的目的。容积型压缩机主要有活塞式、螺杆式、旋转式和涡旋式压缩机。其中活塞式压缩机是通过活塞在气缸内作往复运动来改变工作容积；而螺杆式和旋转式压缩机是通过螺杆或转子在气缸内作旋转运动来改变工作容积。

速度型压缩机是使气体在高速转动的叶轮中提高速度，而后通过导向器使气体的动能转化为压力能，进而完成气体的压缩和输送任务。主要型式有离心式和轴流式两种。目前常采用的速度型压缩机是离心式压缩机。

活塞式制冷压缩机是应用曲轴连杆机构，带动活塞在气缸内作往复运动而进行压缩气体的。它具有使用温度范围广，技术成熟可靠，有良好的使用性能和能量指标，所以应用较广。但是由于活塞式压缩机必须设吸、排气阀片，易损件多，维修量大，活塞作往复运动所引起的惯性力和振动较大，使其提高转速和增大气缸直径与活塞行程都受到限制，因此适用于中、小型制冷装置。活塞式制冷压缩机逐渐被结构简单、性能优越的其它型式压缩机所替代。

螺杆式压缩机与活塞式制冷压缩机相比，由于用螺杆的回转运动替代了活塞的往复运动，因此体积小，重量轻，振动小，易损件少，运行可靠，操作、维修简单。但是，用螺杆式压缩机的制冷系统需要配备效率较高的油分离器，变工况的适用性差，运转时噪声比较大，而且螺杆加工要求精度高，加工也比较困难，影响了螺杆式制冷压缩机的广泛应用。

在旋转式压缩机中，气缸工作容积的变化，是依靠一个偏心装置的圆筒形转子在气缸内的滚动来实现的。旋转式压缩机与活塞式压缩机相比，有结构简单、体积小、重量轻、容积效率高、运行平稳、噪声和振动小、可靠性高等优点。但旋转式压缩机也存在一些不利因素，如主要零件加工精度要求高，密封线较长，密封性能较差，泄漏损失较大等。

涡旋式制冷压缩机是 20 世纪 80 年代才发展起来的新型压缩机。涡旋式压缩机与活塞式制冷压缩机比较，在相同工作条件下、相同制冷量下，体积可减少 40%，重量减轻 15%，输气系数提高 30%，绝热系数提高约 10%，因此它具有广泛的应用前景。

动车组空调系统多数采用涡旋式制冷压缩机。

4.3.2.2 涡旋式制冷压缩机

1. 涡旋式制冷压缩机的基本构成

涡旋式压缩机的结构如图 4.11 所示。它由运转涡旋盘(动盘)、固定涡旋盘(静盘)、机体、防自转环、偏心轴等零部件组成。

动盘 1 和静盘 2 的涡线呈渐开线形状，安装时使两者中心线距离一个回转半径 e，相位差 180°。这样，两盘啮合时，与端板配合形成一系列月牙形柱体工作容积。静盘 2 固定在机体 3 上，涡线外侧设有吸气室，端板中心设有排气孔。动盘 2 由一个偏心轴 5 带动，使之绕静盘的轴线摆动。为了防止动盘的自转，结构中设置了防自转环 4。该环的上、下端面上具有两对相互垂直的键状突肋，分别嵌入动盘的背部键槽和机体的键槽内。制冷剂蒸气由涡旋体的外边缘吸入到月牙形工作容积中，随着动盘的摆动，工作容积逐渐向中心移动，容积逐渐缩小，使气体受到压缩，最后由静盘中心部位的排气孔轴向排出。

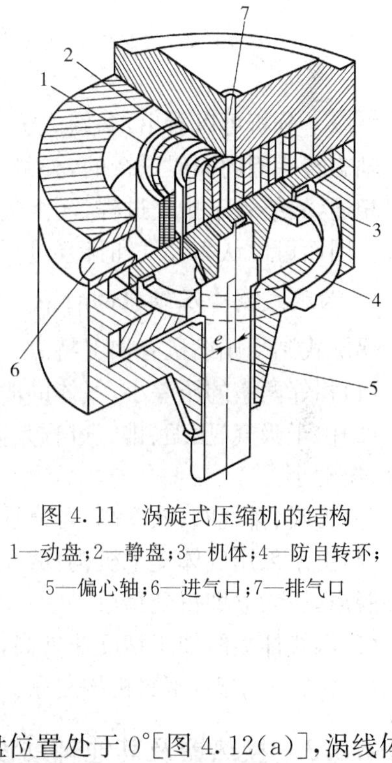

图 4.11 涡旋式压缩机的结构

1—动盘；2—静盘；3—机体；4—防自转环；5—偏心轴；6—进气口；7—排气口

2. 涡旋式制冷压缩机的工作原理

涡旋式压缩机的工作过程如图 4.12 所示。当动盘位置处于 0°[图 4.12(a)]，涡线体的啮合线在左右两侧，由啮合线组成了封闭空间，此时完成了吸气过程；当动盘顺时针方向公转 90°时，密封啮合线也移动 90°，处于上、下位置，如图 4.12(b)所示，封闭空间的气体被压缩，与此同时，涡线体的外侧进行吸气过程，内侧进行排气过程；动盘公转 180°时[图 4.12(c)]，涡线体的外、中、内侧分别继续进行吸气、压缩和排气过程；动盘继续公转至 270°时[图 4.12(d)]，内侧排气过程结束，中间部分的气体压缩过程也告结束，外侧吸气过程仍在继续进行；当动盘转至原来如图 4.12(a)所示位置时，外侧吸气过程结束，内侧排气过程仍在进行。如此反复循环。

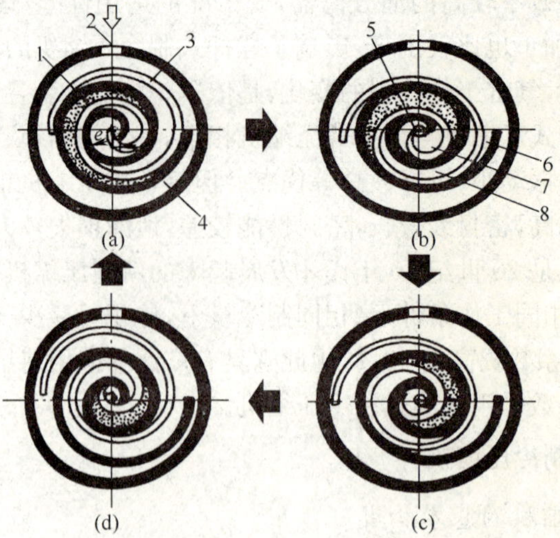

图 4.12　涡旋式制冷压缩机工作原理示意图

1—压缩室；2—进气口；3—动盘；4—静盘；
5—排气口；6—吸气室；7—排气室；8—压缩室

由以上分析可以看出，涡旋式压缩机的工作过程仅有进气、压缩、排气三个过程，而且是在主轴旋转一周内同时进行的，外侧空间与吸气口相通，始终处于吸气过程，内侧空间与排气口相通，始终处于排气过程，而上述两个空间之间的月牙形封闭空间内，则一直处于压缩过程。因而可以认为吸气和排气过程都是连续的。

3. 涡旋式制冷压缩机的特点

涡旋式制冷压缩机有如下特点：

(1)相邻两室的压差小，气体的泄漏量少。

(2)由于吸气、压缩、排气过程是同时连续地进行，压力上升速度较慢，因此转矩变化幅度小、振动小。

(3)无吸、排气阀，效率高，可靠性高，噪声低。

(4)由于采用气体支承机构，故允许带液压缩，一旦压缩腔内压力过高，可使动盘与静盘端面脱离，压力立即得到释放。

(5)涡线体型线加工精度非常高，必须采用专用的精密加工设备。

(6)密封要求高，密封机构复杂。

4.3.3　换热器及其他辅助设备

4.3.3.1　换热器

在制冷设备中，除压缩机外，还必须包括起换热作用的换热器——蒸发器和冷凝器。

1. 冷凝器

冷凝器是制冷系统的主要热交换设备。其作用是使从压缩机出来的高温高压制冷剂蒸气在其中向冷却介质——水或空气放热，冷却、冷凝成高温高压的过冷液体。在车辆空调系统中，由于受运用条件的限制，一般采用风冷式冷凝器。风冷式冷凝器工作时，制冷剂蒸气在管内冷凝，空气在轴流式风机作用下在蛇管外横向流动，从而把热量带走。

风冷式冷凝器通常做成蛇管式，外套肋片。为使结构紧凑，将几根蛇管并联在一起，做成长方体形，肋片用套片机套在管簇上，然后向管内充压力水，使管簇涨大与肋片接触。其基本结构如图 4.13 所示。

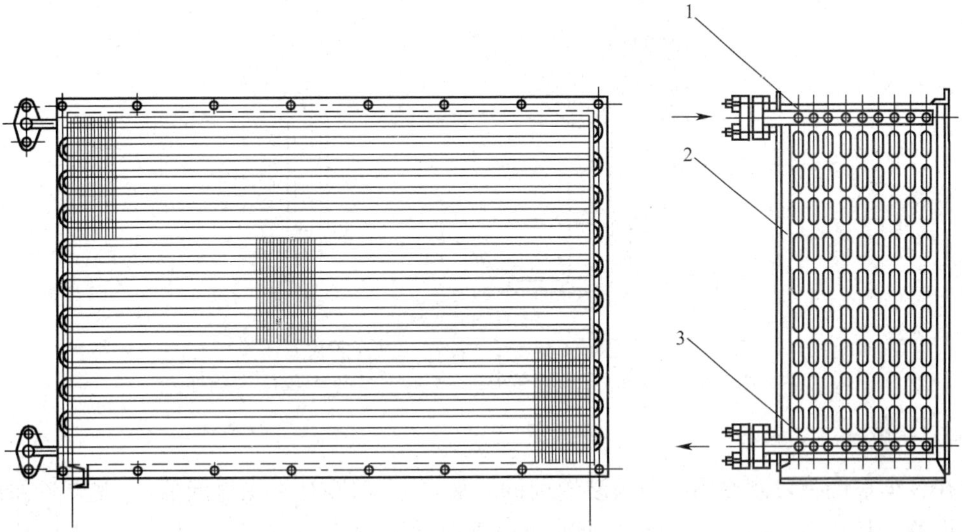

图 4.13　上进下出式冷凝器

1—分配集管；2—冷凝蛇管；3—集液器

图 4.13 为上进下出式结构，即制冷剂蒸气从上部的分配管进入每根蛇管中，冷凝后的液体沿蛇管下流，汇于集液管中，然后流入贮液器。

2. 蒸发器

蒸发器是制冷系统的另一主要热交换设备。在蒸发器中，制冷剂液体在较低温度下蒸发(沸腾)而转变为蒸气，利用制冷剂的蒸发潜热，吸收被冷却介质的热量而使被冷却介质的温度降低。所以，蒸发器是制冷系统中产生和输出冷量的设备。

车辆制冷系统中，蒸发器一般采用直接蒸发式空气冷却器。直接蒸发式空气冷却器结构如图 4.14 所示，跟冷凝器很相似。空气冷却器也是制作成长方体形的蛇形管组，外部有边框以形成空气通道。蛇形管组是将预先冲好孔的铝肋片用套片机套在铜管簇上，肋片根部带有卷边，以保证套装后的肋片间距。

由于制冷剂分配到各通路是否均匀对蒸发器的冷却效果影响很大，所以在蒸发器的进液处设有分液器 2(俗称莲蓬头)，使经膨胀阀节流后的制冷剂液体通过分液管 3 均匀分配到各蒸发蛇管中。为了保证向各管分液时均匀，各分配管的长度要求一样。蒸发后的制冷剂蒸气汇合到汇集管 4 后，经回气管 5 再被压缩机吸入。回气管 5 上包扎有膨胀阀的感温包 6，用以调节膨胀阀的开启度。

4.3.3.2　辅助设备

在实际的制冷系统中，为改善制冷装置的工作条件，提高运行的经济性和安全可靠性，还必须设一些辅助设备，如干燥过滤器、贮液器、气液分离器等。

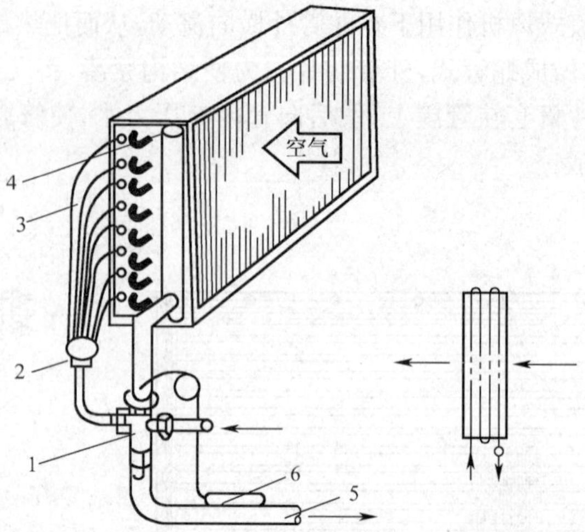

图 4.14 直接蒸发式空气冷却器及其安装位置示意图

1—膨胀阀；2—分液器；3—分液管；4—汇集管；5—回气管；6—感温包

1. 干燥过滤器

在客车空调装置制冷系统节流装置前的输液管上，都装有干燥过滤器，它是制冷系统的净化设备。其作用是消除制冷剂中的水分和机械杂质，如金属屑末、氧化皮等，以防止水和杂质在膨胀阀（毛细管）、电磁阀处产生冰塞、堵塞。干燥过滤器主要由壳体，滤网，干燥剂，进、出液管接头等组成。

2. 贮液器

贮液器亦称储液筒，是用来贮存制冷循环中的制冷液体，以适应工况变动时制冷剂流量的变化。另外，在检修制冷设备及在制冷设备较长时间不工作时，可将系统中制冷剂全部贮在贮液器中，以免泄漏而造成损失。

3. 气液分离器

气液分离器是用来分离蒸发器出口的蒸气中的液体，从而保证压缩机为干压缩。对于毛细管节流的制冷装置，由于制冷剂流量不能自动调节，当负荷减小时，蒸发器中制冷剂就有可能不能完全蒸发，如果制冷压缩机吸入了带有液滴的制冷剂蒸气，就有可能产生液击而使阀片、活塞、连杆等损坏。因此为避免制冷压缩机吸入液体制冷剂，在制冷压缩机的回气管上可装设气液分离器，对制冷剂蒸气中的液体分离贮存。

4.4 动车组供暖系统

4.4.1 供暖系统的形式

为了使客车在寒冷的季节运用时车内保持一定的温度，车上必须安装有供暖系统。供暖系统通常由空气预热器和地面空气加热器组成。供暖系统主要有两个作用：对送入车内的空气进行预热和对车内空气进行补偿加热。空气的预热是使空气在空调系统的空气处理室内流过空气预热器来实现的。根据热媒不同，空气预热器有温水空气预热器和电热空气预热器两种。空气的补偿加热，由设在车内两侧地板面上的加热器来完成。根据热媒的不同，加热器也有温水加热器和电热加热器两种。

4.4.2 CRH 系列动车组供暖系统

在 CRH1 型动车组中，供暖系统的核心部件侧墙加热器布置在车体纵向侧墙内侧，窗口上面安装有散热格栅，并通过空调系统控制器进行控制，制热能力为 30 kW。不同位置的电热器由其附近的室内温度传感器控制相应的继电器进行控制，每一个电加热器由一个超温保护器进行温度控制。

在 CRH2 型动车组中，客室的供暖系统的电热器制热能力为 24 kW，采用多级控制(8/8/8 kW，3 段)。司机室的供暖系统由设置在操纵台腿前部的 2 台暖风机实现，暖风机安装在操纵台内，加热器采用正温度特性的热敏电阻(具有正温度系数的热敏电阻元件)。其内部有 3 个发热元件，可分别选用“强暖”(输出功率 2 000 W)、“中暖”(输出功率 1 500 W)、“弱暖”(输出功率 1 000 W)。暖风机的构成包括：轴流风扇、暖风组件、风向板组件等。暖风机背面的进风口部位，安装有可拆装的防尘网。

CRH3 型动车组供暖系统的核心部件是位于客室空调机组中的电加热器、司机室空调空气处理单元内的电加热器、风道内的电加热器、通过台和卫生间的风扇加热器。动车组客室和司机室内的供暖，是通过空调系统的空气加热功能由送风道送出热风来实现，绝大部分热风通过送风软管连接到位于窗下送风口以及侧墙底部的送风口送出。在每个通过台外端墙以及卫生间内部安装了独立的电加热装置(每个通过台为 2kW，每个卫生间为 0.45kW)，满足对应区域的温度要求。每个电加热装置安装有独立超温保护控制器以确保安全要求；控制器根据该区域的温度控制该电加热的自动运行。

在 CRH5 型动车组中，客室和司机室的供暖均采用电热空气预热结合侧墙电加热辅助供热的形式。其主要供暖装置包括电热空气预热器和辅助加热器两部分。客室电热空气预热器安装在客室空调机组内部，客室的辅助加热器安装于车体内侧的两侧侧墙下。此外在通过台和卫生间的侧墙下也安装有辅助加热器。司机室空气预热器安装在司机室空调机组内部，室内的辅助加热器布置在两侧侧墙下和司机台内侧。供暖装置利用电流的热效应原理，电流流过电热元件发热并将热量传递给流过的空气，进而实现了对车内热量的供给。空气预热器产生的暖气通过与冷气输送相同的风道送入室内，电加热器产生的热量则通过自然对流的方式，直接将热量散发到室内空气中。CRH5 动车组每个客室空调机组中装有两组电热空气预热器，制热能力分别为 9.7 kW 和 19.3 kW，其总制热能力为 29 kW。此外客室内装有两组辅助加热器，每组辅助加热器的制热能力为 6 kW。在通过台两侧装有两组辅助加热器，功率分别为 800 W 和 400 W。每个卫生间内安装有 400 W 辅助加热器一台。

4.5 动车组空调系统的运行控制

4.5.1 制冷自动控制元件

1. *热力膨胀阀*

热力膨胀阀是一种能自动调节供液量的节流降压机构。它是利用蒸发器出口处制冷剂蒸气的过热来调节制冷剂流量的。由于膨胀阀具有自动调节制冷剂流量的功能,因此在采用膨胀阀节流的系统中,通常配有储液器。在分体式客车空调装置制冷系统中,均采用热力膨胀阀作为节流装置。热力膨胀阀按平衡方式不同,可分为内平衡式和外平衡式两种。

内平衡式热力膨胀阀的结构如图 4.15(a)所示。它主要由感温包、毛细导管、膜片、传动杆、阀座、阀针及调节机构等组成。

膨胀阀安装在蒸发器的进口管上,感温包包扎在蒸发器的出口处,如图 4.15(b)所示。感温包、毛细导管及膜盒(膜片上方空腔)构成的密闭空间称感温系统。在感温系统中充注与制冷剂相同的低沸点液体。

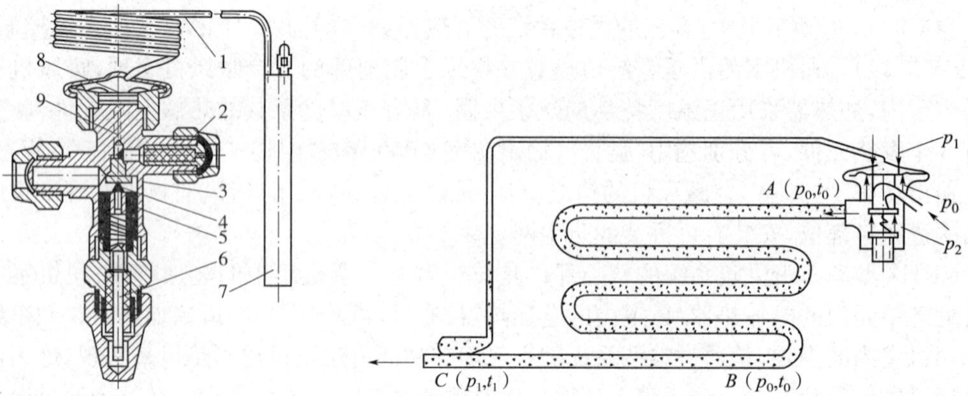

(a)结构图　　(b)工作图

图 4.15　热力膨胀阀结构及原理图

1—毛细导管;2—阀体;3—阀座;4—阀芯;5—弹簧;
6—调整杆;7—感温包;8—膜片;9—传动杆

感温包测量制冷剂离开蒸发器时 C 点的温度,与该温度相对应的感温系统中蒸气的饱和压力经毛细管传至膜片上方,使膜片受到一个向下的推力 P_1。膜片下方承受两个向上的力:一个是经阀孔节流后制冷剂的压力 P_0,通过传动杆与阀体间的空隙传递到膜片下方;另一个是阀针下面弹簧的弹力 P_2,通过传动杆作用在膜片下方。膜片在这三个力作用下保持平衡,即 $P_1=P_0+P_2$。

当蒸发器的供液量相对于蒸发器的热负荷来说显得较少时,蒸发器出口处制冷剂蒸气的过热度增大,因而使感温包中蒸气温度升高,压力 P_1 增大。由于 $P_1>P_0+P_2$,使膜片向下弯曲,并通过传动杆压缩阀针下面的弹簧使阀针下移,阀孔开大,供液量增加;反之,当供液量较多时,蒸发器出口处制冷剂蒸气过热度减小,感温系统中的压力 P_1 降低,$P_1<P_0+P_2$,阀针上移,将阀孔关小,供液量随之减少。由此可见,热力膨胀阀可以根据蒸发器出口处制冷剂蒸气的过热度来自动调节制冷剂流量。

外平衡式热力膨胀阀的结构与内平衡式热力膨胀阀基本相同,不同之处是前者的膜片下方不与供入蒸发器的制冷剂相通,而是设有一个空腔,用平衡管与蒸发器出口连通。因此,它的膜片下方不再承受蒸发器进口处制冷剂压力,而是蒸发器出口处制冷剂的压力。当蒸发器冷却盘管较长,阻力损失较大,特别是低温情况下,应采用外平衡式热力膨胀阀。客车空调制冷装置都采用内平衡式热力膨胀阀。

2. 毛细管

当流体沿管内流动时,由于管道摩擦阻力而产生压降,管径越小、管子越长则流动阻力就越大,产生的压降也越大。利用这一性质,在家用冰箱、窗式空调器等小型氟里昂制冷装置中,采用小内径(0.6～2.0 mm)并有一定长度(0.6～2.5 mm)的紫铜管,即毛细管,代替膨胀阀作为节流降压元件,这就是毛细管节流装置。在客车单元式空调机组中也采用毛细管节流。

毛细管节流装置的优点是结构简单,无运动部件,价格低廉,而且在压缩机停车后,冷凝器与蒸发器内的压力可较快地自动达到平衡,减轻启动电动机的负载,很适用于装有全封闭式活塞式压缩机的制冷系统。

因为毛细管的长度和直径是根据一定的工况确定的,如果使毛细管的供液量能随工况的变化而变化,就是使毛细管的直径能随工况的变化而变化,显然,这是不可能的。因此,毛细管的主要缺点是其供液量不能随工况变动而调节。采用毛细管节流的制冷装置,当蒸发压力下降时,容易引起压缩机的湿冲程;当蒸发压力上升时,容易出现蒸发器供液不足的情况。因此,毛细管节流宜用于蒸发温度变化范围不大、负荷比较稳定的场合,且通常在系统中配有气液分离器,以防止压缩机湿冲程。

采用毛细管节流的制冷装置,制冷剂充注量要很准确,否则影响制冷装置的正常工作。在毛细管前应设干燥过滤器,以防止毛细管出现冰堵或脏堵。

3. 电磁阀

电磁阀是一种开关式的常闭自控阀门。阀门的打开是依靠线圈在通电以后所产生的电磁力,而阀门的关闭是依靠复位弹簧及阀芯的重量。

电磁阀串联在制冷系统的管路中,用以控制系统管路中流体的通或断。如在 YZ_{25} 型客车空调装置制冷系统中,在冷凝器与膨胀阀之间安装的电磁阀,与压缩机同接一个起动开关,作用是配合压缩机的开停而自动接通或者切断输液。当压缩机停车时,电磁阀立即关闭,停止供液,避免停机后大量制冷剂液体流入蒸发器中,造成压缩机再次起动时产生大量“液击”。

电磁阀的结构型式,按其开启方式可分为直接开启式和间接开启式两种。直接开启式电磁阀结构如图 4.16 所示,主要由阀体、线圈、衔铁及阀针等组成。当线圈通电后,电磁力吸引衔铁上移,带动阀针上升直接开启阀口;线圈断电后,在复位弹簧的张力和自重作用下,衔铁落下,阀针将阀口关闭。

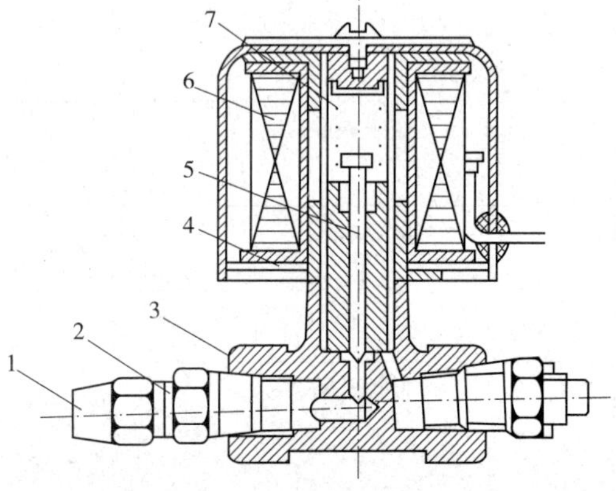

图 4.16　直接开启式电磁阀

1—连接螺母;2—接头;3—阀体;4—垫片;5—阀针;6—线圈;7—复位弹簧

4. 压力控制器

在制冷系统中都设有压力控制器。在压缩机吸排气压力超出其正常工作范围时,压力控制器自动切断压缩机工作电源使其停车。

压力控制器的型式有多种,结构也略有区

别，但动作原理基本相同，都是以波纹管气箱为动力室，接收到压缩机高压或低压部分的压力信号后，波纹管压缩或膨胀，从而带动传动杆或杠杆机构，使电触点接通或断开。

压力控制器包括高压控制器和低压控制器，有组合成一体的，也有各自做成单体的。

高压控制器的波纹管室与压缩机排气腔接通，以监视和控制排气压力。如果压缩机的排气压力过高，会导致压缩机电动机过载运行而受损害，所以，当压缩机排气压力高于正常值时，高压控制器就发生作用，使压缩机停机。

低压控制器的波纹管室与压缩机的吸气腔接通，以监视和控制吸气压力。当压缩机吸气压力过低时，一方面会影响制冷机组的正常工作，另一方面压缩机近于空载运行也会损害电机，故当压缩机吸气压力低于正常值时，低压控制器发生作用，使压缩机停机。

4.5.2 空调系统的运行控制

以 CRH2 型动车组为例说明动车组空调系统的运行控制。CRH2 动车组空调系统的控制系统由变频装置和显示设定器组成。空调变频装置内置于空调机组，通过将显示设定器的温度设定值与温度传感器的检测值进行比较，可对压缩机及室内、室外风扇的运行进行控制。

4.5.2.1 变频装置

1. 变频装置构成

空调变频装置由变频器、电容器、交流电抗器、直流电抗器、限流电阻器（CHR1、CRH2）和接触器（IVK、CHK）构成。变频器包括空调装置用的 1 个斩波器电路和 2 个变频器电路。以下将驱动压缩机的变频器电路简称为 VVVF，将驱动室内/室外风扇的变频器电路简称为 CVCF。

主要部件见表 4.1。

表 4.1 变频装置主要部件

设备名称	部件名称	数量
变频单元	IPM	5
	二极管模块	2
	控制板	1
	动力板（含门控电路）	4
变频单元	AVR（控制电源）	1
	电源板	1
电容单元	铝制电解电容器	6
	浪涌吸收器	2
	浪涌吸收器用熔断器	1
接触器盘	电磁接触器（IVK，CHK）	2
	限流电阻器	2
	继电器	2
交流电抗器（ACL）	交流电抗器	1
直流电抗器（DCL）	直流电抗器	1

2. 基本功能

(1)交流电抗器(ACL)

抑制变频装置输入电流及事故发生时的电流、浪涌电流。

(2)直流电抗器(DCL)

抑制斩波器输出电流及事故发生时的电流。

(3)电容器

①抑制外来浪涌电流。

②限制冲击电流。

③使整流后的直流电压及斩波器输出电压平稳。

(4)变频器

①进行 AC/DC 转换及 DC/AC 转换。

②由斩波器电路对不稳定电源进行恒压控制,获得稳定电压。

③通过将空调显示设定器的温度设定值和温度传感器的检测值进行比较,进行变频器的输出电压控制和输出频率控制。

④向空调显示设定器输出运行状态、故障信号。

3. 控制内容

(1)制冷运行控制

通过两个温度传感器检测的温度平均后得到的车厢内温度和制冷标准温度进行比较,按照表 4.2 所示的运行模式,决定压缩机开/关控制和压缩机运行频率,并向 VVVF 部下达频率指令。

表 4.2 制冷运行模式表

<table>
<tr><th rowspan="2">运行模式</th><th colspan="2">压缩机</th><th>室内风扇</th><th>室外风扇</th><th>制冷能力</th><th colspan="5">运行模式</th></tr>
<tr><th>CP1</th><th>CP2</th><th>EF</th><th>CF</th><th></th><th colspan="2">自动制冷</th><th colspan="2">强制制冷</th><th>关机</th></tr>
<tr><td>6</td><td>70 Hz</td><td>70 Hz</td><td>65 Hz</td><td>65 Hz</td><td>100%</td><td rowspan="6">自动</td><td>—</td><td rowspan="6">强制</td><td>—</td><td>—</td></tr>
<tr><td>5</td><td>60 Hz</td><td>60 Hz</td><td>60 Hz</td><td>60 Hz</td><td>86%</td><td>—</td><td>—</td><td>—</td></tr>
<tr><td>4</td><td>40 Hz</td><td>40 Hz</td><td>60 Hz</td><td>60 Hz</td><td>57%</td><td>—</td><td>—</td><td>—</td></tr>
<tr><td>3</td><td>60 Hz/—</td><td>—/60 Hz</td><td>60 Hz</td><td>60 Hz</td><td>43%</td><td rowspan="3">减半</td><td rowspan="2">减半</td><td>—</td></tr>
<tr><td>2</td><td>40 Hz/—</td><td>—/40 Hz</td><td>60 Hz</td><td>60 Hz</td><td>29%</td><td>—</td></tr>
<tr><td>1</td><td>停止</td><td>停止</td><td>60 Hz</td><td>停止</td><td>0%</td><td>—</td><td>关机</td></tr>
</table>

①凉爽感控制

在高于制冷标准温度状态下,保持其同一模式 3 min 以上时,运行模式将向上提升一级。在上一级运行模式下持续工作,直到车厢内温度下降到制冷标准温度为止。如果在本控制过程中车厢内温度继续上升,有提高运行模式要求时,则变更为上一级模式。

②制冷控制运行说明

a. 自动减半制冷

自动制冷运行中，若遇减半运行指令时，在模式 1～3 之间进行自动运行。若在模式 4、5、6 运行中接到减半指令时，压缩机减速至模式 3 的运行频率后，进行 CP1 单机运行。

b. 强制减半制冷

强制制冷运行中，接到减半运行指令时，则采用模式 3 的固定运行。当正在以模式 4、5、6 运行时，接到减半指令，压缩机先减速到模式 3 的运行频率后进行 CP1 运行。对于方式 3 以下的设定，则继续按照设定的运行模式运行。

c. 传输故障

持续 2 min 以上接收不到从空调显示设定器发送的信息时，判断为传输异常。异常以前的状态为自动运行时，将按照模式 1～3 自动运行；异常以前的状态为强制运行时，如果运行模式为 4、5、6，则进行模式 3 的固定运行。如果运行模式低于模式 3，则继续保持异常前的运行状态。

d. 压缩机交替运行

运行模式为 2 及 3，A 压缩机（CP1 或 CP2）在运行中停止时，如果下一次起动时的运行模式为 2 或 3，则由 B 压缩机（CP2 或 CP1）进行运行。

③运行模式转换限制

a. 出现运行模式上升要求时，转换到相应的运行模式。

b. 出现运行模式下降要求时，转换到相应的运行模式。

c. 在运行模式 2～6 的运行中，至少将保持同一模式运行 30 s。

d. 频率上升/下降的速度为 5 Hz/s。

（2）制热运行控制

将 2 个温度传感器检测的温度平均后得到的车内温度与制热标准温度进行比较，按照表 4.3 所示的运行模式对加热器进行 ON/OFF 控制。

表 4.3　制热运行模式

<table>
<tr><th rowspan="2">运行模式</th><th colspan="3">加热器</th><th>室内送风机</th><th rowspan="2">制热能力</th><th colspan="5">运行模式</th></tr>
<tr><th>加热器 1</th><th>加热器 2</th><th>加热器 3</th><th>EF</th><th colspan="2">自动制热</th><th colspan="2">强制制热</th><th>关</th></tr>
<tr><td rowspan="2">6</td><td>ON</td><td>ON</td><td>ON</td><td>60 Hz</td><td>100%</td><td rowspan="2">自动</td><td>—</td><td rowspan="2">强制</td><td>—</td><td>—</td></tr>
<tr><td colspan="3">将任意 2 台启动</td><td>60 Hz</td><td>66%</td><td>—</td><td>—</td><td>—</td></tr>
<tr><td>4</td><td colspan="3">任意 1 台启动</td><td>60 Hz</td><td>33%</td><td rowspan="4"></td><td rowspan="4">减半</td><td rowspan="4"></td><td>减半</td><td>—</td></tr>
<tr><td>3</td><td colspan="3">任意 1 台进行 A 运行</td><td>60 Hz</td><td>22%</td><td>—</td><td>—</td></tr>
<tr><td>2</td><td colspan="3">任意 1 台进行 B 运行</td><td>60 Hz</td><td>16%</td><td>—</td><td>—</td></tr>
<tr><td>1</td><td>停止</td><td>停止</td><td>停止</td><td>60 Hz</td><td>0%</td><td>—</td><td>关</td></tr>
</table>

注：A—10 min ON/5 min OFF；B—5 min ON/10 min OFF。

①制热控制运行说明

a. 自动减半制热

在自动制热运行中接到减半运行指令时，进行运行模式 1～4 的自动运行。正在以运行模式 5、6 运行时，接收到减半指令后转换到运行模式 4。

b. 强制减半制热

在强制制热运行中接到减半运行指令时，进行运行模式 4 的固定运行。正在按照运行模式 5、6 的设定进行运行时，在接收到减半指令后，转换到运行模式 4。在按照运行模式 4 以下的设定进行运行时，则继续按照设定的运行模式运行。

c. 传输异常

持续 2 min 以上接收不到从空调显示设定器发送的信息时，判断为传输异常。异常以前的状态为自动运行时，将按照运行模式 1～4 自动运行；异常以前的状态为强制运行时，如果运行模式为 5、6，则进行运行模式 4 的固定运行。如果运行模式为 4 以下，则继续保持异常前的运行状态。

d. 加热器交替运行

运行模式为 4 及 5 时，连续 10 minON 后进行交替运行。

运行模式为 2 及 3 时，每次 OFF 后即进行交替运行。

②加热器运行的限制条件

a. 车内平均温度超过 15 ℃时，禁止模式 6 的运行。（自动制热时）

b. 最短 ON 时间/OFF 时间为 30 s。

c. 室内风扇正在停止或已经停止时，使加热器 OFF。

d. 进行制热运行和制冷运行切换时，须在送风运行 3 min 后实施。

e. 加热器 OFF 后，室内风扇继续运行 3 min。

f. 根据加热器温度异常的发生情况设定运行模式的上限。本动作在故障复位或控制电源复位时被清除。

g. 在控制电源复位后最初起动时的 10 min 内，不输出加热器用恒温器(HTH)的检测信号。

h. 在上述 10 min 内检测到加热器用恒温器（HTH）动作时，在恒温器复位前，加热器保持 OFF 状态。复位后，可以重新 ON。

4.5.2.2 空调显示控制器

如图 4.17，空调显示控制器显示从车上监视装置（车辆信息控制装置）传输的内容，并向变频装置发出空气调节指令。同时，空调显示设定器还显示从变频装置传来的状态信息，并将信息传送到车上监视装置。也就是说，空调显示设定器起到了在车上监视装置与变频装置之间传输数据的作用。空调显示设定器进行与空调相关的各种设定（空调模式设定、温度设定）时，可优先采用来自车上监视装置信息以及空调显示设定器本身设定的指令中设定的指令。

并向变频装置发出空气调节指令。同时，空调显示设定器还显示从变频装置传来的状态信息，并将信息传送到车上监视装置。也就是说，空调显示设定器起到了在车上监视装置与变频装置之间传输数据的作用。空调显示设定器进行与空调相关的各种设定（空调模式设定、温度设定）时，可优先采用来自车上监视装置信息以及空调显示设定器本身设定的指令中设定的指令。空调显示器的面板如图 4.18 所示。

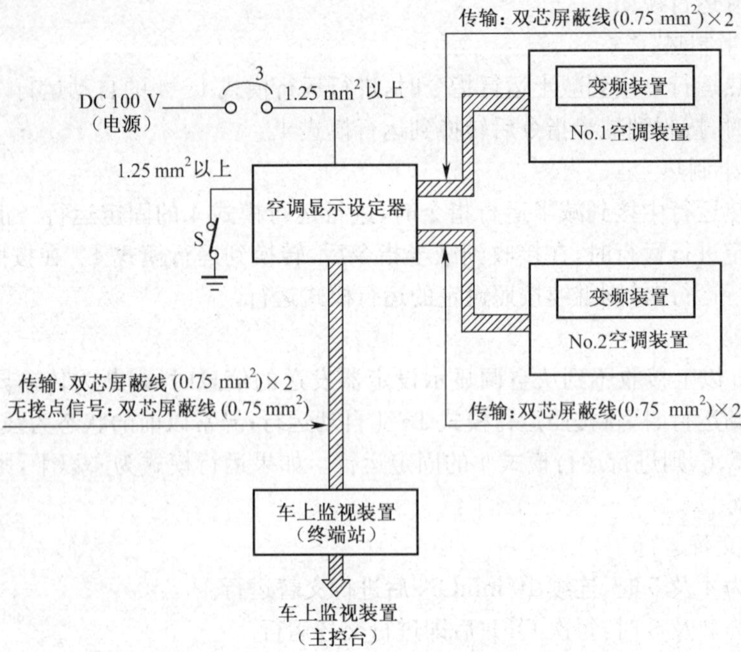

图 4.17　控制系统关系图

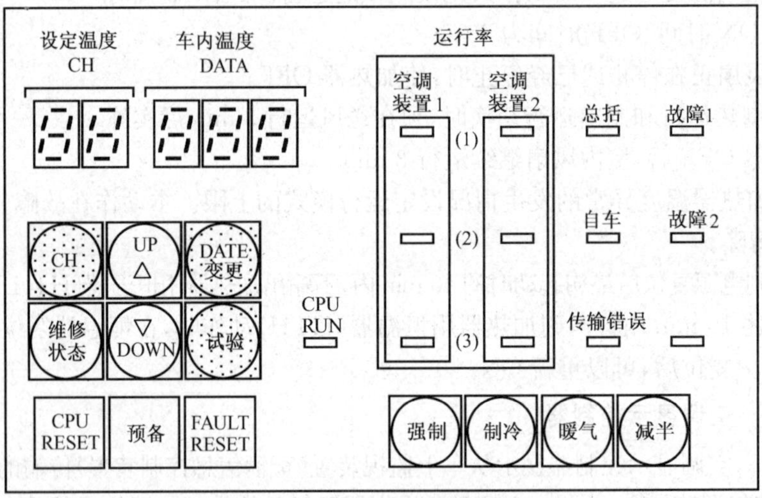

图 4.18　空调显示器的面板

4.6　典型动车组空调系统

4.6.1　CRH1 型动车组空调系统

CRH1 型动车组每辆车的客室都配有一个单独的空调系统、供暖系统、照明系统和紧急逃生应急系统、压力保护和噪声控制装置。司机室则另有一个安装在车顶上的紧凑型空调单元。

CRH1 型动车组空调系统采用分体式空调系统，制冷能力可以符合最高外界温度+40 ℃的要求，供暖能力符合最低外界温度−40 ℃的要求。

空调控制系统的存储器，可以通过在车内空调服务插座上连上 PC 机来直接进行通讯和软件更新。该控制系统能使设备可以根据客室和司机室内外传感器测量的温度自动进行操作。

4.6.1.1 司机室空调系统

1. 总体布置

司机室空调系统采用单元式空调机组。司机室区域内的空调系统具有回风功能，并在通过过滤器进入蒸发器之前将其与新鲜空气混合。进入司机室区域的供风气流通过消音器和置于车顶和天花板之间的风道进行分配。

空调单元安装在车顶凹进处，并通过螺栓和单元的法兰安装在车顶，废气通过安装在乘客区的排风扇排出司机室。为控制司机室内的空气环境，在司机室天花板上安装气流/方向可由操作者调节的合适的送风器。加热和冷却均由空气传播，并通过天花板和地板内的风道系统进行分配，还安装了地板加热器。

2. 主要技术参数

(1)司机室空调技术参数

制冷量	5 kW
制热量	4 kW
送风量	800 m^3/h
新风量	60 m^3/h
耗电量	5 kV·A
制冷剂	R407c

(2)司机室内空气参数

夏季	温度 28 ℃，RH 为 40%～65%
冬季	温度 20 ℃，RH≥30%
最大灰尘含量	1 mg/m^3
正压力范围	10～30 Pa

4.6.1.2 客室空调系统

1. 总体布置

CRH1 型动车组的客室空调系统是分体式空调系统，主要由空气调节单元(AHU)和压缩机冷凝器单元(CCU)以及有关的连接管道、送风风道、电气控制装置等组成。客室空气调节单元(AHU)布置在车体顶棚中央位置，压缩机冷凝器单元(CCU)则安装在车体底架的设备仓内。空气调节单元(AHU)、底架和车顶组成之间的制冷管位于车墙体之内。管路通过法兰和垫片进行连接和密封。两个废排单元，分别位于每辆车的两个端部、车顶棚和顶板之间。司机室有一个布置在车顶上的紧凑型空气调节单元，此单元安装在一个框架内，包含了保证司机室制热，空调通风(HVAC)系统运行所必需的所有部件。

乘客区的空气处理单元安装在车顶的开口处，通过螺栓和单元的法兰安装在车顶。进入乘客区的供风气流通过消音器和置于车顶和天花板之间的矩形风道进行分配，并通过供风终端装置吹送进车辆。

乘客区空调系统具有回风功能，并在通过过滤器进入蒸发器之前将其与新鲜空气混合。每车两端的车顶设置排气单元。

车内供暖通过安装在车辆侧墙内的加热器实现，并通过空调系统控制器进行控制。卫生间和餐饮区设有排气扇。空调系统的电气和控制设备安装在车辆电气柜内。

2. 主要技术参数

(1)客室空气处理单元技术参数

制冷量	55 kW
制热量	30 kW
送风量	6 200 m^3/h
风机	2×1.5 kV·A

(2)压缩机/冷凝器单元

冷凝器冷却风量	2×13 000 m^3/h
压缩机耗电量	2×16 kV·A
冷凝器风机耗电量	4×1.5 kV·A
制冷剂	R407c

(3)排风单元

排风量	2×1 000 m^3/h
风机耗电量	2×0.6 kV·A

(4)车内空气参数

夏季	24～28 ℃，RH 为 40%～65%
冬季	20 ℃，RH≥30%
最大灰尘含量	1 mg/m^3
正压力范围	10～30 Pa
风道最大风速	5 m/s

4.6.2 CRH2 型动车组空调系统

4.6.2.1 司机室空调系统

1. 主要技术参数

制冷量	7.1 kW
制热量	4 kW
送风量	冷气时为 330 m^3/h 以上；暖气时为 120 m^3/h 以上

夏季，在气温为 33 ℃、湿度为 80%时，司机室温度可保持在 26 ℃以下。冬季，在气温为－15 ℃时，司机室温度可保持在 20 ℃以上。

司机室空调系统采用分体式结构(变频式)，采用四氟乙烷(R134a)作为制冷剂。

2. 空调系统结构组成

司机室除了客室用空调设备的送风外，还安装了司机室专用制冷设备。该制冷设备采用变频方式，输入电源为交流 400V，主电路、控制电路均由转换的直流电驱动。

司机室制冷设备由室外机、2 台室内机、电源箱、变压器、控制器组成。制冷为温控，可三段手动调节风量。

3. 供暖系统

司机室的供暖系统由设置在操纵台腿前部的 2 台暖风机实现，暖风机安装在操纵台内，加热器采用正温度特性的热敏电阻(具有正温度系数的热敏电阻元件)。其内部有 3 个发热元件，可分别选用“强暖”(输出功率2 000W)、“中暖”(输出功率1 500W)、“弱暖”(输出功率1 000W)。暖风机的构成包括：轴流风扇、暖风组件、风向板组件等。暖风机背面的进风口部位，安装有可拆装的防尘网。

4.6.2.2　客室空调系统

1. 总体布置

客室空调系统是设置在客室地板下部的 2 台小型、轻量化的空调装置。空调装置的送风口与设在客室地板下部的送风道连通，并与顶板位置处的送风口连通；回风口与吸入车内空气的回风道连接。

输送冷气时，从回风道吸入的客室内空气与从供气装置通过送风道送入的新鲜外气混合，通过设置在空调装置回风口的车厢过滤器，在室内热交换器进行热交换，冷却为冷气。该冷气从车体两侧风道出风口吹入客室，向乘客提供冷风。输送暖气时，从回风道吸入空气时，同样与新鲜外气混合，通过设置在空调装置回风口的过滤器，由电热器加热，通过与冷气相同的路径，向乘客提供暖风。

2. 主要技术参数

(1)安装方式：准集中式、底架下安装

(2)电源

• 主电路：单相 AC 400 V/50 Hz，(变频器输入，电加热器输入)。
• 变频器 1(VVVF)输出：三相 125 V/40 Hz，200 V/70 Hz(压缩机用)。
• 变频器 2(CVCF)输出：三相，200 V/60 Hz，215 V/65 Hz(送风机用)。
• 控制电路：单相 AC 100 V/50 Hz 及 DC 100 V。

(3)冷气控制方式：逆变器频率控制及压缩机运行台数控制。

(4)暖气控制方式：电热器多级控制。

(5)制冷能力：37.21 kW/台以上。

(6)制热能力：24 kW/台。

(7)循环风量：3 900 m^3/h(以 65 Hz 运行时)。

(8)输入功率：制冷时约 20.0 kW；制热时约 22.0 kW。

(9)制冷剂：R22。

3. 空调装置的总体结构

(1)空调单元

客室空调装置的结构采用将设备、部件设置在框架中，盖上挡板后形成一个整体空调单元。空调装置分为室内部、室外部、控制部分。室外部设有压缩机、高压开关、室外热交换器、室外送风机、气液分离器、交流电抗器。车厢内部分采用密封结构,室内部设有室内热交换器、室内送风机、电热器、直流电抗器、排水泵、空气过滤器。另外,控制部分采用密封结构,内部设有变频器、电热器、接触器盘1、接触器盘2。该单元设置在车辆的地板下侧。

(2)制冷系统

如图4.19所示,制冷剂循环系统是由压缩机、室外热交换器、干燥器、毛细管、室内热交换器、气液分离器及配管构成,各设备及配管为焊接连接的完全密封型,内充入R22制冷剂。

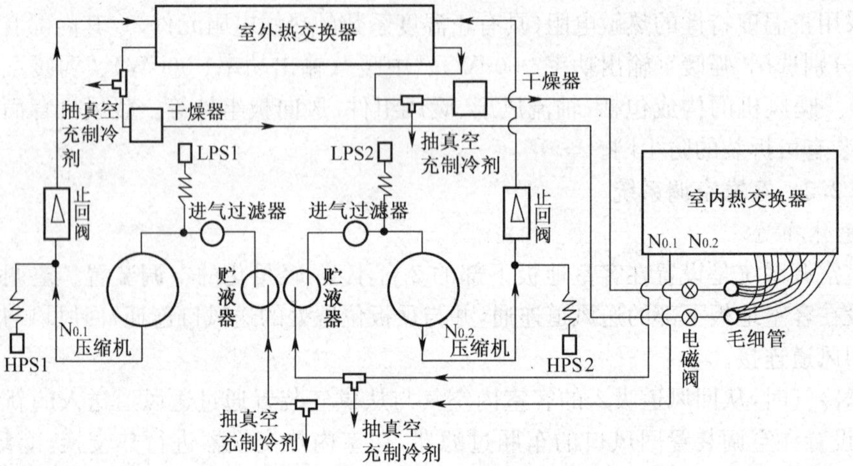

图4.19 制冷循环图

• 压缩机:采用全封闭型涡旋压缩机,吸入低温的制冷气体,将其压缩为高温高压的制冷气体后送出。

• 室外热交换器:采用交错排列、翅片管,用室外送风机送入的室外空气对高温高压的制冷气体进行冷却,使其形成常温(约50 ℃)的高压制冷液。

• 制冷剂干燥器:吸收制冷液中的水分。

• 毛细管:使高压制冷液变为低压的气液混合状态。

• 室内热交换器:采用交错排列、翅片管,低温、低压的气液混合制冷剂,与通过室内热交换器室的室内空气进行热交换的同时变成气体。此时,室内空气的热量被制冷剂吸收,使温度下降。该冷风在车内吸收车体的热负荷(通风、日照及车内外温度差等)和人体所产生的热量而变成暖空气。

• 气液分离器:分离制冷剂气体和液体。

4.6.3 CRH3型动车组空调系统

4.6.3.1 司机室空调系统

1. 总体布置

司机室依据车头外形的特点主要由以下几部分组成:安装在车上的司机室蒸发单元和安装在车下的冷凝单元,安装在司机室车顶的暖风道和冷风道,回风口及新风道、废排风道等。

司机室空调系统分单独的冷风出口和暖风出口，暖风经两侧的暖风出口，风道经司机室两侧，送风口由两侧的配电柜的底部送出。冷风道主要经两侧和前部的出风口，经司机室顶板背部的风道经窗口周边和司机室两侧的送风口送出。

客室送风道的尾端送风口同样与司机室空调相连，当司机室空调故障时，司机室与客室风道的阀门打开，客室空调机组的冷风或热风将送入司机室，从而保证司机室内温度的要求。

为减小司机室的压力波动，司机室的新风从客室空调机组的新风口送入，经过单独的送风道和司机室空调相连。司机室回风直接经司机室顶板的回风口回到司机室空调的回风口。司机室为排除配电柜设备和司机室内的多于的散热量，在司机室设有配电柜的部位均设有排风口，经布置在侧墙两侧下部的单独的排风道经车下废排风道进入废排单元。

司机室废排单元与客室废排单元共用一台废排机。当司机室废排单元故障时，废排单元的阀门打开，客室废排单元同时负责司机室的排风。司机室内的通风和温度可以由司机单独来调整。风机转速可以设置成“低－中－高”三个挡位。

2. 主要技术参数

司机室分体式空调机组的制冷量：5 kW

分体式空调机组的制热量：5 kW

司机室分体空调机组的新风流量：120 m^3/h

司机室分体空调机组的总风量：800 m^3/h

主回路电源：三相 AC 440 V//60 Hz

控制回路电源：DC 110 V

制冷剂：R134a

4.6.3.2 客室空调系统

1. 总体布置

CRH3 型动车组客室空调系统结构主要由以下几部分组成：安装在车顶的单元式空调机组，安装在车顶并贯穿于整车的供风道组成和风道两侧与侧墙风道连接的软风道，空调机组两侧的新、回风混合箱、新风格栅，安装在车下的废排单元、布置在车内的废排风道、控制系统和布置在通过台的和风扇加热器等。

空调控制系统安装在车内的控制柜内，它基本上包括空调控制单元，相关的单元接口以及控制继电器。所有交流接触器和断路器等相关的电子设备都集成在位于车下的一个箱子内。

CRH3 型动车组空调系统为单元式空调系统，包含客室单元、司机室单元、废排风箱、温度传感器、压力保护系统、紧急逆变器等。

客室空调机组采用单元式空调机组，内设压缩机、冷凝器、蒸发器、冷凝风机、蒸发风机、加热器、旁通阀、膨胀阀、压力开关、压力传感器、电动阀门、风压开关等，框架材料采用铝合金材料，并设计成流线型的外观。

2. 主要技术参数

(1)客室单元式空调机组的制冷量:44 kW

(2)客室单元式空调机组的制热量:35 kW

(3)风道制热量:7 kW

(4)辅助加热器制热量:4 kW

(5)客室单元式空调机组的新风量:1 305/1 740 m^3/h

(6)客室整体空调机组的总风量:4 500 m^3/h

(7)电源:三相 AC 440 V/60 Hz

(8)制冷输入的交流电源用电量:27 kW

(9)加热输入的交流电源用电量:59 kW(满负荷)

(10)直流控制电源:DC 110V

(11)客室单元式空调机组的压缩机类型:涡旋式

(12)制冷剂:R134a

4.6.4 CRH5 型动车组空调系统

4.6.4.1 司机室空调系统

1. 总体布置

司机室的空调系统受客车空调系统的控制器控制,系统由下列部件组成:安装在通过台天花板上面的空调装置;通风管和出风口;安装在新风进气管内的鼓风机;驾驶台上的控制开关;驾驶台上的温度控制开关;地板风口控制旋钮;隔间内的电子控制器;司机室后墙上的温度调节装置;司机室内的供暖散热器;冷却压缩器和冷凝器安放在底架下空调模块内。

司机室空调系统安装在列车头车的车顶上。通过空调单元架上设置的四个吊装点可把空调整体吊起进行拆除或安装。蒸发器部分的主要功能是把处理过的空气送入司机室中,该空气是回风和新气的混合气体。在制冷模式下,处理过的空气由一个离心式风扇吹经蒸发器,空气流经蒸发器散热片时,制冷剂蒸发可使空气中的热量被吸收,因此当空气送回司机室时就已变为冷风。

在循环风进口、新风进口以及供风出口等处安装温度传感器以完成司机室内温度的不同调节功能。总供热能力在空调单元和一组台式地板加热器之间分配。

司机室空调系统设计了用于控制高速列车运行中产生压力波的装置。基本的保护系统是在新风进口迅速激活气动风门装置。这些风门被空调系统中电子控制装置根据位于头车的压力波保护系统来的信号以及车辆通信系统的隧道信号所激活。

由空调装置自动控制司机室的温度。该装置通过进气格栅吸入外部的空气并通过安装在司机室天花板上的格栅使空气进行再循环。空气在该装置内经过滤、加热或冷却后,通过风管被吹入司机室。空气通过两个喷口吹入两侧窗户和风挡下面。部分气流可以送向地板。地板每个喷口的气流可单独进行控制。为保证各种情况下新鲜空气的量,进气管安装了鼓风机。司机室内增加的空气量通过后墙上的电子柜流向通过台。司机室有轻微的过压。通过控制开关，司机可以选择空调风扇的四种时速。在第五挡位置上，风扇速度最大，也可能只进行通风冷却。

通过空气分配可保证司机室内的温度平均分配。当列车的时速为 200 km 或者环境温度在－25 ℃时，内墙板（墙和天花板）的表面温度的不会比司机室的气温低 5 ℃以上。

2. 主要技术参数

司机室空调装置的技术数据：

制冷能力	4 kW
制冷介质	R407c
制热能力	4 kW 三相 AC 400 V
总风量	(700±10)m^3/h
最大新风量	(60±10)m^3/h

司机可以通过安装在驾驶台上的开关设定司机室的温度。设定值可以为 18～24 ℃，允许 1 ℃误差。控制器对通过空调装置的气流进行加热或冷却，即可自动保持所设定的温度。

当整个列车设置成停止加热模式，司机室的空调系统可同时自动设定成停止加热模式。在停止加热模式下，风扇关闭，而且即使列车不运行室外的气温在－25 ℃时，司机室的温度仍可通过散热器保持在＋18 ℃。

司机室的两侧墙上装有 800 W 供暖散热器，并在司机台内侧装有两个 370 W 小型散热器。加热器的供电是 230 V 交流电，在加热器内部安装了一个＋70 ℃恒温器。加热器罩的表面温度不会超过＋60 ℃。驾驶台下的放脚处有表面温度较低（大约为＋30 ℃）的加热器，安放在侧板的后面，类似的一个加热器放在踏脚板的下面。

4.6.4.2 客室空调系统

1. 总体布置

客室空调机组、送风风道和回风风道安装在车顶，排气箱位于车辆最后端，地板加热器安装在客室内侧墙下部。供暖系统通过空气处理设备中安装的预热器和客车分隔间、走廊及卫生间内的电加热器构成。

每个客室内空调系统包含以下组件：安装在车顶的客室空调机组；安装在车顶的控制客室内噪声的静音器；车顶安装的处理风与循环风的风道；在每个车辆通过台的控制面板；位于车辆最后端的排气箱；安装在客室内侧墙下部的地板加热器；通过台和卫生间的地板加热器；温度传感器和压力保护系统。

空调设备是互为备份的，由两套独立的冷却回路构成（除冷却风扇以外），以确保设备发生第一次故障时能保持 50%正常运转。

2. 主要技术参数

制冷系统制冷量 44 kW，在外部温度为 40 ℃、相对湿度为 50%的气候条件下，空调设备能够保证车内温度为 27 ℃、新风量为每人 15 m^3/h。

供暖系统加热功率 29 kW，保证在外界温度为－25 ℃情况下，车内温度为 24 ℃，新风量为每人 10 m^3/h。

紧急通风下，每人通风量 10 m^3/h。

客室内部垂直温度分层，0.1～1.7 m之间温度≤3 ℃；纵向温度分层，地面以上1.1 m温度≤2 ℃。

4.7 动车组空调系统的维护与检修

4.7.1 空调系统的维护

4.7.1.1 空调机组的正常工作状态

单元式空调机组是全封闭式压缩机以及其他部件组成的封闭制冷循环系统。由于机组采用全封闭的结构，机组上不设压力表，所以无法直接掌握系统内部的工作压力变化。要判断机组工作状态，只能通过客室降温、通风情况、机组电气控制设备的工作状态、仪表显示和指示灯显示情况等进行分析推断。这对判断制冷系统工作的情况是很不方便的。因此，必须熟练掌握机组工作中的正常状态，以区别发生故障的不正常状态，才能较为准确地判断空调机组的运行情况。

机组正常工作的特点如下所述：

(1)当制冷工况启动，通风机、冷凝风机运转后，压缩机应延时起动，并且各台压缩机的起动时间应相互错开。这时电流表指针摆动应正常，一般先增大，然后很快下降，稳定到一定位置。各电动机在起动时应没有异常的振动及摩擦声响。压缩机的起动应平稳，无剧烈振动，没有敲击声或拉锯声。机组工作后应运转平稳，无特别噪声。

(2)机组起动一定时间后，客室各出风口应有冷风吹出，室内温度均匀下降。

(3)机组在“强冷”(双机组工作)时，回风口和出风口温差在8～10 ℃范围内是正常的。

(4)机组工作电流的大小对反映压缩机组工作状态有重要参考价值，具体车型应具体分析。机组工作电流若低于上述值，系统可能有泄漏，若偏高太多，则可能有机械或电气方面的故障。

(5)空调温控情况良好，外温在36 ℃左右时，客室内温度能大约控制在22～27 ℃。

(6)通风系统良好，各空气滤网清洁，无堵塞现象，出风口或回风口无水滴出。

4.7.1.2 电气装置的维护与检查

1. 电气装置的维护

为了保证空调机组电气设备的安全运行，必须坚持经常性的维护保养。平时应注意连接导线的断裂、脱落，绝缘是否老化，接触是否良好，经常清理电器元件上的污垢和灰尘，雨季要防止绝缘受潮漏电。电气设备的接地线必须可靠，维护时还必须注意安全。

(1)电气控制柜的维护

电气控制柜内的灰尘、潮湿和污垢易造成电器绝缘电阻下降、触头接触不良、散热条件恶性化，甚至造成接地或短路故障，因此应注意检查各电器元件有无污垢和绝缘破损的现象，经常清扫灰尘和污垢。在列车运行中，电气控制柜内电气连接紧固处易松动，可能引起发热、短路、打火等故障，因此必须经常检查柜内各电器和接线端子的安装紧固情况，对接触器、接线端子、引线有烧焦变色痕迹的地方要进行检查和更换修理。对温度控制器和各保护电器整定值的调节要合理适当，不要随意调整改动。

（2）电气设备的维护

空调客车电气设备绝缘检查是日常维护保养的重要内容之一，各主要电气设备每次出乘往返至少要进行一次绝缘检查，如电力连接器插头、压缩机电机、通风机电机和其他电器等。

（3）电加热器的维护

定期清扫电加热器，检查其引线及绝缘情况。春夏季，可以将客车电加热器电源断开。厕所与洗脸室内的可拆下存放，拆下后其电源线柱应认真包扎，以防进水或漏电。特别在秋季取暖之前，把电加热器罩壳内的污物、布毛、纸屑等清除干净，以防通电升温后烤焦引燃，造成火情。

2. 电气系统的检查

空调机组在长期运行中可能会遇到各种各样的问题，必须进行电气设备的各种检查。

（1）绝缘电阻的检查

空调机组长期使用，加上水气和灰尘的长期积累，使电气零部件的绝缘性能下降。因此必须对电气设备进行必要的绝缘检查。如出现绝缘水平下降的情况，可采取断开有关线路分段测量的方法，找到漏电部位后，更换或加强绝缘性能下降的零件。

（2）电器开关元件的检查

主要检查选择开关、温度控制器、保护继电器触点是否完好，动作机构是否灵活。平时应掌握各种电器线圈的阻值数据，这是判断电器好坏的重要标志之一。因为在如继电器吸引线圈烧毁的故障中，单从外表观察是不容易发现问题的，这时只有用万用表实际测量吸引线圈的阻值来判断故障点。

（3）压缩机、通风机电机故障检查

主要检查三组绕组的标准电阻值，三相是否断路、短路或接地。

4.7.1.3 通风系统的检查

1. 查看风机

（1）查风机的转动方向

三相交流电源的风机接上电源时，如原来规定为顺转的，它却反转了。遇上这种情况，可将任意两根相线对换，使之顺转。风机转动的方向正确与否，可以从风量大小来判断。通风机是离心风机，当反方向运转时，风量很小。此时也可用纸或布条在回风口处试验，如果纸或布条被吸在回风蓖子上表示通风机正常，吸不上则说明通风机转向不正确。冷凝风机是轴流风机，当反方向运转时，几乎无风。

（2）查看风机的风扇叶是否打滑

当风机运行时，如吹不出风，有可能是风扇叶打滑，其原因是固定螺丝松动，电机轴在运转，而风扇叶不转。

（3）查看风机转速是否有下降

风机转速下降主要是电动机的问题，可用转速表测量。

（4）风机电机转不动

风机电机转不动，可能是电机绕组或线路有问题。如三相电源缺相、轴承严重损坏、电机扫膛或扇叶卡住等问题。

2. 听风机运行声

(1)运行时有碰撞声

运行时有碰撞声,一般是风扇叶与风圈的碰撞声(包括轴流风机扇叶与离心风机扇叶),但主要是固定螺钉未固定好而产生位移。遇到这种情况必须调整位置后,拧紧螺钉,再试转,直至无碰撞与摩擦声。

(2)风机电机噪声

电机在正常情况运行时,会发出电磁声与轴承摩擦声,但其噪声都比较低(电机噪声正常为 45 dB 左右)。若噪声过大,说明电机质量差或使用年久,轴承缺油、摩擦严重而使噪声增大。轴承间隙过大可使转子与定子发生摩擦,其电机电流也会上升,应考虑更换轴承或电机。检查方法是在停机后用手径向摆动轴,感觉有非正常的间隙存在就应更换轴承或电机,另外再试轴向推动时若有较大松动,也说明轴承摩损严重。

3. 触摸风机有关部位

(1)摸风机电机温升

空调机组风机电机为封闭型,以防止潮气、灰尘进入电机内部,影响其工作寿命。因此,电机自身的热量靠电机外壳散发,它本身没有冷却风扇来帮助散热,而是靠空调风机的风来散热。电机绕组使用 A 级绝缘材料,允许工作温度为 105 ℃。为提高电机的可靠性,有些厂家的绝缘材料为 E 级甚至 B 级,它们的极限工作温度为 120 ℃和 130 ℃。

(2)风机的抖动情况

风扇叶抖动厉害,可能是由于风扇叶平衡性差产生较大的离心力或电机轴承摩损大而引起抖动。遇到这种情况,可以从两个方面检查:一是校对叶轮的同心度,最好能做动平衡试验;二是检查电机轴(停机)径向摆动,以手感判别其间隙,手能感觉明显松动,那么间隙已经很大,应更换轴承。

(3)手感风量小

检查蒸发器入口侧滤尘网积灰情况,积灰多可抽出清洗;检查冷凝器散热片结灰情况,若有阻塞现象,可用压缩空气吹、高压水冲或刷子刷。

4.7.1.4 制冷系统的检查

1. 观察压缩机吸气管结露程度

(1)压缩机的吸气管全部结露,以至压缩机外壳有小部分(吸气管进泵壳处周围)结露。这时的吸气温度比较低,有利于降低排气温度,其制冷剂量也适中。

(2)压缩机吸气管不结露,排气温度高,外壳较热(但不烫手),说明制冷剂量偏少。

(3)压缩机吸气管结露以至整个外壳结露或 3/4 以上外壳结露,说明制冷剂量多。

另一方面也可以从机组的冷凝水排水情况作粗略判断。有连续不断的排水,说明运行正常,间断性排水或不排水,说明运行不正常,有可能缺少制冷剂。

2. 查看泄漏点

查看接管各焊接点处是否有油迹,有油迹的接头处一般可能会泄漏。

3. 空调机组的运行噪声

空调机组的主要噪声来自压缩机和风机，压缩机的噪声是由振动产生的，因压缩机经过一系列避振措施后，其运行噪声是比较低的。风机中的噪声主要是气流声，其次是电机轴承摩擦声及电磁噪声。这些噪声限制在标准规定的范围内，是允许存在的，超出这个范围的噪声，其表现为较强烈的振动，属不正常运行。

4. 节流元件的流动声

无论是毛细管或是热力膨胀阀，由于节流时的流速突然剧增，其流动声音比较明显，可以听其流动声来辨别其流量，进而判断制冷剂量是否充足。

正常的流动是气液混合体的流动(液体占80%以上)，其流动声比较低沉，说明制冷剂量充足。不正常的流动是气体流动(极大部或大部)。若其声音比较宏亮，比正常声音大，一般说明制冷剂量不足。

5. 机组运行时有碰撞声

空调机组运行时有碰撞声，应仔细听声源，一般压缩机吸排气管抖动时，有与壳体碰撞声。如果压缩机振动较大而引起与底盘的共振，这种声音便不正常了。

6. 触摸压缩机的吸排气管的冷热程度

压缩机的吸气管应是凉的，一般应 15 ℃左右为好，因为有结露，摸上去是湿润的。若手摸吸气管感觉不凉，且无湿润感，说明运行不良或缺制冷剂，引起排气温度上升。若压缩机的排气管是热的，而且温度高，甚至会达到 100℃左右，这是正常现象，手摸时要特别注意，要预防烫伤手。若排气温度过高(如超过 130 ℃)也不好，会使冷冻机油结炭；若排气温度太低，手触摸不觉发烫是缺少制冷剂或有其他故障的预兆，应引起注意。因此排气温度要适中。

7. 摸压缩机外壳的冷热程度

全封闭往复活塞式压缩机，其外壳各部温度是不同的，正常情况下，吸气管周围局部地方是凉的，是湿润的，外壳上部是微热或微凉的，其温度一般在 20～30 ℃，外壳下部比较热。其热源是各运行件的摩擦热传给冷冻机油，冷冻机油回到壳底部而释放出的热量，其温度一般在 60 ℃以内，手在短时间内可以触摸。

8. 摸压缩机组的振动程度

手摸机组感觉振动很大，属不正常现象，应检查压缩机地脚螺栓的避震器安装是否正常，检查机组底座基础的刚性。

9. 嗅查空调机组发出的异常气味

空调机组出现故障时，有时会溢出一种气味(一般为烧焦气味)，这是电气绝缘材料烧焦的缘故，也是电磁线圈烧坏的预兆(包括电机绕组、接触器线圈、变压器线圈等)。其原因：一种情况是受过高热；另一种情况是烧坏。应检查全部有绕组的电器。

4.7.2 空调系统故障判断与处理

空调装置出现故障，其直接反映是冷气不足、没有冷气、突然停机、机组开不动、听到碰撞声、强烈振动等一些表面现象，这些现象只能说明空调装置发生了故障或是一种故障的预兆，并不一定能立即判断出其故障发生在哪里，是什么故障，只有经过详细分析和检查，才能找出发生故障的部位，并排除故障。

空调装置由电气系统、制冷系统、通风系统、新风预热系统等组成。当空调装置发生故障时，从其反映出的故障现象，可以大致判别出其故障发生在哪一个系统。从一般规律看，其区别如下：

（1）空调机组空然停机或开不动或压缩机不起动，这多数是电气系统中的故障，也可能是制冷系统或通风系统引起的故障，因它是从电气控制系统中反映出来的，应从电气控制系统入手检查。

（2）空调装置无冷气、冷气不足或电机拖不动，这是与制冷系统有关的问题，应检查制冷系统。

（3）空调机组有碰撞声或强烈震动声，这是从运动件中发生的声音，可能在通风系统，也可能在制冷系统中，应从这两个系统中去检查。

1. 电气故障一般检查和分析方法

各种电气设备在运行中可能会发生各种不同的故障，严重的还会引起事故。这些故障主要可分为两大类：

一类是有明显的外表特征并容易被发现的，例如电机的绕组过热、冒烟，甚至发生焦臭味或火花等，在排除这类故障时，除了更换损坏了电机之外，还必须找出和排除造成上述故障的原因。

另一类故障是没有外表特征的，例如在控制电路中由于元件调整不当、动作失灵或零件损坏及导线断开等原因引起的，这类故障在空调机组电路中经常碰到，由于没有外表的特征，常需要用较多的时间去寻找故障的原因，并使用各类测量仪表和工具才能找出故障点，方能进行调整和修复。

因此，找出故障点是空调机组电气设备检修工作中的一个重要步骤。

电气设备发生故障后一般检查和分析方法分述如下：

（1）检修前的调查研究

①看：看电器元件有无变色、烧毁、松脱、裂损、断线及其他情况。

②听：听电机和电器元件在正常运行时的声音和发生故障时声音差异，可以帮助寻找故障部位。

③摸：摸电机和电磁线圈外部不导电部分的温度。发生故障时，温度会显著上升，可切断电源用手去摸一摸，用螺丝刀拧一拧导线连接螺钉是否松动。

④嗅：电机和电磁线圈等发生故障时，绝缘体会发出异常气味。

（2）根据电气控制线路分析检查故障范围

空调机组电气设备发生故障后，为了能根据情况迅速找到故障位置，就必须熟悉空调机组的电气线路。一台机组的电气线路中任何一个电器元件的损坏或任何一根连接导线的断裂或脱落，都会造成故障。不同的故障原因有时会出现相似的故障现象，同一种故障原因在不同情况下有时也会出现不同的故障现象。因此，要做到有目的地检查故障，并能够正确地判断和迅速排除故障，就必须非常熟悉空调机组电气线路的工作原理与接线分布。

空调机组的电气线路是根据机组的用途和工艺而定的，因此深入细致地掌握机组的基本起动过程和工作原理，对迅速准确排除故障具有决定性意义。空调机组的电气控制线路总是由主电路和控制电路两大部分组成，而控制电路又可分为若干个控制环节。分析电路时，通常先从主电路入手，了解机组采用了几台电动机拖动，从每台电动机主电路中所使用的接触器的主触头连接方式大致可看出电动机的控制方式。再从接触器主触头的文字符号在控制电路中找到相对应的控制环节和各环节间的关系，联系到机组对控制线路的要求和前面所述的各种电路的知识，逐步深入了解各个环节相互间的联系等，对照空调机组电气控制柜内的电器，进一步熟悉每台电动机各自所用的控制电器和保护电器，这样，即使再复杂的电气线路也是容易弄清楚的。

(3)确定故障发生的范围

从故障现象发生，按线路工作原理进行分析，便可判断故障发生的可能范围，以便进一步分析，找出故障发生的确切部位。

(4)进行外表检查

在判断了故障可能发生的范围后，在此范围内对有关电器元件进行外表检查，常能发现故障的确切部位。例如：接线脱落、触头接触不良或未焊牢、弹簧断裂或脱落以及线圈烧坏等，都能明显地表明故障点。

(5)试验控制电路的动作顺序

经外表检查未发现故障点时，可进一步检查电器元件动作情况，如操作开关等，查看线路中各继电器、接触器相关触头是否按规定顺序动作；若不符合规定者，则说明与此电器有关的电路存在问题，再在此电路中进行逐项分析和检查，一般便可发现故障。

(6)利用仪表器材来检查

①利用万用表的电阻档检测电器元件的阻值；用万用表的电压、电流档来检测线路的电压、电流值是否正常，三相是否平衡，能有效地找出故障原因。

②有时也可用试电笔等工具来检查线路故障。

③可以用完好的电器元件替换可疑的电气元件的方法找出故障元件。

④可采用局部输入信号的方法，来寻找机组控制线路中的故障点。

(7)测量压缩机电机工作电流

压缩机的额定电流，是制造厂在试验室做典型性能试验时，在额定制冷量情况下，所测得的工作电流值。它是在标准规定的空调工况下测量所得。空调机组的输入功率是电流、电压与功率因数的乘积。只要电压正常，电机的功率因数是定值，则在一定程度上电流能表示电机输入功率变化情况，若空调机组是在接近标准规定的空调工况下运行，其工作电流接近额定电流，说明其制冷量能够达到额定制冷量。若工作电流低于产品的额定电流，则其输入功率低，说明其制冷量小于额定制冷量。若测出电流高于额定电流，这不说明其制冷量高于名义制冷量，只能说明空调机组有故障。因此工作电流偏离额定电流说明机组有问题，一是制冷量不足，二是机组有故障。

2. 制冷系统常见故障分析

制冷系统出了故障，一般不能直接看到故障的部位发生在哪里，也不能将制冷系统的部件一一分解和解剖，只能从外表检查，进行综合分析。通常其运行压力和温度超出正常范围时，必有故障存在，这是判断故障原因很重要的依据。

(1)制冷系统的压力

制冷系统的压力是指它的吸气与排气压力。一般情况下，我们能够测量的也只有这两种压力值。

①吸气压力是压缩机吸气管内的压力，确切的讲应该是压缩机吸气口的压力。但是由于测量手段上的困难，且吸气管中与吸气口的压力差别微小，在工程上，可以把吸气管内任何处的压力作为吸气压力。而吸气压力几乎等于蒸发压力，两者之差就是管路的流动阻力，因在设计时已考虑到流动阻力不要超过相当于吸气温度下降 1 ℃的压力，所以在工程上允许把吸气压力作为蒸发压力 p_0 看待。

②排气压力是指压缩机排气口的压力，对全封闭压缩机而言，其排气口不一定有测量点，所以工程上是把排气管上任何一处的压力作为排气压力。排气压力也几乎等于冷凝压力 p_k，两者之差是排气管的流动阻力，它的损失在设计时已控制在 0.02 MPa 以下，即相当于冷凝温度提高 0.5 ℃的压力。

(2)制冷系统的温度

制冷系统的温度涉及面比较广，从系统的角度看，有蒸发温度 t_0，冷凝温度 t_k，排气温度、输液管温度等，而对系统起决定作用的是蒸发温度 t_0 和冷凝温度 t_k。

①蒸发温度

一般情况下无法直接测量，因它与蒸发压力相对应，当测量出 p_0 后，通过查工质的热力性质图就知道了它。

②冷凝温度

一般情况下也无法直接测量该参数，因它与其冷凝压力相对应，测量出 p_k 后，通过查工质的热力性质图得到它。

(3)吸气压力对系统的影响

制冷系统运行时，其吸气压力与蒸发温度和制冷剂的循环量有着密切关系。对于用膨胀阀的系统而言，吸气压力与膨胀阀的开度、制冷剂充注量、压缩机效率有关；而用毛细管的系统，吸气压力与冷凝压力、制冷剂充注量、压缩机效率有关。为此，在检查制冷系统时，可在吸气管段装上压力表，读取吸气压力，作为分析故障的重要依据。

①吸气压力低

吸气压力低于正常值，其原因制冷剂量少，冷负荷小，膨胀阀开度小(用膨胀阀的系统)，冷凝压力低(指毛细管的系统)及过滤器不畅通等。以上几种原因都会引起系统循环量减少，冷凝器的热负荷也相应减小，冷凝压力下降。

②吸气压力高

吸气压力高于正常值，其原因有制冷剂充注过多，制冷负荷大，膨胀阀开度大(用膨胀阀的系统)，冷凝压力高(毛细管系统)以及压缩机效率差等。以上几种原因会引起系统循环量增加，冷凝负荷增加，使其冷凝压力升高。

(4)排气压力(冷凝压力)对系统的影响

制冷系统运行时，排气压力与冷凝压力相对应，而冷凝压力与其冷却介质的流量、温度、制冷剂的注入量、压缩机效率、冷负荷等有关。在检查制冷系统时，可在排气管上装上压力表，读取排气压力作为分析故障的依据。

①排气压力高

排气压力高于正常值，其原因有冷却介质流量低或冷却介质温度高，制冷剂充注量过多，冷负荷大及膨胀阀开度大等。以上原因会引起系统的循环量增加，冷凝器热负荷也相应增加。为了调整散热量，只能提高冷凝温度，才能解决系统的热平衡。对于冷却介质流量低和介质温度高的情况，它使冷凝器散热效果降低而引起冷凝温度升高。制冷剂充注过多的另一个原因是多余制冷剂占据了部分管路的容积，使冷凝面积减少，引起冷凝温度升高。

②排气压力低

排气压力低于正常值，其原因有压缩机效率差，制冷剂量小，冷负荷小，膨胀阀开度小（用膨胀阀的系统），冷却介质温度低，过滤器不通畅（包括膨胀阀过滤网）。以上原因都会引起系统循环量下降，冷凝负荷量小而使冷凝温度下降，从上述的吸气压力与排气压力变化情况看，两者有密切关系，一般情况下，吸气压力高，排气压力也高；吸气压力低，排气压力也低，这是制冷系统的运行规律。当某些系统无法装排气压力表，而能够装吸气压力表时，也可从吸气压力的变化估计到排气压力的大致情况。

(5)环境温度对系统的影响

①室外环境温度

室外气温超出规定值（一般是 40 ℃），系统运行就有可能超出正常情况，主要表现为冷凝温度高，排气温度高，制冷量下降，其后果是引起超负荷运行；当气温超过 43 ℃，空调机组已超出安全运行界限，会导致电控保护装置动作，切断电源，若要强制运行其后果会是缩短机组的使用寿命或造成制冷系统的损坏。

②室内气温的影响

室内正常恒温最高应不超过 30 ℃，若机组长期在室温为 30 ℃以上情况下运行，会使机组长期超负荷，冷凝温度与排气温度都会上升，会导致电控保护器动作，切断电源。

复习思考题

1. 简述动车组空调系统的组成。
2. 动车组空调系统按照安装方式主要分为哪两类，各自的特点是什么？
3. 简述通风系统的结构组成及各部件的作用。
4. 试论述 CRH2 动车组的车内空气压力波动控制。
5. 说明蒸气压缩式制冷原理及实际制冷循环。
6. 简述涡旋式制冷压缩机的基本构成及工作原理。
7. 试分别论述冷凝器和蒸发器的作用及类型。
8. 试论述不同类型动车组空调系统的主要技术特点。
9. 试论述空调机组正常工作状态的特点。
10. 列举空调系统故障类型及判断方法。

第5章

通信与网络基础知识

列车通信网络是面向控制的一种连接车载设备的数据通信系统，是分布式列车控制系统的核心组成部分。它以计算机网络为核心，把计算机技术、控制技术、设备故障诊断技术、网络通信技术紧密结合起，连接列车系统的各智能单元，作为系统信息交换和共享的渠道，实现全列车环境下的信息交换。可以说列车通信网络系统实际上就是配置于列车上的计算机局域网络。因此，在介绍列车通信网络的主要技术之前，有必要简述关于总线、数字通信、计算机局域网络方面的基础知识。

5.1 总线的基本概念与操作

5.1.1 总线的基本术语

1. 总线与总线段

从广义来说，总线就是传输信号或信息的公共路径，是遵循同一技术规范的连接与操作方式。一组设备通过总线连在一起称为“总线段”（bus segment）。可以通过总线段把多个总线段连接成一个网络系统。

2. 总线主设备

可在总线上发起信息传输的设备叫做“总线主设备”（bus master）。也就是说，主设备具备在总线上主动发起通信的能力，又称命令者。

3. 总线从设备

不能在总线上主动发起通信、只能挂接在总线上、对总线信息进行接收查询的设备称为总线从设备（bus slaver），也称基本设备。

在总线上可能有多个主设备，这些主设备都可主动发起信息传输。某一设备既可以是主设备，也可以是从设备，但不能同时既是主设备又是从设备。被总线主设备连上的从设备称为“响应者”（responder），它参与命令者发起的数据传送。

4. 控制信号

总线上的控制信号通常有三种类型。一类控制连在总线上的设备，让它进行所规定的操作，如设备清零、初始化、启动和停止等。另一类是用于改变总线操作的方式，如改变数据流的方向，选择数据字段的宽度和字节等。还有一些控制信号表明地址和数据的含义，如对于地址，可用于指定某一地址空间，或表示出现了广播操作；对于数据，可用于指定它能否转译成辅助地址或命令。

5. 总线协议

管理主、从设备使用总线的一套规则称为“总线协议”(bus protocol)。这是一套事先规定的、必须共同遵守的规约。

5.1.2 总线操作的基本内容

1. 总线操作

总线上命令者与响应者之间的连结→数据传送→脱开这一操作序列称为一次总线“交易”(transaction)，或者叫做一次总线操作。“脱开”(disconnect)是指完成数据传送操作以后，命令者断开与响应者的连接。命令者可以在做完一次或多次总线操作后放弃总线占有权。

2. 数据传送

一旦某一命令者与一个或多个响应者连接上以后，就可以开始数据的读写操作。“读”(read)数据操作是读来自响应者的数据；“写”(write)数据操作是向响应者写数据。读写操作都需要在命令者和响应者之间传递数据。为了提高数据传送操作的速度，有些总线系统采用了块传送和管线方式，加快了长距离的数据传送速度。

3. 通信请求

通信请求是由总线上某一设备向另一设备发出的请求信号，要求后者给予注意并进行某种服务。它们有可能要求传送数据，也有可能要求完成某种动作。

不同总线标准中，通信请求的方式是多种多样的。最简单的方法是，要求通信的设备置起服务请求信号，相应的通信处理器监测到服务请求信号时，就查询各个从设备，识别出是哪一个从设备要求中断，并发出应答信号。该信号以菊花链方式依次通过各从设备。当请求通信的设备收到该应答信号时，就不让该信号传下去，而把它自己的标识码放在总线上。这时，通信处理设备就知道哪一个是服务请求者了。这种传送中断信号的工作方式不够灵活，不适用于总线上有多个能进行通信处理设备的场合。

另一种处理的方法是，把请求通信的设备变成总线命令者，然后把请求信息发给想要联络的设备。这一处理过程完全是分布式的，把设备指派为通信处理设备的过程是动态进行的。高性能的总线标准中通常采用这种方法，但它要求所有要申请通信的设备都应具有主设备的能力。

4. 寻址

寻址过程是命令者与一个或多个从设备建立起联系的一种总线操作。通常有以下三种寻址方式：

5. 物理寻址

用于选择某一总线段上某一特定位置的从设备作为响应者。由于大多数从设备都包含有多个寄存器，因此物理寻址常常有辅助寻址，以选择响应者的特定寄存器或某一功能。

6. 逻辑寻址

用于指定存储单元的某一个通用区，而并不顾及这些存储单元在设备中的物理分布。某一设备监测到总线上的地址信号，看其是否与分配给它的逻辑地址相符，如果相符，它就成为响应者。物理寻址与逻辑寻址的区别在于前者是选择与位置有关的设备，而后者是选择与位置无关的设备。

7. 广播寻址

广播寻址用于选择多个响应者。命令者把地址信息放在总线上，从设备将总线上的地址信息与其内部的有效地址进行比较，如果相符，则该从设备被“连上”(connnect)。能使多个从设备连上的地址称为“广播地址”(broadcast addresses)。命令者为了确保所选的全部从设备都能响应，系统需要有适应这种操作的定时机构。

每一种寻址方法都有其优点和使用范围。逻辑寻址一般用于系统总线，而现场总线则较多采用物理寻址和广播寻址。不过，现在有一些新的系统总线常常具备上述两种、甚至三种寻址方式。

8. 总线仲裁

总线在传送信息的操作过程中有可能会发生“冲突”(contention)。为解决这种冲突，就需进行总线占有权的“仲裁”(arbitration)。总线仲裁是用于裁决哪一个主设备是下一个占有总线的设备。某一时刻只允许某一个主设备占有总线，等到它完成总线操作，释放总线占有权后才允许其他总线主设备使用总线。当前的总线主设备叫做“命令者”(commander)。总线主设备为获得总线占有权而等待仲裁的时间叫做“访问等待时间”(access latency)，而命令者占有总线的时间叫做“总线占有期”(bus tenancy)。命令者发起的数据传送操作，可以在叫做“听者”(listener)和“说者”(talker)的设备之间进行，而更常见的是在命令者和一个或多个“从设备”之间进行。

总线仲裁操作和数据传送操作是完全分开且并行工作的，因此总线占有权的交接过程不会耽误总线操作。

总线仲裁机构中有一种被称为集中仲裁的仲裁方案。其仲裁操作由一个仲裁单元完成。如果有两个以上主设备同时请求使用总线时，仲裁单元利用优先级方案进行仲裁。有多种优先级方案可以选用。有的方案中，采用高优先级的主设备可无限期地否决低优先级主设备而占有总线；而另一些方案则采用所谓“合理方案”，不允许某一主设备“霸占”总线。

另一种仲裁方案是分布式仲裁，其仲裁过程是在每一主设备中完成的。当某一主设备在公共总线上置起它的优先级代码时，开始一个仲裁周期。仲裁周期结束时，只有最高优先级仍置放在总线上。某一主设备检测到总结上的优先级和它自己的优先级相同时，就知道下一时刻的总线主设备是它自己。

9. 总线定时

总线操作用“定时”(timing)信号进行同步。定时信号用于指明总线上的数据和地址在什么时刻是有效的。大多数总线标准都规定命令者可置起“控制”(control)信号，用来指定操作的类型，还规定响应者要回送“从设备状态响应”(slave status response)信号。

主设备获得总线控制权以后，就进入总线操作，即进行命令者和响应者之间的信息交换。这种信息可以是地址和数据。定时信号就是用于指明这些信息何时有效。定时信号有异步和同步两种。

在大多数同步总线系统中，定时时钟信号是由系统统一提供的。总线状态的改变只出现在时钟的固定时刻。总线周期的持续时间通常根据连在总线上响应最慢的设备设置时钟的速率来确定。为了避免因与低速设备通信而降低系统的整体性能，在总线标准中规定允许插入等待周期。例如，某一慢速设备为完成所请求的操作，可置起等待信号，直至该操作完成。当该等待信号撤消以后，系统恢复至正常的同步操作。在异步和使用等待约定的同步系统中均有总线超时处理。在规定的时间内没有得到响应者的响应，系统就夭折该总线周期。

在异步总线系统中，命令者发出选通定时信号表明总线上的信息有效；响应者回送一个应答定时信号。命令者收到该应答信号后，证实响应者确实进行了响应。这一过程叫做“握手”(handshake)。

10. 出错检测

在总线上传送信息时会因噪声和串扰而出错，因此在高性能的总线中一般设有出错码产生和校验机构，以实现传送过程的出错检测。传送地址时的奇偶出错会使要连接的从设备连不上；传送数据时如果有奇偶错，通常是再发送一次。也有一些总线由于出错率很低而不设检错机构。

11. 容错

设备在总线上传送信息出错时，如何减少故障对系统的影响，提高系统的重配置能力是十分重要的。故障对分布式仲裁的影响就比菊花链式仲裁小。后者在设备出故障时，会直接影响它后面设备的工作。总线系统应能支持软件利用一些新技术，如动态重新分配地址，把故障隔离开来，关闭或更换故障单元。

有几种新的总线在其标准中规定了串行总线出故障时如何用备用路径来代替的条款。这种备用总线在主串行总线正常工作时，可用于传递通信请求信号，并监测主串行总线的工作状态，在主串行总线出现故障时就代替它。

12. 多段总线操作

上面所讨论的是单段总线操作，即在一个总线段内，某一时间，一个命令者与一个或多个从设备进行总线操作。在一些总线标准中，允许多个段互连，组成段互连总线系统。在这种系统中能实现多段并行操作，提高了系统的性能。利用这种段总线互连技术，可组成网络式的复杂系统。

5.2 通信系统简介

5.2.1 通信系统的组成

通信系统是传递信息所需的一切技术设备的总和。它一般由信息源和信息接收者，发送、接收设备，传输媒介几部分组成。单向数字通信系统的结构如图 5.1 所示。

1. 信息源和信息接收者

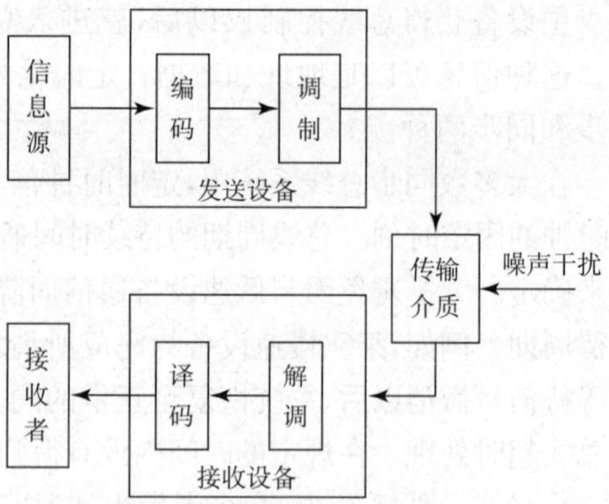

图 5.1　数字通信系统的组成

信息源和信息接收者是信息的产生者和使用者。在数字通信系统中传输的信息是数据，是数字化了的信息。这些信息可能是原始数据，也可能是经计算机处理后的结果，还可能是某些指令或标志。

信息源可根据输出信号的性质不同分为模拟信息源和离散信息源。模拟信息源（如电话机、电视摄像机）输出幅度连续变化的信号；离散信息源（如计算机）输出离散的符号序列或文字。模拟信息源可通过抽样和量化变换为离散信息源。随着计算机和数字通信技术的发展，离散信息源的种类和数量愈来愈多。

由于信息源产生信息的种类和速率不同，因而对传输系统的要求也各不相同。

2. 发送设备

发送设备的基本功能是将信息源和传输媒介匹配起来，即将信息源产生的消息信号经过编码，并变换为便于传送的信号形式，送往传输媒介。

对于数字通信系统来说，发送设备的编码常常又可分为信道编码与信源编码两部分。信源编码是把连续消息变换为数字信号；而信道编码则是使数字信号与传输介质匹配，提高传输的可靠性或有效性。变换方式是多种多样的，调制是最常见的变换方式之一。

发送设备还要包括为达到某些特殊要求所进行的各种处理，如多路复用、保密处理、纠错编码处理等。

3. 传输介质

传输介质指设备到接收设备之间信号传递所经媒介。它可以是无线的，也可以是有线的（包括光纤）。有线和无线均有多种传输媒介，如电磁波、红外线为无线传输介质，各种电缆、光缆、双绞线等为有线传输介质。

介质在传输过程中必然会引入某些干扰，如热噪声、脉冲干扰、衰减等。媒介的固有特性和干扰特性直接关系到变换方式的选取。

4. 接收设备

接收设备的基本功能是完成发送设备的反变换，即进行解调、译码、解密等。它的任务是从带有干扰的信号中正确恢复出原始信息来，对于多路复用信号，还包括解除多路复用，实现正确分路。

以上所述是单向通信系统，但在大多数场合下，信源兼为收信者，通信的双方需要随时交流信息，因此要求双向通信。这时，通信双方都要有发送设备和接收设备。如果两个方向有各自的传输媒介，则双方都可独立进行发送和接收；但若共用一个传输媒介，则必须用频率或时间分割的办法来共享。通信系统除了完成信息传递之外，还必须进行信息的交换。传输系统和交换系统共同组成一个完整的通信系统，直至构成复杂的通信网络。

5.2.2 数据编码

计算机网络系统的通信任务是传送数据或数据化的信息。这些数据通常以离散的二进制0,1序列的方式表示。码元是所传输数据的基本单位。在计算机网络通信中所传输的大多为二元码,它的每一位只能在1或0两个状态中取一个。这每一位就是一个码元。

数据编码是指通信系统中以何种物理信号的形式来表达数据。分别用模拟信号的不同幅度、不同频率、不同相位来表达数据的0、1状态的,称为模拟数据编码。用高低电平的矩形脉冲信号来表达数据的0、1状态的,称为数字数据编码。

采用数字数据编码,在基本不改变数据信号频率的情况下,直接传输数据信号的传输方式,称为基带传输。基带传输可以达到较高的数据传输速率,是目前广泛应用的数据通信方式。

1. 单极性码

信号电平是单极性的,如逻辑1用高电平,逻辑0为0电平的信号表达方式。

2. 双极性码

信号电平为正、负两种极性的。如逻辑1用正电平,逻辑0为负电平的信号表达方式。

3. 归零码(RZ)

在每一位二进制信息传输之后均返回零电平的编码。例如其逻辑1只在该码元时间中的某段(如码元时间的一半)维持高电平后就回复到低电平。

4. 非零码(NRZ)

在整个码元时间内维持有效电平。图5.2表示了单、双极性归零码和非归零码的典型波形图。

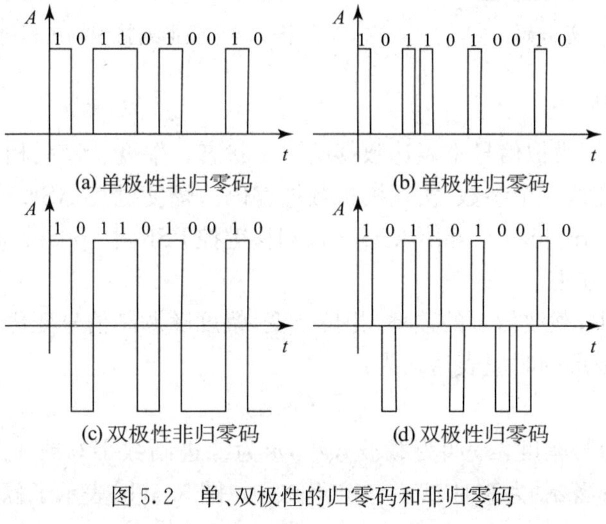

图5.2 单、双极性的归零码和非归零码

5. 差分码

用电平的变化与否来代表逻辑"1"和"0"。电平变化代表"1"不变化代表"0",按此规定的码称为传号差分码。根据初始状态为高电平或低电平，差分码有两种波形（相位恰相反入）。显然，差分码不可能是归零码，其波形如图 5.3 所示。

根据信息传输方式，还可分为平衡传输和非平衡传输。平衡传输指无论“0”或“1”都是传输格式的一部分；而非平衡传输中，只有“1”被传输，“0”则以在指定的时刻没有脉冲来表示。

实际的基带传输方式往往是上述几种方式的结合。

6. 曼彻斯特编码（manchester encoding）

这是一种常用的基带信号编码。它具有内在的时钟信息，因而能使网络上的每一个系统保持同步。在曼彻斯特编码中，时间被划分为等间隔的小段，其中每小段代表一个比特。每一小段时间本身又分为两半，前半个时间段所传信号是该时间段传送比特值拘反码，后半个时间段传送的是比特值本身。可见在一个时间段内，其中间点总有一次信号电平的变化。因此携带有信号传送的同步信息而不需另外传送同步信号。

图 5.4 表示了曼彻斯特编码过程与波形。从频谱分析理论知道，理想的方波信号包含从零到无限高为频率成分，由于传输线中不可避免地存在分布电容，被允许传输的带宽是有限的，所以要求波形完全不失真的传输是不可能的。为了与线路传输特性匹配，除很近距离传输外，一般可用低通滤波器将图 5.4 中的矩形波整形成为变换点比较圆滑的基带信号，而在接收端，则在每个码元的最大值（中心点）取样复原。

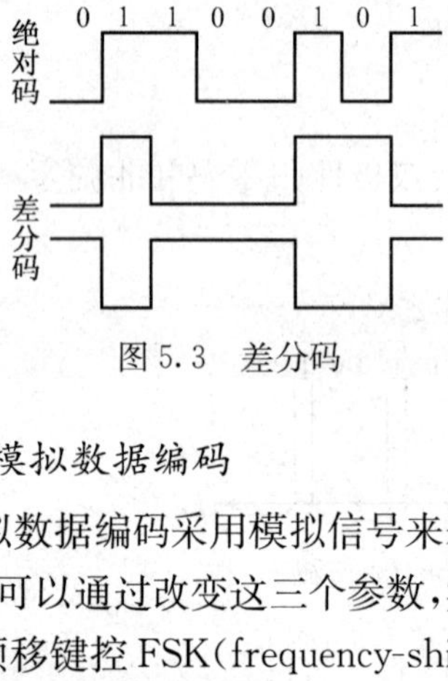

图 5.3　差分码

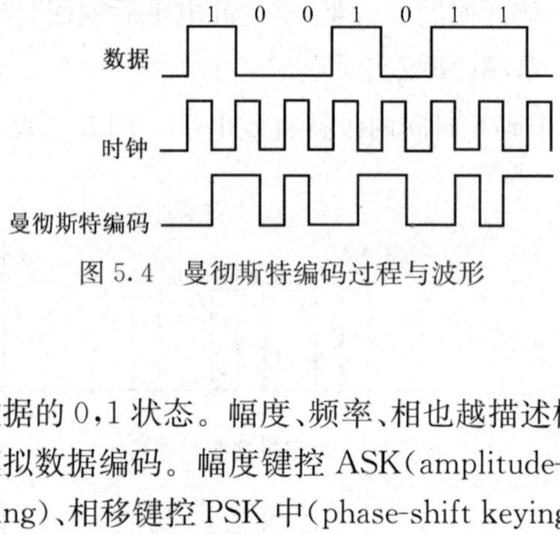

图 5.4　曼彻斯特编码过程与波形

7. 模拟数据编码

模拟数据编码采用模拟信号来表达数据的 0，1 状态。幅度、频率、相也越描述模拟信号的参数，可以通过改变这三个参数，实现模拟数据编码。幅度键控 ASK（amplitude-shift keying）、频移键控 FSK（frequency-shift keying）、相移键控 PSK 中（phase-shift keying）是模拟数据编码的三种编码方法。

幅度键控 ASK 中，载波信号的频率、相位不变，幅度随调制信号变化。例如一个二进制数字信号，在调制后波形的时域表达式为：

$$S_A = a_n A\cos\omega_c t \tag{5-1}$$

这里 A 为载波信号幅度，ω_c 叫为载波频率，n 为二进制数字 0 或 1。当 a_n 为 1 时，S_A 所得波形代表数字 1；当 a_n 为 0 时，$S_A=0$ 就代表 0。图 5.5(b)表示了幅度键控调制后的波形与数据信号的关系。

移键控 FSK 中，载波信号的频率随着同制书号而变化，而载波信号的幅度、相位不变。例如在二进制频移键控中，可定义为信号 0 对应的载波频率大，信号 1 对应的载波频率小，调制后信号波形如图 5.5(c)所示。

相移键控 PSK 中,载波信号内相位随着调制信号而变化,而载波信号幅度、频率不变。例如在二进制相移键控中,通常用相应 0°和 180°来分别表示 1 或 0,调制信号的典型波形如图 5.5(d)所示。

还有其他一些编码调制方法。如二进制差分相移键控(2DPSK)等。2DPSK 采用载波相位传送数字信息。它首先对基带信号进行差分编码,即把绝对码变为相对码,然后再进行绝对调相。

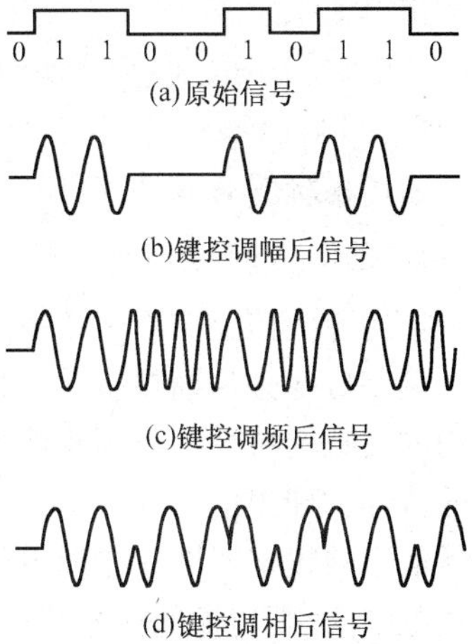

图 5.5　三种模拟数据编码调制后的信号波形

5.2.3　通信系统的性能

通信的任务是传递信息,因而信息传的有效性和可靠性是通信系统最主要的质量指标。有效性是指所传输信息的内容多少,而可靠性是指接收信息的可靠程度。

二进制信号的信息速率用每秒比特(bit/s)作单位,常称为比特率。如比特率为 9 600 bit/s,意谓着每秒可传输9 600个二进制脉冲。当信道一定时,信息速率越高,有效性越好。

传输速率可度量通信系统每秒传送的信息量,由下式求得:

$$S_b = \frac{1}{T}\log_2 n \tag{5-2}$$

式中　T——传输代码的最小直位时间,s;

n——信道的有效状态。

例如对串行传输而言,如某一个脉冲只包含两种状态,则 $n=2$,$S_b=\frac{1}{T}$。国际上常用的标准数据信号速率为 50 bit/s、100 bit/s、200 bit/s、300 bit/s、600 bit/s,以及1 200 bit/s、2 400 bit/s、4 800 bit/s、9 600 bit/s、240 kbit/s、1 Mbit/s、10 Mbit/s等。

误码率是衡量数字通信系统可靠性的指标。它是指二进制码元在数据传输系统中被传错的概率,数值上近似为 $P_e \approx \frac{N_e}{N}$;$N$ 为传输的二进制码元总数,N_e 为被传输错的码元数。实际使用中,N 应足够大时,才能把 P_e 近似为误码率。理解误码率定义时应注意以下几个问题:

(1)误码率应该是衡量数据传输系统正常工作状态下传输可靠性的参数。

(2)对于一个实际的数据传输系统,不能笼统地说误码率越低越好,要根据实际传输要求提出误码率要求;在数据传输速率确定后,误码率越低,数据传输系统设备越复杂,造价越高。

(3)对于实际数据传输系统,如果传输的不是二进制码元,要折合成二进制码元来计算。差错的出现具有随机性,在实际测量一个数据传输系统时,被测量的传输二进制码元数越大,越接近于真正的误码率值。在实际的数据传输系统中,人们需要对一种通信信道进行大量重复的测试,才能求出该信道的平均误码率,或者给出某些特殊情况下的平均误码率。根据测试电话线路在 300～2 400 bit/s传输速率时平均误码率在 10^{-4}～10^{-6}之间，在4 800～9 600 bit/s传输速率时平均误码率在 10^{-2}～10^{-4}之间。而计算机通信的平均误码率要求低于 10^{-9}。因此普通通信信道如不采取差错控制技术是不能满足计算机通信要求的。

通信系统的有效性和可靠性两者之间是相互联系、相互制约的。

1. 通信信道的频率特性

描述通信信道在不同频率的信号通过以后，其波形发生变化的特性。

频率特性分为幅频特性和相频特性：幅频特性指不同频率信号，通过信道后其幅值受到不同的衰减的特性。相频特性是指不同频率的信号通过信道后，其相角发生不同程度的改变的特性。理想信道的频率特性应该是对不同频率产生均匀的幅频特性和线性相频特性。实际信道的频率特性并非理想。因此通过信道后的波形产生畸变。如果信号的频率在信道带宽范围内，则传输的信号基本上不失真，否则，信号的失真将较严重。

信道频率特性不理想是由于传输线路并非理想线路。实际的传输线路存在电阻、电感、电容，由它们组成分布参数系统。由于电感、电容的阻抗随频率而变，使得信号的各次谐波的幅值衰减不同，它们的相角变化也不尽相同。不同的传输介质，它们的带宽不同。例如同轴电缆的通频带比双绞线宽。当然，信道的频率特性不仅与介质相关，而且和中间通讯设备的电气特性有关。

2. 信道容量

信道容量指信道在单位时间内可能传送的最大比特数，或称为最大数据传输速率。设信号的传输速率为 B(bit/s)，传送一个字符(8 bit)所需时间 T 为 $8/B$ 秒，因此第一次谐波频率为 $B/8$。一般电话线的截止频率约为3 000 Hz。这个限制意味着该线路能通过的最高的谐波数为 $24000/B$。例如试图在电话线上以9 600 bit/s的数据率传送信号，此时该线路能通过的最高的谐波数仅为 2，接收到的信号无疑将产生畸变，即不能正确接收原比特流。在电话线上即使传输设施完全无噪声，数据率高于 38.4 kbit/s 时，能通过的最高的谐波数也将为 0，信号的传输是不可能的。所以说信道的带宽限制了信道的数据传输速率，即使是完全信道也是如此。

3. 信噪比

信道功率与噪声功率 N 的比值，称为信噪比。信噪比一般用 $10\lg S/N$ 来表示，单位为 dB。

信道容量为通过 Nyquist 或香农(Shannon)公式计算出的最大数据传输速率。

按照 Nyquist 定理，如果信号由 V 级离散值组成，$V=2^L$，L 为信号所含比特数，则信道容量 C 或称最大数据传输速率为

$$C=2W\log_2 V \quad (\text{bit/s}) \tag{5-3}$$

一般电话线的带宽为3 000 Hz，$V=2^8$ 时，即使是无噪声通道，其最大传输速率也不会超过48 kbit/s。

在有噪声存在的情况下，由于传递差错的出现，降低了信道容量。信道容量 C 与信道带宽 W，信噪比 S/N 之间的香农计算公式为

$$C=W\log_2(1+S/N) \quad (\text{bit/s}) \tag{5-4}$$

如带宽 W 为3 000 Hz，信噪比为10 dB时，$S/N=10$，其信道容量

$$C=3000\log_2(1+10)=10\ 380(\text{bit/s}) \tag{5-5}$$

如果信噪比提高为 20dB，即 $S/N=100$ 时

$$C=3000\log_2(1+100)=10\ 380\ (\text{bit/s}) \tag{5-6}$$

可见信道容量增加了许多。

由香农公式可以看到，提高信噪比能增加信道容量；在信道容量一定时，带宽与信噪比之间可以相互弥补。此外，随着带宽 W 增大，噪声功率 $N=Wn_0$（n_0 为噪声的单边功率谱密度）也增大，即使信道带宽无限增大，信道容量仍然是有限的，即增加带宽 W 并不能无限制地使信道容量增大。只要信号速率低于信道容量，就总可以找到一个编码方式，实现其低误码传输。若实际传输速率超过信道容量，即使只超过一点，其传输也不能正确进行。

5.2.4 信号的传输方式

1. 基带传输

基带传输就是在数字通信的信道上直接传送数据的基带信号，即按数据波的原样进行传输，不包含有任何调制，它是最基本的数据传输方式。

目前大部分微机局域网，括控制局域网，都是采用基带传输方式的基带网。基带网的特点如下：信号按位流形式传输，整个系统不用调制解调器，这使得系统价格低廉。它可采用双绞线或同轴电缆作为传输介质，也可采用光缆作为传输介质。与宽带网相比，基带网的传输介质比较便宜，可以达到较高的数据传输速率（一般为1 Mbit/s～10 Mbit/s），但其传输距离一般不超过25 km，传输距离越长，质量越低。基带网中线路工作方式只能为半双工方式或单工方式。

2. 载波传输

载波传输采用数字信号对载波进行调制后实行传输。最基本的调制方式有上述的幅度键控（ASK）、频移键控（FSK）和相移键控（PSK）三种。

3. 宽带网

由于基带网不适于传输语言、图像等信息，随着多媒体技术的发展，计算机网络传输数据、文字、语音、图像等多种信号的任务愈来愈重，于是，提出了宽带传输的要求。

宽带网与基带网的主要区别，一是数据传输速率不同，基带网的数据速率范围为 0～10 Mbit/s，宽带网可达 0～400 Mbit/s；二是宽带网可划分为多条基带信道，提供良好的通信路径。一般宽带局域网可与有线电视系统共建，以节省投资。

4. 异步传输模式 ATM

ATM(asynchronous transfer mode)是一种新的传输与交换数字信息技术，也是实现高速网络的主要技术。它支持多媒体通信，包括数据、语音和视频信号，按需分配频带，具有低延迟特性，速率可达155 Mbit/s～2.4 Gbit/s，也有25 Mbit/s和50 Mbit/s的 ATM 技术，可适用于局域网和广域网。

5.2.5 通信方式

1. 单工通信

单工,是指传送的信息始终是一个方向,而不进行与此相反方向的传送,如图 5.6(a)所示,图中设 A 为发送终端,B 为接收终端,数据只能从 A 传送至 B,而不能由 B 传送至 A。单工通信线路一般采用二线制。

2. 半双工通信

半双工通信是指信息流可在两个方向上传输,但同一时刻只限于一个方向传输,如图 5.6(b)所示。信息可以从 A 传至 B 或从 B 传至 A,所以通信双方都具有发送器和接收器。实现双向通信必须改换信道方向。半双工通信采用二线制线路,当 A 站向 B 站发送信息时,将发送器接在主信道上,B 站将接收器接在主信道上,而当 B 站向 A 站发送信息时,B 站要将接收器从主信道上断开把发送器接入,A 站要将发送器从主信道上断开,而把接收器接入。这种在一条信道上进行转换,实现 A→B 与 B→A 两个方向通信的方式,称为半双工通信。

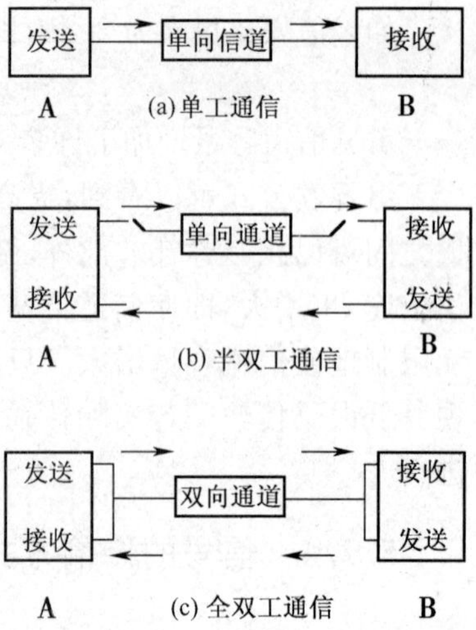

图 5.6 几种通信方式

3. 全双工通信

是指能同时作双向通信如图 5.6(c)所示。它相当于把两个相反方向的单工通信方式组合在一起。因此全双工通信一般采用四线制结构。若采用频率分割法,把传输信道分为高频群信道和低频群信道,就可用二线制。这种方式用于计算机—计算机间通信。

与半双工比较,全双工通信效率高,控制简单,但结构较复杂,成本较高。

5.2.6 同步方式

所谓同步,是接收端要按发送端所发送的每个码无的重复频率以及起止时间来接收数据。在通信时,接收端要校准自己的时间和重复频率,以便和发送端取得一致,这一过程称为同步过程。同步是数字通信系统中必须解决的一个重要问题。信息传输的同步方式分为两种,异步(asynchronous)式与同步(synchronous)式。

1. 同步式

按传输信息的基本组织单位,又将同步分为位同步、字符同步和帧同步。位同步与字符同步分别以位、字符作为一个独立的整体进行发送,而帧同步中的传输数据和控制信息按一种特殊的帧结构来组织。

位同步(bit synchronous)要求不管是否传送信息代码,每个比特(位)必须在收发两端保持同步,即为比特(位)同步。一般在接收端从接收信号中提取位同步信号,因为在接收信号码元 1 和 0 的极性变化中,就包含了同步信息。

需说明的是检验位与同步方式的关系。若所传送的字符代码是连续 1 或 0,将不出现代码极性变化而影响从接收信息中提取同步信号。为克服这一缺点,在同步方式中采用奇校验方法，以保证在每个字符中至少出现一个代码转换点。

字符同步(character or word synchronous)将字符组织成组后连续传送，每个字符内不加附加位，每组字符之前必须加上一个或多个同步 SYS。接收端接收到 SYS 字符，并根据它来确定字符的起始位。

当不传送信号代码时，在线路上传送的是全 1 或 0101…在传输开始时用同步字符(SYS)使收发双方进入同步。当搜索到两个以上 SYS 同步字符时，接收端开始接收信息，此后就从传输信息中抽出同步信息。在两个连接的报文之间，应插入两个以上的 SYS 同步字符。图 5.7 为同步式代码结构。

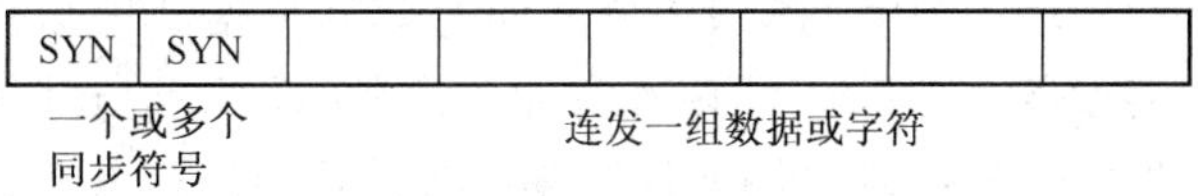

图 5.7　同步式代码结构

帧同步是指在每个数据帧的起始和结束处帧标记符，数据以帧为单位进行传输。

由于同步式比下面的异步式传输效率高，适用于高速传输要求，一般在高速传输数据的系统中采用同步式。

2. 异步式

异步式又称起止(start-stop)同步方式，这是在计算机通信中常用的同步方式。异步方式中，并不要求收发两端在传送代码的每一比特(位)时都同步。例如在字符同步的异步方式传输中，在传输的字符前，设置一个启动用的起始位，预告字符的信息代码即将开始，在信息代码和校验信号(一般总共为8 bit)结束后，也设置 1～2 bit的终止位，表示该字符已结束。终止位也反映了平时不进行通信的状态。当从不传输信息状态转到起始位状态时，在接收端将检测出极性状态的改变，利用这种改变，就可启动定时机构，实现同步。接收端收到终止位，就将定时机构复位，准备接收下一个字符代码。

图 5.8 为在异步方式时的代码结构，可看出：

(1)起始位和停止位之间，形成一个需传送的字符(即7 bit信息位)。

(2)起始位起了使该字符内各比特能同步的作用。

(3)各字符互不同步，字符的间隔是任意的。

(4)一个字符的传送时间由起始位和终止位之间的时间来决定。

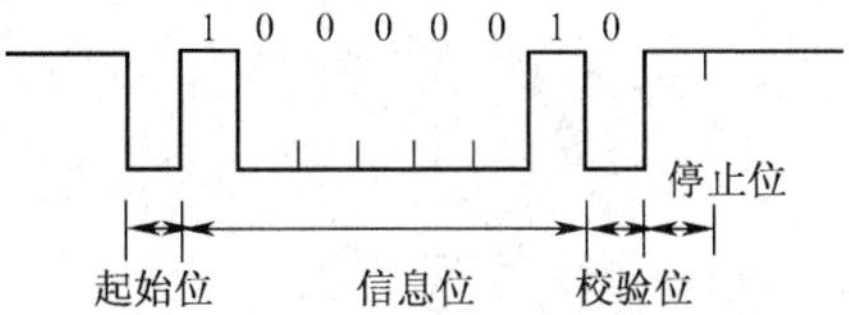

图 5.8　异步式代码结构

字符长度＝数据(信息位和校验位)＋起始位＋终止位(终止位有 1、1.5、2 bit 3 种)

在异步方式中，一般采用偶校验方式。异步方式实现起来简单容易，频率的漂移不会积累,每个字符都为该字符的位同步提供了时间基准,对线路和收发器要求较低。但缺点是线路效率低。因为每个字符需多占用 2～3 位的开销。异步方式在低速系统中获得了广泛的应用。

5.3 计算机局域网及其拓扑结构

5.3.1 计算机网络与网络拓扑

由于计算机的广泛使用,为用户提供了分散而有效的数据处理与计算能力。计算机和以计算机为基础的智能设备一般除了处理本身业务之外,还要求与其他计算机彼此沟通信息,共享资源,协同工作,于是,出现了用通信线路将各计算机连接起来的计算机群。以实现资源共享和作业分布处理,这就是计算机网络。Internet 就是当今世界上最大的非集中式的计算机网络的集合,是全球范围成千上万个网连接起来的互联网,已成为当代信息社会的重要基础设施——信息高速公路。

计算机网络的种类繁多,分类方法各异。按地域范围可分为远程网和局域网。远程网的跨越范围可从几十公里到几万公里,其传输线造价很高。考虑到信道上的传输衰减,其传输速度不能太高,一般小于100 kbit/s。若要提高传输速率,就要大大增加通信费用,或采用通讯卫星、微波通信技术等。

局域网络的距离只限于几十米到25 km,一般为10 km以内。其传输速率较高,在 0.1 到 100 Mbit/s之间,误码率很低,为 10^{-8}～10^{-11}。具有多样化的通信媒体,如同轴电缆、光缆、双绞线、电话线等。

网络拓扑结构、信号方式、访问控制方式,传输介质是影响网络性能的主要因素。

网络的拓扑结构是指网络中节点的互连形式。在图 5.9 所示的网络拓扑结构中,星形、环形、总线形和树形较为常见。

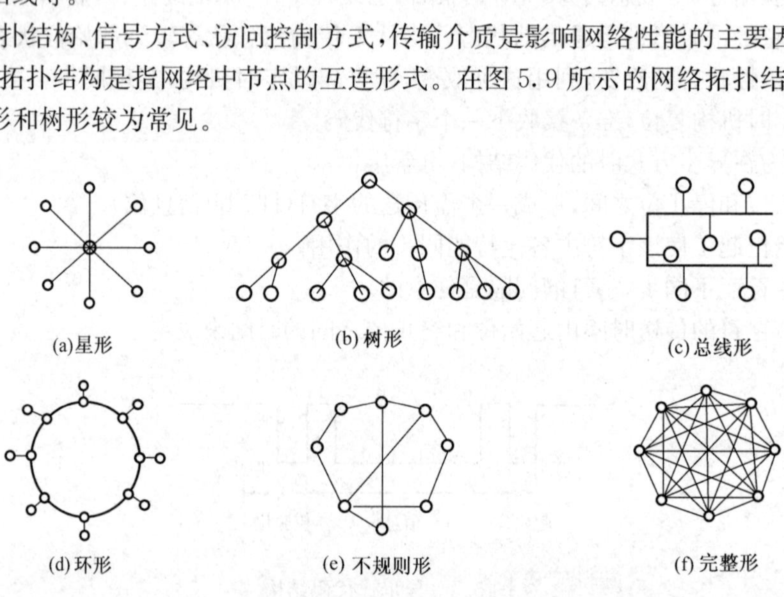

图 5.9　网络拓扑结构

5.3.2 星形拓扑

在星形拓扑中，每个站通过点—点连接到中央节点，任何两站之间通信网过中央节点进行。一个站要传送数据，首先向中央节点发出请求，要求与目的站建立连接。连接建立后，该站才向目的站发送数据。这种拓扑采用集中式通讯控制策略，所有通讯均由中央节点控制，中央节点必须建立和维持许多并行数据通路，因此中央节点的结构显得非常复杂，而每个站的通讯处理负担很小，只需满足点—点链路简单通讯要求，结构很简单。

星形拓扑采用电路交换，可实现数据通信量的综合，适用于低数据率设备。因为这种拓扑的网络终端只需承担很小的通信处理负担。因而很适合要求终端密集地。

5.3.3 环形拓扑

在环形拓扑中，网络中有许多中继器进行点—点链路连接，构成一个封闭的环路。中继器接收前驱站发来的数据，然后按原来速度一位一位地从另一条链路发送出去。链路是单向的，数据沿一个方向(顺时针或反时针)在网上环行。每个工作站通过中继器再连至网络。一个站发送数据，按分组进行，数据拆成分组加上控制信息插入环上，通过其他中继器到达目的站。由于多个工作站要共享环路，需有某种访问控制方式，确定每个站何时能向环上插入分组。它们一般采用分布控制，每个站有存取逻辑和收发控制。

环形拓扑正好与星形拓扑相反。星形拓扑的网络设备需有较复杂的网络处理功能，而工作站负担最小，环形拓扑的网络设备只是很简单的中断器，而工作站则需提供拆包和存取控制逻辑较复杂功能。环形网络的中继器之间可使用高速链路(如光纤)，因此环形网络与其他拓扑相比，可提供更大的吞吐量，适用于工业环境。但在网络路数量、数据类型、可靠性方面存在某些局限。

5.3.4 总线拓扑

在总线型拓扑中，传输介质是一条总线，工作站通过相应硬件接口接至总线上。一个站发送数据，所有其他站都能接收。树形拓扑是总线拓扑的扩展形式，传输介质是不封闭的分支电缆。它和总线拓扑一样，一个站发送数据，其他站都能接收。因此，总线和树形拓扑的传输介质称作多点式或广播式。因为所有节点共享一条传输链路，一次只允许一个站发信息，需有某种存取控制方式，确定下一个可以发送的站。信息也是按分组发送，达到目的站后，经过地址识别，将信息复制下来。

5.3.5 树形拓扑

树形拓扑的适应性很强，可适用于很宽范围，如对网络设备的数量、数据率和数据类型等没有太多限制，可达到很高的带宽。树形结构在单个局域网系统中采用不多，如果把多个总线形或星形网连在一起，或联到另一个大型机或一个环形网上，就形成了树形拓扑结构，这在实际应用环境中是非常需要的。树形结构非常适合于分主次、分等级的层次型管理系统。

5.4 网络通信的硬件与软件

5.4.1 网络的传输介质

传输介质是网络中连接收发双方的物理通路，也是通信中实际传送信息的载体。网络中常用的传输介质有电话线、同轴电缆、双绞线、光导纤维电缆、无线与卫星通信。传输介质的特性对网络中数据通信质量影响很大，这些特性主要是：

(1)物理特性：传输介质物理结构的描述。

(2)传输特性：传输介质允许传送数字或模拟信号以及调制技术、传输容量、传输的频率范围。

(3)连通特性：允许点—点或多点连接。

(4)地理范围：传输介质最大传输距离。

(5)抗干扰性：传输介质防止噪声与电磁干扰对传输数据影响的能力。

(6)相对价格：器件、安装与维护费用。

1. 双绞线的主要特性

无论对于模拟数据还是对于数字数据，双绞线都是最通用的传输介质。电话线路就是一种双绞线。

(1)物理特性

双绞线由按规则螺旋结构排列的两根或四根绝缘线组成。一对线可以作为一条通信线路，各个线对螺旋排列的目的是使各线对之间的电磁干扰最小。

(2)传输特性

双绞线最普遍的应用是语音信号的模拟传输。在一条双绞线上使用频分多路复用技术可以进行多个音频通道的多路复用。如每个通道占用4 kHz带宽，并在相邻通道之间保留适当的隔离频带，双绞线使用的带宽可达268 kHz，可以复用 24 条音频通道的传输。使用双绞线或调制解调器传输模拟数据信号时，数据传输速率可达9 600 bit/s，24 条音频通道总的数据传输速率可达230 kbit/s。

(3)连通性

双绞线可以用于点—点连接，也可用于多点连接。

(4)地理范围

双绞线用作远程中继线时，最大距离可达15 km；用于10 Mbit/s局域网时，与集线器的距离最大为100 m。

(5)抗干扰性

双绞线的抗干扰性取决于一束线中相邻线对的扭曲长度及适当的屏蔽。在低频传输时，其抗干扰能力相当于同轴电缆。在 10～100 kHz时，其抗干扰能力低于同轴电缆。

(6)价格

双绞线的价格低于其他传输介质，并且安装、维护方便。

2. 同轴电缆的主要特性

同轴电缆是网络中应用十分广泛的传输介质之一。

(1)物理特性

同轴电缆结构如图 5.10 所示,它由内导体、外屏蔽层、绝缘层及外部保护层组成一同轴介质的特性参数由内、外导体及绝缘层的电参数和机械尺寸决定。

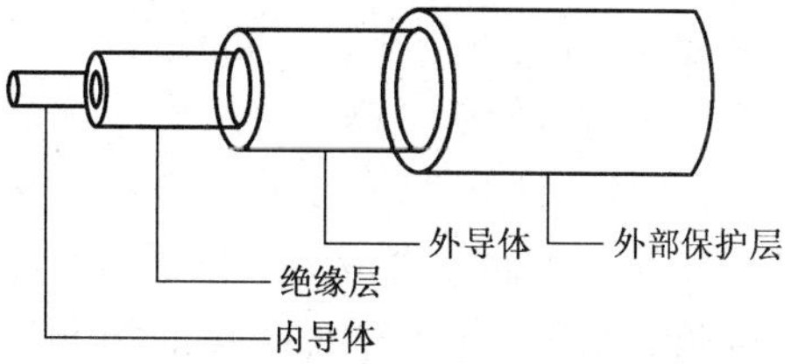

图 5.10　同轴电缆结构示意图

(2)传输特性

根据同轴电缆通频带,同轴电缆可以分为基带同轴电缆和宽带同轴电缆两类。基带同轴电缆一般仅用于数字数据信号传输。宽带同轴电缆可以使用频分多路复用方法,将一条宽带同轴电缆的频带划分成多条通信信道,使用各种调制方案,支持多路传输。宽带同轴电缆也可以只用于一条通信信道的高速数字通信,此时称之为单通道宽带。

描述同轴电缆的另一个电参数是它的特征阻抗。特征阻抗的大小与内、外导体的几何尺寸、绝缘层介常数相关。网络中常用的同轴电缆有特征阻抗为50 Ω的 Ethernet 使用的同轴电缆,用于基带传输,速率可达10 Mbit/s。另一类为公用天线电视 CATV 电缆,特征阻抗为75 Ω。CATV 电缆既可以用于模拟信号传输,也可以用于数字信号传输。当用于模拟信号传输时,CATV 电缆带宽可达400 MHz。CATV 电缆为宽带同轴电缆,可以用频分多路复用 FDM 技术,将 CATV 电缆的带宽分成多个通道,每个通道可以传输模拟信号,也可以传输数字信号。

(3)连通性

同轴电缆支持点—点连接,也支持多点连接。宽带同轴电缆可支持数千台设备的连接;基带同轴电缆可支持数百台设备的连接。

(4)地理范围

宽带同轴电缆最大距离限制在几公里范围内,而宽带同轴电缆最大距离可达几十公里。

(5)抗干扰性

同轴电缆的结构使得它的抗干扰能力较强。

(6)价格

同轴电缆造价介于双绞线与光线之间,维护方便。

3. 光缆的主要特性

光缆是网络传输介质中性能最好、应用前途广泛的一种。

(1)物理特性

光缆是一种直径为 50～100 μm的柔软、能传导光波的介质,各种玻璃和塑料可以用来制造光缆,其中用超高纯度石英玻璃缆维制作的光缆可以得到最低的传输损耗。在折射率较高的单根光缆外面用折射率较低的包层包裹起来,就可以构成一条光缆通道,多条光缆组成多股光缆电缆。光缆的结构如图 5.11(a)所示。

(2)传输特性

光导纤维通过内部的全反射来传输一束经过编码的光信号。光波通过光导纤维内部全反射进行光传输的过程如图 5.11(b)所示。由于光缆的折射系数高于外部包层的折射系数,因此可以形成光波在光缆与包层界面上的全反射。光缆可以看作频率从 $10^{14} \sim 10^{15}$ Hz 的光波导线,这一范围覆盖了可见光谱与部分红外光谱。以小角度进入的光波沿光缆按全反射方式向前传播。典型的光缆传输系统的结构如图 5.12 所示。光缆发送端采用两种光源:发光二极管 LED 和注入型激光二极管 ILD。在接收端将光信号转换成电信号时使用光电二极管 PIN 检波器或 APD 检波器。光载波调制方法采用振幅键控 ASK 调制方法,即亮度调制。光缆传输速率可达几千 Mbit/s。目前已投入使用的光缆在几公里范围内速率达到几百 Mbit/s。

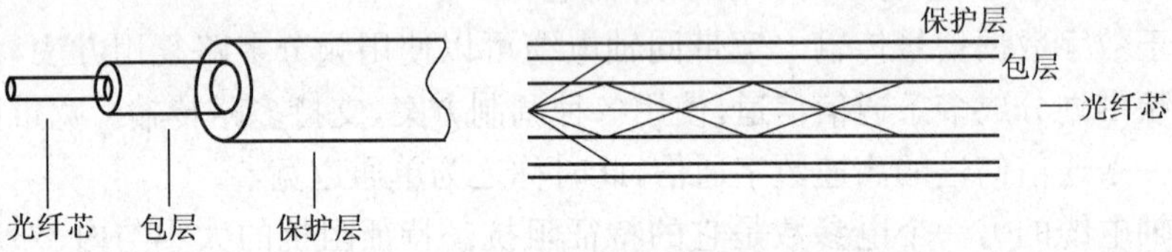

(a)光缆结构　　(b)光缆内部的光传输过程

图 5.11　光缆结构与传输

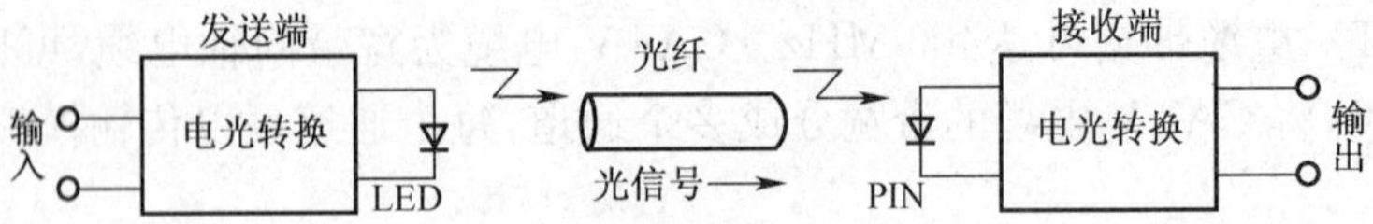

图 5.12　光缆传输系统

光缆传输分为单模与多模两类。所谓单模光缆是指光缆的光信号仅与光缆轴成单个可分辨角度的单光缆传输,而多模光缆的光信号与光缆轴成多个可分辨角度的多光发传输。单模光缆性能优于多模光缆。

(3)连通性

光缆最普遍的连接方法是点—点方式,在某些实验系统中也采用多点连接方式。

(4)地理范围

光缆信号衰减极小,它可以在 6~8 km距离内不使用中继器,实现高速率数据传输。

(5)抗干扰性

光缆不受外界电磁干扰与噪声的影响能在长距离、高速率传输中保持低误码率。双绞线典型的误码率在 $10^{-6} \sim 10^{-5}$ 之间,基带同轴电缆为 10^{-7},宽带同轴电缆为 10^{-9},而光缆误码率可以低于 10^{-10}。光缆传输的安全性与保密性极好。

(6)价格

目前光缆价格高于同轴电缆与双绞线。由于光缆具有低损耗、宽频、高数据传输速率、低误码率、安全保密性好等特点,因此它是一种最有前途的传输介质。

4. 无线通信信道的主要特性

无线通信主要有微波通信、红外通信与激光通信,卫星通信可以看成是一种特殊的微波通信系统。由于微波载波频率很高，可以同时传送大量信息，例如，一个带宽为2 MHz的微波频段就可以容纳500路语言信道。当用于数字通信时，数据传输速率可达若干Mbit/s。微波属于一种视距传输，它沿直线传播，不能绕射。红外通信与激光通信也属于方向性极强的直线传播，发送端与接收端必须可以直视，中间没有阻挡。由于微波通信信道、红外通信信道与激光通信信道都不需要铺设电缆，因此对于连接不同建筑物之间的局域网特别有用。目前正在发展的一项局域网技术是无线局域网，并将获得广泛应用。

(1)微波

工作频率为$10^9 \sim 10^{10}$ Hz，局域网络可直接利用微波收发机进行通信，或作中继接力，扩大传输距离。

(2)红外线

工作频率为$10^{11} \sim 10^{14}$ Hz，通过发送或接收信号调制的非相干红外线，即可形成一条通信链路。只要收发机处在视线内，就可准确地进行通信，方向性很强，几乎不受干扰。

(3)激光

工作频率为$10^{14} \sim 10^{15}$ Hz，用调制解调的相干激光，实现激光通信。对于远距离传输还可采用卫星通信等。

传输介质的选择：传输介质选择时要考虑的问题很多，它受到网络拓扑、网络连接方式的限制。它应该支持所希望的网络通信量；满足系统的可靠性要求；根据所要传输的数据类型、网络覆盖的地理范围、节点间的距离等因素，选择合适的传输介质。

5.4.2 网络通讯设备

随着网络技术的进步，网络使用的通信设备也有了很大的发展。从网卡到网关，各种专用设备应运而生。

1. 网卡

网卡又称为网络适配器，通常安装在工作站或服务器的节点计算机中，充当网络计算机和网络传输介质之间的物理接口。由于数据在计算机内为并行传输，在传输介质中通常为串行传输，所以网卡都具备并行/串行的转换功能。

2. 调制解调器

当计算机利用公用电话线与网络连接时，最简便的方法是通过调制解调器将计算机接到电话线上。由于电话线使用模拟数据，计算机使用数字数据，所以调制解调器的功能应能保证数据在模拟格式和数字格式之间来回进行转换。

3. 中继器

中继器通常用在局域网中进行数据转发。它具有信号放大作用，能对弱信号进行再生；因此在传输线上使用后，就能弥补信号的衰减，延伸可传播的距离。

4. 集线器与交换器

集线器与交换器都是局域网中常用的数据转发设备。表面上他们的工作十分相似，都能连接网内的多个节点，都能够把数据包从源端口转发到目的端口，但二者在下面一点上有重要不同：在集线器中，连接到面板上的各个节点共享集线器的额定带宽；而交换器则可向面板上的每个节点提供同样的带宽,即每个节点均可独享交换器的额定带宽。

5. 网桥与路由器

网桥与路由器均适用于局域网—局域网互联。二者同属于"存储—转发"设备,能将从一个局域网送来的信号首先存储起来,再通过传输介质转发到目的地址。路由器除具网桥的全部功能外,通常比网桥具有更高的智能,能为所传送的报文分组提供选择路径的能力。

6. 网关

网关常用于两个或多个异种网之间的连接,在局域网—广域网互联、广域网—广域网互联中均可使用。由于网关允许两个被连接的网络具有不同的通信协议,有时也称之为"协议转换器"。

5.4.3 网络通信协议

为使通信子网有效地工作,参加通信的各方均须遵守一些共同的规则,包括通信的内容、格式、步骤以及对通信设备与线路的要求等。网络协议就是各类通信规程和约定的集合。

20 世纪 70 年代中期,网络应用已初具规模,许多公司竞相参加网络产品的开发。但由于网络采用的结构和通信规程不同,各厂商生产的产品不能兼容,增加了用户的困难,为了规范网络通信,国际标准化组织(ISO)在 1984 年公布了网络系统参考模型,全名为开放系统互联基本参考模型,简称 ISO-OSI/RM。在 ISO-OSI/RM 中,网络的结构自下而上被分为 7 个层次,每层各完成一定的功能,并遵守相应的协议。

ISO-OSI/RM 的制定为网络通信提供了标准的参考框架。更为重要的是,它提出了协议分层的概念,把各层适用的通信协议分开,从而简化了协议的设计,方便了网络的互联。具体内容参见本章第七节。

5.5 数据通信技术

5.5.1 介质访问控制方式

如前所述,在总线和环形拓扑中,网上设备必须共享传输线路。为解决在同一时间有几个设备同时争用传输介质,需有某种介质访问控制方式,以便协调各设备访问介质的顺序,在设备之间交换数据。

通信中对介质的访问可以是随机的,即各工作站可在任何时刻,任意地访问介质;也可以是受控的,即各工作站可用一定的算法调整各站访问介质顺序和时间。在随机访问方式中,常用的争用总线技术为 CSMA/CD。在控制访问方式中则常用令牌总线、令牌环,或称之为标记总线、标记环。

5.5.1.1 CSMA/CD(载波监听多路访问/冲突检测)

这种控制方式对任何工作站都没有预约发送时间。工作站的发送是随机的,必须在网络上争用传输介质,故称之为争用技术。若同一时刻有多个工作站向传输线路发送信息,则这些信息会在传输线上相互混淆而遭破坏，称为"冲突"。为尽量避免由于竞争引起的冲突，每个工作站在发送信息之前，都要监听传输线上是否有信息在发送，这就是"载波监听"。

载波监听 CSMA 的控制方案是先听再讲。一个站要发送，首先需监听总线，以决定介质上是否存在其他站的发送信号。如果介质是空闲的，则可以发送。如果介质是忙的，则等待一定间隔后重试。当监听总线状态后，可采用以下 3 种 CSMA 坚持退避算法：

第 1 种为不坚持 CSMA。假如介质是空闲的，则发送。假如介质是忙的，则等待一段随机时间，重复第一步。

第 2 种为 1-坚持 CSMA。假如介质是空闲的，则发送。假如介质是忙的，继续监听，直到介质空闲，立即发送。假如冲突发生，则等待一段随机时间，重复第一步。

第 3 种为 P-坚持 CSMA。假如介质是空闲的，则以 P 的概率发送，或以 $(1-P)$ 的概率延迟一个时间单位后重复处理。该时间单位等于最大的传输延迟。假如介质是忙的，继续监听直到介质空闲，重复第一步。

不坚持算法利用随机的重传时间来减少冲突的概率，这种算法的缺点是：即使有几个站有数据要发送，介质仍然可能处于空闲状态，介质的利用率较低。为了避免这种介质利用率的损失，可采用 1-坚持算法。当站点要发送时，只要介质空闲，就立即发送。这种算法的缺点是：假如有 2 个或 2 个以上的站点有数据要发送，冲突就不可避免。P-坚持算法是一种折衷的算法。它试图降低像 1-坚持算法的冲突概率，另一方面又减少像不坚持算法中的介质浪费。

假如当介质忙时，有 N 个站有数据等待发送，则当前的发送完成时，有 NP 个站企图发送，如果选择 P 过大，使 $NP>1$，则冲突不可避免。最坏的情况是，随着冲突概率的不断增大，吞吐率会降为 0。所以必须选择 P 值使 $NP<1$，如果 P 值选得过小，则通道利用率又会大大降低。

由于传输线上不可避免的有传输延迟，有可能多个站同时监听到线上空闲并开始发送，从而导致冲突。故每个工作站发送信息之后，还要继续监听线路，判定是否有其他站正与本站同时向传输线发送，一旦发现，便中止当前发送，这就是"冲突检测"。

载波监听多路访问/冲突检测的协议，简写为 CSMA/CD，已广泛应用于局域网中。每个站在发送帧期间，同时有检测冲突的能力。即所谓边讲边听。一旦检测到冲突，就立即停止发送，并向总线上发一串阻塞信号，通知总线上各站冲突已发生，这样通道的容量不致因白白传送已损坏的帧而浪费。

对基带总线而言，所需的冲突检测的时间等于任意两个站之间最大的传输延迟的 2 倍。对宽带总线而言，冲突检测时间等于任意两个站之间最大传输延迟的 4 倍。

5.5.1.2 令牌(标记)访问控制方式

CSMA 的访问存在发报冲突问题，产生冲突的原因是由于各站点发报是随机的。为了解决冲突问题，可采用有控制的发报方式，令牌方式是一种按一定顺序在各站点传递令牌(token)的方法。谁得到令牌，谁才有发报权。令牌访问原理可用于环形网络，构成令牌环形网；也可用于总线网，构成令牌总线网络。

1. 令牌环(token ring)方式

令牌环是环形结构局域网采用的一种访问控制方式。由于在环形结构网络上，某一瞬间可以允许发送报文的站点只有一个，令牌在网络环路上不断地传送，只有拥有此令牌的站点，才有权向环路上发送报文，而其他站点仅允许接收报文。站点在发送完毕后，便将令牌交给网上下一个站点，如果该站点没有报文需要发送，便把令牌顺次传给下一个站点。因此，表示发送权的令牌在环形信道上不断循环。环上每个相应站点都可获得发报权，而任何时刻只会有一个站点利用环路传送报文，因而在环路上保证不会发生访问冲突。

图 5.13 是环形网令牌传递方式工作原理示意图。图中各站点的一个人口和一个出口分别与环形信道相连。通信处理器中有缓冲器，用来存储转发信息。图 5.13(b)所示是在网上传输的帧的大致格式。它由开始标志表示帧的开始，目的地址是帧的接收站地址，源地址是发送该帧的地址，报文即为帧中的数据，检验和用以检查帧传输中的差错情况，状态位则用来指示此帧发出后是否为目的站所接收，结束标志用来表示此帧的结束。

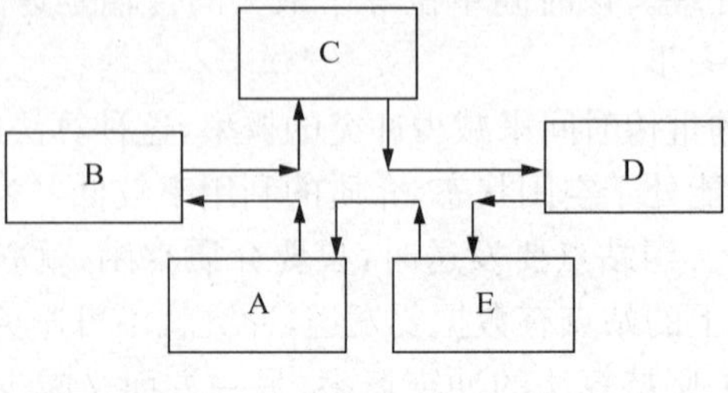

(a)

起始状态	目的地址	源地 址	数据信息	校验和	状 态	结束标志

(b)

图 5.13　环形网令牌传递方式工作原理示意图

若 A 站要发送数据给 C 站，则 A 站把目的地址和要发送的数据交给本站的通信处理器并组织成帧。一旦本站从环上得到令牌，就从出口发出该帧。B 从其入口收到此帧后，查看目的地址与本站地址不符，便将原帧依次转发给 C。在查看目的地址时，得知此帧是给本站的，便根据检验和进行查错，如传输的帧无错误，便将帧中的数据收下，并修改状态位，表示此帧已被正确接收，这时 C 再把修改了状态位的原帧沿 D、E 送回 A。A 从返回的帧状态位得知发送成功，从环上取消此帧，再把令牌转交给 B，这样完成了一次站间通信过程。

采用令牌环方式的局域网，网上每一个站点都知道信息的来去动向，保证了较高的信息传输的确定性。由于能估算出信息传输的延迟时间，所以比较适合在实时系统中使用，而 CSMA/CD 方式的信息传输时间是不确定的。令牌环方式对轻、重负载不敏感，但单环环路出故障将使整个环路通信瘫痪，因而可靠性比较低。

2. 令牌传递总线(token-passing bus)方式

这种方式和 CSMA/CD 方式一样，采用总线网络拓扑，但不同的是在网上各工作站按一定顺序形成一个逻辑环。每个工作站在环中均有一个指定的逻辑位置，末站的后站就是首站，即首尾相连。每站都了解先行站(PS)和后继站(NS)的地址，总线上各站的物理位置与逻辑位置无关。

像令牌环方式那样，令牌传递总线方式也具备称为令牌的控制帧，调整访问的权力。收到令牌的站点在一段规定时间内被授予对介质的控制权，因而该站可以发送一帧或多帧信息。当该站传输已经完成或时间已到时，它就将令牌传递到逻辑环中的下一工作站，因此，传输过程就是由交替进行的数据传输阶段和令牌传送阶段组成。网上站也可以退出环成为非活动站点，这些站点仅能响应询问或请求应答。

令牌传递总线访问控制是在物理总线上建立一个逻辑环，如图 5.14 所示。从物理上看，这是一种总线结构的局域网。和总线网一样，站点共享的传输介质为总线。但是从逻辑上看，这是一种环型结构的局域网，接在总线上的站组成一个逻辑环，每个站被赋予一个顺序的逻辑位置，和令牌环一样，站点只有取得令牌，才能发送帧，该令牌在逻辑环上依次传递。

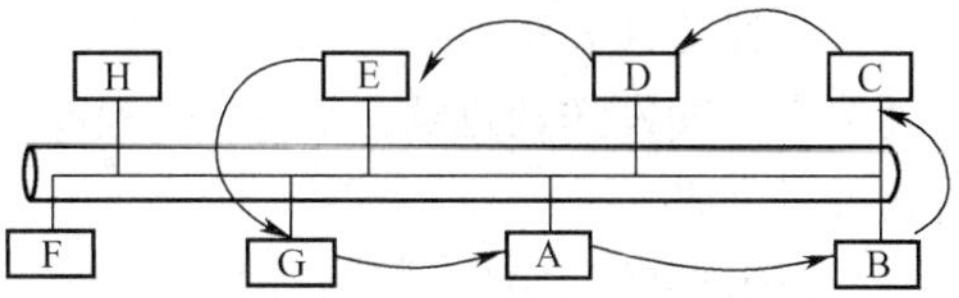

图 5.14　令牌传递总线访问控制

在正常运行时，当站点完成了它的发送，就将令牌送给下一个站。从逻辑上看，令牌是接地址的递减顺序传送至下一个站点。但从物理上看，带有目的地址的令牌帧广播到总线上所有的站点，当目的站识别出符合它的地址时，即把该标记接收。

当各站都没有帧发送时，令牌的形式为 011111111，称空标记。当一个站要发送帧时，需等待空标记通过，然后将它改为忙标记，即 011111110。紧跟着忙标记，该站把数据帧发送到环上。由于标记是忙状态，所以其他站不能发送帧，必须等待。

接收帧的过程是当帧通过站时，该站将帧的目的地址和本站的地址相比较，如地址相符合，则将帧放入接收缓冲器，再输入站，同时将帧送回至环上。如地址不符合，则将数据帧重新送入环。发送的帧在环上循环一周后再回到发送站，将该帧从环上移去。同时忙标记改为空标记，传至后面的站，使之获得发送帧的许可权。

因为只有收到标记帧的站点才能将信息帧送到总线上，因此，不像 CSMA/CD 访问方式那样，它不可能产生冲突。由于不可能产生冲突，标记环的信息帧长度只需根据要传送的信息长度来确定，而对于 CSMA/CD 访问控制，为了使最远距离的站点也能检测到冲突，需要在实际的信息长度后加填充位，以满足最低信息长度的要求。一些用在控制方面的标制总线帧可以设置得很短，这样开销就减少了，相当于增加了网络的容量。

假如取得令牌的站有报文要发送，则发送报文，随后，将令牌送至下一个站。假如取得令牌的站没有报文要发送，则立即把标记送到下一个站。由于站点接收到标记的过程是顺序依次进行的，因此对所有站点都有公平的访问权。为使站点等待取得标记的时间是确定的，这就需要限定每个站发送帧的最大长度。如果所有站都有报文要发送，最坏情况下，等待取得标记和发送报文的时间应该等于全部站点标记传送时间和报文发送时间的总和。另一个方面，如果只有一个站有报文要发送，则最坏情况下等待时间只是全部站点标记传递时间的总和。

对于应用在控制过程的局域网，等待访问时间是一个很关键的参数，可以根据需求，选定网中的站点数及最大的报文长度，从而保证在限定的区间内，任一点可以取得令牌。令牌传递总线访问控制还提供了不同的服务级别，即不同的优先级。

令牌传递总线网络的正常操作十分简单。然而，网络必须有初始化的功能，即能够生成一个顺序访问的次序。当网络中的标记丢失，或产生多个标记时，必须有故障恢复功能。还应该有将不活动的站点从环中去除以及将新的活动站点加入环的功能，这些附加功能大大增加了令牌传递总线访问控制的复杂性。

归纳起来，令牌传递总线介质访问控制应具备以下几项功能：

• 令牌传递算法：逻辑环按递减的站地址次序组成。刚发完帧的站将令牌传给后继站。后继站应立即发送数据或令牌帧，原先释放令牌的站监听到总线上的信号，便可以确认后继站获得了令牌。

• 逻辑环的初始化：网络开始启动时，或由于某种原因，在运行中所有站点活动的时间超过规定的时间，都需要进行逻辑环的初始化。初始化的过程是一个争用的过程，争用的结果只有一个站能获得标记，其他的站用站插入算法插入。

• 站插入算法：逻辑环上的每个站应周期性地使新的站有机会插入环中。当同时有几个站要插入时，可以采用带有响应窗口的争用处理算法。

• 退出环路：一个工作站须能将其自身从环路中退出，并将其先行站和后继站连接起来。

• 恢复：网络中可能发现差错，特别是丢失令牌应能恢复，在多重令牌情况下能识别处理。

这种方式已列为 IEEE802.4 协议标准。

5.5.2 数据交换

数据交换技术是计算机网络实现技术中十分重要和基本的内容，了解交换技术的工作原理、优缺点，对理解网络工作原理十分重要。在计算机网络中，通信的基本交换方式分为两类：线路交换与存储转发交换。存储转发交换中又分为两种：报文存储转发交换与报文分组存储转发交换。

1. 线路交换方式

采用线路交换(circuh swltchin8)方式在两台计算机之间通过网络进行数据交换之前，首先在网络中建立一个实际的物理线路连接，为此次通信专用。这种数据交换方式事实上来源于电话网。

线路交换方式的通信过程分 3 个阶段：

(1)线路建立阶段

如果主机 A 要向主机 B 传输数据，那么首先要通过网络在 A 与 B 之间建立线路连接。A 首先发送“连接请求包”。“连接请求包”内含有需要建立线路连接的源地址与目的地址。

如在图 5.15 中，要在节点 A、B 之间建立线路连接。节点 A 根据目的主机地址，启动路选算法选择下一个节点 C，并向节点 C 发送“连接请求包”。节点 C 接到连接请求后，同样根据路选算法，选择下一个节点 D，由节点 C 向 D 发送“连接请求包”。节点 D 接到连接请求后，也要根据路选算法，选择下一个节点 E，由节点 D 向 E 发送“连接请求包”；节点 E 接到连接请求后，向与其直接连接的 B 发送“连接请求包”。B 如果接受 A

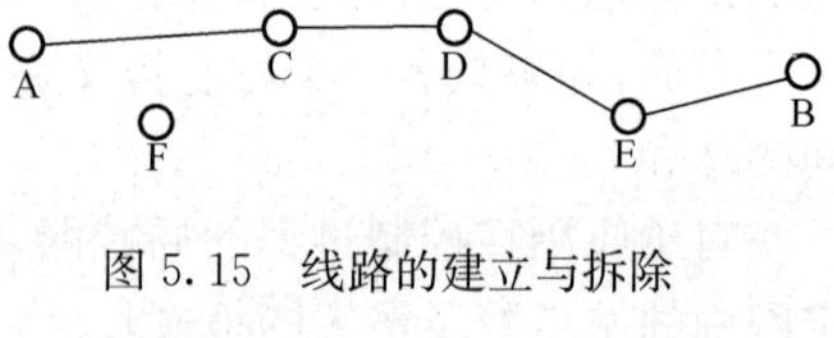

图 5.15　线路的建立与拆除

的呼叫请求，则通过已经建立的物理线路连接 B—E—D—C—A 向 A 发送“连接应答包”。至此，从 A—C—D—E—B 的专用物理线路连接建立完成，该物理连接为此次 A 与 B 的数据交换服务。

(2)数据传输阶段

在 A 与 B 通过网络的物理线路连接建立以后，A 与 B 就可以通过该连接，实时、双向交换报文(或报文分组)。

(3)线路释放阶段

数据传输完成后，进入线路释放阶段。一般由 A 向 B 发出“释放请求包”，B 同意结束传输、释放线路后，将向节点 E 发送“释放应答包”；建立的物理连接将由 B、E、D、C、A 逐站释放，结束此次通信。

线路交换方式的特点是：节点是电子或机电结合的交换设备，完成输入线路与输出线路的物理连接。交换设备和线路分模拟通信和数字通信两类。线路连接过程完成后，在两台主机之间建立起直接的物理线路连接，为此次通信专用。节点交换设备不存储数据，不能改变数据内容，不具备差错控制能力。

线路交换方式的优点是：通信实时性强，适用于交互式通信。

线路交换方式的缺点是：对突发性通信不适应，系统效率低；系统不具有存储数据的能力，也不具备差错控制能力。于是，人们提出了存储转发交换式。

2. 存储转发交换方式

存储转发交换(store and forward exchanging)方式与线路交换方式的主要区别表现在：发送的数据与目的地址、源地址、控制信息按一定格式组成一个数据单元，即报文或报文分组；通信站点的通信控制处理器要完成数据单元的接收、差错校验、存储、路选和转发功能。

存储转发方式的优点主要有：

(1)由于通信控制可以存储报文(或报文分组)，因此多个报文(或报文分组)可以分时共享一条节点—节点的通信信道，线路利用率高。

(2)通信控制具有路选功能，可以动态选择报文(或报文分线)头过通信网络的最佳路径，同时可以平滑通信量，提高系统效率。

(3)报文(或报文分组)在通过每个通信控制时均要进行差错检查与纠错处理，因此可以减少传输错误，提高系统可靠性。

(4)通过通信控制处理器，可以对不同通信速率的线路进行速率转换，也可以对不同数据代码格式进行交换。

正是由于存储转发交换方式有以上明显的优点，因此在计算机网络中得到广泛的使用。

存储转发交换方式可以分为两类：报文交换(messge switching)与报文分组交换(packet switching)。其结构如图 5.16 所示，如果发送数据时，可以不管发送数据的长度是多少，都把它作为一个逻辑单元，在发送的数据上加上目的地址、源地址与控制信息，按一定的格式打包后组成一个报文。而报文分组方法是限制数据的最大长度(典型的最大长度是一千或几千比特)。在发送站将一个长报文分成多个报文分组，在接收站再将多个报文分组按顺序重新组织成一个新报文。

由于报文分组长度较短，传输差错检错容易，出错重发花费时间较少，有利于提高存储转发节点存储空间利用率和传输效率，因此成为当今公用数据交换网中主要的交换技术。采用报文分组交换技术的通信子网称为分组交换网。

报文	报文号	目的地址	源地址	数据	校验

报文分组	报文号报文分组号	目的地址	源地址	报文分组数据	校验

图 5.16　报文和报文分组结构

报文分组交换技术在实际应用中又分为两类：数据报(DG，data gram)方式与虚电路(VC，virtual circuit)方式。

3. 数据报方式

数据报方式的数据交换过程如图 5.17 所示。其报文分组交换过程为：

(1)源主机 H_A 将报文 M 分成多个报文分组 P_1，P_2…依次发送到与其直接连接的通信控制处理器 A(即节点 A)上。

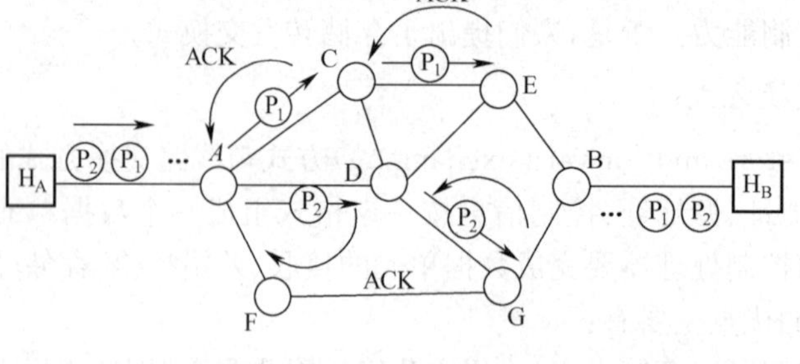

图 5.17　数据报工作原理示意图方式

(2)节点 A 每接收一个报文分组均要进行差错检测，以保证 H_A 与节点 A 的数据传输正确性；节点 A 接收到报文分组 P_1，P_2…后，要为每个报文分组进入通信网络的下一节点启动路选算法。由于网络通信状态是不断变化的，报文分组 P_1 的下一个节点可能选择为 C，而报文分组 P_2 的下一个节点可能选择为 D，因此同一报文的不同分组通过子网的路径可能是不相同的。

(3)节点 A 向节点 C 发送报文分组 P_1 时，节点 C 要对 P_1 传输的正确性进行检测。如果传输正确，节点 C 向节点 A 发送正确传输的确认信息 ACK；节点 A 接收节点 C 的 ACK 信息后，确认 P_1 已正确传输，则废弃 P_1 的副本。其他节点的工作过程与节点 C 的工作过程相同。这样报文分组 P_1 通过通信子网中多个节点存储转发，最终正确到达目的节点 B。

从以上讨论可以看出，数据报工作方式具有以下特点：

(1)同一报文的不同报文分组可以由不同的传输路径通过通信网络；

(2)同一报文的不同报文分组到达目的节点时可能出现乱序、重复和丢失现象；

(3)每一个报文分组在传输过程中都必须带有目的地址和源地址；

(4)数据报方式报文传输延迟较大，适用于突发性通信，不适用于长报文、会话式通信。

4. 虚电路方式

虚电路方式试图将数据报方式与线路交换方式结合起来,发挥两种方法的优点,达到最佳数据交换效果。虚电路交换方式工作过程如图 5.18 所示。

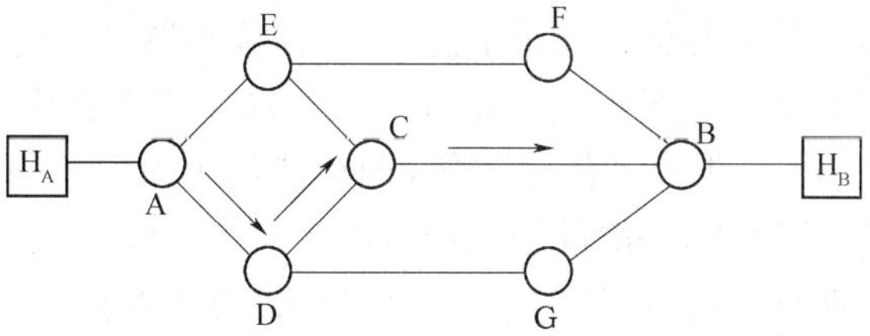

图 5.18　虚电路方式工作原理示意图

在数据报工作方式中,报文分组发送之前,发送方与接收方之间不需要预先建立连接。虚电路方式在报文分组发送之前,需要在发送方和接收方建立一条逻辑连接的虚电路。在这一点上,虚电路方式与线路交换方式相同,整个通信过程分为三个阶段;虚电路建立阶段、数据传输阶段与虚电路拆除阶段。

在虚电路建立阶段,节点 A 启动路选算法,选择下一个节点(例如 D),向节点 D 发送"连接请求分组";同样节点 D 也要启动路选算法选择下一个节点。依此类推,"连接请求分组"经过 A—D—C—B,送到目的节点 B。目的节点 B 向源节点 A 发送"连接接收",至此虚电路建立。在数据传输阶段,虚电路方式利用已建立的虚电路逐站以存储转发方式顺序传送报文分组。传输结束后进入虚电路拆除阶段。

虚电路方式的特点是:

(1)在每次报文发送之前,必须在发送方与接收方之间建立一条逻辑连接;

(2)一次通信中所有报文分组都从这条逻辑连接的虚电路上通过,因此报文分组不必带目的地址、源地址等辅助信息,报文分组到达目的节点不会出现丢失、重复和乱序的现象;

(3)报文分组通过每个虚电路的节点时,节点需要做差错检测,而不需要做路径选择;

(4)通信网络中每个节点可以和任何节点建立多条虚电路连接。

由于虚电路方式保留了报文分组交换与线路交换两种方式的优点,因此在计算机网络中得到了广泛的应用。

不同的交换方式适合于不同的应用场合。线路交换适合于高负荷的持续通信要求,尤其是会话式通信与语音、图像通信,不适合于突发性通信;报文交换适合于长报文、无实时要求的通信,不适合会话式通信;数据报方式适合于灵活的突发性短报文传输,不适合会话式和有实时性要求的通信;虚电路方式既适合于定时、定对象、长报文通信,也适合会话式通信和语音、动态图像和图形通信要求。

5.5.3　差错控制

1. 检错与纠错

在通信线路上传输信息时,往往由于噪声或瞬时中断等干扰,使接收端收到的信息出现概率性错码。在中速(600～4 800 bit/s)情况下,用电报电话传输信息时,误码率 P_e 在

$10^{-6}\sim10^{-4}$之间，在计算机通信网上，通常要求误码率在 $10^{-9}\sim10^{-5}$之间。

为了提高通信系统的传输质量而提出的有效地检测错误，并进行纠正的方法叫做差错检测和校正，简称为差错控制。差错控制的主要目的是减少通信信道的传输错误，目前还不可能做到检测和校正所有的错误。人们在设计差错控制的具体方法时提出两种策略：第一是让每个传输的报文分组带上足够的冗余信息，以便在接收端能发现并自动纠正传输错误，即纠错码方案。第二是让报文分组仅包含足以使接收端发现差错的冗余信息，但不能确定哪一比特是错的，并且自己不能纠正传输差错，即检错码方案。纠错码方法虽然有优越之处，但实现复杂，造价高，费时间，一般的通信场合不易采用。检错码虽然需要通过重传机制达到纠错，但原理简单，实现容易，编码与解码速度快，目前正得到广泛的使用。

2. CRC 检错码的工作原理

常用的检错码有两类：奇偶校验码与循环冗余编码(CRC，cyclic redundancy code)。奇偶校验码是一种最常见的检错码，它分为垂直奇(偶)校验、水平奇(偶)校验与水平垂直奇(偶)校验(即方阵码)。奇偶校验方法简单，但检错能力差，一般只用于通信要求较低的环境。

CRC 码检错方法是将要发送的数据比特序列当作一个多项式 $f(x)$ 的系数，在发送方用收发双方预先约定的生成多项式 $G(x)$ 去除，求得一个余数多项式。将余数多项式加到数据多项式之后发送到接收端。接收端用同样的生成多项式 $G(x)$ 去除接收数据多项式 $f(x)$，得到计算余数多项式。如果计算余数多项式与接收余数多项式相同，则表示传输无差错；如果计算余数多项式不等于接收余数多项式，则表示传输有差错，由发送方重发数据，直至正确为止。CRC 码检错能力强，实现容易，是目前应用最广的检错码编码方法之其工作原理如图 5.19 所示。

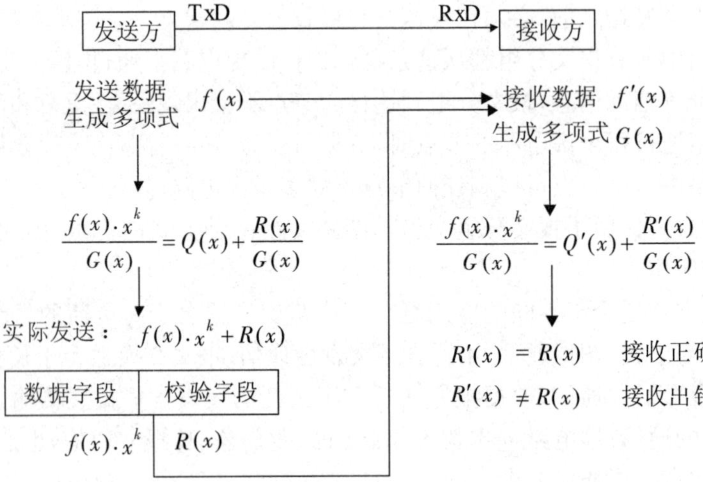

图 5.19　CRC 校验基本工作原理

CRC 生成多项式 $G(x)$ 由协议规定，目前已有多种生成多项式列入国际标准中，例如：

CRC-12：$G(x)=x^{12}+x^{11}+x^{3}+x^{2}+x^{1}+1$

CRC-16：$G(x)=x^{16}+x^{15}+x^{2}+1$

CRC-CCITT：$G(x)=x^{16}+x^{12}+x^{5}+1$

CRC-32：$G(x)=x^{32}+x^{26}+x^{23}+x^{22}+x^{16}+x^{12}+x^{11}+x^{10}+x^{8}+x^{7}+x^{5}+x^{4}+x^{2}+x+1$

生成多项式 $G(x)$ 的结构及检错效果是要经过严格的数学分析与实验后确定的。图5.20 所示 CRC 校验的工作过程可以描述为：

(1)在发送端，将发送数据多项式 $f(x)\cdot x^k$，其中 k 为生成多项式的最高幂值，例如 CRC12 的最高幂值为 12，则发送 $f(x)\cdot x^{12}$；对于二进制乘法来说，$f(x)\cdot x^{12}$ 的意义是将发送数据比特序列左移 12 位，用来存入余数。

(2)将 $f(x)\cdot x^k$ 除以生成多项式 $G(x)$，得：

$$\frac{f(x)\cdot x^k}{G(x)}=Q(x)+\frac{R(x)}{G(x)}$$

式中　$R(x)$——余数多项式。

(3)将 $f(x)\cdot x^k+R(x)$ 作为整体，从发送端通过通信信道传送到接收端。

(4)接收端对接收数据多项式 $f'(x)$ 采用同样的运算，即

$$\frac{f'(x)\cdot x^k}{G(x)}=Q(x)+\frac{R'(x)}{G(x)}$$

求得计算余数多项式。

(5)接收端根据计算余数多项式 $R'(x)$ 是否等于接收余数多项式 $R(x)$ 来判断是否出现传输错误。实际的 CRC 校验码生成是采用二进制模二算法，即减法不借位，加法不进位。这是一种异或操作。我们可以用下面的实例来进一步说明 CRC 校验码生成过程：

①发送数据 bit 序列 110011(6 bit)。

②生成多项式 bit 序列为 11001(5 bit，$K=4$)。

③将发送数据 bit 序列乘以 2^{14} 那么产生的乘积应为 1100110000。

④将乘积用生成多项式 bit 序列去除，按模二算法应为：

```
                       100001           Q(x)
G(x) → 11001 )1100110000       ← f(x)·x^k
               11001
               ----------
                    10000
                    11001
                    -----
                     1001       ← R(x)
```

求得余数 bit 序列为 1001。

⑤将余数比特序列加到乘积中得：1100111001。

⑥如果在数据传输过程中没有发生传输错误，那么接收端接收到的带有 CRC 核验码的接收数据 bit 序列一定能被相同的生成多项式整除，即

```
          100001
11001 )1100111001
       11001
       ----------
            11001
            11001
            -----
                0
```

在实际网络应用中，CRC 校验码生成与校验过程可以用软件或硬件方法实现。目前很多通信超大规模集成电路芯片内部都可以非常方便地实现标准 CRC 校验码的生成与校验功能。

CRC 校验码的检错能力很强，它除了能检查出离散错外，还能检查出突发错。检错能力为：

①能检查出全部单个错；

②能检查出全部离散的二位错；

③能检查出全部奇数个数；

④能检查出全部长度小于或等于 K 位的突出错；

⑤能以 $1-\left(\frac{1}{2}\right)^{k-1}$ 的概率检查出长度为 $(k+1)$ 位的突出错。例如，如果 $k=16$，则该 CRC 校验码能全部检查出小于或等于 16 位长度的突发错，并能以 $1-\left(\frac{1}{2}\right)^{16-1}=99.997\%$ 的概率检查出长度为 17 位的突发错，漏检概率为 0.003%。

3. 差错控制方法

接收端可以通过检错码检查传送一帧数据是否出错，一旦发现传输错，则通常采用反镇重发(ARQ，automatic request or repeat)方法来纠正。数据通信系统中的反馈重发机制如图 5.20 所示。反馈重发纠错实现方法有两种：停止等待方式、连续工作方式。

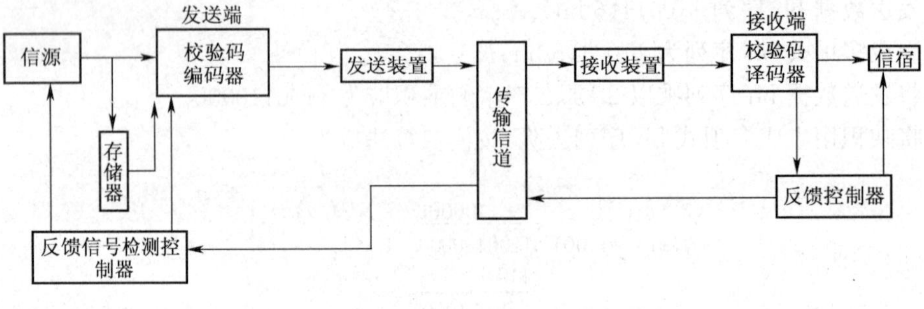

图 5.20 反馈重发纠错实现方法

在停止等待方式中，发送方在发送完一数据帧后，要等待接收方的应答帧的到来。应答帧表示上一帧已正确接收，发送方就可以发送下一数据帧。停止等待 ARQ 协议简单，但系统通信效率低。为了克服这一缺点，人们提出了连续 ARQ 协议。

实现连续 ARQ 协议的方法有两种：拉回方式与选择重发方式。拉回方式中发进方可以连续向接收方发送数据帧，接收方对接收的数据帧进行校验，然后向发送方发回应答帧。如果发送方在连续发送了编号为 0～5 的数据帧后，从应答帧得知 2 号数据帧传输错误。那么发送方将停止当前数据帧的发送，重发 2、3、4、5 号数据。拉回状态结束后，接着发送 6 号数据帧。

选择重发方式与拉回方式不同之处在于：如果在发送完编号为 5 的数据帧时，接收到编号为 2 的数据帧传输出错的应答帧，那么发送方在发送完编号为 5 的数据帧后，只重发出错的2号数据。选择重发完成后，接着发送编号为6的数据帧。显然，选择重发完成的效率将高于拉回方式。

5.6 网络互连

5.6.1 网络互连的基本概念

网络互连是将分布在不同地理位置的网络、网络设备连接起来，构成更大规模的网络系统，以实现互联网络的资源共享。相互连接的网络可以是同种类型网络，也可以是运行不同网络协议的异型系统。网络互连是计算机网络和通信技术迅速发展的结果，也是网络系统应用范围不断扩大的要求。网络互连要求在不改变原网络协议、硬件、软件的输出下，使连接对原网络的影响减至最小。通过网络互连技术使原来因所用协议不同不能相互通信的网络间实现相互通信。

在互联网中，每个子网为互联网的一个部分，每个子网的网络资源都应该成为互联网中的共享资源，而互联网中的共享资源应该可以为网上任何最终用户所享有。同时，又应该屏蔽各子网在网络协议、服务类型、网络管理等方面的差异。网络互连技术能实现更大规模、更大范围的网络连接，使网络、网络设备、网络操作系统与网络资源、网络服务成为一个整体。

5.6.2 网络互连设备与相应层次

网络互连从通信协议的角度可分为四个层次：在物理层，使用中继器（repeater）在不同网段之间复制位信号；在数据链路层，使用网桥（bridge）在局域网之间存储或转发数据帧；在网络层，使用路由器（router）在不同网络间存储转发分组信号；在传送层及传送层以上，使用网关（gateway）进行协议转换，提供更高层次的接口。

一般局域网间的互连在传输层以下，采用中继器和网桥进行连接，而局域网与广域网间的连接多采用路由器。协议差别较大的网络高层应用系统之间可采用网关。

中继器起简单的信号放大作用，用于驱动很长的通信介质。主要有电信号中继器和光信号中继器，它对所通过的数据不作处理，主要作用在于延长电缆和光缆的传输距离。

网桥是存储转发设备，用来连接同一类型的局域网。网桥接收帧，并送到数据链路层进行差错校验，再送到物理层，通过物理传输介质送到另一个子网或网段。它具备寻址与路径选择的功能，在接收到帧之后，要决定正确的路径将帧送到相应的目的站点。

网桥能够互连两个采用不同数据链路层协议、不同传输速率、不同传输介质的网络。它需要两个互联网络在数据链路层以上采用相同或兼容的协议。

现场总域网段间的连接主要选用中继器和网桥。

路由器与网关的任务比网桥和中继器要复杂得多，其功能包括协议转换、信号传递、道路、分段、重装、流量控制、差错控制等，适用于通用的网络应用系统。路由器从路径选择角度为逻辑上独立的不同子网用户之间传输数据提供传输路线。

网关又被称为网间协议变换器，用以实现不同通信协议的网络之间、包括使用不同网络操作系统的网络之间的互连。由于它在技术上与它所连接的两个网络的具体协议有关，因而用于不同网络间转换连接的网关是不相同的。

图 5.21 的网络互连示意图中，由中继器、网桥、网关、路由器等将不同网段、子网连接成企业应用系统。

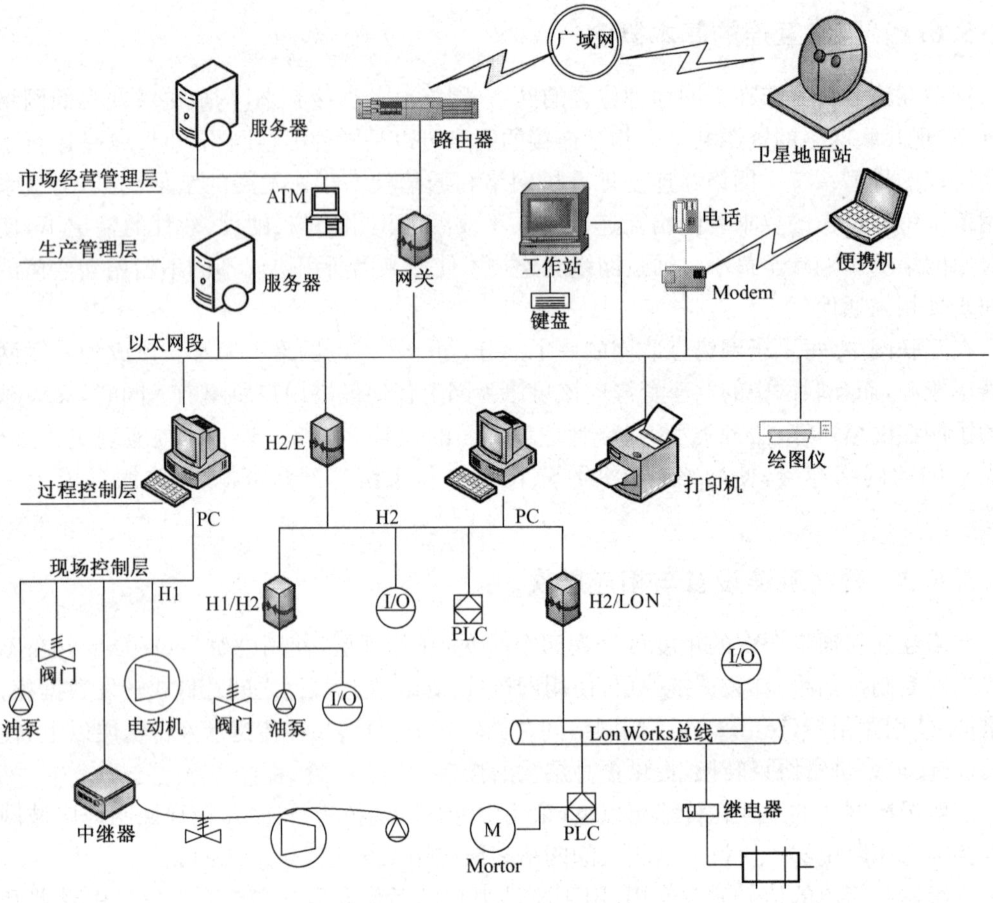

图 5.21　企业网络信息集成系统结构示意图

5.6.3　网络互连规范

网络互连必须遵循一定的规范，随着计算机和计算机网络的发展，以及市场对局域网络互连的需求，美国电气和电子工程师学会 IEEE 于 1980 年 2 月成立了局域网标准委员会(IEEE802 委员会建立了 802 课题，制定了 OSI(Open System Interconnection)模型的物理层、数据链路层的局域网标准)已经发布了 IEEE802.1～IEEE802.11 标准，其主要文件所涉及的内容如图 5.22 所示。其中 IEEE802.1～IEEE802.6 已经成为 ISO 的国际标准 ISO8802.1～ISO8802.6。

图 5.22　IEEE802 标准的文本内容

5.7　系统互连参考模型

20 世纪 70 年代以后，计算机工业有了迅速的发展。各主要的计算机生产厂家纷纷开发出自己的计算机系列产品。他们各自拥有自己的操作系统和其他系统软件，以保证同一系列内各种计算机的兼容性。随着互连通信要求的不断提出，一些主要的计算机厂商又开始研究开发各自的计算机通信设备、通信协议和通信系统体系结构。这些通信系统都能实现本公司生产的计算机系列的互连以完成远程文件传送等功能，构成计算机网络。但是，由于这些特定厂家的通信系统所使用的信息格式和控制机制不一致，因此彼此之间不兼容，难以实现不同厂家生产的计算机之间的互连操作。这种自成体系的计算机通信系统称为封闭系统。然而，由于计算机种类的日益增多，应用日益普及，计算机用户已不能满足仅使用一个厂商的计算机设备。用户同时安装多个厂家的计算机并需要联网构成系统的情况越来越多。由于缺乏一个通用的通信系统体系结构，使得异机种计算机互连成为一个难题。所以，人们迫切希望建立一系列的国际标准或国家标准，让各制造厂商都执行这些标准化的体系结构和标准，这一方面便于他们的产品有广阔的销路，另一方面也可使用户从不同的制造厂商获得兼容的设备来集成应用系统。

可以说，人们盼望的这种开放系统应该是一种厂家中立的理想系统，即它的应用发展不应受任何厂家的控制与限制。要实现对这样一个开放系统的有效配置、操作和部件替换，就必须满足一整套对接口、服务、协议的规范要求。要实现开放系统，首先就要有公开统一的规范描述及其实现方法。在开放系统的环境下，可以用不同厂家的产品作为组成部件来构成系统，也可以在不同厂家生产的相同功能的产品之间实现互换。这样就为用户采用多家产品集成系统以及系统的维护带来很大方便。同时有利于打破市场垄断，促进技术与产品的发展。

正是由于以上需求动力的驱动，促成了 OSI(Open System Interconnection)参考模型的出现。1978 年，国际标准化组织 ISO 建立了一个“开放系统互连”分技术委员会，起草了“开放系统互连基本参考模型”的建议草案。1983 年成为正式国际标准(ISO7498)。1986 年又对该标准进行了进一步的完善和补充。

5.7.1 OSI参考模型

为实现开放系统互连所建立的分层模型，简称OSI参考模型。其目的是为异种计算机互连提供一个共同的基础和标准框架，并为保持相关标准的一致性和兼容性提供共同的参考。这里的所谓开放，是强调对OSI标准的遵从。开放并不是指特定的系统实现具体的互连技术或手段，而是对可使用的标准的共同认识。一个系统是开放的，是指它可以与世界上任何地方的遵守相同标准的其他任何系统通信。

1. OSI参考模型的结构

OSI参考模型是在博采众长的基础上形成的系统互连技术的产物。它不仅促进了数据通信的发展，而且还导致了整个计算机网络的发展。OSI参考模型提供了概念性和功能性结构。该模型将开放系统的通信功能划分为7个层次。各层协议细节的研究各自独立进行的。这样一旦导入新技术或提出新的业务要求时，就可以把由通信功能扩充、变更所带来的影响限制在直接有关的层内，而不必改动全部协议。

OSI参考模型分层的原则是将相似的功能集中在同一层内，功能差别较大时则分层处理，每层只对相邻的上、下层定义接口。

OSI参考模型是计算机网络体系结构发展的产物，它的基本内容是开放系统通信功能的分层结构。这个模型把开放系统通信功能功能划分为7个层次。从邻接物理媒体的层次开始，分别赋予1、2等7层的顺序编号，相应地称之为物理层、数据链路层、网络层、传输层、会话层、表示层和应用层。OSI参考模型如图5.23所示。

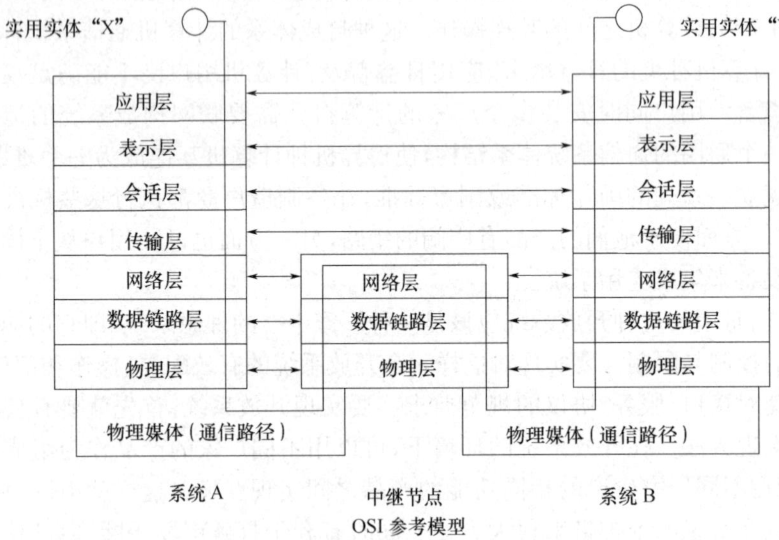

图5.23 OSI参考模型

2. OSI参考模型的功能划分

OSI参考模型每一层的功能是独立的，它利用其下一层提供的服务并为其上一层提供服务，而与其他层的具体实况无关。这里所谓的"服务"就是下一层为上一层提供的通信功能和层之间的会话规定，一般用通信服务原语实现。两个开放系统中的同等层之间的通信规则和约定称之为协议。通常，第1～3层功能称为低层功能(LLF)，即通信传送功时，这是网络与终端均需具备的功能。第4～7层功能称为高层功能(HLF)，即通信处理功能，通常需由终端来提供。

(1)物理层(第1层)

物理层并不是物理媒体本身，它只是开放系统中利用物理媒体实现物理连接的功能描述和执行连接的规程。物理层提供用于建立、保持和断开物理连接的机械的、电气的、功能的和过程的条件。简而言之，物理层提供有关同步和比特流在物理媒体上的传输手段，其典型的协议有EIA-232-D等。

(2)数据链路层(第2层)

数据链路层用于建立、维持和拆除链路连接，实现无差错传输的功能。在点到点或点到多点的链路上，保证信息的可靠传递。该层对连接相邻的通路进行差错控制、数据成帧、同步等控制。检测差错一般采用循环冗余校验(CRC)，纠正差错采用计时器恢复和自动请求重发(ARQ)等技术。其典型的协议有OSI标准协议集中的高级数据链路控制协议HDLC。

(3)网络层(第3层)

网络层规定了网络连接的建立、维持和拆除的协议。它的主要功能是利用数据链路层所提供的相邻节点间的无差错数据传输功能，通过路由选择和中继功能，实现两个系统之间的连接。在计算机网络系统中，网络层还具有多路复用的功能。

(4)传输层(第4层)

传输层完成开放系统之间的数据传送控制。主要功能是开放系统之间数据的收发确认。同时，还用于弥补各种通信网络的质量差异，对经过下面三层之后仍然存在的传输差错进行恢复，进一步提高可靠性。另外，还通过复用、分段和组合、连接和分离、分流和合流等技术措施，提高吞吐量和服务质量。

(5)会话层(第5层)

会话层依靠传输层以下的通信功能使数据传送功能在开放系统间有效地进行。其主要功能是按照在应用进程之间的约定，按照正确的顺序收、发数据，进行各种形式的对话。控制方式可以归纳为以下两类：一是为了在会话应用中易于实现接收处理和发送处理的逐次交替变换，设置某一时刻只有一端发送数据，因此需要有交替改变发信端的传送控制。二是在类似文件传送等单方向传送大量数据的情况下，为了防备应用处理中出现意外，在传送数据的过程中需要给数据打上标记。当出现意外时，可以由打标记处重发。例如可以将长文件分页发送，当收到上页的接收确认后，再发下页的内容。

(6)表示层(第6层)

表示层的主要功能是把应用层提供的信息变换为能够共同理解的形式，提供字符代码、数据格式、控制信息格式、加密等的统一表示。表示层仅对应用层信息内容的形式进行变换，而不改变其内容本身。

(7)应用层(第7层)

应用层是OSI参考模型的最高层。其功能是实现应用进程(如用户程序、终端操作员等)之间的信息交换。同时，还具有一系列业务处理所需要的服务功能。

5.7.2 物理层协议

1. 物理层的功能与特性

物理层协议是网络中最低层协议。它连接两个物理设备，为链路层提供透明位流传输所必须遵循的规则，有时也被称为物理接口。接口两边的设备，在 ISO 术语中被叫做 DTE（数据终端设备）和 DCE（数据通信设备），物理层协议主要提供在 DTE 和 DCE 之间接口。

物理层要在 DTE 与 DCE 之间完成物理连接和传送通路的建立、维持和释放等操作。它为在物理上连接的两个数据链路实体之间提供透明的位流传送。物理连接可能是永久性的，也可能是动态的连接和释放。物理连接允许进行全双工或半双工的位流传送。在传送过程中，它能对传送通路的工作情况进行监督，一旦出现故障立即通知 DTE 和 DCE。

物理层有四个重要特性：

（1）物理层的机械特性规定了物理连接时所使用的可接插连接器的形状尺寸、连接器中引脚的数量与排列情况等。

（2）物理层的电气特性规定了在物理连接器上传输二进制比特流时线路上信号电平的高低、阻抗及阻抗匹配、传输速率与距离限制。早期的标准定义了物理连接边界点上的电气特性，而较新的标准定义了发送器和接收器的电气特性，同时给出互连电缆的有关规定。新的标准更利于发送和接收电路的集成化工作。

（3）物理层的功能特性规定了物理接口上各条信号线的功能分配和确切定义。物理接口信号线一般分为：数据线、控制线、定时线和地线等几类。

（4）物理层的规程特性定义了利用信号线进行二进制比特流传输的一组操作过程，包括各信号线的工作规则和时序。

2. 物理接口标准 EIA-232-D

不同物理接口标准在以上 4 个重要特性上都不尽相同。下面将以实际网络中比较广泛使用的物理接口标准 EIA-232-D 为例介绍其特性。EIA-232-D 是美国电子工业协会（EIA，Electrnoic Industries Association）制定的物理接口标准，也是目前数据通信与网络中应用最广泛的一种标准。它的前身是 EIA 在 1969 年制定的 RS232-C 标准。RS（Recommended Standard）为推荐标准词头的缩写，232 是标准号，RS-232-C 是 RS-232 标准的第三版。RS-232-C 是一种应用十分广泛的物理接口标准。经 1987 年 1 月修改后，定名为 ElA-232-D。由于两者相差不大，因此 EIA-232-D 与 EIA RS-232-C 在物理接口标准中基本成为等同的标准，人们经常简称它们为“RS-232 标准”。

RS-232-C 主要用来定义计算机系统的一些数据终端设备（DTE）和数据通信设备（DCE）之间接口的电气特性。如 CRT、打印机与 CPU 的通信大都采用 RS-232-C 总线。因此，在大多数微型机系统中，都带有 RS-232-C 接口。

（1）EIA-232-D 的机械特性

在机械特性方面，EIA-232-D 规定使用一个 25 根插针（DB-25）的标准连接器（结构如图 5.24所示）。这一点与 ISO2110 标准是一致的。EIA-232-D 对 DB-25 连接器的机械尺寸及每根针排列的位置均做了明确的规定，从而保证符合 EIA-232-D 标准的接口在国际上是通用的。

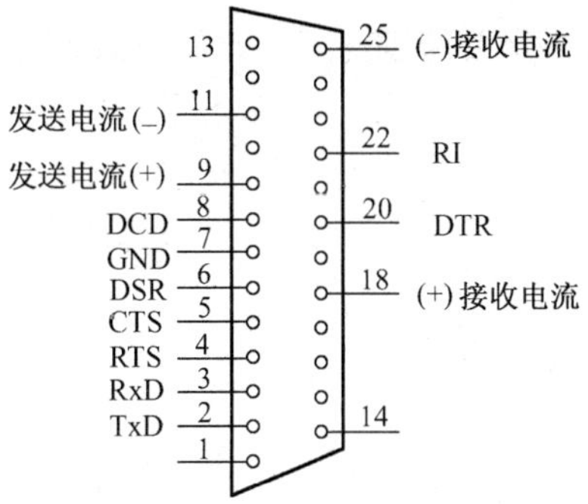

引脚	符号	方向	功能
1			保护地
2	TXD	O	发送数据
3	RXD	I	接收数据
4	RST	O	请求发送
5	CTS	I	清除发送
6	DSR	I	数据设备就绪
7	GND		信号地
8	DCD	I	载波检测
20	DTR	O	数据终端就绪
22	RI	I	振铃指示

图 5.24　DB-25 D 型连接器及信号说明

另外，PC 机常使用一个 9 根插针(DB-9)的连接器，结构如图 5.25 所示。

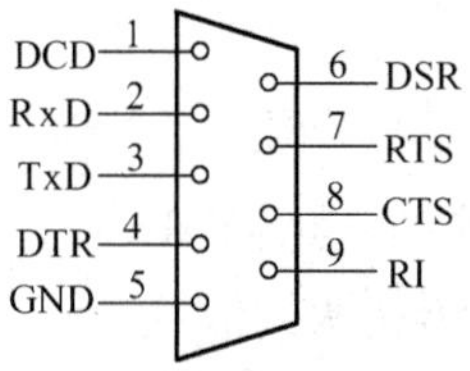

引脚	符号	方向	功能
1	DCD	I	载波检测
2	RXD	I	接收数据
3	TXD	O	发送数据
4	DTR	O	数据终端就绪
5	GND		信号地
6	DSR	I	数据设备就绪
7	RST	O	请求发送
8	CTS	I	清除发送
9	RI	I	振铃指示

图 5.25　DB-9 D 型连接器及其信号说明

(2)EIA-232-D 的电气特性

EIA-232-D 的电气线路连接方式如图 5.26 所示。非平衡型每个信号用一根导线，所有信号回路公用一根地线。信号速率限于 20 kbit/s之内，电缆长度限于15 m之内。由于是单线，线间干扰较大。其电性能用 ±12 V标准脉冲，值得注意的是 EIA-232-D 采用负逻辑。

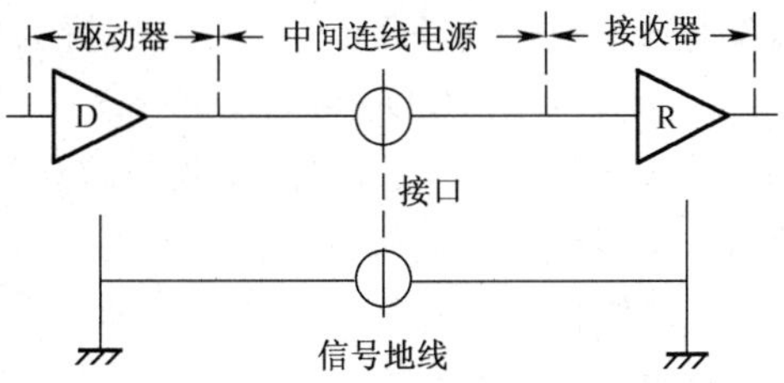

图 5.26　EIA-232-D 的电气连接

在数据线上：mark(传号)：−5～−15 V，逻辑“1”电平；space(空号)：+5～+15 V，逻辑“0”电平

在控制线上：On(通)：+5～+15 V，逻辑“0”电平；Off(断)：−5～−15 V，逻辑“1”电平。

由于 RS-232-C 是在 TTL 电路出现之前研制的，所以它的电平是对称的，它规定高电平为+3～+15 V，低电平为−3～−15 V。特别指出，RS-232-C 数据线 TXD、RXD 使用负逻辑，其低电平表示逻辑 1，高电平表示逻辑 0，其他控制线均为正逻辑。最高能承受±30V 的信号电平。因此，RS-232-C 不能直接与 TTL 电平连接，使用时必须加上适当的电平转换接口电路，否则将使 TTL 电路烧毁！这一点使用时一定要特别注意。现在已经研制出专门的集成电路，以便进行电平转换。现有成品组件 SN75188 驱动器和 SN75189 接收器即是 EIA-232-D 通用的集成电路转换器件。电路电容不大于 2 500 pF，接收器输入阻抗约为 3～7 kΩ。

(3)EIA-232-D 的功能特性

DB-25 各条信号线的功能分配如图 5.27 所示。

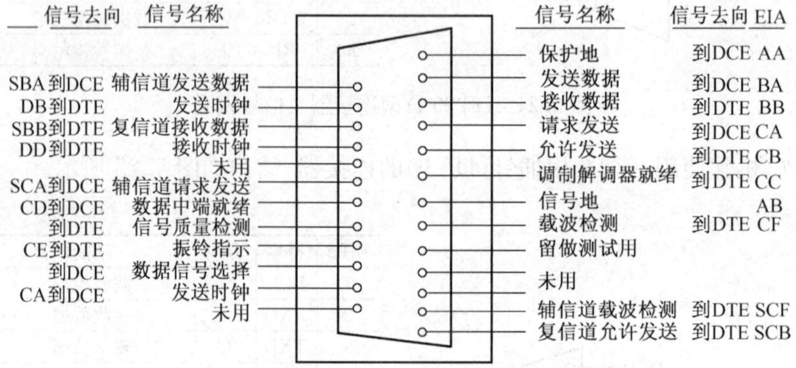

图 5.27　DB-25 的引线分配

这些信号分为两类，一类是 DTE 与 DCE 交换的信息：TxD 和 RxD；另一类是为了正确无误地传输上述信息而设计的联络信号。下面介绍这两类信号。

①传送信息信号

a. 发送数据 TxD(Transmitting Data)

由发送终端(DTE)向接收端(DCE)发送的信息，按按串行数据格式，及先低位后高位的顺序发出。正信号是一个空号(Space)(二进制 0)，负信号是一个传号(mark)(二进制 1)。当没有数据发送时，DTE 应将此条线置为传号状态，包括字符或文字之间的间隔也是这样。

b. 接受数据 RxD(Receive Data)

用来接收 DTE 发送端(或调制解调器)输出的数据，当收不到载波信号时(管脚 8 为负)，这条线会迫使信号进入传号状态。

②联络信号

这类信号共有六个：

a. 请求传送信号 RTS(Request To Send)

这是 DTE 向 DCE 发出的联络信号，当 RTS=1 时，表示 DTE 请求向 DCE 发送数据。

b. 清除发送 CTS(Clear To Send)

这是 DCE 向 DTE 发出的联络信号。当 CTS=1 时，表示本地 DCE 响应 DTE 向 DCE 发出的 RTS 信号，且本地 DCE 准备向远程 DCE 发送数据。

c. 数据准备就绪 DSR(Data Set Ready)

这是 DCE 向 DTE 发出的联络信号。DSR 将指出本地 DCE 的工作状态。当 DSR=1 时，表示 DCE 没有处于测试通话状态，这时 DCE 可以与远程 DCE 建立通道。

d. 数据终端就绪信号 DTR(Data Terminal Ready)

这是 DTE 向 DCE 发送的联络信号，DTR=1 时，表示 DTE 处于就绪状态，本地 DCE 和远程 DCE 之间建立通信通道，而 DTR=0 时，将迫使 DCE 终止通信工作。

e. 数据载波检测信号 DCD(Data carrier Detect)

这是 DCE 向 DTE 发出的状态信息，当 DCD=1 时，表示本地 DCE 接到远程 DCE 发来的载波信号。

f. 振铃指示信号 RI(Ring Indication)

这是 DCE 向 DTE 发出的状态信息。RI=1 时，表示本地 DCE 收到远程 DCE 振铃信号。

(4)RS-232-C 的应用

RS-232-C 接口中包括两个信道：主信道和次信道。次信道比较少用。在一般的串行通信接口中，即使是主信道，也不是所有的线都一定要用，最常用的也就是其中的几条最基本的信号线。根据具体的应用场合不同，有下面几种连接方式：

①使用 MODEM 连接

计算机通过 MODEM 或其他数据通信设备(DCE)使用一条电话线进行通信如图 5.28 所示。

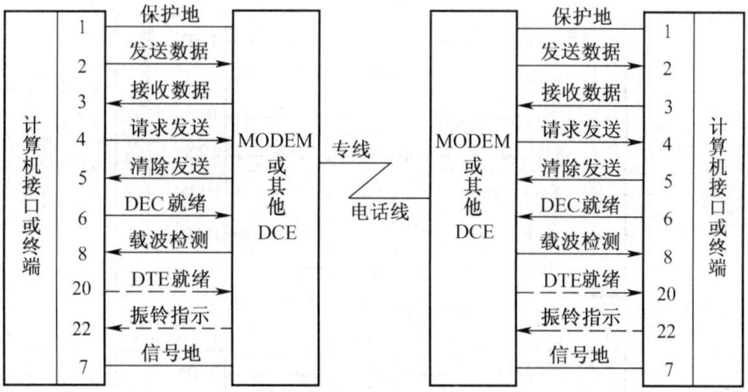

图 5.28 使用 MODEM 时 RS-232-C 引脚的连线

在图 5.28 中，计算机终端(DTE)向远程终端(DTE)发送数据的过程如下：首先 DTE 向本地 DCE(MODEM)发出 DTR=1 和 RTS=1 的信号，表示 DTE 请求发送数据，同时为本地和远程 DCE 之间建立通道开了绿灯，一旦通道建立好了，DCE 发回信号 DSR=1。当 DCE 做好发送数据准备后，又向 DTE 发回信号 CTS=1。只有当 DTE 收到从本地 DCE 发回肯定的 DSR 和 CTS 信号后，DTE 才能由 TxD 线向 DCE 发送数据。因此，RTS、DTR、DSR 和 CTC 4 个信号同时为 1 是 TxD 发送数据的条件。

当接收数据时，DTE 先向本地 DCE 发出 DTR=1 信号，表示本地和远程 DCE 之间可以建立通道。一旦通道建立好了，DCE 向 DTE 发出 DSR=1 信号。这时，数据就可以通过 RxD 线传到 DTE。因此，RxD 信号产生的条件是 DTR 和 DSR 两个信号同时为 1。这只是

RxD 信号的产生条件，至于 RxD 线上是否有信号，取决于远程 DCE 是否发送数据。

②直接连接

当计算机和终端之间不使用 MODEM 或其他通信设备(DCE)而直接通过 RS-232-C 接口连接时，一般只需要 5 根线(不包括保护地线以及本地 4、5 之间的连线)，但其中多数应采用反馈与交叉相结合的连接法，如图 5.29 所示。

在图 5.29 中，2→3 交叉线为最基本的连线，以保证 DTE 和 DCE 间能正常地进行全双工通信。20→6 也是交叉线，用于两端的通信联络，使两端能相互检测出对方“数据已就绪”的状态。4→5 为反馈线，使传送请求总是被允许的。由于是全双工通信，这根反馈线意味着任何时候都可以双向传送数据，用不着再去发“请求发送”(RTS)信号。这种没有 MODEM 的串行通信方式，一般只用于近程通信(不超过15 m)。

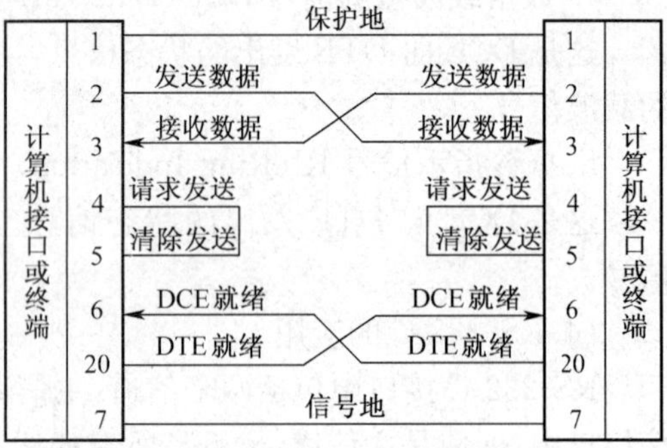

图 5.29　使用 RS-232-C 的直接连接法

③三线连接法

这是一种最简单的 RS-232-C 连线方式，只需 2→3 交叉连接线以及信号地线，而将各自的 RTS 和 DTR 分别接到自己的 CTS 和 DSR 端，如图 5.30 所示。

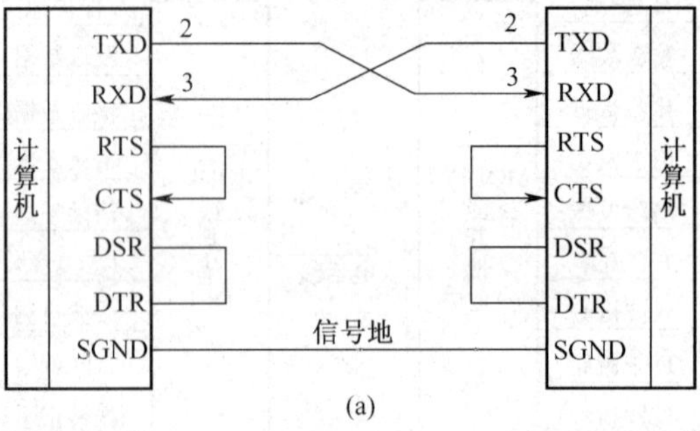

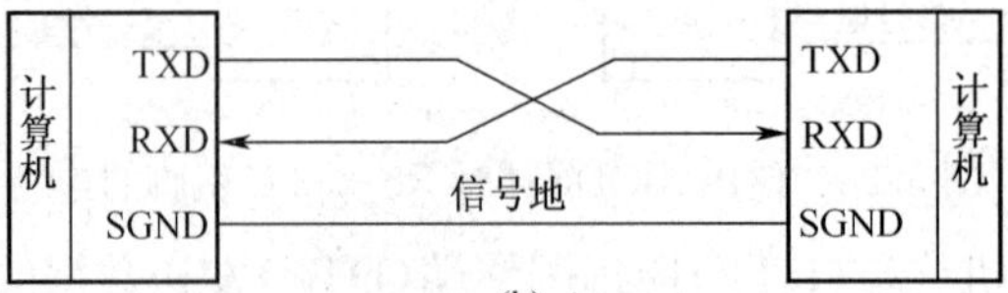

图 5.30　最简单的 RS-232-C 连接方式

在图 5.30(a)中，只要一方使自己的 RTS 和 DTR 为 1，那么它的 CTS、DSR 也就为 1，从而进入了发送和接收的就绪状态，这种接法常用于一方为主动设备，而另一方为被动设备的通讯中。如计算机与打印机或绘图仪之间的通信。这样，被动的一方 RTS 与 DTR 常置 1，因而 CTS、DSR 也常置 1，因此，使其长期处于接收就绪状态，只要主动一方令线路就绪(DTR=1)，并发出发送请求(RST=1)，即可立即向被动的一方传送信息。

图 5.30(b)为更简单的连接方法,如果说图 5.30(a)所示的连接方法在软件设计上还需要检测“清除发送”(CTS)和“数据设备就绪”(DSR)的话,那么图 5.30(b)所示的连接方法则完全不需要检测上述信号,随时都可发送和接收。这种连接方法无论在软件和硬件上,都是最简单的一种方法。

值得说明的是,以上讲的只是 RS-232-C 作为接口标准总线的连接方法,当然不限于这几种方式。至于计算机内部与串行接口之间并/串转换,还需视各种不同的微型机而采用不同的接口适配器(Interface Adapter)。如 Intel 8088/8086～80586 等各种 CPU,其内均设有串行接口。因此它们在进行串行通信时,都需配备适当的接口适配器,如 Intel 8250 及 Intel 8251。但对于大多数单片机来讲,本身带有串行接口,因此可直接与 RS-232-C 串行接口总线相连。但由于 RS-232-C 电平与微型机内部电平(TTL 或 CMOS)不同,所以使用上面讲的各种电平转换电路是必不可少的。

3. 物理接口 RS485/RS422 标准

RS-232-C 虽然使用很广,但由于推出时间比较早,所以在现代通信网络中已暴露出明显的缺点,主要表现在:

(1)传送速率不够快。RS-232-C 规定最高速率为20 000 bit/s,虽然这种传送速率与异步通信可以很好地匹配(通常异步通信限制为19 200 bit/s或更少),但对某些同步系统,其传送速率却不能得到满足。

(2)传送距离不够远。根据 RS-232-C 标准,各装置之间电缆长度不超过15 m,即使在较好的信号通信中,电缆长度也不超过60 m。因此,不能满足现代工业控制的要求。

(3)RS-232-C 未明确规定连接器,因而出现了互不兼容的 25 芯连接器。

(4)接口使用非平衡发送器和接收器,两个传输方向只有一个信号地,所以电器性能不佳。

(5)接口处各信号间容易产生串扰。

正因为 RS-232-C 有上述一些缺点,所以,EIA 作了部分改进,于 1977 年,制定了新标准 RS-449,1980 年它成为美国标准。在制定新标准时,除了保留与 RS-232-C 兼容外,还在提高传输速率、增加传输距离、改进电器特性等方面做了很多努力。它增加了 RS-232-C 没有的环境测试功能,明确规定了连接器,解决了机械接口问题。

与 RS-449 一起推出的还有 RS-423-A 和 RS-422-A。实际上,它们都是 RS-449 标准的子集。下边主要介绍 RS-423-A 和 RS-422-A。

(1)RS-423-A/RS-422-A

与 RS-232-C 类似,RS-423-A 也是一个单端的、双极性电源的电路标准,但它提高了传送设备的数据传送速率。在速率为1 000 bit/s时,距离可达1 200 m;在速率为100 kbit/s时,距传可达90 m。

RS-423-A/RS-422-A 的数据线也是负逻辑且参考电平为地,但不同的是 RS-232-C 规定为－15～＋15 V,而这两个标准规定为－6～＋6 V。

RS-422-A 规定了差分平衡的电气接口,它能够在较长距离明显地提高数据传送速率,它能够在1 200 m距离内把速率提高到100 kbit/s或在较近距离(12 m)内提高到10 Mbit/s。这种性能的改善是由于平衡结构的优点而产生的,这种差分平衡结构能从地线的干扰中分离出有效信号。实际上,差分接收器可以区分0.2 V以上的电位差。因此,可不受参考电平波动及共模电磁干扰的影响。

图 5.31 为 RS-232-C/RS-423-A/RS-422-A 电气接口电路。

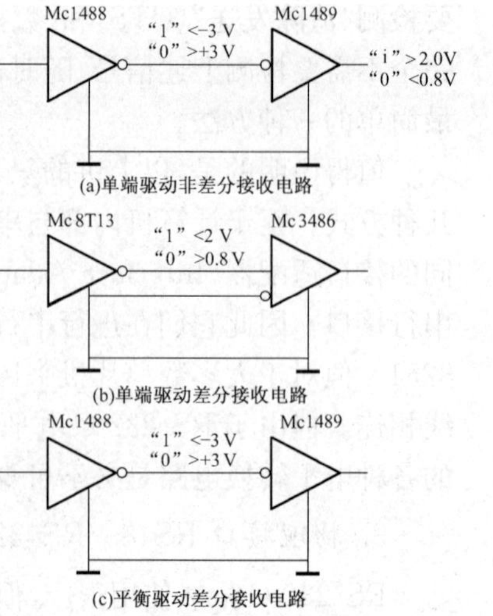

图 5.31　RS-232-C/RS-423-A/RS-422-A 接口电路

图 5.31(a)为 RS-232-C 所采用的非差分驱动单端接收电路。该电路的特点是传送信号只用一根导线，对于多路信号线，其地线是公共的。因此，它是最简单的连接结构，但它的缺点是驱动电路无法区分有用信号及干扰信号。而 RS-423-A 由于采用了差分电路接收器，接受器的另一端接发送端的信号地，如图 5.31(b)所示，因而大大地减少了地线的干扰，RS-422-A 则更进一步采用了平衡驱动和差分接收方法，如图 5.31(c)所示，从根本上消除了地线干扰。这种驱动器相当于两个单端驱动器，它们的输入是同一个信号，而一个驱动器的输出正好与另一个反相。当干扰信号作为共模信号出现时，接收器则接收差分输入电压。只要接收端具有足够的抗共模干扰电压工作范围，它就能识别这两种信号而正确接收传送信号。

RS-423-A/RS-422-A 的另一个优点是允许传送线上连接多个接收器。虽然在 RS-232-C 系统中可以使用多个接收器循环工作，但它每一时刻只允许一个接收器工作，RS-423-A/RS-422-A 可允许 10 个以上接收器同时工作，关于多站连接方法将在下边 RS-485 部分讲述。

(2)RS-485

在许多工业过程控制中，往往要求用最少的信号线来完成通信任务。目前广泛应 RS-485 串行接口总线就是为适应这种需要应运而生的。它实际就是 RS-422 总线的变形，二者不同之处在于：

①RS-422 为全双工，而 RS-485 为半双工。

②RS-422 采用两对平衡差分信号线，RS-485 只需其中的一对。RS-485 更适合于多站互连，一个发送驱动器最多可连接 32 个负载设备。负载设备可以是被动发送器、接收器和收发器。电路结构是在平衡连接电缆两端有终端电阻，在平衡电缆上挂发送器、接收器或组合收发器。

两种总线的连接方法如图 5.34 所示。

图 5.32(a)中为 RS-485 连接电路。在此电路中，某一时刻只能有一个站可以发送数据，而另一个站只能接收。因此，其发送电路必须由使能站加以控制。而图 5.32(b)由于是双工连接方式，故任一时刻两站可以同时发送和接收。

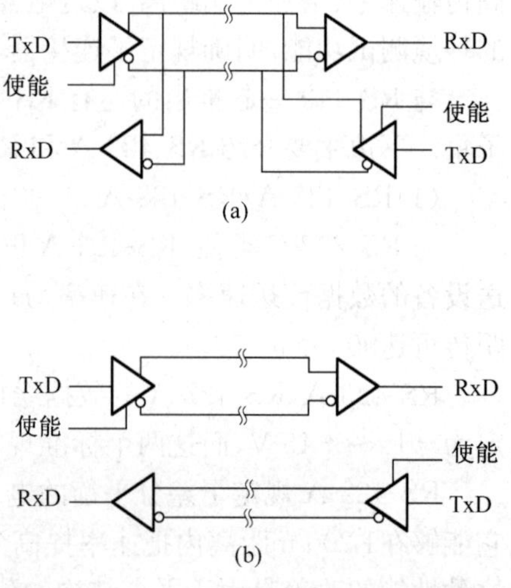

图 5.32　RS-485/RS-422 接口连接方法

和 RS-232-C 标准总线一样，RS-422 和 RS-485 两种总线也需要专用的接口芯片完成电平转换。

MAX481E/MAX488E 是低电源(只有+5 V)RS-485/RS-422 收发器。每一个芯片内都含有一个驱动器和一个接收器，采用 8 脚 DIP/SO 封装。除了上述两种芯片外和 MAX481E 相同系列芯片还有 MAX483E/485E/487E/1487E 等，和 MAX488E 相同系列的有 MAX490E。这两种芯片的主要区别是前者为半双工，后者为全双工。

MAX481E/483E/485E/487E/491E 和 MAX1487E 是为多点双向总线数据通信而设计的。如图 5.33 和图 5.34 所示，也可以把它们作为线路中继站，其传送距离可超过1 200 m。

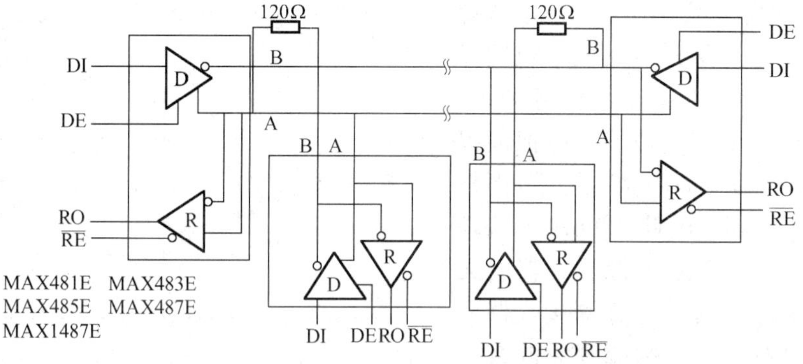

图 5.33　MAX481E/483E/485E/487E/1487E 典型的 RS-485 半双工网络

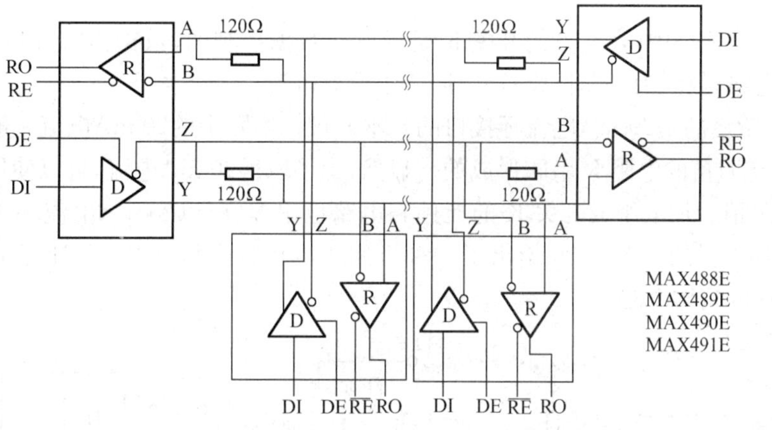

图 5.34　MAX488E/489E/490E/491E 全双工 RS-485 网络

对于一个通信子站来讲，RS-422 和 RS-485 的驱动/接收电路没有多大差别。

和 RS-232-C 标准总线一样，RS-422 和 RS-485 两种总线也需要专用的接口芯片完成电平转换。

4. 物理接口20 mA(60 mA)电流环接口标准

这是一种电流控制的串行接口标准，它的推出主要是为了满足早期的直通电报机，电传打字机等机械式外设的控制需要。这些外设的接收部分是一个电流激励线圈或驱动线图的电流放大器，相当于一个电流检测器，工作电流一般被设计为20 mA(或60 mA)。所以，规定有20 mA(或60 mA)电流时为逻辑“1”、无电流时为逻辑“0”，当这些“0”“1”序列被接收后，电传机便打印出相应的代表字符。这就是20 mA(或60 mA)电流环名称的来由。尽管20 mA(或60 mA)电流环接口至今未成为正式颁布的标准，但由于它在抗干扰能力和传输距离等许多方面比 RS-232-C 接口优越，所以在串行通信，特别是远距离通信中，应用却很广泛。许多微机系统(如 PC/XT)中，大多同时提供了 RS-232-C 和20 mA电流环这样两种串行通信标准的接口电路和连接器供用户选用。

20 mA电流环的电气连接的基本原理如图 5.35 所示。这是一个全双工的 20 mA电流环接口。实际上20 mA电流源并不一定要在发送端，放在接收端也同样可以，只要一环路中有一个电流源即可，当然也只能有一个电流源。一般把能提供20 mA电流源的一端叫做有源端，而把另一端称为无源端。因此，20 mA电流环接口的结构形式可以是有源发送器—无源接收器和无源发送器—有源接收器两种。但绝对要避免收发两端都无源或都有源(特别是两端的电源电压极性相反)的无效连接。

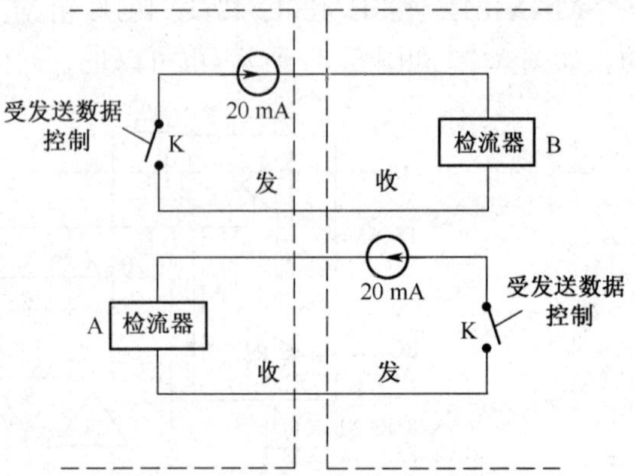

图 5.35　全双工20 mA电流环

在20 mA电流环中，发送方的开关 K 是受发送数据控制的，数据为“1”时，K 合上，回路中有20 mA电路，数据为“0”时，K 打开，回路中没有电流。

图 5.35 给出的是20 mA电流环接口的基本原理。实际中的20 mA电流一般是由一个电压源 V 同一定阻值的电阻 R 串联形成的。显然，为了取得20 mA电流，可以使用许多不同的电压值和电阻值。加上组成开关 K 的元件和电路也很多，所以20 mA电流环接口的实际电路形式是多种多样的。图 5.36 给出了一种可用于电传打字机 TTY 和计算机之间接口的 20 mA电流环的具体电路。

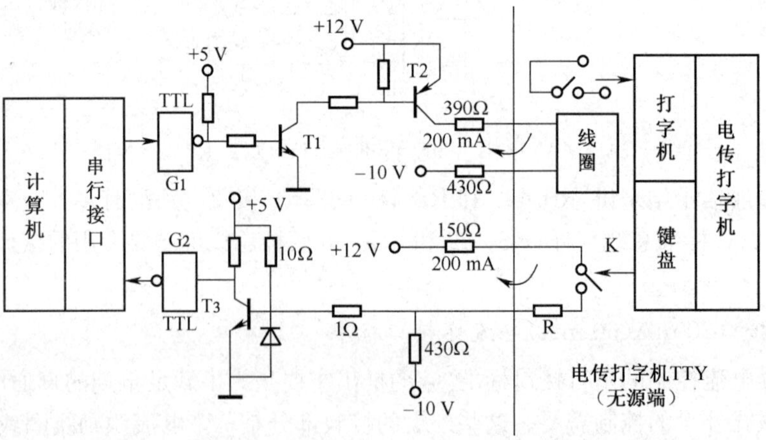

图 5.36　电传打字机和计算机间的一种20 mA电流环接口

当计算机向 TTY 发送数据时，如 TTL 反相器 G_1 的输出为高电平，则 T_1、T_2 相继导通，回路中出现20 mA电流，相当于发送了数据"1"、如 G_1 的输出为低电平，则 T_1、T_2 相继截止。回路中没有电流，相当于发送了数据"0"。这样一来，就可以把发送数据由 TTL 电平信号转变为电流信号送到串行传输环路中。在接收端的电传打字机上，则因这个电流信号流过其电磁铁线圈而吸引相应的打字机击键动作，使之打出相应的字符。

当计算机从 TTY 接收数据时，如发送器的开关断开，没有20 mA电流流过电阻 R，则它所连的－10 V偏置电源使 T_3 截止（为防止－10 V电源使晶体管 T_3 基射结反向击穿，用二极管 D 予以保护），反相器 G_2 输出低电平，相当于接收了数据"0"；如发送器的开关闭合，则回路中产生20 mA的电流，该电流的一部分流入 T_3 基极，使之饱和导通，于是反相器 G_2 输出高电平，相当于接收了数据"1"。

这种直通式电流环接口电路，尽管其抗干扰能力比 RS-232-C 接口强，但由于其两端之间是共地的，仍难免产生干扰信号。所以，在通信距离较远时，特别是在干扰源较多、干扰信号较强的工业现场应用情况下，大都在收发两端之间采用光电隔离技术。可用的光电隔离器（也叫光电耦合器）芯片种类很多，如国外的 4N33、ON3111、NJL5122A、PC507 系列、TLP521 系列/621 系列和国产的 CD 型、MGOl 型系列等等。各种光电隔离器基本上都是由发光二极管和光敏器件（光敏三极管、光敏二极管、光敏电阻等）两部分组成，其中以发光二极管和光敏三极管组成的隔离器件应用最多。图 5.37 给出的是一个实际的带光电隔离的20 mA电流环接口电路。它通过收发两端的光电隔离器，将串行传输回路中的20 mA电流信号转换为接收端的 TTL 电平信号和将发送端的 TTL 信号转换为20 mA电流信号。从图 5.37 中可看出，收发之间和收发两端与20 mA电流环之间没有直接的电气连接关系，而是通过光电耦合将它们连成一体，完成信号的传送，显然这样就极大地提高了系统的防噪声干扰能力，一方面，光电隔离器中发光二极管（LED）和光敏晶体管之间的间隙，使之能经受数千伏的电压，能有这样高的隔离保护电压，串行传输距离达到几千米远将不成问题。另一方面，接收端光电隔离器中的发光二极管接收器具有天然的共模抑制能力，该 LED 响应的是接在它二端的差值电压，共模噪声将使它两端的电位提高或降低相同的值，从而使这种噪声

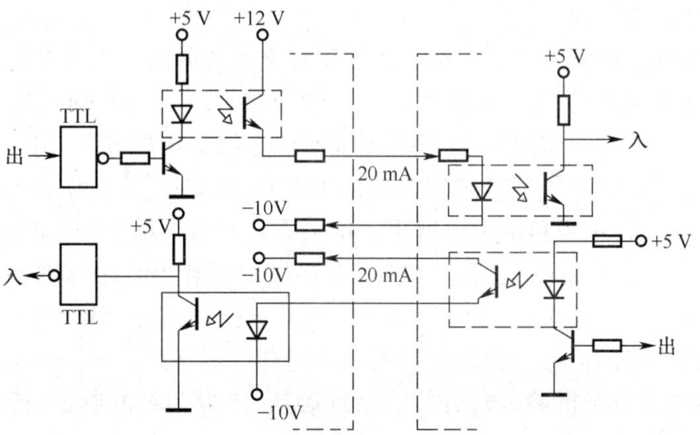

图 5.37　采用光电隔离的20 mA电流环接口电路

通过二极管自行抵消不起作用。当然,为了确保上述隔离功能和共模抑制能力不失效,必须使接收器的本地信号地与远方发送器的地和20 mA电流源地相互独立,之间不能有任何形式的直接电气连接。实际中,也有只在接收端使用光电隔离器,而发送端直接将 TTL 电平转换为20 mA电流信号的,如 PC/XT 异步通信适配器中就是这样。

最后要说明的是,RS-232-C、RS-422A/423A 和20 mA电流环这三种接口只是在总线连接和逻辑表示上不一样,在数据传输格式这一级上却并无区别,都是取决于串行接口内部的通信规程,所以在同一系统中它们可共用同一 I/O 端口,然后通过跳线器选用不同的总线标准连接器来达到选用不同标准接口的目的。

5.7.3 数据链路层协议

1. *数据链路层的功能*

数据链路层是 OSI 模型的第 2 层,该层协议处理两个有物理通道直接相连的邻接站之间的通信。数据链路层协议的目的在于提高数据传输的效率,为其上层提供透明的无差错的通道服务。把传输媒体的不可靠因素尽可能地屏蔽起来,让高层协议免于考虑物理介质的可靠性问题,而把通道看作无差错的理想通道。

IEEE 802 委员会为局域网定义了介质访问控制(MAC)层、逻辑链路控制(LLC)层。介质访问控制层与逻辑链路控制层是属于 OSI 参考模型中数据链路层的两个子层。

一个报文(message)是由若干个字符组成的完整的信息。直接对冗长的报文进行检错和纠错,不但原理和设备十分复杂,而且效率很低,往往无法实际采用。为此,通常把报文按一定要求分块,每个代码块加上一定的头部信息,指明该代码的源地址和目的地址,属于哪个报文,是该报文的第几块代码,是否属于报文的最初或最后一块代码等。这样的代码块称为包或分组(Packet)。在相邻两点间(或主机与节点间)传输这些包时,为了差错控制,还要加上一层"封皮",就构成了帧(frame)。这层封皮分头尾两部分,把包夹在中间。当帧从一个节点传到另一个节点后,帧的头尾用过后被取消,包的内容原封不动。若收到帧的节点还要把该包传至下一节点,另加上新的头尾信息。因此,帧是数据链路层的传输单位。数据链路层协议又称为帧传送协议。

数据链路是在两个网络节点之间保证数据正常交换的通路。主要功能是保证相邻节点的正确传输。相邻节点间传输一个帧可能出现的差错有:位出错、帧丢失、帧重复、帧顺序错。链路层协议要针对这些情况加以解决,保证所传送信息在内容上、顺序上都正确。位出错的分布规律及出错位的数量很难限制在预定的简单模式之中,一般采用漏检率极其微小的 CRC 检错码再加上反馈重传的方法解决。帧丢失是通信线路受较长时间的连续干扰,通信设施的瞬间失效或通信双方失去同步造成的,而帧重复和帧顺序错则是反馈重传方法带来的副作用。为了发现帧丢失、帧重复及帧顺序错等错误,通常采用给帧编号来解决。

数据链路层所承担的任务或者说它的主要功能有:

(1)数据链路的建立和拆除,包括同步、站址确认、收发关系的确定、最终一次传输的表示等。

(2)信息传输,包括信息格式、数量、顺序编号、接收认可、信息流量调节方案等。

(3)传输差错控制,包括一套防止信息丢失、重复和失序的方法。

(4)异常情况处理,包括如何发现可能出现的异常情况及发现后的处理过程。协议中对异常情况的处理主要用于发现和恢复永久性故障。

发送方数据链路层的具体工作是接受来自高层的数据,并将它加工成帧,然后经物理通道将帧发送给接收方,如图 5.38 所示。帧包含头、尾、控制信息、数据、校验和等部分,校验和、头、尾部分一般由发送设备的硬件实现,数据链路层不必考虑其实现方法。当帧到达接收站时,首先检查校验和。若校验和错,则向接收计算机发出校验和错的中断信息;若校验和正确,确认无传输错误,则向接收计算机发送帧正确到达信息,接收方的数据链路层应检查帧中的控制信息,确认无误后,才将数据部分送往高层。

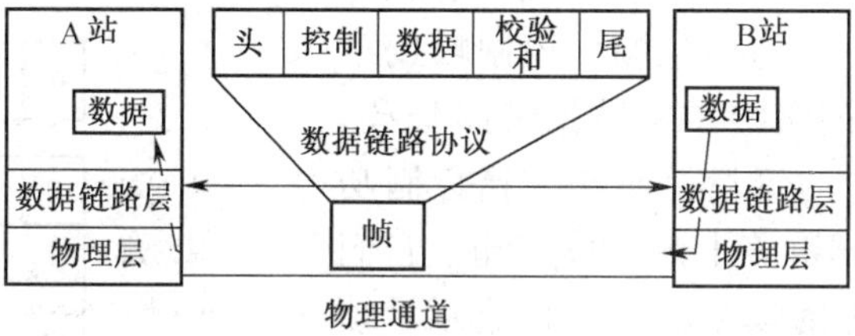

图 5.38　数据链路协议工作图

2. 高级数据链路控制协议 HDLC

在 OSI 标准协议集中,数据链路层采用了高级数据链路控制 HDLC(High level Data Link Control)协议。它在网络设计中被普遍采用。

HDLC 的内容分为三个部分:帧结构、帧类型与动作规程。

(1)HDLC 的帧结构

数据链路层的数据传输是以帧为单位。在 OSI 术语中,帧被称作数据链路协议数据单元。HDLC 的帧结构如图 5.39 所示。帧由以下字段组成:

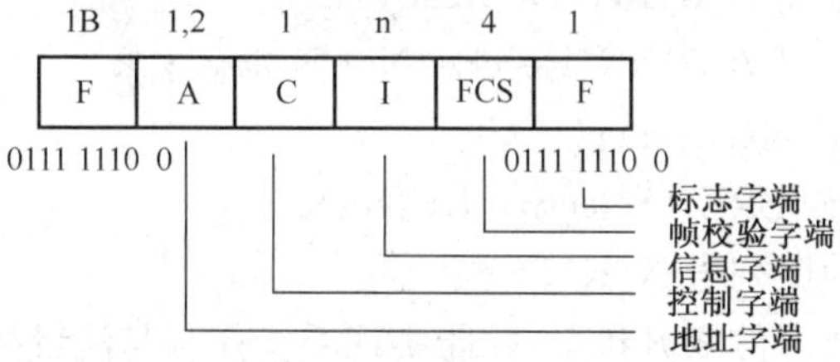

图 5.39　HDLC 帧结构

①标志字段 F。帧首尾均有一个由固定比特序列 01111110 组成的帧标志字段 F。标志字段 F 的作用主要有两个:一是帧的起始与终止定界,二是帧同步。

为确保帧标志字段 F 在帧内的唯一性,在帧地址字段、控制字段、信息字段、帧校验字段中采用 0 比特插入和删除技术,从而保证了帧内数据传输的透明性。

②地址字段 A。在主从结构中,帧地址字段总是写入从站地址;在平等结构中,帧地址字段填入应答站地址。全 1 地址为广播地址;按照协议规定,地址字段可以按 8 位的整数倍扩展。

③控制字段 C。控制字段 C 是 HDLC 帧的关键字段，它表示了帧类型、帧编号、命令和控制信息。

④信息字段 I 信息字段可以是任意的比特序列组合。为保证数据的透明性，必须执行 0 比特插入和删除操作。信息字段长度通常不大于 256 字节。

⑤帧校验字段。HDLC 采用 CRC 循环冗余编码进行校验，生成多项式为 $G(x)=x^{16}+x^{12}+x^5+1$。校验范围为地址字段 A、控制字段 C、信息字段 I。

(2)HDLC 帧类型

HDLC 中的帧类型可以分为三种：信息帧(I)、监控帧(S)与无编号帧(U)。一类为控制帧(包括监控帧与无编号帧)，另一类为信息帧。控制帧用于数据链路的建立、数据链路维护与数据链路释放，以及信息帧发送过程中的流量控制与差错控制功能，以保证信息帧在数据链路上的正确传输。它们分别由帧控制字段 C 中的帧格式识别位指示。帧控制字段 C 的结构如图 5.40 所示。

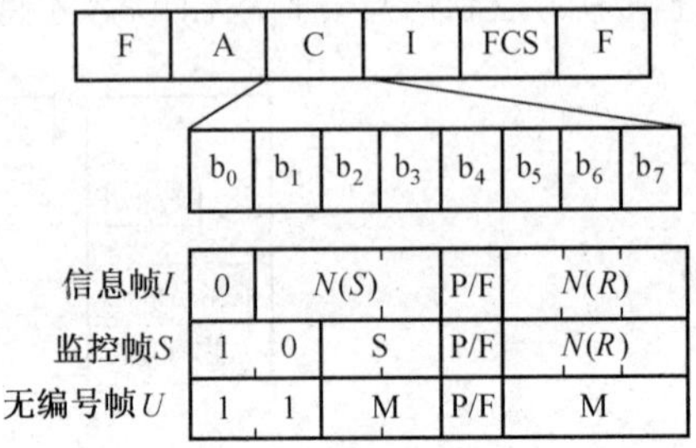

图 5.40　HDLC 帧类型

①信息帧(I,Information)。信息帧中 $N(S)$ 与 $N(R)$ 分别表示发送帧序号与接收帧序号。发送帧序号 $N(S)$ 表示当前发送数据帧的顺序号；接收帧序号 $N(R)$ 表示该站下一接收帧的序号。$N(R)$ 也同时捎带有确认的作用，它表示该站已正确接收序号为[$N(R)-1$]帧及以前的各帧，下一次应接收帧序号为 $N(R)$ 值的帧。$N(R)$ 与 $N(S)$ 用于全双工通信的帧发送与接收顺序控制、差错控制与流量控制等通信控制。信息帧中具有与监控帧、无编号帧中相同的探询/终止(P/F,Poll/Final)位。

②监控帧(S,Supervisory)。监控帧不带有数据信息，它只有 48 位长。监控帧类型共分为 4 种，由 S 表示，占 2 位：

$S=00$，表示接收准备好，RR(Receive Ready)；

$S=10$，表示接收未准备好，RNR(Receive Not Ready)；

$S=01$，表示拒绝，REJ(REJect)；

$S=11$，表示选择拒绝，SREJ(Selective REJect)。

监控帧中只有接收帧序列号 N(R)。

监控帧可以用于协调通信双方状态，并能实现差错控制与流量控制的作用。

③无编号帧(U,Unnumbered)。无编号帧主要起数据链路控制作用，它可以在需要时发出，而不影响信息帧的交换顺序。无编号帧不带发送数据帧的顺序号 $N(S)$ 和接收帧的序号 $N(R)$。无编号帧类型由 M 表示，占 5 位，目前已定义了 15 种无编号帧。典型的无编号帧有：正常响应模式帧 SNRM；异步响应模式帧 SARM；异步平衡模式帧 SABM；断开连接帧 DISC；无编号探询 UP；无编号确认 UA；帧拒绝 FRMR。

(3)数据链路层工作过程

数据链路层的服务用户是网络层，它为网络层提供服务，同时它又使用物理层所提供的服务。以图 5.41 中主站 A 与从站 B 在正常响应模式下链路的通信过程为例，简述其工作过程。

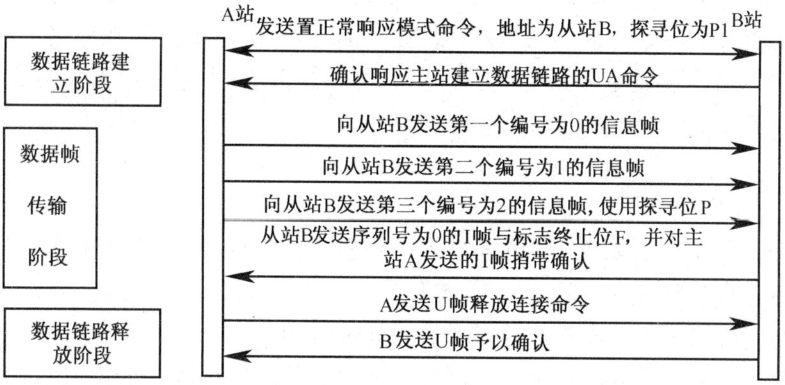

图 5.41　正常响应模式下数据链路工作过程示意图

在执行数据链路层的协议动作时，数据链路层对等实体间的通信，一般要经过数据链路建立、数据传输与数据链路释放三个阶段。

①数据链路建立阶段。图 5.41 中，主站 A 在多个从站的多点连接结构中，选择 B 为从站，在主站 A 与从站 B 之间以正常响应模式 NRM 进行数据帧的传输。数据链路工作的第一阶段应为数据链路建立阶段。在数据链路建立阶段，主站 A 使用无编号帧的正常响应模式 SNAM 命令，地址字段填入 B，表示选择 B 站为从站，探询位 P 为 1。从站 B 接到 SNAM 命令后，用 U 帧的无编号确认 UA 命令，作为响应主站建立数据链路的确认。UA 命令中地址字段为 B，表示从站中 B 站对主站 A 的响应；终止位 F 用作对主站 A 探询 P 的应答。在 HDLC 中，探询位 P 与终止位 F 总是成对出现。

②数据帧传输阶段。在数据链路建立之后，进入数据帧传输阶段。主站 A 向从站 B 发送第一个编号为 0 的信息帧，因此 $N(S)=0$；由于未接到从站帧，因而 $N(R)=0$；此时 I 帧中发送号 $N(S)=0$，接收号 $N(R)=0$。主站 A 连续发送的第二、三个信息帧分别记为 $N(S)=1, N(R)=0, N(S)=2, N(R)=0$。在正常响应模式中，从站要在主站探询后才可以发送信息帧。如果主站 A 在发送第三个信息帧时使用探询位 P，那么从站 B 如果有信息帧发送时，可以发送 $N(S)=0, N(R)=2$ 的 I 帧。这里的 $N(S)=0$ 表示从站 B 发送序号为 0 的 I 帧；$N(R)=2$ 表示已正确接收序号为 2 及它以前的 I 帧，下一次主站 A 应发送序号为 3 的 I 帧。这里 $N(R)$ 可以起到对主站 A 发送 I 帧捎带确认作用。如果从站 B 只有一帧信息发送，应标志终止位 F。这样，从站 B 发送的 I 帧应记为 $N(S)=0, N(R)=2$，并发标志终止位 F。

③数据链路释放阶段。当主站 A 与从站 B 都没有信息帧发送时，应释放此次数据链路连接。主站 A 可以使用 U 帧释放连接 DISC 命令，从站 B 可以使用 U 帧的 UA 予以确认。至此，一次完整的数据链路中帧传输的过程结束了。

应该指出的是，物理连接与数据链路连接是有区别的。数据链路连接是建立在物理连接之上的，一个物理连接生存期间允许有多个数据链路生存期。数据连接释放时，物理连接不一定要释放。

在物理层完成物理连接并提供数据传输能力的基础上，数据链路层使用物理层的服务来传输数据链路层协议数据单元——帧。实现数据链路的建立、数据传输与数据链路释放，以及信息帧发送过程中的流量控制与差错控制功能，保证信息帧在数据链路上的正确传输，从而完成OSI参考模型规定数据链路层的基本功能的实现，为网络层提供可靠的节点—节点间帧传输服务。

5.7.4 网络层协议

网络层是OSI七层协议模型中的第三层，它是主机与通信网络的接口。它以链路层提供的无差错传输为基础，向高层(传输层)提供两个主机之间的数据传输服务。

数据链路层协议是相邻两直接连接节点间的通信协议，它不能解决数据经过通信网络中多个转接节点的通信问题。设置网络层的主要目的就是要为报文分组以最佳路径通过网络到达目的主机而提供服务，让网络用户不必关心网络的拓扑模型与所使用的通信介质。

OSI参考模型规定网络层的主要功能为路径选择与中继、网络流量控制、网络的连接与管理等。

1. 路径选择与中继

在点—点连接的通信中，信息从源节点出发，要经过若干个中继节点的存储转发后，才能到达目的节点。通信路径是指从源节点到目的节点之间的一条通路，它可以表示为从源节点到目的节点之间的相邻节点及其链路的有序集合。一般在两个节点之间都会有多条路径，因此必然存在路径选择。路径选择是指在通信中，源节点和中间节点为将报文分组传送到目的节点而对其后继节点的选择，这是网络层所要完成的主要功能之一。

通信中继节点在收到一个报文分组后，决定下一个转发的中继节点是谁、通过哪一条输出链路传送所使用的策略，称为路径选择算法，简称为路选算法。在无连接网络服务的数据报文方式中，中继节点要为每一个分组的转发启动一次路选算法；而在面向连接网络服务的虚电路方式中，只需要在虚电路建立时确定路选。

2. 流量控制

网络中多个层次都存在流量控制问题，网络层的流量控制是指对通信量加以一定的控制，以防因通信量过大造成通信网络性能下降。

流量(flow)是指网络中的信息通信量。流量控制在网络各层中均有普遍意义。因为网络资源，如链路容量、节点计算机的缓冲区大小与处理器的处理能力都是有限的。如果在某段时间内，在某一层协议的执行过程中，对某类网络资源的需求量超过该资源所能提供的可用数量，则这一资源在该段时间内出现拥挤(congestion)。若网络中多种资源同时发生拥挤，网络性能将明显下降。我们将网络吞吐量随输入负荷的增大而下降的现象称作网路的拥挤。当输入负荷继续增大到一定程度，网络的吞吐量下降为零，网络完全不能工作，这就是所谓的锁死(deadlock)。解决网络拥挤的方法是流量控制。流量控制将动态地、有效地分配通信网络中的网络资源，包括通信信道、节点处理器和缓冲区等，以防止网络因过载而造成吞吐量下降和网络延时增大，避免锁死，在竞争的多用户中公平分配资源。

如果网络加上适当的流量控制，使网络吞吐量随着输入负载的增加而增长，不出现拥挤与锁死现象，这样就保证了网络在高输入负载时的安全运行。由于流量控制需要有一定的额外开销，因此在输入负载较小时，有流量控制的网络吞吐量小于无流量控制的网络吞吐量。

3. 网络连接建立与管理

在面向连接服务中，通过建立网络连接来实现传输实体之间传送数据的逻辑的端—端通信通道。

从OSI参考模型的角度看，网络层所提供的服务分为两类：面向连接的网络服务(CONS，Conneotion-Oriented Network service)和无连接网络服务(CLNS，Connection-less Network Service)。

面向连接网络服务又称作虚电路(virtual circuit)服务，它具有网络连接建立、数据传输和网络连接释放三个阶段，是可靠的报文分组按顺序传输的方式，适用于定对象、长报文、会话型传输要求。

无连接网络服务的两实体之间的通信不需要事先建立好一个连接。无连接服务有三种类型：数据报(datagram)、确认交付(confirmed delivery)与请求应答(request reply)。数据报服务不要求接收端应答。这种方法尽管额外开销较小，但可靠性无法保证。确认交付又称为可靠数据报，这种服务要求接收端对每个报文分组产生一个确认。请求回答服务要求接收端用户每收到一个报文均给发送用户发回一个应答报文。

5.7.5 传输层及高层协议

1. 传输层

前面讨论的三层即物理层、数据链路层和网络层统称为低层协议。低层协议涉及的是节点之间或主机与节点之间的协议和接口。传输层以上，不再考虑主机如何与网络相连，它们是主机到主机之间的协议。

传输层是OSI参考模型的七层中比较特殊的一层。在OSI参考模型的讨论中，人们经常将七层分为高层和低层。如果从面向通信和面向信息处理角度进行分类，传输层一般划在低层；如果从用户功能与网络功能角度进行分类，传输层又被划在高层。这种差异正好反映出传输层在OSI参考模型中的特殊地位和作用。

设置传输层的主要目的是在源主机和目的主机进程之间提供可靠的端-端通信。传输层协议为点—点协议，传输层的协议软件只在主机上运行，而低层协议则出现在主机和通信节点机上。传输层为上提供传输服务，完成无差错按序的报文传送，其基本内容简述如下：

(1)传输地址

传输层的使用者是用户进程。用户进程要发起一次通信，必须有一条通路，此通路是由传输层提供的。网络中任一进程访问网内其他进程，要由传输层提供通信用的全部地址细节。

一个用户进程要同另一主机上的用户进程通信时，它首先选一传输地址，作为它对外通信的通道号码，它在通信过程中的全部收、发报文都在这条通道上进行。图5.42中，设主机A传输层提供三个传输地址A，B和C；主机B传输层提供三个传输地址H，I和J。主机A中进程A与主机B中进程B通信，占用传输地址C，它发出的每个报文，不仅要包含对方主机是B,还要指明对方的传输地址为I,而对方进程B应在这个地址上倾听、等待接收。否则,双方无法通信。一旦一个进程选定了一个传输地址,该地址可作为这个进程的标识。

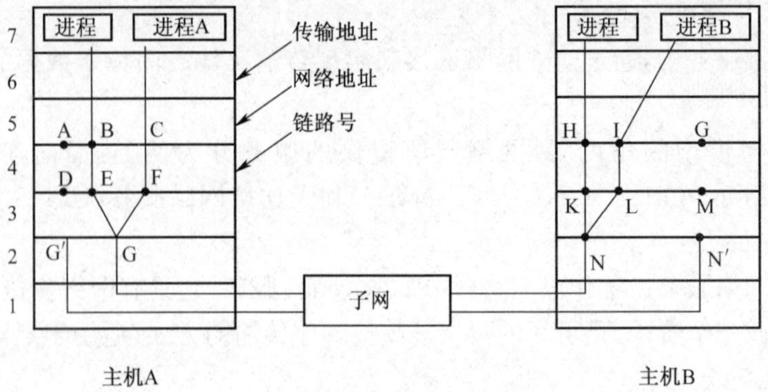

图 5.42　通信双方的传输地址

(2)传输连接

传输服务的用户可请求在本地主机传输地址和远地主机传输地址之间建立连接。这时,必须借助于低层协议,传输层把传输地址映射到网络地址。两个传输连接CFGNLI和BEGNH中,每个连接使用不同的虚电路FGNL和EGNK。当然,多个传输地址也可复用一条虚电路,以降低传输费用。图5.42中表示出了两条虚电路复用的物理线路GN。也可以将传输地址分散到几条虚电路上传输,以增加传输吞吐率,缩短传输时间。

在主机B,网络层应将输入信息进行分解,指出哪些分组属于虚电路K,哪些属于L,以便传输层处理。这种分解通常就是剥去输入分组的报文,连同网络地址一起,将数据送至传输层。

(3)传输层的正常工作

传输层要发报文时,只要把它拆成若干数据块,向网络层要一个网络地址即逻辑通道号。在这个通道上把数据块逐块向下交发,由下层组织分组,再由链路层组织成帧,最后经物理层发出去。

接收报文时,传输层先向下层提出接收请求,并给出至少一个缓冲区。下层收到分组3,拆去分组的封装信息,将数据块填入传输层提供的缓冲区,并向传输层报告。传输层取走一块数据后,还可继续要求接收,直到最后一个数据块收完,组合成报文,交给自己的高层协议。

属于同一层用户的数据,可能从一条通道来,也可能从几条通道来。一条通道来的数据块也可能分别属于不同的用户进程,传输层必须根据数据块头部的传送层控制信息加以区分、分类、合并,然后以完整的报文交给不同用户。

当网络层提供数据报文服务时,收到的数据块是无序的,传输层要将它们排序,装配成报文,再交给高层用户。排序要有足够的缓冲区,而且对每条通道分别设置缓冲区,其缓冲区的数量远比下层协议多。

(4)处理低层不可恢复的差错

一般来说,链路层、网络层有严格的差错检验、反馈重传、流量托制等手段,只要硬件可靠,不正常情况几乎不会出现。但一旦出现不正常情况,传输层就得负责恢复。

下层不可恢复的差错是指下层出现了规程错误,进入复位或重启恢复规程。下层的重启,只是使双方重新同步,让通道重新被高层调用,已传送的各分组并不能作废,不能从头开始传送。因为收方已将收到的部分正确分组交给了传输层,不可能再收回来,而发方也已经撤消了各已被应答的分组的副本,不可能利用副本重传了。下层不能恢复的差错,应及时通知收发双方传输层,以便双方准备好重新发、收该报文及后续报文。传输层要做到报文一级的重传,需要两个前提:一是传输层在收到对方主机对一个报文的妥收应答前,全部保留这个报文的副本;二是要求低层协议有一定的控制策略,让重启前所有已发出、仍在网络中运动着的分组在下次传输层进行报文重传之前全部消失。

低3层保证分组的正确性、顺序性;而传输层则保证报文的正确性和顺序性,这种保证是由主机到主机之间的应答机构实现的。同时,低3层不可恢复的差错,只能靠高层协议恢复。传输层也有自身不可恢复的错误,如对方主机短期内的硬件或软件失效,使一半报文流传在途中,不能再传了,这应由上一层协议组织重传。

2. 会话层

会话层建立在传输层上,利用传输层提供的服务,使得两个会话实体之间不考虑它们之间相隔多远、有什么样的通信细节,进行透明的、可靠的数据传输。当两个应用进程进行相互通信时,希望有个作为第三者的进程能组织它们的会话,协调它们之间的数据流,以便使应用进程专注于信息交互。设立会话层就是为了达到这个目的。从OSI参考模型看,上各层是面向应用的,会话层之下各层是面向网络通信的。会话层在两者之间起到连接的作用。会话层的主要功能是向会话的应用进程之间提供会话组织和同步服务,对控制和管理,以便协调会话过程、为表示层实体提供更好的服务。

会话层与传输层有明显的区别。传输层协议负责建立和维护点—点之间的逻辑连接。传输服务比较简单,目的是提供一个可靠的传输服务。会话层在发出一个会话协议数据单元时,传输层可以保证将它正确地传送到对等的会话实体。从这个角度来看,传输层协议使会话协议得到了简化。但是为了达到为各种应用进程服务的目的,会话层应该为数据交换提供非常丰富和复杂的各种服务。

会话层定义了多种服务可供选择。它将相关的服务组成了功能单元。目前定义了12个功能单元,每个功能单元提供一种可供选择的工作类型,在会话建立时可以就这些功能单元进行协商。最重要的功能单元是核心功能单元,它包括:会话连接、正常数据传送、有序释放、用户放弃与提供者放弃等5种服务。

会话服务主要分为两个部分:会话连接管理和会话数据交换。会话连接管理服务使得一个应用进程在一个完整的活动或事务处理中,通过会话连接与另一个对等应用进程建立和维持一条会话通道。会话数据交换服务为两个会话的应用进程利用该通道交换会话单元提供手段。

在以上基本服务的基础上,会话层还提供了可供选择的服务,如交互管理、会话连接同步及异常报告。会话连接同步服务允许两个相互通信的用户有选择地定义和标明一些同步点和检查点。当会话连接的两端失去同步时,可以将此连接恢复到一个已定义的状态。异常报告服务使用户得知一些不可恢复事件的发生。

会话的同步是会话服务的重要内容。会话服务提供者允许会话用户在传送数据中设置同步点，并赋予同步序号，以识别和使用同步点。会话同步服务的目的是两个用户会话过程采取的预防措施，当传输连接出现故障时，整个会话活动不需要全部重复一遍。会话同步服务在一个会话连接中定义若干个同步点。同步点又分为次同步点和主同步点。主同步点用于将一个会话单元分隔开来。

活动管理功能是主同步点概念的一种扩展，它将整个会话分解成若干个离散的活动。一个活动代表一个逻辑工作段，它包括多个会话单元。对于应用层来说，一个活动相当于一次应用协议数据单元的交换。从用户发出会话连接请求起到会话连接释放确认是一个会话连接的持续时间。一个会话连接可以分为几个活动，而每个活动又可以由几个会话单元组成。以用户应用进程的文件传送服务为例，一个完整的会话过程包括多个文件的传送。一个活动相当于某一特定用户的几个文件的传送，而每一个文件传送相当于一个会话单元。为分隔每一个文件传送，用户可以设置主同步点，而一个会话单元中的次同步点相当于文件中的每一条记录。用户可以在全部文件传送过程中设置多个检测点。如果用户检测出一个故障，用户可以使用会话同步服务。两个用户中任一个用户可以发出再同步请求，并以所需的同步点序号为参数。这一请求到达对方后成为再同步指示。对方发出再同步响应信息，发起方收到在同步确认信息后，双方已经确定了合适的再同步点，通信就可以重新进行下去。

会话层通过会话服务与活动管理达到协调进程之间的会话过程，确保分布进程通信的顺利进行。

3. *表示层*

表示层位于 OSI 参考模型的第 6 层。在它下面的五层用于将数据从源主机传送到目的主机，而表示层则要保证所传输的数据经传送后其意义不改变。表示层要解决的问题是：如何描述数据结构并使之与机器无关。在计算机网络中，互相通信的应用进程需要传输的是信息的语义，它对通信过程中信息的传送语法并不关心。表示层的主要功能是通过一些编码规则定义在通信中传送这些信息所需要的传送语法。表示层提供两类服务：相互通信的应用进程间交换信息的表示方法与表示连接服务。

表示服务的重要概念是：语法转换、表示上下文。

(1)语法转换

人们在利用计算机进行信息处理时要将客观世界中的对象表示成计算机中的数据，为此引入数据类型的概念。从较低层次看，任何类型的数据最终都将被表示成计算机的比特序列，一个比特序列本身并不能说明它自己所能表示的是哪种类型的数据。对比特序列的解释会因计算机体系结构、程序设计语言，甚至于程序的不同而有所不同。这种不同归结为它们所使用的“语法”的不同。在计算机网络中，相互通信的计算机常常是不同类型的计算机。不同类型的计算机所采用的“语法”是不同的。为保证同一数据对象在不同计算机中语义的正确性，必须对比特序列格式进行交换，把符合发送方语法的比特序列转换成符合接收方语法的比特序列，这一工作称之为语法转换。OSI 设置表示层就是要提供这方面的标准。表示层采用两次语法转换的方法，即由发、收双方表示层实体协作完成语法转换，为此它定义了一种标准语法，即传送语法(transfer syntax)。发送方将符合自己语法序列转换成符合传送语法的数据序列;接收方再将符合传送语法的数据序列转换成符合自己局部语法的数据序列。

(2)表示上下文

就像每个程序中所用的数据类型都需要事先说明一样,两台计算机在通信开始之前就要先协商这次通信中需要传送哪种类型的数据,通过这一协商过程,可以使通信双方的表示层实体准备好进行语法转换所需要的编码与解码子程序。由协商过程所确定的那些数据类型的集合称之为"表示上下文"(Presentatlon context)。表示上下文用于描述抽象语法与传送语法之间的映像关系。

同时,对于同样的数据结构,在不同的时间,可以使用不同的传送语法,如使用加密法、数据压缩算法等。因此在一个表示连接上可以有多个表示上下文,但是只能有一个表上下文处于活动状态。应用层实体可以选择采用哪种表示上下文处于活动状态,表示层应负责使接收端知道因应用层工作环境变化而引起的表示上下文的改变。在任何时刻可以通过传送语法的协商定义多个表示上下文,这些表示上下文构成了已定义的上广文集。

考虑到用户处在网络环境中需要保密、格式转换等,表示层为此制定了诸如密码转换、终端管理和文件传送等协议。

4. *应用层*

应用层是 OSI 模型的最高层,实现的功能分为两大部分,即用户应用进程和系统应用管理进程。系统应用管理进程管理系统资源,如优化分配系统资源和控制资源的使用等。由管理进程向系统各层发出下列要求:请求诊断,提交运行报告,收集统计资料和修改控制等。除此之外,系统应用管理进程还负责系统的董启动,包括从头启动和由指定点重启动。

用户应用进程由用户要求决定。通常的应用有数据库访问、分布计算和分布处理等。通用的应用程序有如电子邮件、事务处理、文件传输协议和作业操作协议等。

在 OSI 应用层体系结构概念的支持下,目前已有的 OSI 标准的应用层协议是:

文件传送、访问与管理 FTAM(File Tranfer Access and management)协议;

公共管理信息协议 CMIP(common management Information Protocol);

虚拟终端协议 VTP(Virtual Terminal Protocol);

事务处理 TP(Transaction Processing)协议;

远程数据库访问 RDA(Remote Database Access)协议;

制造业报文规范 MMS(manufacturing message Specification)协议;

目录服务 DS(Directory service)协议;

报文处理系 MHS(message Handhing system)协议。

5.8 TCN 通信网络

随着动车组的发展,列车控制技术已从单台机车控制向列车网络控制方向发展。列车网络控制已成为高速列车、动车组的关键技术之一。本章主要介绍目前国内动车组中所应用的网络协议,主要包括 TCN 通信网络标准、ARCNET 通信网络标准以及 CAN 标准。

TCN(列车通信网络)于 1999 年 6 月正式成为国际标准,即 IEC61375-1。该标准适用于开式列车的数据通信，它包括开式列车的车辆与车辆间的数据通信及开式列车中一个车辆内的数据通信，对列车通信网络的总体结构、连接各车辆的列车总线、连接车辆内部各智能设备的车辆总线及过程数据等内容进行了详细的规定。

列车通信网络通常分为上、下两层；上层为列车总线，下层为车辆总线。列车总线连接不同车辆(单元)中的网络节点(网关)；车辆总线连接同一车厢或固定车组内部各种可编程终端装置。列车总线和车辆总线是两个独立的通信子网，可采用不同的网络协议。通过一个列车总线节点(网关)互连，在应用层的不同总线之间通信时由此节点充当网关。在车辆总线下扩展第3级总线，即设备总线(DEVICE BUS)(如连接传感器的总线或连接执行单元的控制总线)，它们可作为车辆总线的设备连接到车辆总线上。列车通信网的结构如图5.43所示。图中给出了3节的结构，其中，车厢中从站及智能设备的数量因要求不同而有差别。列车总线与车辆总线是两个独立的通信子网，而且有不同的通信协议。每一列车在运行中必须有一个且只能有一个控制总线工作的节点，称为控制节点。正常情况下以启动的司机室的主节点为控制节点，称为主控节点。主控节点管理列车总线的运行，必要的时候主控节点可以切换。车辆总线的运作由各车厢的节点来管理。

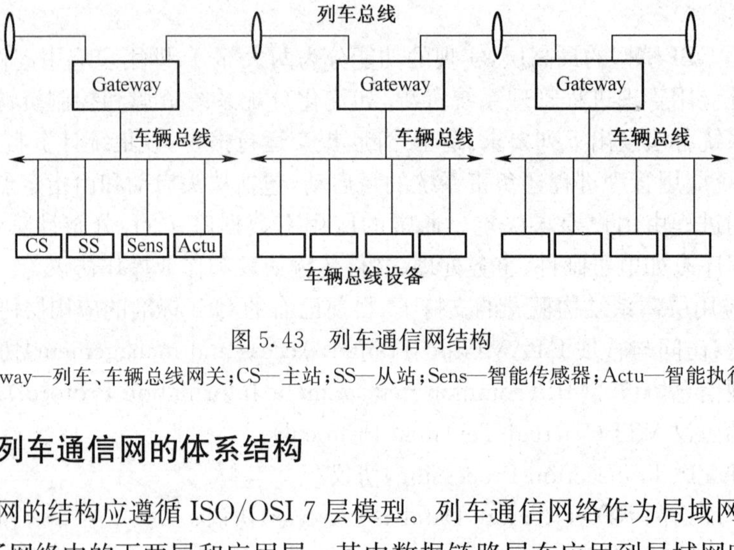

图5.43 列车通信网结构

Gateway—列车、车辆总线网关；CS—主站；SS—从站；Sens—智能传感器；Actu—智能执行器

5.8.1 列车通信网的体系结构

列车通信网的结构应遵循ISO/OSI 7层模型。列车通信网络作为局域网，节点功能固定，故只涉及了网络中的下两层和应用层。其中数据链路层在应用到局域网时分成了两个子层：逻辑链路控制LLC(Logic Link Control)子层和介质存取控制MAC(Medium Access Control)子层。MAC子层处理局域网中各站对通信介质的争用问题，对于不同的网络拓扑结构可以采用不同的MAC方法；而LLC子层屏蔽各种MAC子层的具体实现，将其改造成为统一的LLC界面，从而向网络层提供一致的服务。列车通信网上的数据量都比较小，不存在路由选择、顺序控制和阻塞控制等问题，比较简单；但是实时性、可靠性及网络构成的实用性要求比较高。列车通信网的体系结构模式如图5.44所示。

TCN(列车通信网络)将列车上的智能设备连接起来，完成下述功能：

(1)列车牵引及车辆控制(如车门、车灯等的远程控制)；

(2)远程诊断及维护；

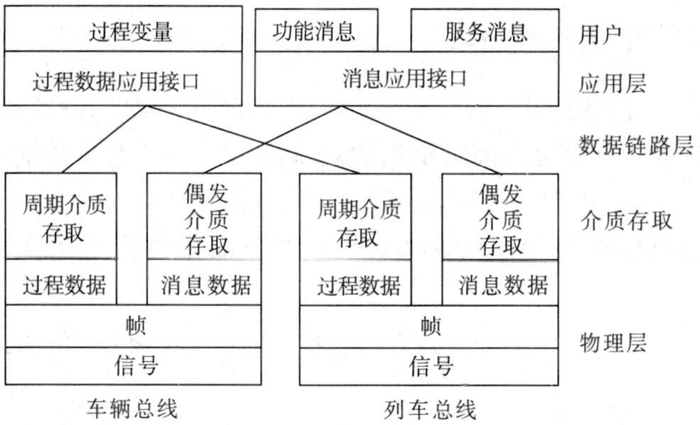

图 5.44　列车通信网的层次结构

(3)旅客信息及舒适性。

TCN(列车通信网络)包括两层结构:

(1)连接各车辆的绞线式列车总线(Wire Train Bus,WTB),列车新编组时可自动配置,通信介质为双绞线,通信速率为 1 Mbit/s;

(2)连接一节车辆内或车辆组各设备的多功能车辆总线(Multifunction Vehicle Bus ,MVB),经优化具有快响应性,通信介质为双绞线或光纤,通信速率为 1.5 Mbit/s。

网络管理部分包括对网络的配置、维护及操作。

表 5.1 是 TCN 的基本特点:

表 5.1　WTB 和 MVB 的基本特点

	WTB	MVB
组态	根据列车编组在线自动组态	总线成员事先确定
介质	双绞线	总线母板,双绞线,光纤
设计长度	860 m	20 m(无隔离),200 m(有隔离),2 000 m(光纤)
数据速率	1.0 Mbit/s	1.5 Mbit/s
编码	曼彻斯特码+分界符	曼彻斯特码+分界符
帧长度	最大 1 024 位	最大 256 位
帧格式	HDLC	TC57
支持设备	最多 32 个节点	最多 4 096 个节点
地址	相对的,在组态时在线分配	事先确定
基本周期	25 ms	最小 1 ms
冗余	物理层双份冗余	
总线管理	总线由一个主设备控制,支持总线主设备冗余	
介质访问	周期性的过程数据,偶发的消息数据,随机的监管数据	
链路服务	源地址广播(过程数据入无连接的目的地址数据报(消息数据)	
协议	分布式数据库(过程数据)网络层、传输层和会话层协议(消息数据)统一的数据类型	
应用接口	过程变量(过程数据),远程调用处理(消息数据)	

5.8.2 多功能车辆总线 MVB(Multifunction Vehicle Bus)

MVB 是用于在一个固定编组的几个车辆内连接各种可编程设备和这些设备的传感器及 执行器的车辆总线。它也可在固定编组的列车内作列车总线。传输介质可以是双绞线，也可以是光纤。在后一种场合，其传输距离为 2 000 m，最多可连接 256 个智能总线站，数据划分为过程数据、消息数据和管理数据。对过程数据的传输作了优化，发送的基本周期是 1 ms或 2 ms。

图 5.45 和图 5.46 分别为 MVB 应用于机车(动车)和车辆(拖车)的简图。

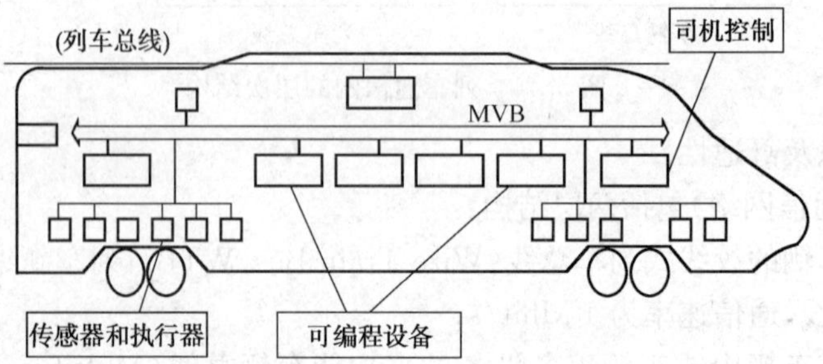

图 5.45　MVB 应用于动力车

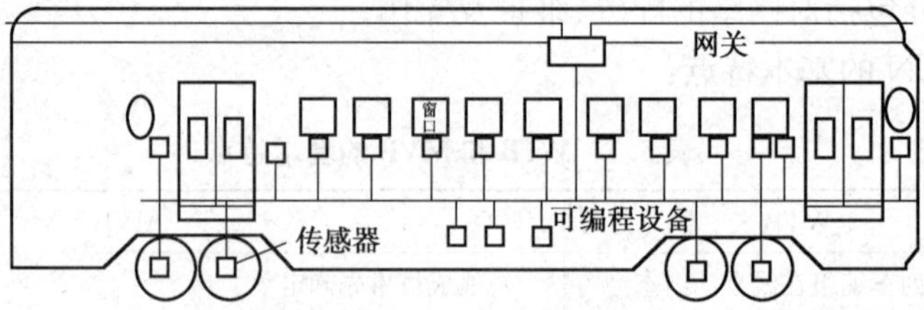

图 5.46　MVB 应用于拖车

MVB 传输的数据有以下 3 类：

过程数据：定时广播的带源地址的数据，定时间隔 1 ms；

消息数据：有请求时应答，带有目的地址的点对点或广播数据；

管理数据：用于事件判决、主设备转换、设备状态发送的数据。

5.8.2.1 MVB 物理层

MVB 提供三种通信介质，工作速率相同。

(1)ESD：电气短距离介质，依照 RS-485 标准的差分传输导线对，在无需电气隔离的情况下在 20 m 的传输距离内最大可支持到 32 个设备，若使用电气隔离则传输距离可更远。

(2)EMD：由屏蔽双绞线组成的电气中距离介质。在 200 m 的传输距离内最大可支持 32 个设备，允许使用变压器作电气隔离。

(3)OGF：光纤介质。通过星耦器汇出，传输距离可达 2.0 km，主要用于较为苛刻的环境(如机车上)。

MVB 上连接的设备都有一总线控制器，设备通过它来控制总线访问。

MVB 采用曼彻斯特编码，每一数据位码元中间都有跳变，一个“1”的编码在位元的前半部分应为 HIGH,后半部分为 LOW,一个"0"的编码在位元的前半部分应为 LOW,后半部分为 HIGH。

5.8.2.2 MVB 帧

MVB 帧是由 9 bit 起始位+数据+8 bit 校验位+结束位构成的。

MVB 有两种帧:

主控帧:总线的某个总线管理器发送的帧;

从属帧:由总线从设备发送,回应某个主控帧。

基于帧结构,MVB 共有 16 种报文,在主控帧中以一个字码(F-code)来区分,如表 5.2 所示:

表 5.2 MVB F-code 表(主控帧类型)

F-code	报文类型	F-code	报文类型
0	16 位长的过程数据请求	8	主控权转换请求
1	32 位长的过程数据请求	9	一般事件请求
2	64 位长的过程数据请求	10	(保留)
3	128 位长的过程数据请求	11	(保留)
4	256 位长的过程数据请求	12	256 位长的消息数据请求
5	(保留)	13	群组事件请求
6	(保留)	14	单一事件请求
7	(保留)	15	设备状态查询

MVB 介质访问控制采用主从方式,由唯一的主控器以定时轮询的方式发送主控帧。总线上其他设备均为从属设备,需要根据收到的主控帧来回送从属帧。它们不能同时发送信息。MVB 由专用主设备——总线管理器进行管理。管理器是唯一的主设备。为增加可用性,可能有多个总线管理器,它们以令牌方式传递主设备控制权。在一个给定时间,仅有一个管理器在总线上工作。对于多个偶发性响应,主设备减少发送设备数量,直到不发生冲突。根据通信网上所传输数据的性质和实时性的要求,把通信网上的数据分为三类:过程数据(process data)、消息数据(message data)和管理数据(Supervisory data)。通信网采用不同的方法来传递这三类数据。过程数据是那些短而紧迫、传输时间确定和有界的数据。把列车运行的控制命令和运行状态信息定义为过程数据。过程数据的传输是周期性的。把那些非紧迫的但可能冗长的信息定义为消息数据,把诊断信息、显示信息和服务功能作为消息数据来传送。它们的传送是非周期的,而且可以根据需要分帧传送。管理数码是网络自身管理、维护和初始化时在通信网中传递的数据。这些数据只有在网络重构或初始化时才传递,且传递时与其他两种数据不发生冲突,因此在列车运行时通信网上传送的只有过程数据和消息数据,这两种数据用周期传送和非周期传送来区分。周期性和偶发性数据通信共享同一总线。但在各设备中被分别处理。周期性和偶发性数据发送由充当主节点的一个设备

控制。这保证了确定性的介质访问。为此，主节点在基本周期中交替产生周期相和偶发相，如图 5.47 所示。

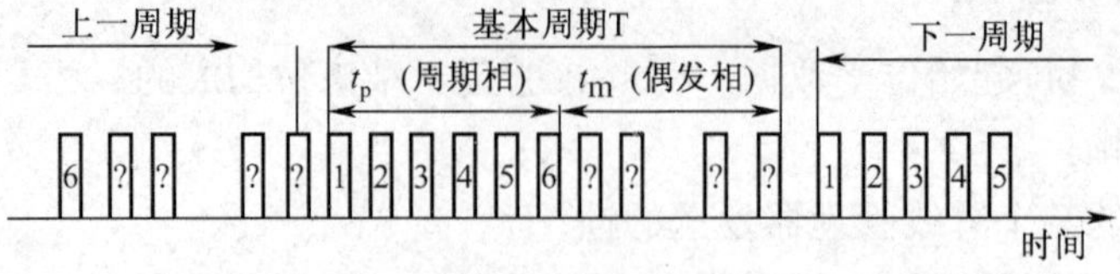

图 5.47 数据传输

5.8.3 绞式列车总线 WTB(Wired Train Bus)

绞式列车总线 WTB 是一种串行通信总线，主要是为铁道车辆间建立通信连接而设计的。图 5.48 表示了绞式列车总线的组成。

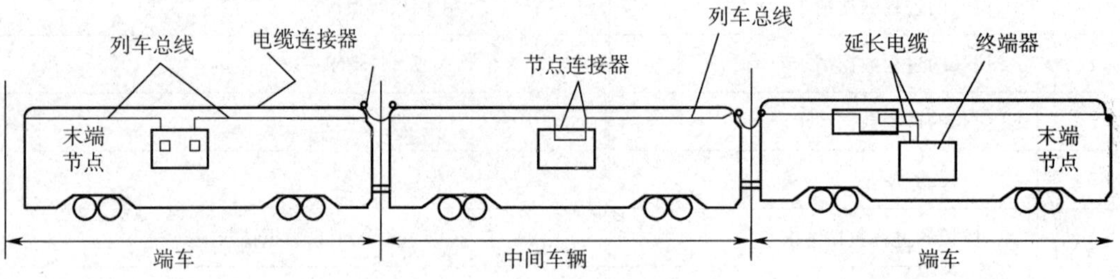

图 5.48 WTB 总线拓扑

5.8.3.1 WTB 物理层

WTB 采用屏蔽双绞线，要求有较高的机械连接性能。使用该种介质可以达到 1 Mbit/s 通信速率，长度为 860 m，对应 22 节 26 m 长的 UIC 列车，可连接至少 32 个节点。

5.8.3.2 WTB 帧

所有的帧符合同一编码方式，遵循 HDLC(ISO/IEC3309)标准。帧格式如图 5.49 所示。

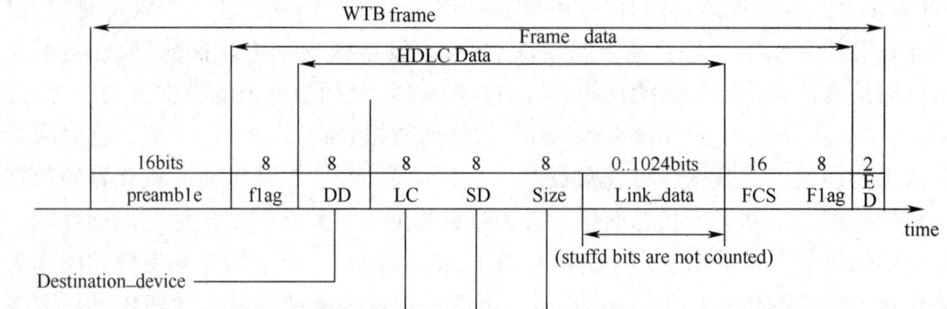

图 5.49 WTB 帧格式

5.8.3.3 WTB 报文

每次通信均由主节点建立，被选择的从节点对主节点的命令帧回复应答帧。图 5.50 为一报文时序图，包含一主节点命令帧和一从节点的应答帧。

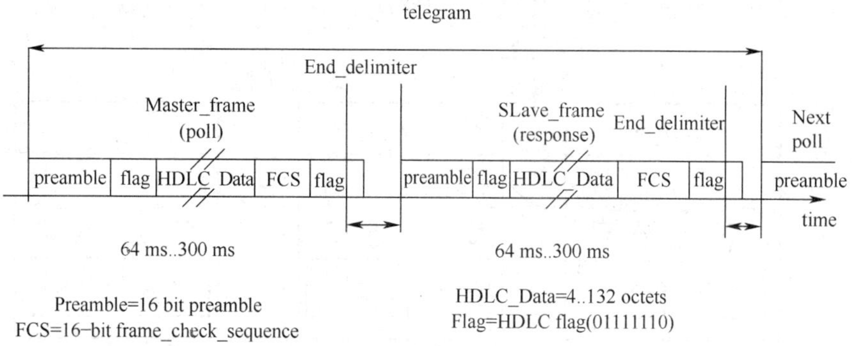

图 5.50 WTB 报文格式

WTB 规定了三种报文：

(1)过程数据报文；

(2)消息数据报文；

(3)管理数据报文。

5.8.3.4 WTB 的媒体访问控制 MAC

在列车总线上，只有唯一的主节点控制媒体访问，其他的所有节点均为从属节点，只能在主节点问询到它时才能发送回应帧。

常态工作时，主节点不停地循环操作。它将总线活动划分为一个个基本周期，主节点在基本周期中交替产生周期相和偶发相，如图 5.51 所示。

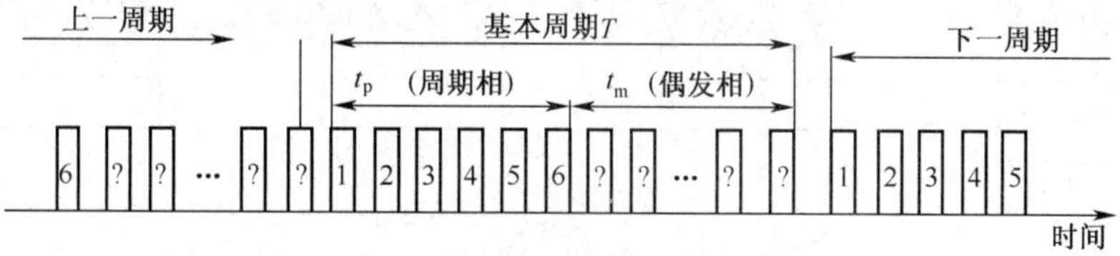

图 5.51 WTB 周期相和偶发相发送

5.8.3.5 WTB 列车初运行

1. 一个列车内的初运行

列车总线主设备控制 WTB 的配置，当列车的组成改变时，即车厢被连挂或解挂时(如果需要经常发生)，主设备重新组织总线，这个过程叫做列车初运行。

在初运行时，所有节点接收到一个唯一的标识它们在列车中的位置的地址，节点还必须能确定列车的定向，以便区分左右，例如门控制。在初运行结束时，所有节点都知道新的构形，并且总线进入常规操作。

在初运行过程中，节点和电缆段从电气上连接起来，形成一条两端都有终端连接器的单一总线。初始时,如果一个节点未被命名,它的介质连接装置便通过打开总线开关,同时在与之相连的每段的末端插入一个终端连接器的方法,把总线断开。介质连接装置的两个信道监听总线,每个信道监听一个方向。一个没命名的从设备不能发送帧(如图 5.52 所示)。

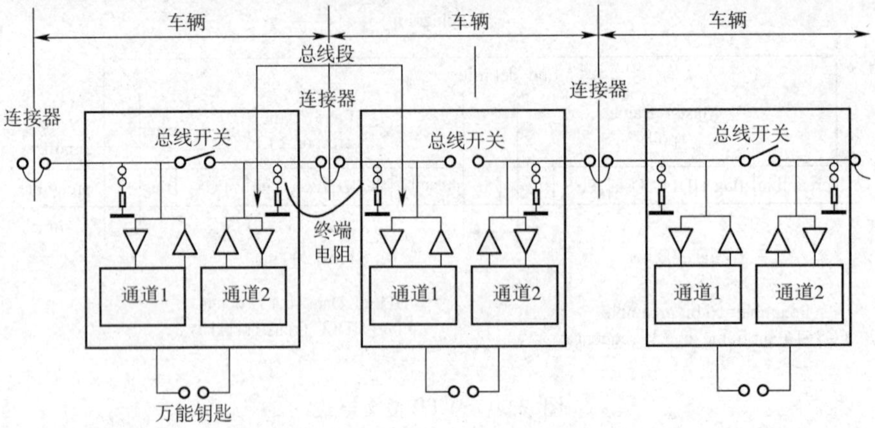

图 5.52 列车初运行的基本电路

列车总线主设备的选择取决于应用。通常,列车司机通过某种方法,比如插入一把钥匙,来选择司机室内的节点作为主设备,这个节点的编号为 01,并最终由它控制总线。

主设备通过交替地向每个方向发检测请求帧来定启动初运行,下一个从设备将会检测到主设备发出的帧,并用一个检测响应帧作为回答,指明自己是一个没被命名的从设备(如图 5.53 所示)。图中"?"表示不确定编号,下同。

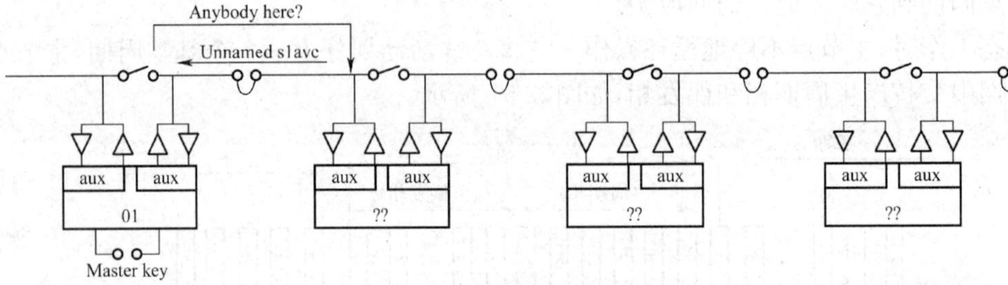

图 5.53 节点 01 检测另一点

当主设备检测到一个方向上的没命名的从设备的回答后,它把其他通道切换到列车这一端,发一个命名请求给没命名的设备,告诉它"你是 02 号节点"。收到这一命名请求的从节点发一个响应给主设备,以确认它已接受地址 02,然后它把自己的标识设置为 02,并打开主设备方向上的主通道(如图 5.54 所示)。

主设备不能直接询问第三个节点,因为如果不存在第三个节点,关闭总线开关,移走节点 02 的终端连接器将会使总线不能正常工作。

像主设备一样,第 2 个节点通过辅助通道发检测请求帧。第 3 个节点(如果存在)将发回一个检测响应给 02,然后由节点 02 向主设备报告检测到一个没命名的节点。为实现这一功能,主节点要定期轮询这一方向的端节点,读取它们的检测状态(如图 5.55 所示)。

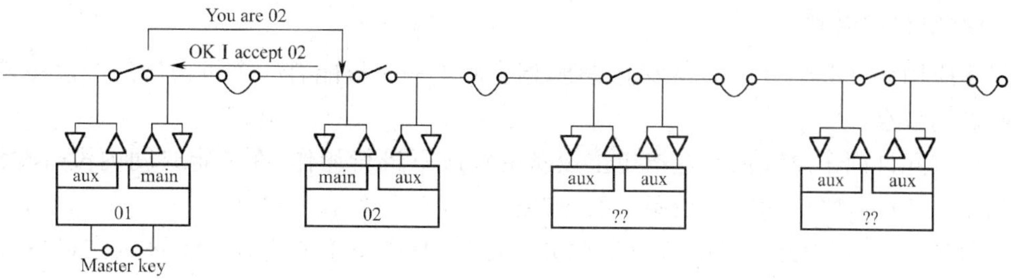

图 5.54　节点 01 给节点 02 命名

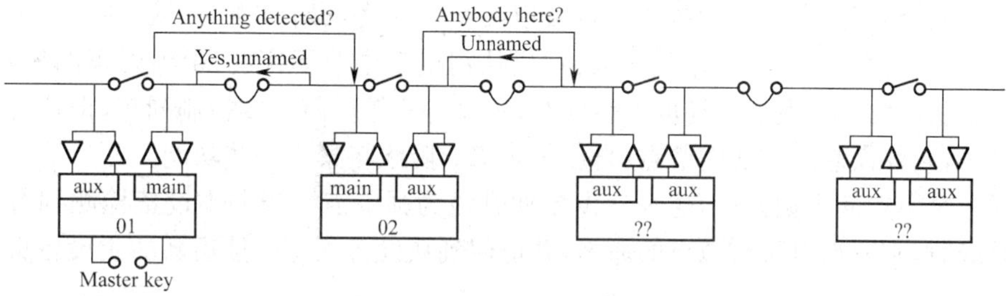

图 5.55　节点 02 检测另一节点，并向节点 01 报告

如果节点 02 报告检测到了一个没命名的节点，主设备就打开 02 作为中间节点(闭合总线开关，移走终端连接器，并关闭辅助通道)，这时主设备就可以直接访问节点 03，给它命名(如图 5.56 所示)。

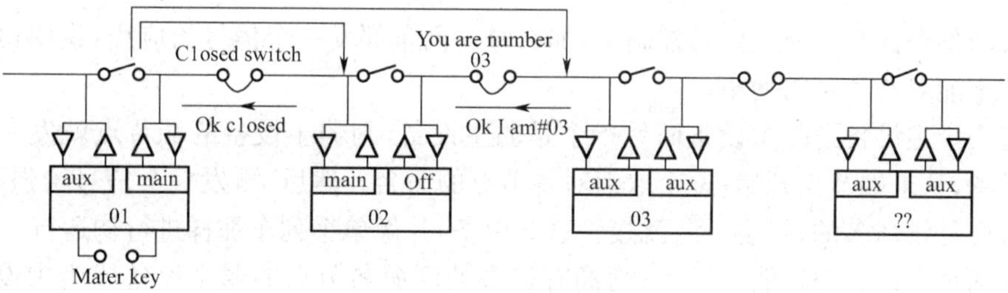

图 5.56　节点 02 拖延总线

持续这一交换直到这一方向上的所有节点都被命名。尽管导向车厢可能是推式车厢，这种情况下，由于可能的节点都位于司机室的前方，初运行时接 63，62…等给节点命名。

当端节点在一定的时延之内不再向主设备报告检测到其他节点时，主设备认为检测到了列车的末端。但是没有返回响应并不能安全地识别就是最后一节车厢。例如，下一节车厢可能没有可操作的列车总线设备。必须用其他方法(打开自动耦合开关，人工开关)来识别列车的末尾。另外，我们还希望司机对列车组成部分的完整性进行检查。

当两个方向的节点都被命名之后，主设备把构形发送给各从设备，构形中包括每个已命名的节点的描述符。在收到构形之前，节点不能参与常规操作，这是因为节点需要用构形对收到的帧解码。

在常规操作时，端节点周期性地向列车末端发检测请求来检测列车的长度。当端节点报告列车的组成改变时，如果条件允许(例如，车速<5 km/h)，主设备重新启动初运行过程。

2. 控制权的转移

尽管应用允许多个节点都成为主设备,但实际上一次只能有一个可操作的主设备,这些节点叫做弱节点。

弱节点允许列车总线在没有指定主设备的情况下进行操作,在一定时间内没有检测到总线动作的从设备将成为弱主设备。有可能同时存在多个弱主设备,且每一个都想给它的邻节点命名,直到两个已命名的段发生冲突。这时,其中一个弱主设备自称为主设备,并重新命名其他段。

应用可以指定一个节点作为主设备,这个节点叫做强节点。

在应用的控制下,充当主设备的节点可以改变。在终点站可逆向(推—拉)列车改变运行方向时,就要改变主节点,操作程序为:司机从司机室中取下钥匙,走到列车的另一头,把钥匙插在这一端的司机室中。在取下钥匙时,主设备还像以前一样控制列车,但这时它是作为弱主设备,它仅仅通知其他的节点:自己被降级。降级将禁止一些功能。

在另一个节点插入钥匙后,这个从设备便升级为强节点。当弱主设备检测到有一个节点已经升级时,它取消对所有节点的命名,并退回到从设备状态。然后新的主设备重新命名所有的节点。

3. 两列车的连接

当两列初运行过的车连接时,末端节点识别出列车被加长了。由于节点在收到检测帧时就已经被命名,它们只回答一个指明其组成部分个数的应答帧。下一步的工作取决于主设备的强度。

如果两列车都是在强主设备控制下,那么每一列车部发一个信号给应用,说明检测到了另一列它不能对其命名的列车。

如果一个主设备是强主设备而另一个是弱主设备,则弱主设备的端节点就发一个信号给弱主设备,从末端节点开始,逐个取消对各节点的命名。然后,再发一个信号给强端节点,告诉它自己是没命名的,强主设备就接管这些设备,并像单个列车那样进行初运行。

如果两个主设备都是弱主设备,则拥有较多的已命名节点的弱主设备成为主设备。如果两个弱主设备拥有同样数目的已命名的节点,由端结点决定哪方取胜。仲裁进程保证总是有一个赢家。

5.8.3.6 WTB 容错

1. 介质冗余技术

即使列车总线上的信息与安全无直接关系,列车总线上的故障也会导致列车不能正常运行。对总线和节点来讲,多级冗余是期望的。下面描述的是一个简单的介质冗余方案,这个方案中使用的是电缆重复,而不是节点重复。

为使冗余管理简单化,节点发送时总是在两条电缆上同时发送,接收时,只从一根电缆上接收。每个设备都独立地选择自己的活动电缆线。每个设备从一根电缆线上接收数据,同时监视另一根,检查它是否可操作。为实现这一功能,译码器发“有效数据”信号。

这种节点的介质连接装置的每一根线都需要一个线路连接装置(如图 5.57 所示)。

对进入节点的冗余信号的管理是实现问题。

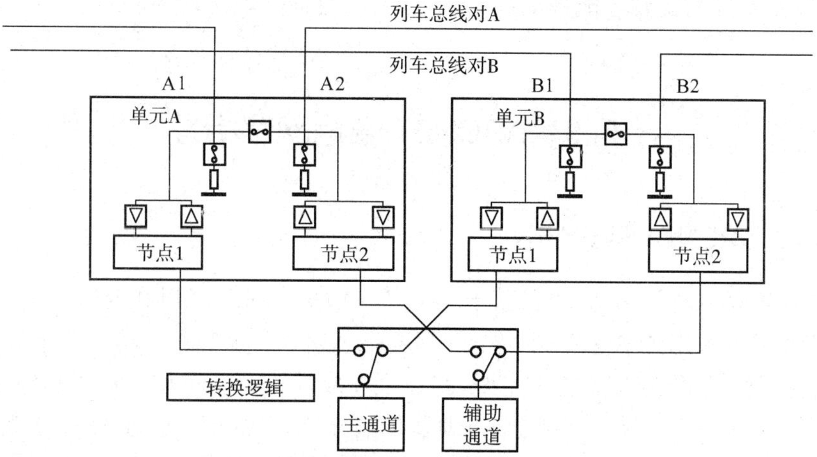

图 5.57　双线路连接装置的列车总线节点

2. 主设备冗余技术

只有一个中心主设备容易引起故障。冗余要求有一种多主设备结构来确保一个设备故障时，其他设备仍能正常工作。

尽管任何列车总线设备都可以作为主设备，至少可作为"弱主设备"，但把"监控列车运行"功能分配给另一节点也是不可行的。这是因为列车总线主设备跟踪总线动作并接收控制信息，而其他设备不做这项工作。切换到一个非当前的主设备上是危险的，但让其他主设备来监听总线获取信息却是可行，然而这样做要求有一个复杂而可靠的广播协议。

因为主设备在数据高度集中的司机室内，所以只有在司机室内复制一个主设备才是合理的，这两个主设备物理上是独立的（比如可以在机车的两边），并且通过直接相连实现同步（如图 5.58 所示）。

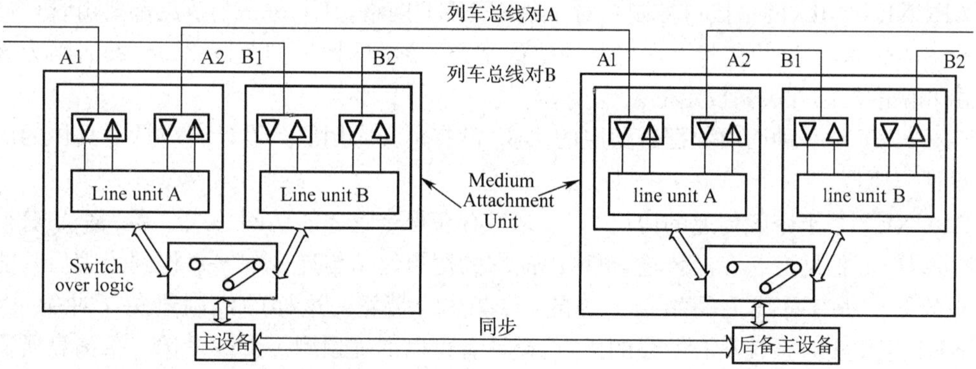

图 5.58　主设备冗余

后备主设备像主设备一样工作，但它不发送帧。它监督主设备的动作，如果主节点出现故障，在一定时间内没有发送，后备主设备便进入一个恢复过程，并接管主设备的工作。原则上，从设备无需后备，除非该从节点的功能十分迫切。比如它的车厢具有牵引功能，在这种情况下，该从设备的冗余配置和主设备一样。

只有完全重复的配置才能提高利用率，这是因为把两条线连到同一节点上，引入了共模故障。

5.9 ARCNET 通信网络标准

5.9.1 ARCNET 通讯协议

ARCNET 是一种网络访问规程，于 1977 年由 Datapoint 公司制定。

ARCNET 的数据传输速率可达 2.5 Mbit/s，最大传输距离可达 6.4 km；最多可支持 255 个节点互连，并可实现多主式连接，亦即可连成总线型和星型。对于总线型，在不加中继器的情况下，可带 8 个节点，用同轴电缆作传输介质时，其最大传输距离为 300 m；若用双绞线作传输介质，最大距离约为 120 m。ARCNET 采用令牌传递(Token Passing)实现介质访问，介质上有一个称为 token(令牌)的特殊位串，它从低地址节点按序往高地址节点传递，而最高地址节点又往最低地址节点传递，这样逻辑上形成了一个环。当一个节点获得令牌时，它有权发送信息，若无信息可发，则把令牌传到下一个节点。这种方式十分类似令牌总线访问方法，它适合于实时小批量数据传输的场合。由于 ARCNET 网具有效率高、节点进退网操作比较简单、实时性好等特点，用它作为列车通信网中的列车总线能够满足列车的特殊要求。

ARCNET 通信线缆：ARCNET 采用同轴电缆，其规格遵循 RG-62U ARCNET Connector。连接件为普遍采用的用于连接同轴电缆的 BNC 连接器。

过去曾普遍用于办公室自动化，经过优化，逐渐演变成了一种嵌入式网络技术。该技术广泛运用于工业控制领域、智能楼宇、交通运输、机器人及电子游戏等领域。在美国、欧洲特别是日本被广泛采用。目前已售出多达千万个 ARCNET 节点。

ARCNET NIC(网络接口控制)：对于 ARCNET 网络，其上每一个节点都要由管理员指定一个 MAC 地址，这往往是一个主要的错误来源。MAC 地址的范围是 0～255，因为该地址是由 8 位的拨码开关来设定的。

ARCNET 是一种面向数据链路层的协议，没有定义应用层。设计者应针对具体的应用自行设计应用层。

ARCNET 基于令牌传递的协议，一个站只有获得令牌才能访问总线。当一个站获得令牌，它可以向其他站发起一次传输，也可以向它的逻辑邻站传递令牌。每得到令牌后只能发送一包数据。所有总线上的站是平等的，共享总线带宽。这样的机制避免了冲突，因此 ARCNET 用于实时系统具有明显的优点：设计者可以准确预测每个站发送一条消息所需的时间。这一点对于需要及时相应的控制系统或机器人来说尤其重要。

最初的物理层是双脉冲收发器，优化后速率为 2.5 Mbit/s，新一代的收发器体积更小，速率可达 10 Mbit/s。

ARCNET 具有下列特点：简单易用；价格低、可靠性高、性能好。新型的 ARCNET 控制芯片非常小巧。

ARCNET 体系结构如图 5.59 所示。

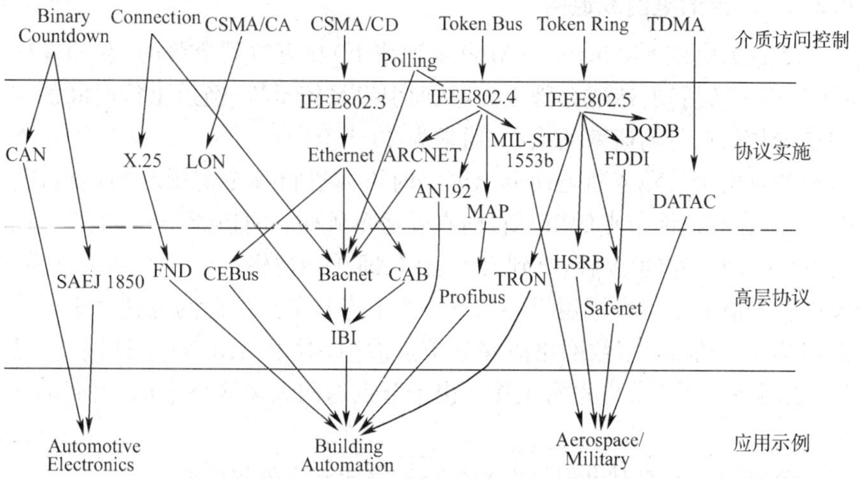

图 5.59　ARCNET 体系结构

5.9.2　ARCNET 工作机制

ARCNET 局域网采用了优化的令牌总线协议(1EEE802.4),除了具有令牌总线网的一般特点外,还具有如下特点:

(1)网络中每个节点保存有下一个节点的逻辑地址,可以生成一个网络活动节点地址表。

(2)为了避免目的节点没有空闲缓冲区而引起信息的丢失,设置了空闲缓冲区查询帧,通过查询可以减少不必要的数据重传,提高了网络运行效率。

ARCNET 是一个真正开放的标准协议,1999 年成为美国国家标准 ANSI/ATA878.1。从 OSI 参考模型来看,它提供了网络的物理层和数据链路层服务,说明 ARCNET 能方便地在两个节点之间实现数据包的发送和接收。

5.9.2.1　逻辑环的建立

在 ARCNET 网络中,每个节点均有一个唯一 MAC(Medium Access Control)地址,其取值范围为 0 ~255,其中 0 是网络广播地址。每个节点在系统初始化或重构时确定它在逻辑环中的下一个节点,并将下一个节点的 ID 值保存在各自专用的寄存器 NID(Next ID)中,并按 MAC 地址从小到大的顺序构成一个逻辑环路。图 5.60 是一个典型的四节点逻辑环。

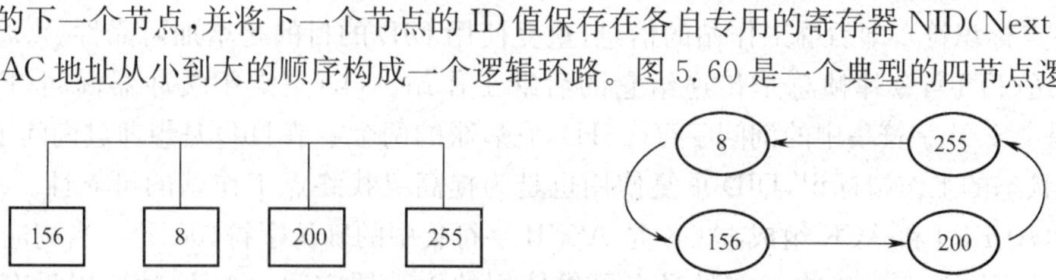

图 5.60　逻辑环的建立

令牌作为一组独特的信号序列,沿着逻辑环从一个节点传向逻辑邻居(而非物理邻居),因而与节点名在网络上的物理位置以及网络的拓扑结构无关。

5.9.2.2 节点的进网或退网

当一个节点加电或 840 ms(2.5 Mbit/s 速率下)没有收到令牌时,它即发出一个重构脉冲,使总线终止一切活动,造成令牌丢失,从而引发系统重构,经过重构时间的多少取决于网上节点的多少和数据传输速率的大小,通常为 20～30 ms。

当一个节点由于故障或断电而退出网络时不需进行整个逻辑环的重构,因为当逻辑环的上一个下点(存有退网节点的 ID 值)向它发送令牌时,不能收到它的响应,因而令牌发送者将它的 NID 值加 1 重发令牌,直到收到响应,即找到逻辑环中一个新节点为止(实际上下一个新节点就是故障节点在原逻辑环的下一个节点),节点的退网也就完成。

根据现场实际情况,多数网络故障是节点故障,对于 ARCNET 即网络,只需该节点退网,即可保证网络中其他节点正常工作。由于节点退网无需网络重构,因而网络故障恢复时间很短。

网络中节点的增加或退出都是由网络自动完成不需外界的介入。

5.9.2.3 ARCNET 帧结构

像以太网一样,ARCNET 传输单位也称为帧。帧结构如下所示。

(1)ITT 帧

ALERT EOT DID DID

(2)FBE 帧

ALERT ENQ DID DID

(3)ACK 帧

ALERT ACK

(4)NAK 帧

ALERT NAK

(5)PAC 帧

ALERT SOH SID DID DID CP DATA CRC CRC

ARCNET 帧不管是哪种帧,都由 ALERT 引导,类似于 Ethernet 中使用的前导码。ALERT由 6 bit 间隔的传号(1)组成。传号"1"由正脉冲后跟负脉冲组成的双脉冲表示。空号"0"由无脉冲表示。EOT 是 ASCII 码中的传输结束控制符(04H)。后跟的两个字节都是 DID(终点标识符),即后继工作站的信息,重复使用 DID 的目的是增加可靠性。(a)所示为邀请发送(ITT),令牌帧总是传递给它的后继工作站。(b)是空闲缓冲器询问(FBE)帧。ENQ 是 ASCII 字符集中的询问字符(05H),它后跟的两个字节 DID 是想通过询问了解空闲缓冲器状态的工作站标识,DID 重复使用也是为提高寻找终点工作站的可靠性。ACK(确认)帧由ALERT和 ACK 组成,ACK 是 ASCII 字符集中的确认字符(06H)。当响应 FBE 帧而发送 ACK 时,表示接收工作站具有可供使用的缓冲器空间。ACK 帧所以没有 DID 字段,是因为这种帧是作为广播方式发送的,ACK 帧如(c)所示。NAK(否认)帧如(d)所示。NAK 是 ASCII 字符集中的否认字符(15H)。当响应 FBE 帧而发送 NAK 时,表示接收工作站不具有可供使用的缓冲空间。NAK 帧也没有 DID 字段,其原因与 ACK 帧相同。(e)所示为数据帧,帧中 SOH(标题开始)是 ASCII 字符集中的标题开始字符(01H)。SID(源点

ID)和(终点 ID)表示源点和终点工作站的地址。CP(连续指针)字段指示工作站在存储器中找到的传输数据的起点,数据字段 Data 具有可变长度,处于 1 字节和 508 字节之间,用以携带用户数据。2 字节的 CRC 字段由发送站添加,用来保护 Data 字段。

5.9.2.4 数据的接收和发送

ARCNET 局域网的数据传输速率为 156.25 kbit/s~10 Mbit/s,其用户数据的长度为0 ~507字节,有两种 ARCNET 数据帧模式,其中短帧模式用户数据的最长度为 253 字节,长帧模式用户数据的最大长度 507 字节,只要按一定的格式将用户数据写入协议控制器内置的 2K RAM 中,在数据发送时,协议控制器会自动将其组织到 ARCNET 的数据帧中。传输数据在协议控制器内置的 2K RAM 中的存放格式,如图 5.61 所示。

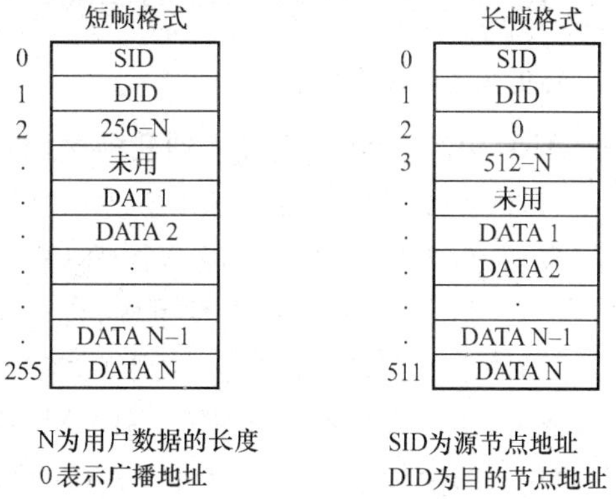

图 5.61 传输数据在 2K RAM 中的存放格式

在数据传送的过程中,一旦源节点 CPU 将待发的用户数据写入协议控制器的内部 RAM,在该节点持有令牌时,相当于接收到令牌传送帧(ITT,Invitation to Transmit),首先向目的节点发送一个空闲缓存查询帧(FBE,Free Buffer Enquiry),查询目的节点是否有足够的接收缓存,目的节点如有,则回答一个确认帧(ACK,Acknowledgement),否则回答一个否认帧(NAK,Negative Acknowledgement)。源节点只有收到来自目的节点的 ACK 帧后才向其发送一个含有用户数据的数据帧(PAC,Packet)。如果目的节点收到了数据,且通过 CRC 校验,则回送一个 ACK 帧,告诉源节点数据接收成功,否则目的节点不回发任何信息,导致源节点超时,源节点认为数据发送失败,等下一次收到令牌时重发该数据帧,至此节点传输过程结束,令牌被传递给下一个节点。图 5.62 是节点 156 向节点 255 发送数据包的具体过程。

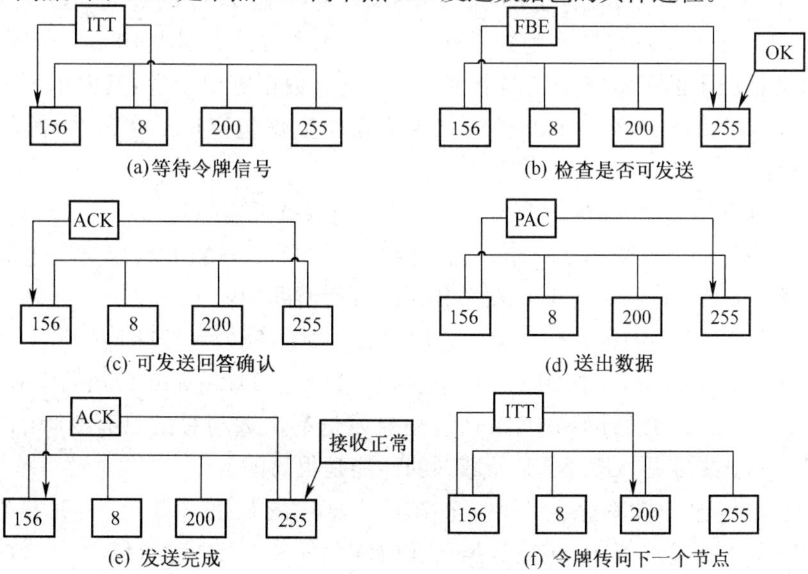

图 5.62 数据的传送过程

ARCNET 支持广播消息。广播消息发出后无需回送确认帧，通过消息广播一次可以将消息传送给网络上的所有节点，可见广播速度很快。

5.9.3 ARCNET 网络的性能分析

5.9.3.1 安全机制

ARCNET 局域网通过下列几种途径确保数据的安全传输。

(1)数据发送前通过发送 FBE 帧对目的节点的接收准备进行确认。

(2)每个数据帧中都含有一个 CRC-16 的帧校验序列。

(3)一旦令牌丢失，将引发重构，自动重构网络。

(4)协议控制器提供强大的网络故障诊断功能。

此外，由于协议控制器内置 2KRAM，可储存 8 页短帧模式的用户数据和 4 页长帧模式的用户数据，即使节点 CPU 不读取 RAM 中的数据，数据充满 RAM 也无关紧要，当 RAM 要溢出时，节点 CPU 在收到 FBE 帧时可回送 NAK 帧，使 RAM 不再接收数据，此时源节点将不再发送数据，将令牌传送给下一节点，因此，即使某一节点无法通信，整个网络也不会锁闭。

5.9.3.2 数据吞吐量和总开销

由于 ARCNET 使用令牌传送机制来仲裁节点对网络的访问权，因而网络性能在时间上是可预测的或可确定的。正是由于 ARNET 的时间可确定性，使其在工业实时控制领域中的应用经久不衰。反映局域网性能的一个重要参数就是“一个节点在能够发送信息之前必须等待的时间”，这个参数表示了各个节点每 s 能发送的信息数，也就是网络的吞吐量。

在 2.5 Mbit/s 的数据传输速率下，ARCNET 协议控制器执行简单的令牌传送约需 28.2 μs(协议控制器响应时间 12.6 μs+令牌码传送时间 15.6 μs)，因而令牌绕逻辑环一周的传递时间为 28.2×Nnodes(μs)，Nnodes 为网络中活动节点数，一个节点从接收到令牌到发送数据为止，共需 117.2 μs 的处理时间，传输每个字节需 11 个时钟周期，一个字节的传输时间为 11× 400ns=4.4 μs(速率为 2.5 Mbit/s 时，每个时钟周期为 100 ns)。因此令牌绕逻辑环一周最坏情况下的传输时间是网上每个节点均有数据需要发送，其大小可表示为(28.2 + 117.2+4.4×Nbytes)× Nnodes(Nbytes 为每个数据包发送的字节数)，因而等待时间 Tw 的范围为：

$$28.2 \times \text{Nnodes}\ \mu s < Tw < (145.4 + 4.4 \times \text{Nbytes}) \times \text{Nnodes}\ \mu s$$

若一网络中活动节点数为 100 个，令牌环绕一周约有 2%的节点需要发送信息，其信息包的总长度为 100 字节，则一个节点发送数据的等待时间为：

$$Tw = (145.4 + 4.4 \times 100) \times 100 \times 2\% + 28.2 \times 100 \times 98\% = 3\,934(\mu s)$$

即一个节点在 1 s 内可发送约 256 个信息包。事实上 Datapoint 公司的实验表明即使在一个具有 175 个节点的重载网络中，节点有信息发送的次数与总的具有令牌的次数之比也很少超过 2%。由此可见 ARCNET 局域网的性能是很高的。

此外从数据传输的效率来看，若一个节点信息包的长度 253 字节，其传输总时间为 145.4+4.4×253=1 258.6 μs，传输数据所花时间为 4.4×253=1 113.2 μs，数据传输效率约为 88%(1 113.2/1 258.6×100%=88%)，也是相当高的。

5.10 CAN通信网络标准

5.10.1 CAN总线

CAN(Controller Area Network)即控制器局域网络。由于其高性能、高可靠性及独特的设计,CAN越来越受到人们的重视。国外已有许多大公司的产品采用了这一技术。CAN最初是由德国的Bosch公司为汽车监测、控制系统而设计的。众所周知,现代汽车越来越多地采用电子装置控制,如发动机的定时、注油控制、加速、刹车控制(ASC)及复杂的抗锁定刹车系统(ABS)等。由于这些控制需检测及交换大量数据,采用硬接信号线的方式不但烦琐、昂贵,而且难以解决问题,采用CAN总线上述问题便得到很好地解决。据资料介绍,世界上一些著名的汽车制造厂商,如BENZ(奔驰)、BMW(宝马)、PORSCHE(保时捷)、ROLLS-ROYCE(劳斯莱斯)和JAGUAR(美洲豹)等都已开始采用CAN总线来实现汽车内部控制系统与各检测和执行机构间的数据通信。

由于CAN总线本身的特点,其应用范围目前已不再局限于汽车行业,而向过程工业、机械工业、纺织机械、农用机械、机器人、数控机床、医疗器械及传感器等领域发展。CAN已经形成国际标准,并已被公认为几种最有前途的现场总线之一。

CAN属于总线式串行通信网络,由于其采用了许多新技术及独特的设计,与一般的通信总线相比,CAN总线的数据通信具有突出的可靠性、实时性和灵活性。其特点可概括如下:

(1)CAN为多主方式工作,网络上任一节点均可在任意时刻主动地向网络上其他节点发送信息,而不分主从,通信方式灵活,且无需站地址等节点信息。利用这一特点可方便地构成多机备份系统。

(2)CAN网络上的节点信息分成不同的优先级,可满足不同的实时要求,高优先级的数据最多可在134 μs内得到传输。

(3)CAN采用非破坏性总线仲裁技术,当多个节点同时向总线发送信息时,优先级较低的节点会主动地退出发送,而最高优先级的节点可不受影响地继续传输数据,从而大大节省了总线冲突仲裁时间。尤其是在网络负载很重的情况下也不会出现网络瘫痪情况(以太网则可能)。

(4)CAN只需通过报文滤波即可实现点对点、一点对多点及全局广播等几种方式传送接收数据,无需专门的“调度”。

(5)CAN的直接通信距离最远可达10 km(速率5 kbit/s以下);通信速率最高可达1 Mbit/s(此时通信距离最长为40 m)。

(6)CAN上的节点数主要取决于总线驱动电路,目前可达110个;报文标识符可达2 032种(CAN2.0A),而扩展标准(CAN2.0B)的报文标识符几乎不受限制。

(7)采用短帧结构,传输时间短,受干扰概率低,具有极好的检错效果。

(8)CAN的每帧信息都有CRC校验及其他检错措施,保证了数据出错率极低。

(9)CAN的通信介质可为双绞线、同轴电缆或光纤,选择灵活。

(10)CAN 节点在错误严重的情况下具有自动关闭输出功能，以使总线上其他节点的操作不受影响。

5.10.2 技术规范

5.10.2.1 体系结构

为使设计透明和执行灵活，遵循 ISO/0SI 标准模型，CAN 分为数据链路层（包括逻辑链路控制子层 LLC 和媒体访问控制子层 MAC）和物理层，而在 CAN 技术规范 2.0A 的版本中，数据链路层的 LLC 和 MAC 子层的服务和功能被描述为“目标层”和“传送层”。CAN 的分层结构和功能如图 5.63 所示。

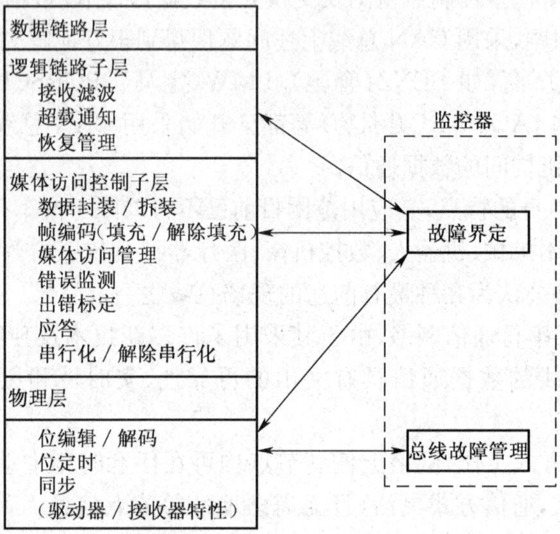

图 5.63　CAN 的分层结构和功能

LLC 子层的主要功能是：为数据传送和远程数据请求提供服务，确认由 LLC 子层接收的报文实际已被接收，并为恢复管理和通知超载提供信息。在定义目标处理时，存在许多灵活性。MAC 子层的功能主要是传送规则，亦即控制帧结构、执行仲裁、错误检测、出错标定和故障界定。MAC 子层也要确定，为开始一次新的发送，总线是否开放或者是否马上开始接收。位定时特性也是 MAC 子层的一部分。MAC 子层特性不存在修改的灵活性。物理层的功能是有关全部电气特性不同在节点间的实际传送。自然，在一个网络内，物理层的所有节点必须是相同的。然而，在选择物理层时存在很大的灵活性。

CAN 技术规范 2.0B 定义了数据链路中的 MAC 子层和 LLC 子层的一部分，并描述与 CAN 有关的外层。物理层定义信号怎样进行发送，因而，涉及位定时、位编码和同步的描述。在这部分技术规范中，未定义物理层中的驱动器/接收器特性，以便允许根据具体应用，对发送媒体和信号电平进行优化。MAC 子层是 CAN 协议的核心，它描述由 LLC 子层接收到的报文和对 LLC 子层发送的认可报文。MAC 子层可响应报文帧、仲裁、应答、错误检测和标定。MAC 子层由称为故障界定的一个管理实体监控，它具有识别永久故障或短暂扰动的自检机制。LLC 子层的主要功能是报文滤波、超载通知和恢复管理。

5.10.2.2 通信介质及网络拓扑

通信介质可选双绞线、光纤，编码方式为 RS-485(NRZ)，通信速率最高为 1 Mbit/s(此时通信距离最长为 40 m)拓扑形式为总线型，如图 5.64 所示。

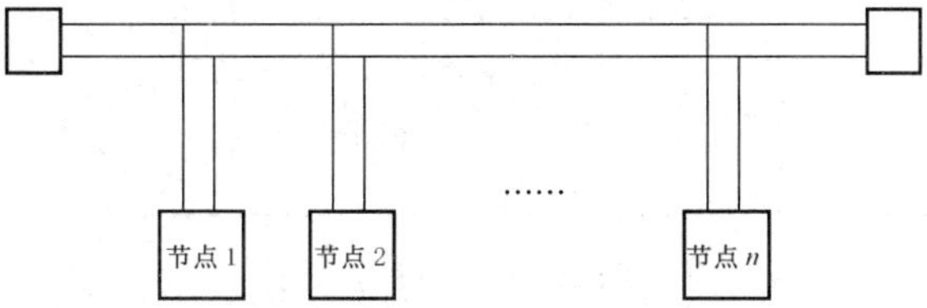

图 5.64 CAN 总线网络结构图

5.10.2.3 报文传输

报文传输由以下 4 个不同的帧类型所表示和控制。

- 数据帧：数据帧携带数据从发送器至接收器。
- 远程帧：总线单元发出远程帧，请求发送具有同一识别符的数据帧。
- 错误帧：任何单元检测到一总线错误就发出错误帧。
- 过载帧：过载帧用以在先行的和后续的数据帧(或远程帧)之间提供一附加的延时。

数据帧(或远程帧)通过帧间空间与前述的各帧分开。

1.数据帧

由 7 个不同的位场组成，帧起始、仲裁场、控制场、数据场、CRC 场、应答场、帧结尾。数据场的长度可以为 0。其结构如图 5.65 所示。

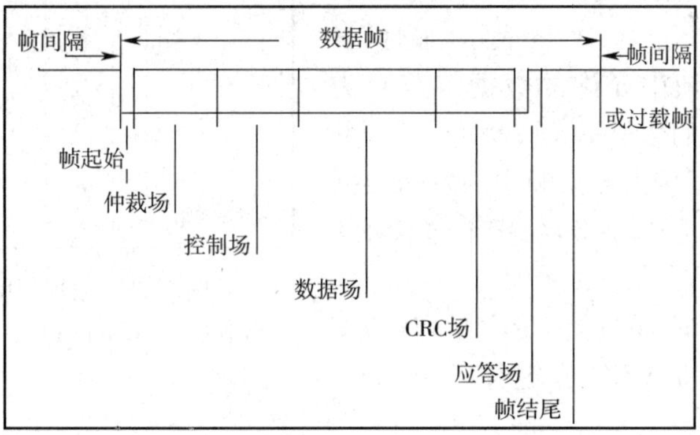

图 5.65 数据帧结构

(1)帧起始：它标志数据帧和远程帧的起始，由一个单独的"显性"位组成。只在总线空闲(参见"总线空闲")时，才允许站开始发送(信号)。所有的站必须同步于首先开始发送信息的站的帧起始前沿。

(2)仲裁场：仲裁场包括识别符和远程发送请求位(RTR)，其结构如图 5.66 所示。

(3)识别符：识别符的长度为 11 位。这些位的发送顺序是从 ID-10 到 ID-0。最低位是 ID-0。最高的 7 位(ID-10 到 ID-4)必须不能全是"隐性"。

(4)RTR 位：该位在数据帧里必须为“显性”，而在远程帧里必须为“隐性”。

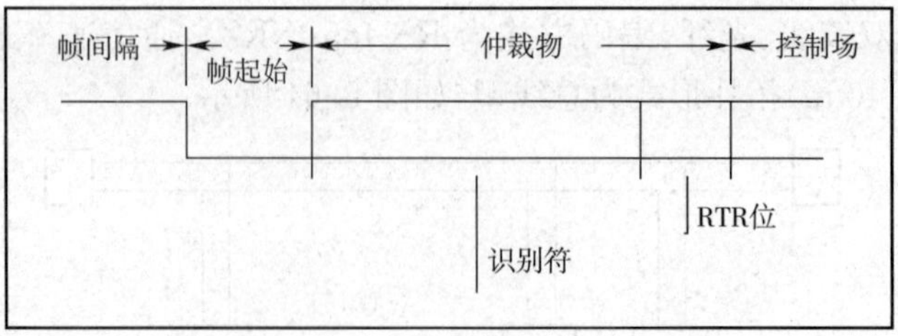

图 5.66　仲裁场结构

(5)控制场：控制场由 6 个位组成，包括数据长度代码和两个将来作为扩展用的保留位，其结构如图 5.67 所示。所发送的保留位必须为“显性”。接收器接收所有由“显性”和“隐性”组合在一起的位。

图 5.67　控制场结构

(6)数据长度代码：数据长度代码指示了数据场中字节数量。数据长度代码为 4 个位，在控制场里被发送。数据长度代码中数据字节数的编码如图 5.68 所示。图中：d 表示“显性”，r 表示“隐性”。数据帧中允许的数据字节数为{0,1,…,7,8}，其他的数值不允许使用。

(7)数据场：数据场由数据帧中的发送数据组成。它可以为 0～8 个字节，每字节包含了 8 个位，首先发送 MSB。

(8)CRC 场：CRC 场包括 CRC 序列（CRC SEQUENCE），其后是 CRC 界定符（CRC DELIMITER）。

Number of Data Bytes	Data Leng th Code			
	DLC3	DLC2	DLC1	DLC0
0	d	d	d	d
1	d	d	d	r
2	d	d	r	d
3	d	d	r	r
4	d	r	d	d
5	d	r	d	r
6	d	r	r	d
7	d	r	r	r
8	r	d	d	d

图 5.68　数据长度代码中数据字节数的编码(DATA LENGTH CODE)

(9)应答场：应答场长度为 2 个位，包含应答间隙（ACK SLOT）和应答界定符（ACK DELIMITER）。在应答场里，发送站发送两个“隐性”位。当接收器正确地接收到有效的报文，接收器就会在应答间隙（ACK SLOT）期间（发送 ACK 信号）向发送器发送一“显性”的位以示应答。

(10)应答间隙：所有接收到匹配 CRC 序列（CRC SEQUENCE）的站会在应答间隙（ACK SLOT）期间用一“显性”的位写入发送器的“隐性”位来作出回答。

(11)ACK 界定符：ACK 界定符是 ACK 场的第二个位，并且是一个必须为“隐性”的位。

因此，应答间隙（ACK SLOT）被两个"隐性"的位所包围，也就是 CRC 界定符（CRC DELIMITER）和 ACK 界定符（ACKDELIMITER）。

（12）帧结尾：每一个数据帧和远程帧均由一标志序列界定。这个标志序列由 7 个"隐性"位组成。

2. 远程帧

通过发送远程帧，作为某数据接收器的站通过其资源节点对不同的数据传送进行初始化设置。远程帧由 6 个不同的位场组成：帧起始、仲裁场、控制场、CRC 场、应答场、帧末尾。远程帧结构如图 5.69 所示。

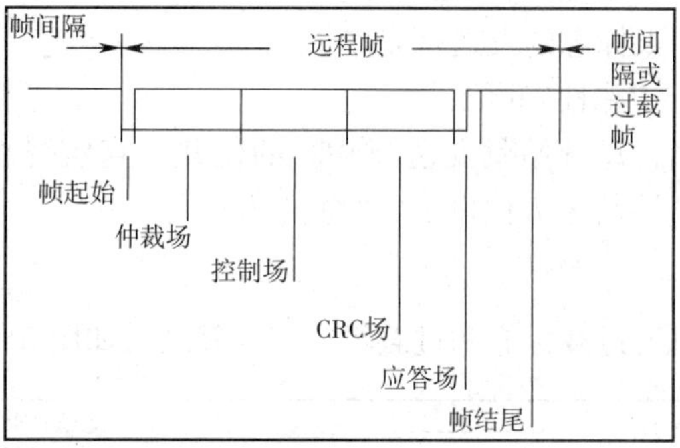

图 5.69　远程帧结构

与数据帧相反，远程帧的 RTR 位是"隐性"的。它没有数据场，数据长度代码的数值是不受制约的（可以标注为容许范围里 0，…，8 的任何数值）。此数值是相应于数据帧的数据长度代码。

RTR 位的极性表示了所发送的帧是一数据帧（RTR "显性"）还是一远程帧（RTR"隐性"）。

3. 错误帧

错误帧由两个不同的场组成。第一个场用作为不同站提供的错误标志（ERROR FLAG）的叠加。第二个场是错误界定符。错误帧结构如图 5.70 所示。

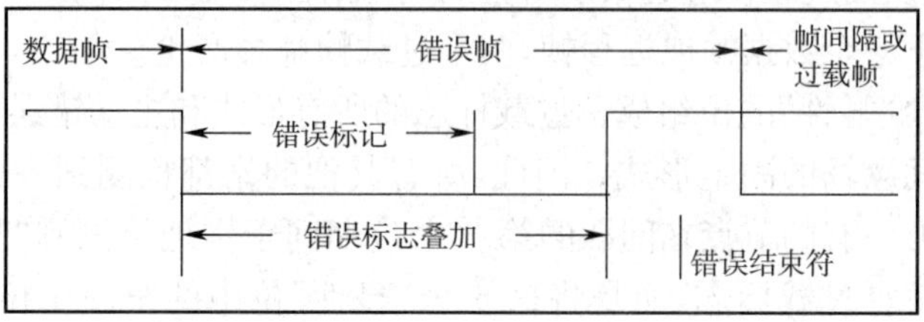

图 5.70　错误帧结构

为了能正确地终止错误帧，一"错误被动"的节点要求总线至少有长度为 3 个位时间的总线空闲（如果"错误被动"的接收器有本地错误的话）。因此，总线的载荷不应为 100%。

有两种形式的错误标志，主动错误标志（Active error flag）和被动错误标志（Passive error flag）。主动错误标志由 6 个连续的"显性"位组成。被动错误标志由 6 个连续的"隐性”的位组成，除非被其他节点的“显性”位重写。

检测到错误条件的“错误主动”的站通过发送主动错误标志，以指示错误。错误标志的形式破坏了从帧起始到 CRC 界定符的位填充规则（参见“编码”）或者破坏了应答场或帧末尾场的固定形式。所有其他的站由此检测到错误条件并与此同时开始发送错误标志。因此，“显性”位（此“显性”位可以在总线上监视）的序列导致一个结果，这个结果就是把各个单独站发送的不同的错误标志叠加在一起。这个顺序的总长度最小为 6 个位，最大为 12 个位。

检测到错误条件的“错误被动”的站试图通过发送被动错误标志，以指示错误。“错误被动”的站等待 6 个相同极性的连续位（这 6 个位处于被动错误标志的开始）。当这 6 个相同的位被检测到时，被动错误标志的发送就完成了。

错误界定符包括 8 个“隐性”的位。

错误标志传送了以后，每一站就发送“隐性”的位并一直监视总线直到检测出一个“隐性”的位为止。然后就开始发送 7 位以上的“隐性”位。

4. 过载帧

过载帧包括两个位场：过载标志和过载界定符。其结构如图 5.71 所示。

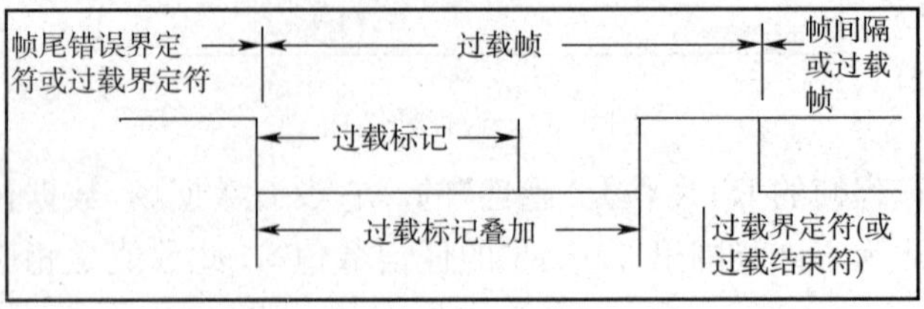

图 5.71　过载帧结构

有两种过载条件都会导致过载标志的传送：

(1)接收器的内部条件（此接收器对于下一数据帧或远程帧需要有一延时）。

(2)间歇场期间检测到一“显性”位。

由过载条件(1)而引发的过载帧只允许起始于所期望的间歇场的第一个位时间开始。而由过载条件(2)引发的过载帧应起始于所检测到“显性”位之后的位。

通常为了延时下一个数据帧或远程帧，两个过载帧都会产生。

过载标志由 6 个“显性”的位组成。过载标志的所有形式和主动错误标志的一样。过载标志的形式破坏了间歇场的固定形式。因此，所有其他的站都检测到一过载条件并与此同时发出过载标志。万一有的节点在间歇的第 3 个位期间于本地检测到“显性”位，则其他的节点将不能正确地解释过载标志，而是将这 6 个“显性”位中的第一个位解释为帧的起始。这第 6 个“显性”的位破坏了产生错误条件的位填充的规则。

过载界定符包括 8 个“隐性”的位。过载界定符的形式和错误界定符的形式一样。过载标志被传送后，站就一直监视总线直到检测到一个从“显性”位到“隐性”位的发送（过渡形式）。此时，总线上的每一个站完成了过载标志的发送，并开始同时发送 7 个以上的“隐性”位。

帧间空间包括间歇场、总线空闲的位场。如果“错误被动”的站已作为前一报文的发送器时，则其帧空间除了间歇、总线空闲外，还包括称作挂起传送（SUSPEND TRANSMISSION）的位场。

对于不是“错误被动”的站，或者此站已作为前一报文的接收器，其帧间空间结构如图5.72所示。

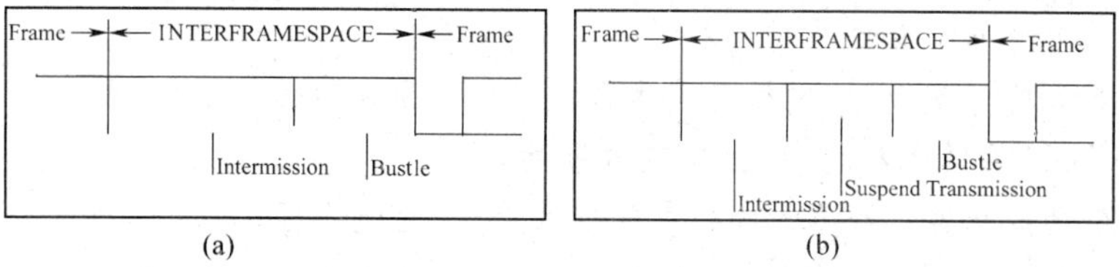

图 5.72　帧间空间结构

注：图(b)为对于已作为一报发送器的“错误被动”的站的帧间空间示意

间歇包括3个“隐性”的位。间歇期间，所有的站均不允许传送数据帧或远程帧，唯一要做的是标示一个过载条件。

总线空闲的(时间)长度是任意的。只要总线被认定为空闲，任何等待发送信息的站就会访问总线。在发送其他信息期间，有报文被挂起，对于这样的报文，其传送起始于间歇之后的第一个位。总线上检测到的“显性”的位可被解释为帧的起始。

挂起传送即“错误被动”的站发送报文后，站就在下一报文开始传送之前或总线空闲之前发出8个“隐性”的位跟随在间歇的后面。如果与此同时另一站开始发送报文(由另一站引起)，则此站就作为这个报文的接收器。

复习思考题

1. 通信系统由哪几个部分组成，各有什么作用？
2. 数据的编码方式有哪几种，选择数据编码方式应考虑哪些因素？
3. 列举出常用于衡量通信系统性能的几个参数及其所反映出来的特性。
4. 通信方式有哪几种，举例说明。
5. 通信传输的同步方式有哪两种？简述其原理、特点及适用范围。
6. 什么是总线主设备和总线从设备，二者之间有什么联系？
7. 简述总线控制信号的三种类型。
8. 简述总线上常用的三种寻址方式及相互之间的区别和联系。
9. 网络通信的常用介质有哪些？请简述各自特点及其优缺点。
10. 列举计算机局域网的常用的拓扑结构并简述各自的特点。
11. 为什么要进行介质访问控制？简述常用的介质访问控制方式及其工作原理。
12. 简述三种CSMA坚持退避算法及优缺点。
13. 比较令牌环及令牌传递总线的工作方式的异同。
14. 简述CRC校验的工作原理。
15. OSI参考模型分成哪几层，各自的功能是什么？

16. 分别简述下列物理层协议 RS232C、RS485、RS422、20 mA 电流环及其适用范围。

17. 数据链路层一般又分为哪两层,各自负责什么功能;数据链路(即逻辑链路)与链路(即物理链路)有什么区别?

18. 什么是 HDLC 规程? 简述 HDLC 的各种帧及其功能。

19. 什么是中继器? 有什么功能?

20. 分析集线器与交换器、网桥与路由器之间的区别和联系。

21. 描述 TCN 的体系结构,并分析其合理性。

22. 论述多功能车辆总线 MVB 的主要技术特点、性能指标。

第6章

动车组列车网络控制系统（TCMS）

基于计算机技术和通信技术，高速列车、动车组普遍配置了基于网络的分布式计算机控制系统，提供整列车的控制、监测、诊断等功能，即列车控制和管理系统 TCMS（Train Control and Management System），又称为列车网络控制系统。本章在本篇前两章的基础上，介绍 CRH1、CRH2、CRH5 三种动车组网络控制系统的结构和功能。

6.1 列车网络控制系统概述

列车通信网络就是应用于列车上的实现不同硬件装置之间通信的计算机通信网络。动车组的控制、监测与诊断系统是车载分布式的计算机网络系统。在每节车辆（或车辆组）内通过车辆总线将分布在同一车厢（或车辆组）内的各计算机控制装置联网；通过列车总线把分布在不同车厢中的主控单元（节点）联网，直至安装在列车前、后端车上的列车控制、诊断中心，再通过司机操纵台上的显示屏，可选择显示列车中各受控设备的工作状态，从而实现对动车的控制和对全列车的综合监控作用。

6.1.1 列车网络控制系统的任务与功能

列车网络控制的主要作用有：

（1）实现各动力车的重联控制。

（2）实现全列车（动车和拖车）所有由计算机控制的部件联网通信和资源共享。

（3）实现全列车的制动控制、自动门控制、轴温监测及空调控制等功能。

（4）完成全列车的自检及故障诊断决策。

上述的所有任务是由很多不同的计算机控制单元（以下简称智能节点）共同完成的。从功能上讲，这些控制节点具有不同分工，可以相对独立的完成一定的功能，例如检测节点负责检测某些参数，控制节点负责控制某一部件，等等；从空间分布上讲，这些节点遍布于整列车上的不同位置。要将上述众多的控制节点组成一个网络控制系统，共同协调地控制列车的正常运行，必然要求系统内部节点间能进行必要的信息交换。列车通信网络的主要任务和功能就是：将分布于列车不同位置具有不同功能的控制节点以一定的规则用通信介质连接起来，形成信息通道，在一定的计算机软、硬件的支持下，为连接于其上的节点提供稳定、可靠的通信服务。用于控制和诊断的列车通信网的结构、介质、信号编码、数据格式、容错技术、通信控制及协议等均应适应现代列车对控制、诊断等的要求。

6.1.2 国内外列车网络控制系统的发展

20 世纪 70 年代末至 80 年代初，车载微机的雏形分别在西门子公司和 BBC 公司出现。开始仅仅是用于传动装置的控制，随着控制、服务对象的增多，人们把铁道系统依次划分为 6 个层次：公司管理、铁路运营、列车控制、机车车辆控制、传动控制和过程驱动，于是列车通信网络在初期的串行通信总线的基础上应运而生，并从原来不同公司的企业标准推向国际标准，逐步形成了列车通信与控制系统的标准化、模块化的硬件系列和全方位的开发、调试、维护、管理软件工具。

1988 年 IEC 第 9 技术委员会 TC9 成立了第 22 工作组 WG22，其任务是制订一个开放的通信系统，从而使得各种铁道机车车辆能够相互联挂，车上的可编程电子设备能够互换。

1992 年 6 月，TC9WG22 以委员会草案 CD(committee Draft)的形式向各国发出列车通信网 TCN(Train Communication Network)的征求意见稿。该稿分成 4 个部分：第 1 部分总体结构，第 2 部分实时协议，第 3 部分多功能车辆总线 MVB，第 4 部分绞式列车总线 WTB。

总体结构把列车通信网规定为由多功能车辆总线 MVB 和绞式列车总线 WTB 组成。MVB 的传输介质可以是双绞线，也可以是光纤。在后一种场合，其跨距为 2 000 m，最多可连接 256 个智能总线站。数据划分为过程数据、消息数据和监管数据。对过程数据的传输作了优化。发送的基本周期是 1 ms 或 2 ms。

WTB 的传输介质为双绞线，最多可连接 32 个节点，总线跨距 860 m。WTB 具有列车初运行和接触处防氧化功能。发送的基本周期是 25 ms。

1994 年 5 月至 1995 年 9 月，欧洲铁路研究所(ERRI)耗资 300 万美元，在瑞士的 Interlaken 至荷兰的阿姆斯特丹区段，对由瑞士 SBB、德国 DB、意大利 FS、荷兰 NS 的车辆编组成的运营试验列车进行了全面的 TCN 试验。

1999 年 6 月，TCN 标准草案正式成为国际标准，即 IEC61375。该标准对列车通信网络的总体结构、连接各车辆的列车总线、连接车辆内部各智能设备的车辆总线及过程数据等内容进行了详细的规定。列车通信网络的标准化对目前和将来的开发设计提供了一个良好的基础，现已交付或投入运营的采用 TCN 的车辆达 600 辆以上，装备 TCN 的车辆数量正在迅速增长，Adtranz、Firema、Siemens 等车辆制造工厂的所有新项目均以 TCN 为基础。

我国列车通信网络的发展可以追溯到 1991 年，株洲电力机车研究所在购买 ABB 公司的牵引控制系统开发工具特别是软件开发工具的基础上，联合当时的铁路系统内高校开发出了第一套电力机车微机控制装置，安装于 SS4 电力机车上。在该装置中，系统被明确划分为人机界面显示级、机车控制级和传动控制级三级，级与级之间通过串行总线连接，形成了二级总线的雏形。其中连接司机台显示器与机车控制级之间的显示总线在“春城”号动力分散电动车组上扩展为贯穿列车连接各动力车的机车控制级与司机台显示器的列车显示总线。连接机车控制级与传动控制级的近程控制器总线在“先锋”号动力分散交流传动电动车组上扩展为连接动力车节点与传动控制单元和 ATP 的中程控制器总线。

近年来，国内机车车辆工业发展迅速，相继成功开发了动车组、200 km 高速车等产品，以及目前尚处于开发研制阶段的摆式列车、轻轨车等产品。这些产品需要对列车的运行状况和故障做出快速准确的判断和处理，而传统的机车车辆控制技术已不能满足这方面的要求。同时，随着电子技术的飞速发展，应用于车辆上的智能设备也越来越多，如集中轴报、电动塞拉门、电子防滑器、电空制动、信息显示等系统都装在新型车上。这些系统需要配备大量的控制线路，且有的系统自成一个小型网络，使一个车辆有多种网络存在，各系统间的数据不能共享，信号重复检测。为解决上述存在的问题，引入列车通信网络技术将全列车的智能用电设备连接起来，达到数据共享是非常必要的。20 世纪 90 年代中期，随着动车组在我国升温，对列车通信网络特别是机车的重联控制通信的需求十分迫切。一方面，铁道部开展了列车通信网络研究课题，另一方面路内外许多单位也先后自发地开展了自我开发、联合开发或技术引进工作，这些工作主要在局域网、现场总线、TCN、通信介质、基于 RS485 的通信协议等领域展开。如：上海铁道大学（现为同济大学）、北方交通大学（现为北京交通大学）与株洲电力机车研究所合作开发的基于 ARCNET 的列车总线和基于 HDLC 的车辆总线的列车通信网络的研究；上海铁道大学用 CAN 作为连接司机台和列车控制单元的局部总线的研究；国防科技大学用 CAN 作为磁悬浮列车的列车总线的研究；西南交通大学用 RS485 协议作为摆式列车倾摆特制总线的研究；北方交通大学对通信介质及其转换的研究；大同机车厂对列车通信网结构及其协议的研究和对 BITBUS 的研究；株洲电力机车研究所的基于 FSK 的列车通信的研究，基于 RS485 协议的局部总线的研究，基于 Lonworks 的列车总线和局部总线的研究，CAN 总线用于列车监控装置和摆式列车局部控制总线的研究，基于 ModBus 的 I/O 局部总线的研究，MVB、WTB 的研究等以及国产化的 MVB 产品与其他公司的 MVB 产品的兼容性试验；四方机车车辆研究所、铁道科学研究院、西南交通大学等对 Lonworks、MVB、WTB 进行了研究，购买了或准备购买 Lonworks、MVB、WTB 的开发工具；另外，目前北京交通大学已研发成功 MVB 接口和 32 位 CPU 于一片的 FPGA 接口芯片和板卡。

以上这些研究，有一些成果得到了应用。其中，“新曙光”号是首列采用 Lonworks 列车总线技术的内燃动车组。在该项目中，Lonworks 列车总线网卡插在成熟的内燃机车微机控制装置 EXP 机箱中。首尾动力车的重联通信通过 Lonworks 列车总线以显式报文方式实现，而 EXP 机箱内的主 CPU 通过机箱背部的并行 FE 总线访问网卡上的双口 RAM 实现信息交换。“神州”号 Lonworks 列车重联通信与此类似，但采用了二路，即设置了一路 Lonworks 冗余通道。

“先锋”号是首列采用了株洲电力机车研究所的 TEC 列车通信与控制系统的动力分散交流传动电动车组。在该项目中，每节动车或拖车上都有一个列车总线节点，列车总线贯穿全列车连接各个节点。在每节动车或拖车内，各智能控制设备通过 MVB 或控制器总线与节点交换信息。在司机台显示器上可以选择查看全列车各个设备的状态。

“中原之星”号是第二列采用 TEC 技术的动力分散交流传动电动车组。该项目与“先锋”号项目的主要区别是采用了 MVB 光缆连接一个车组单元内三节车的所有智能控制设备（大部分布置在车辆的地板底下）。而整列车仅设置了 2 个列车总线节点，即每个车组单元只设置 1 个列车总线节点。从而从列车总线往下看，好像整个列车是由 2 个基本运转单元构成，简化了控制信号在列车总线上的传递。另外，“中原之星”号的车辆总线、列车总线、列车控制单元、某些重要设备的数字输入/输出通道（如继电器）等采取了冗余措施。

"新曙光"号、"神州"号列车重联通信的成功，特别是"先锋"号、"中原之星"号的较为完备的列车通信与控制系统的成功，标志着我国列车通信与控制系统的发展已经进入实用化的新阶段。

6.2 CRH1 型列车网络控制系统

CRH1 型动车组的控制信号、状态信息、故障信息是基于现场总线的实时通信网络传输的，本章介绍 CRH1 型列车通信网络的拓扑结构、通信协议、网络设备等内容。

6.2.1 列车网络控制系统(TCMS)的总体结构

CRH1 型的计算机控制系统主要采用的是瑞士 Adtranz 公司的 MITRAC 模块化产品，这是一种分布式、模块化的系统，所有微处理器、输入/输出单元和显示器通过串行多功能车辆总线 MVB 实现通讯，通过网关(GW)把各车辆总线连接起来。

CRH1 型的列车通信网络(TCN)是 MITRAC 系统主干线，其拓扑结构如图 6.1 所示，利用多功能车辆总线进行车辆单元内的数据通信，利用列车总线进行车辆单元间的数据通信，列车总线通过网关与车辆总线交换信息。列车在一次运行中有且只有一个控制列车总线工作的主节点(主控制器网关)，其他节点则为从节点，主一从关系的配置是网络自动完成的，当某 Mc 车的司机室启动后，其上的网关自动配置为主控制器，其他车上的网关自动配置为从控制器(从节点)。车辆总线用以连接列车总线通信节点和该节点甩在车内的各种设备，车辆设备是各种信息发源地，它接受通信节点的命令，将各种信息按一定的格式送往通信节点；从节点将各设备送来的信息重新编排，按照主节点的命令，按顺序发往主节点。

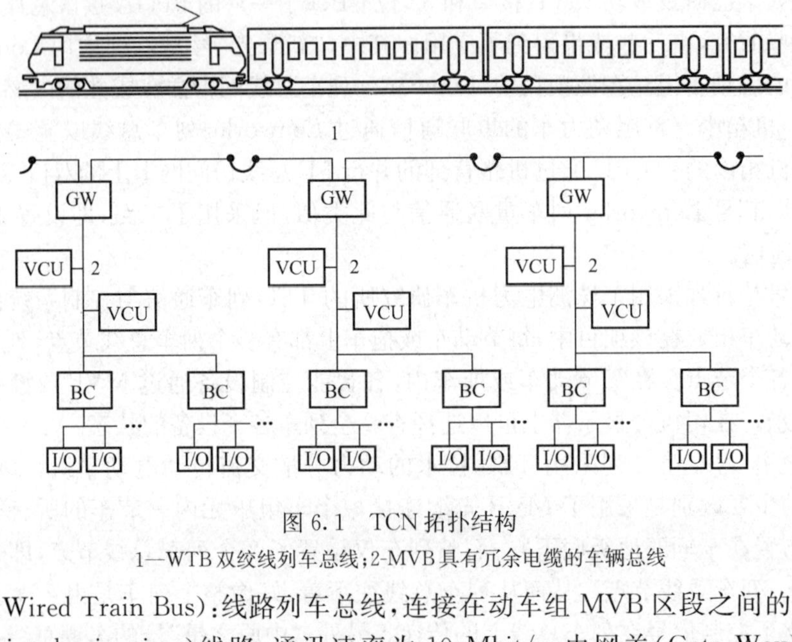

图 6.1 TCN 拓扑结构

1—WTB 双绞线列车总线；2-MVB 具有冗余电缆的车辆总线

WTB(Wired Train Bus)：线路列车总线，连接在动车组 MVB 区段之间的双绞屏蔽线(Double twisted pair wires)线路，通讯速率为 10 Mbit/s，由网关(Gate Way)控制，处理

MVB 区段之间数据通信的总线。WTB 可动态配置，通过自动车钩覆盖整车，例如，两组 8 节动车组连挂在一起的情况。

MVB(Multifunction Vehicle Bus)：多功能车辆总线，是处理有限个车辆之间通信的数据总线，MVB 只能静态配置，也就是说挂在总线上的单元数不可变，如果需要在 MVB 上挂更多的单元，就需为 TCMS 装置下载新的软件。MVB 总线介质为双绞屏蔽电缆或光纤(Twisted-pair screened cable or optic fibre)，通信速率为 15 Mbit/s。MVB 总线连接如图 6.2所示。

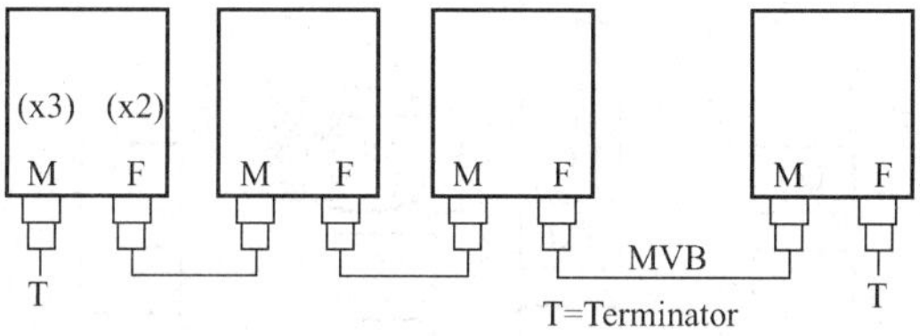

图 6.2　MVB 总线连接

根据 CRH1 的列车基本单元 TBU 的划分，整个列车控制管理系统在通信上也分成 3 段 MVB 总线区段：TBU1 段，TBU2 段，TBU3 段。

CRH1 的网络拓扑结构为基本本地控制(按 TBU 划分)，即基本的本地控制及监控在 MVB 区段内进行，对于 TBU1 和 TBU2，MVB 区段控制和监控范围为两动一拖；TBU3 为一动一拖，如图 6.3 所示。在区段内部，TC CCU (Train Control CCU)为控制和监控功能的核心。由 TC CCU 控制和监视的所有模块(如列车诊断、制冷空调、充电器等)，综合起来就是一些对 TC CCU 输入或从 TC CCU 输出的单元模块，由于这些模块本身具有完整的控制作用，即具有智能，所以可以看作是智能 I/O。这些智能 I/O 由 TC CCU 来激活、关闭，如图 6.4 所示。图中用椭圆线圈起来的部分是装在 Mc 车和 Tb 车上用于与 ATP、PIS、GPS、烟火探测等功能部件进行串行通信的接口部件。

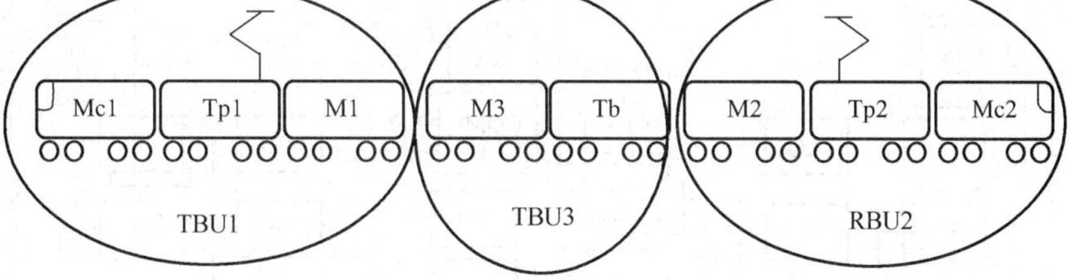

图 6.3　CRH1 的列车基本单元(TBU)

在 CRH1 动车组上，MVB 区段并不是完全独立的，基本的司机控制功能、高压(网侧)控制功能在列车两端的 Mc 车之间可互为冗余，这一功能是通过列车内部贯穿整车的冗余 MVB 总线实现，如图 6.5 中的虚线部分。当处于激活状态的司机室发生故障时，列车不会停止下来，司机的操作通过冗余总线由另一个司机室的控制设备自动接管，此时司机可以在屏幕上看到故障情况，但不会影响列车运行。

另外，挂在 Tb 车 MVB 总线上的远程上传模块 AXS CCU(如图 6.6 所示)可通过 GSM

建立与地面之间的通信通道；贯穿整车的以太(Ethernet)网(图中最外围的灰度线)提供列车维护、服务等方面的通信与接口。

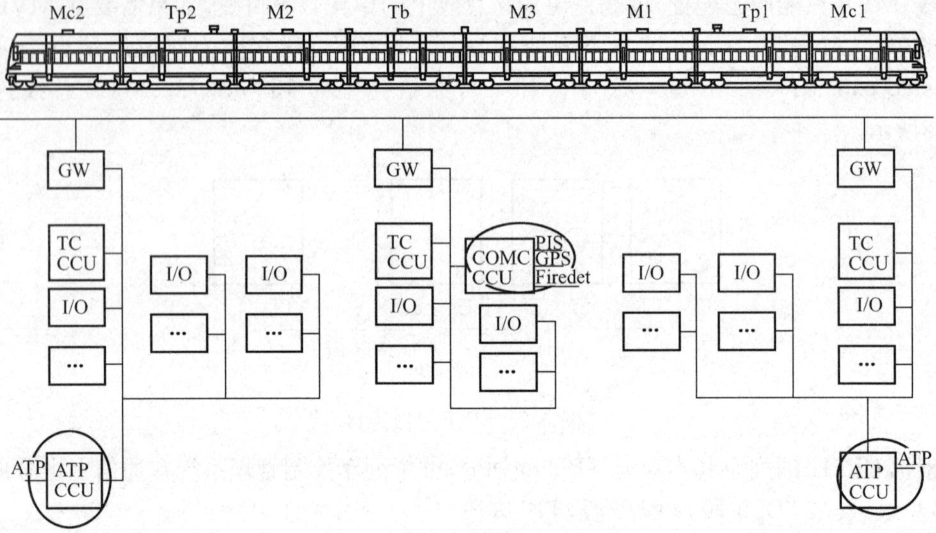

图 6.4　分区段的 MVB 总线

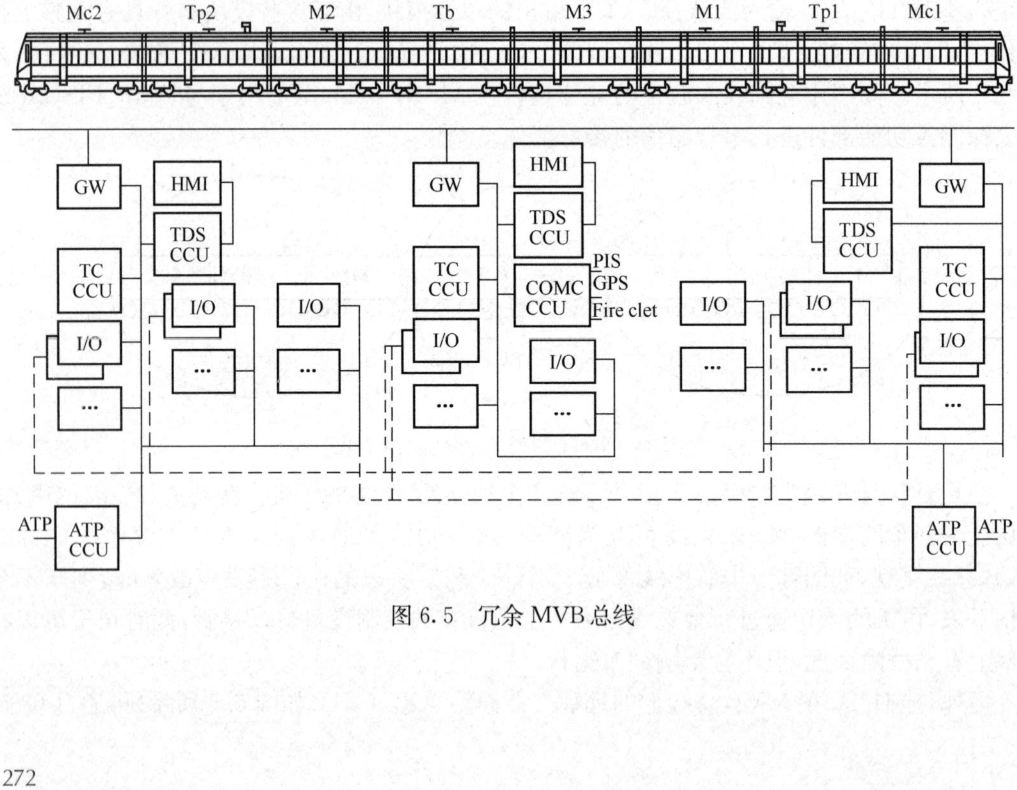

图 6.5　冗余 MVB 总线

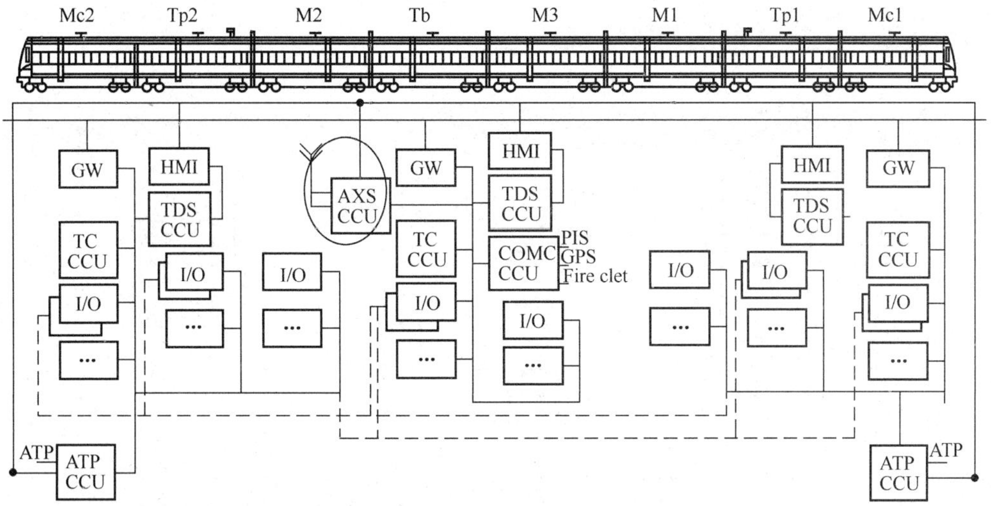

图 6.6　远程无线通信接口及售后服务以太网

值得注意的是在本地 MVB 中还有一个功能独立的重要系统，就是牵引控制系统（Propulsion Control），这个系统又自成一个独立的牵引 MVB 总线，对其下的单元按分布式总线控制的方式实施控制与监视，如图 6.7 中用椭圆线圈围绕的 5 个部分。图 6.7 也概括地表达了 CRH1 型动车组通信网络的拓扑结构，图 6.8 比较详细地表达了 CRH1 型动车组通信网络的拓扑结构，图中将挂在总线上的功能部件都标示了出来。

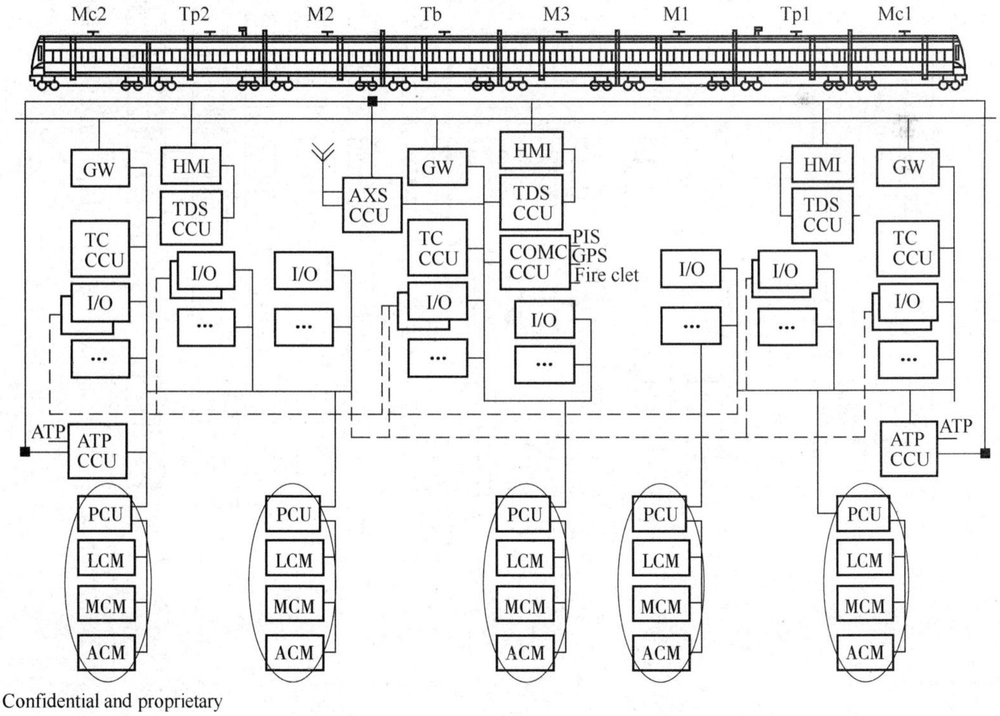

图 6.7　独立的牵引 MVB 总线

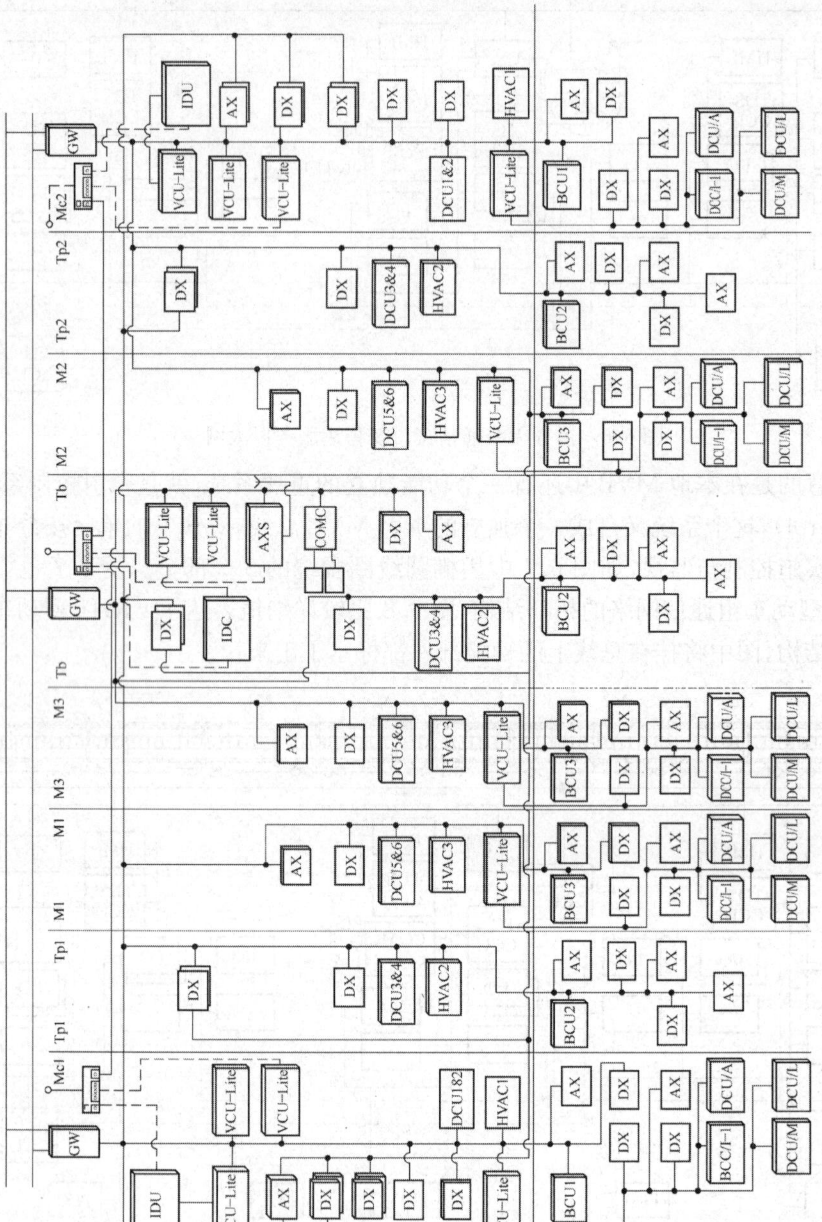

图6.8 CRH1型动车组列车通信总线拓扑结构

6.2.2 列车级通信网络

CRH1 型动车组列车级的网络是以双绞线为物理介质，由网关管理的通信速率为 10 Mbit/s 的总线网络，即 WTB 网络。列车级的网络设备只有网关。

1.硬件

列车级的网络设备就是网关 GW，是 MITRAC 产品。网关 GW 是多功能车辆总线 MVB 和列车总线 WTB 之间不同物理介质和不同通讯协议的转换接口。网关在两种总线的通信之间进行数据的管理、分析和过滤。网关能够支持强、弱主机（strong and week master）的概念，也能在列车编组改变时自动标识、配置列车总线上的有效（active）节点。网关的外形图如图 6.9 所示，包括：两个 MVB 通道（ESD+），两个 WTB 通道，EEPROM 内存。与 VCU 类似，GW 也有 MVB 地址，但地址的设定不同，GW 的地址由连接器中的接线端子设置（如图 6.10），AX、DX 和 COMC 的 MVB 地址与 GW 一样。

图 6.9　网关外形图

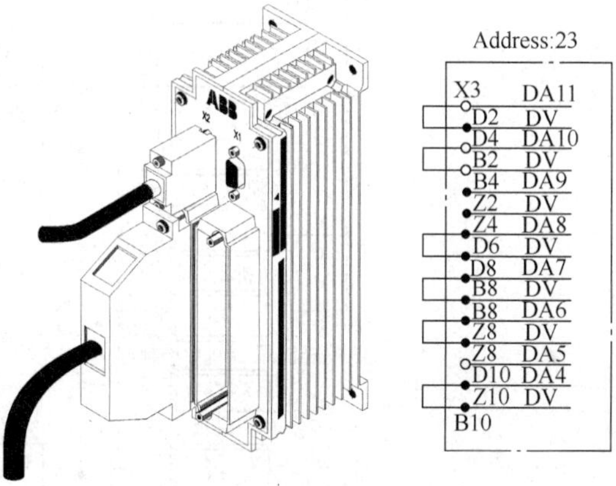

图 6.10　GW 的 MVB 地址设置

2.网关软件

WTB 网关（GW）应用软件的作用是建立起不同物理层上采用不同通信协议的 MVB 和 WTB 总线之间互联，网关可操纵、分析及过滤两种总线间的数据传输。网关应用软件由 Mc1，Mc2 和 Tb 车内的网关 GW 硬件执行。网关的主要功能由标准的软件和固件（firmware）实现。CRH1 的网关应用软件与通过 WTB 的不同数据报文数量有关（例如，主机到从机报文，从机到主机报文），当列车编组改变或强主机和弱主机功能切换时，在 WTB 上识别和配置节点的功能也由网关实现。图 6.11显示了由网

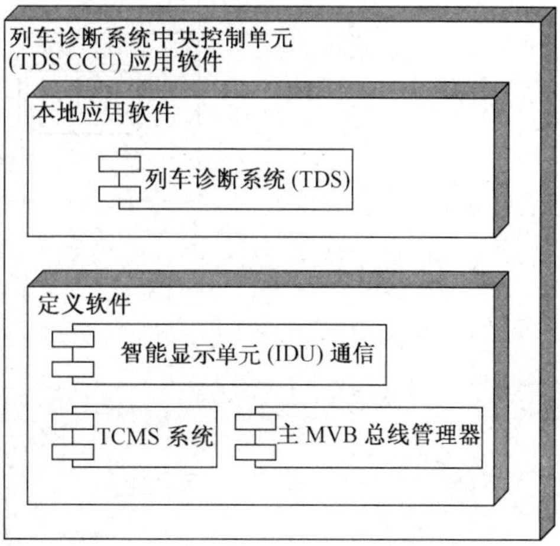

图 6.11　网关应用软件控制和监测的系统

关应用软件控制和监视的系统。

6.2.3 车厢级通信网络

车厢级通信网络是每辆车基于MVB总线构成的网络系统，图6.12中示出Mc车MVB总线上所挂的设备。其硬件设备有：VCU Lite列车控制单元（运行不同的软件，具有不同的功能），AXS（Mitrac Ac-cess Unit）远程控制模块（仅Tb车），IDU（Intelligent Display Unit）智能显示单元，DX（Digital Input/Output Unit）数字输入/输出单元，AX（Analog

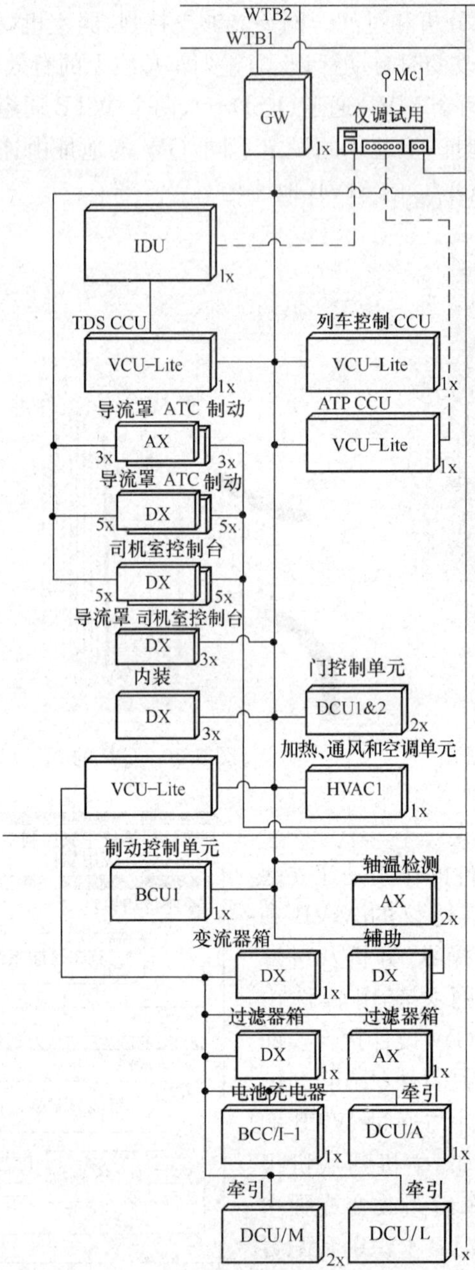

图6.12 Mc车MVB总线所挂的设备

Input/Output Unit)模拟输入/输出单元，BC(Bus Coupler)总线连接(仅 Tb 车)，COMC (Communication Controller)通信控制器(仅 Tb 车)。所配置的硬件大多为 MITRAC 系统单元，如图 6.13 所示。

图 6.13　MITRAC 系统单元

6.2.3.1　中央控制单元(CCU)

1.硬件

中央控制单元 CCU 的硬件是通用处理器 VCU-Lite，CHR1 上有两种 VCU-Lite：VCU-Lite(DCB 0911A)，VCU-Lite M(DCB 0911B)。这两种设备之间的不同之处是：DCB 0911A 有一个 MVB 通信接口，有 2 个带隔离的 RS485 串行通信接口，其中一个可能被用作全双工或半双工，另外一个为半双工。DCB 0911B 有双重 MVB 功能，即它有 2 个隔离的 MVB 通信接口。VCU-Lite 的外形如图 6.14 所示。

VCU-Lite(DCB 0911A)的组成如下：

- DC/DC 变换器。
- MVB 通信(ESD+)。
- MVB 服务端口。
- 一个全双工通信信道(电绝缘)。
- 一个半双工通信信道(电绝缘)。
- 4M FEPROM，4M SRAM(带备用电池)。
- 一个 10Base-T 通道(仅用于开发)。
- 一个 RS232 通道(仅用于开发)。

(1)VCU-Lite 的供电

直接蓄电池供电，内置的 DC/DC 变换器能够支持多种蓄电池配置，如冗余或非冗余、悬浮或非悬浮等，该装置允许 10 ms 的断电。

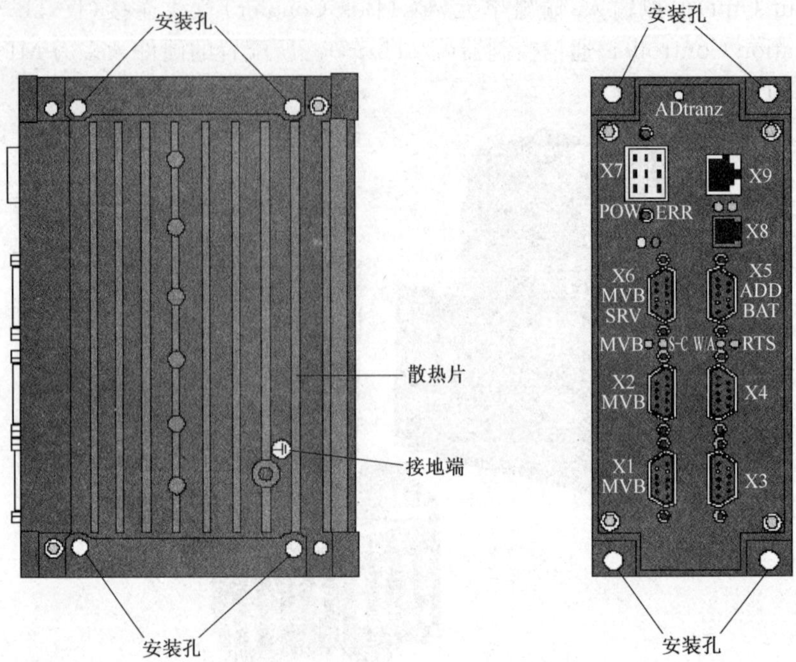

图 6.14　VCU-Lite 的外形图

(2)MVB 连接与终结

X1(插头)和 X2(插座)为 2 个 DB9 连接器,引脚分配相同,但极性相对("插头"对"插座"),便于网络连接。几个 VCU-Lite 连到同一个 MVB 总线上的情况如图 6.15,如果处于网络的终端,需要在空的 D-SUB 连接器上接一个终端电阻连接器。

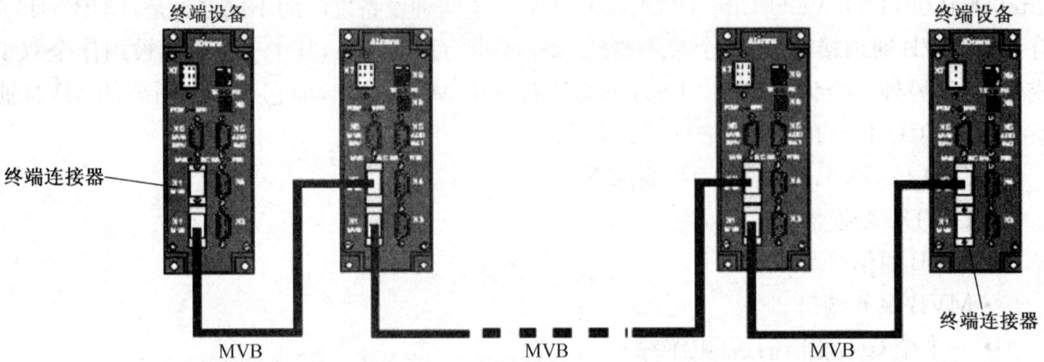

图 6.15　MVB 网络的连接和终止

(3)设备地址与 MOBAD 装置

VCU-Lite 设备地址通过 MOBAD(DCA 0030A)上的串行 EEPROM 进行编程,在 MVB 设备启动时读取。DCA 0030A MOBAD 的外形如图 6.16 所示,它与 VCU-Lite 一起使用,插在 VCU-Lite 的 X5 连接器上,其中包含一个串行 EEPROM,模式选择开关和电池,电池用于 SRAM 数据保持和实时时钟电路。串行 EEPROM 用于储存数据,如设备地址、电池日期(电池第一次连接到VCU-Lite的日期)，VCU-Lite有一个内置的电池监控电路，当电池电压低于30 V时发出报警信号。除了VCU-Lite以外，远程上传单元AXS的MVB地址也用MOBAD2插头设定。

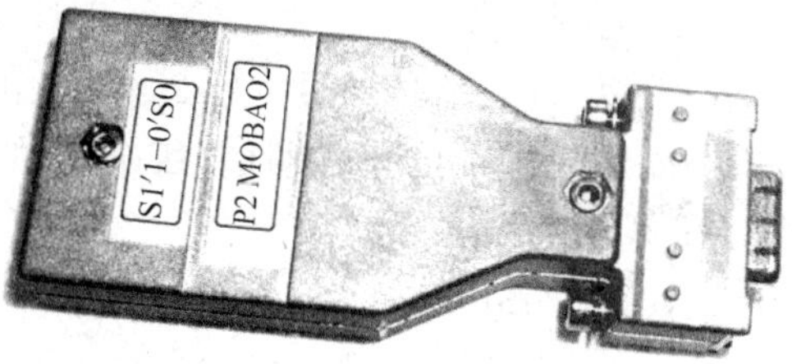

图6.16 MOBAD插头照片

(4)MVB服务端口

可以将编程器或电脑用一条MVB电缆，通过MVB服务端口(9针D-Sub插头X6)直接连接到VCU Lite上，对VCU Lite进行编程或测试。

(5)专用RS 485串口

VCU Lite配备两个专用RS485串行接口COM3和COM4，COM3可用于半双工通信，COM4可用于全双工或半双工通信，如图6.17、图6.18所示。VCU-Lite和第三方设备间的数据传输速率与电缆长度的推荐值列于表6.1中。

表6.1 数据传输速率比较最大电缆长度

数据传输速率	最大长度
<100 kbit/s	300 m
<200 kbit/s	200 m
<1 Mbit/s	30 m

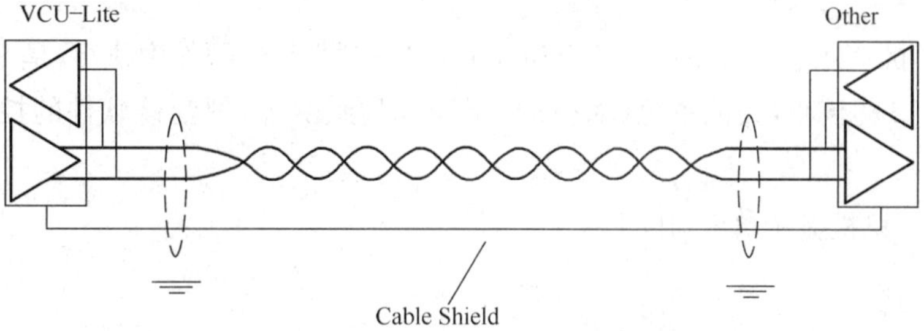

图6.17 半双工串行通信信道的连接

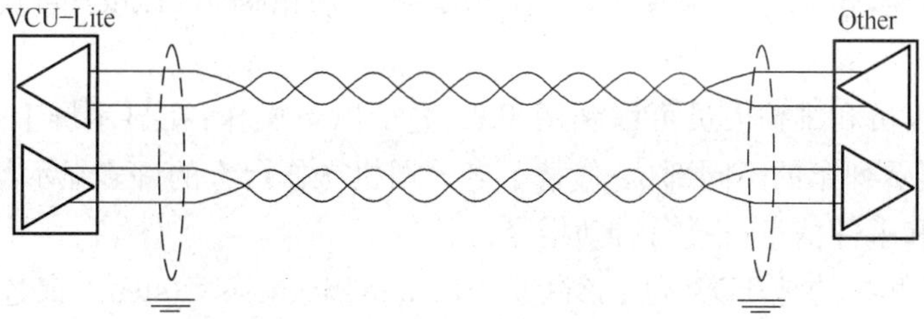

图6.18 全双工串行通信信道的连接

(6)RS 232 端口：VCU-Lite 配有 RS 232 串行通信通道，使用时须有终端通信电缆(Terminal communication cable)，电缆的 RJ-12 端连到 VCU-Lite 的 X8 上，另一端(9 针 D 型插座)连到 PC 机的串口上。

(7)以太网

VCU-Lite 有一个 10Base-T 以太网接口，通过 RJ-12 连接，主要用于调试、下载应用程序及其他开发。以太网通道不能用于内部的车辆通信，每个 VCU-Lite 装置都有自己独特的 MAC 地址，在生产时保存在 ICM 存储器中。

(8)发光二极管(LED)指示 VCU-Lite 有 8 个 LED，其显示含义见表 6.2。

表 6.2　LED 显示含义

LED 名称	颜　色	描述(亮时)
POW	绿色	电源正常
TX	黄色	在 RS 232 上或 10base-T 上传输数据
RX	黄色	在 RS232 上或 10base-T 上接收数据
ERR	红色	检测到错误
MVB	黄色	MVB 通信信道上的活动
S C	黄色	服务串口上的活动
WA	黄色	警告
RTS	黄色	运行时间系统

(9)系统复位

多种原因可以启动 VCU-Lite 的系统复位：电源故障，时钟故障，内部看门狗(watchdog)，软复位，手动复位。靠近 X9 插头(座)标有"RES"的是复位开关，手动复位时，先拧下螺丝，然后用一个细螺丝刀或类似工具按压开关，VCU-Lite 立刻重启。

2.软件

TC CCU 的应用软件在 Mc1，Mc2 和 Tb 车的 VCU-Lite 硬件中执行，是 TCMS 的主软件，也是 TCMS 的核心，其他系统(如空调、制动、门、照明等)都受该软件的控制和监视，如图 6.19 所示。

6.2.3.2　司机显示单元(IDU)

1.IDU 概述

智能显示单元(IDU)为彩色触摸屏显示，是 TCMS 的人—机界面(HMI)，用以进行事件显示和车辆监控，包括彩色触摸屏、2 个 10Base-T 通讯通道(Ethernet)、USB&COM、处理器和内存等。

司机、乘务人员和维护人员可以利用 IDU 进行以下操作：在显示屏上进行监控和检查(Check)；集中显示列车的不同部位；代替了老式司机操作台上的许多显示与控制；显示列车系统状态、故障和事件信息；报警；启动指令。

与 IDU 直接相接的是 TDS(列车诊断系统，Train Diagnosis System)，其连接方式为以太网(Ethernet)接口，IDU 中运行基于项目的应用软件(project specific application software)。

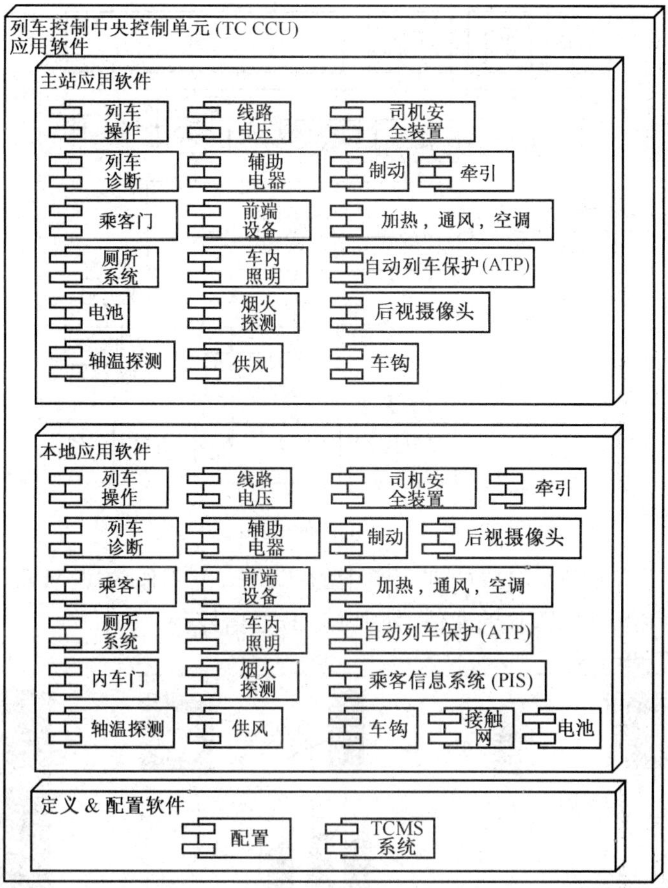

图 6.19　TC CCU 控制和监视的系统

2.IDU 的原理

IDU 的原理如图 6.20 所示。按形式包括 USB 接口、以太网接口和电源接口。

6.2.3.3　其他网络接口设备(RIOM/DX/AX/COMC)

1.AXS(Remote Access)远程访问单元

用于列车上的 TCMS 和地面站点之间无线通信(GSM)，AXS 硬件由一个 VCU-Lite 和一个安装在 VCU-Lite 顶部的 GSM 无线电设备(包括无线电和天线)组成。

2.COMC(Communication Controller)

通信控制器实现 MVB 与 RS-485、RS-232 总线之间的通信转换。

非 MITRAC 产品单元没有 MVB 接口，例如 PIS(Passenger information system)系统、ATC 系统(Automatic train control)等，它们有 RS-485、RS-232、CAN 等接口，因此不能直接挂在 MVB 总线上，COMC 将这些接口信号转换成 MVB 接口形式。设备的上部有一个 MVB 总线连接器(9 针 D 型插座)，下部的连接器用于供电电源、地址编码和外部串行通信连接，此外还有与服务电脑的连接。COMC 的逻辑位置与模块外形如图 6.20 所示。

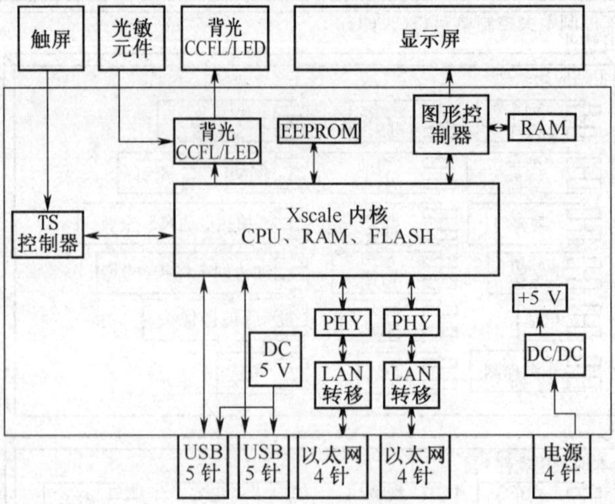

图 6.20　IDU 的原理框图

COMC 装置位于 8 辆车组成的列车组中的 Tb 车,也用作中段 MVB(middle MVB)的备用管理器,控制和监视 MVB 的通信,处理 MVB 通信控制。

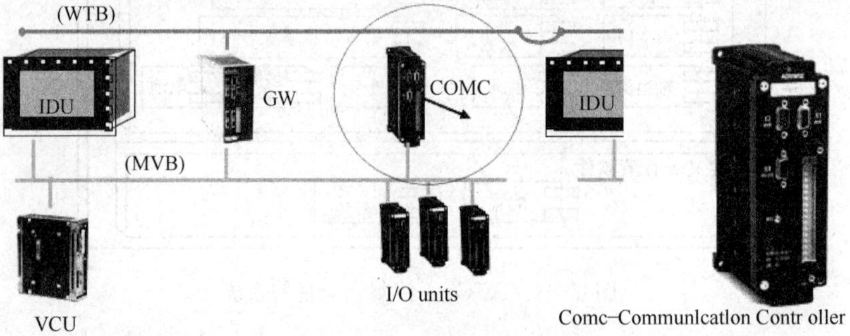

图 6.21　COMC 的逻辑位置与模块外形

3.数字量输入输出模块 DX(Digital Mixed Input/Output Unit)(如图 6.22 所示)

- 数字输入/输出
- 10 个数字输入
- 6 个数字输出
- 上部连接:MVB
- 下部连接:电源,信号,地址编码
- MC68HC11 处理器
- 报警断开所有输出

4.模拟量输入输出模块 AX(Analogue Mixed Input/Output Unit)(如图 6.23 所示)

- 模拟输入/输出
- 4 个输入,可配置±10 V 或±20 mA
- 1 个输入,专用于电压测量
- 2 个输出,可配置±10 V 或±20 mA

- 上部连接：MVB
- 下部连接：电源，信号，地址编码
- MC68HC11 处理器
- 报警断开所有输出

5.总线耦合器模块 BC(Bus Coupler)(如图 6.24 所示)

- 放大(再生)MVB 信号
- 当连接了许多单元的时候，在线路和线路之间
- 在线路和光纤之间电绝缘
- X1＋X2，冗余 MVB

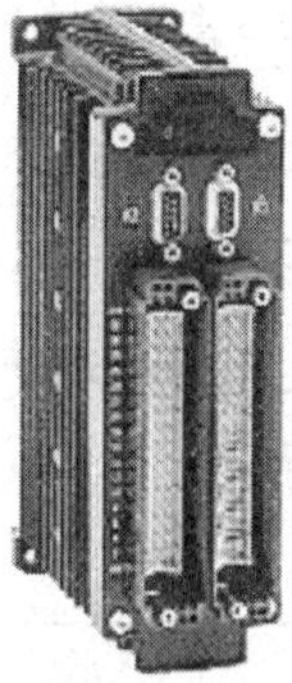

图 6.22　DX 模块外形

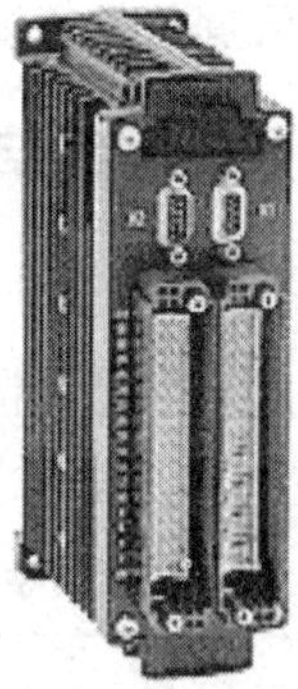

图 6.23　AX 模块外形

图 6.24　BC 模块外形

6.3　CRH2 型动车组列车信息控制系统

CRH2 型动车组列车信息控制系统通过贯穿全列车的总线传输信息，从而减轻了列车的重量，并且对列车运行状况及车载设备动作的相关信息进行集中管理，可以有效地实现对司机和乘务员的辅助作用、加强对设备的保养和提高对乘客的服务质量。列车信息控制系统具有控制指令传输、设备状态监视和故障诊断三大功能。

6.3.1　CRH2 型动车组列车信息控制系统总体结构

列车信息控制系统主要由列车信息中央装置(简称中央装置)、列车信息终端装置(简称终端装置)、列车信息显示器、显示控制装置、IC 卡读写装置以及乘客信息显示器等组成。头车中设置由控制传输部和监视器部组成的中央装置，具有列车信息管理和向列车信息终端装置传输数据的功能。各车辆分别设置一台终端装置，实现各车厢中车载设备的信息传输。系统涉及的功能主要有：牵引控制、制动控制、系统安全联锁、动车组过分相控制、车门控制、空调控制、设备的开启/复位、显示灯/蜂鸣器控制、操纵台故障显示灯的控制、发生故障或异常时报警等。

中央装置及终端装置间通过光纤双重环路及自我诊断传输线(双绞线)连接，控制指令通过光纤双重环路及自我诊断传输线(双绞线)传输。控制指令传输系统采用独立于监视器

部的双CPU方式，具有故障导向安全和备份作用。并且列车信息控制系统可以区分重大故障和轻微故障，如果重大故障需要处理，此系统就会将故障内容及处理方案通知给司乘人员。

列车信息控制系统对车载设备进行检查，检查时设备本身具有诊断功能，列车信息控制系统只发出对设备的检查指令，然后收集检查结果。系统将检查结果和参数显示在显示器上，司机或维修人员可以根据该结果确定动车组的系统是否需要检修。对于部件的偶发性故障的识别，由检查员依列车在运用维修基地的检测通过另行设置的各设备的试验装置来进行。行车中的设备状态的监视结果在进入列车基地后，可以通过IC内存卡进行写入、读出。并且，行车中的各个设备的状态数据可以即时地写入到IC内存卡中。但是这些信息只是信息的记录，与列车的控制无关。行车中或者维修时，诊断结果将输送到列车状态数据存储装置或者其他数据库，为维修提供状态依据等的主要信息显示在司机台上的显示屏上。

6.3.2 列车信息控制系统的组成及网络结构

1. 系统构成

列车信息控制系统由监视控制部分和信息传输部分两大部分构成，包括中央装置、终端装置、列车信息显示器、显示控制装置、IC卡读写装置以及乘客信息显示器。

表6.3 列车信息控制系统装置构成

	车号	1	2	3	4	5	6	7	8
	车种	T1c-1	M2-2	M1-3	T2-4	T1k-5	M2-6	M1s-7	T2c-8
中央装置	MS-A940	1							1
终端装置	MS-A941-G1/2	1*	1*	1	1*	1*	1*	1	1*
列车信息显示器	MS-A942	2						1	2
显示控制装置	MS-A943	2						1	2
IC卡读写装置	MS-A944	2							2
乘客信息显示器		2	2	2	2	2	2	2	2

*：有AI输入（Analog Input模拟输入）是MS-A941-G1，没有标注的是MS-A941-G2。

(1)中央装置（型号MS-A940）

中央装置由输入输出连接器、电路板、母板、箱体构成。

(2)终端装置（型号MS-A941-G1、-G2）

终端装置由输入输出连接器、电路板、母板、箱体构成。有AIN底座的终端装置型号为MS-A941-G1，没有AIN底座的型号为MS-A941-G2。

(3)显示控制装置(型号 MS-A942)

显示控制装置由输入输出连接器、电路板、母板、箱体构成。

(4)列车信息显示器(型号 MS-A943)

列车信息显示器是指位于司机台上的显示屏。

(5)IC 卡读写装置(型号 MS-A944)

传输线有列车信息传输线(光纤)及自我诊断信息传输线(双绞线)两种。列车信息传输线为双环形结构环路，如果在环路的一个方向没有检测到应答时，就向环路的另一个方向发送信息，因此能够避开故障部位。

中央装置和终端装置由光纤连接，采用不易发生故障的双向环形环路传输信息。当发生两处以上的线路故障时，可以继续由其他连接线路进行传输。另外，还设有备份传输线(自我诊断传输线)，当环形网络发生故障时可以传输控制指令，对各设备进行控制。

表 6.4 为传输系统构成设备一览表。

表 6.4　传输系统构成设备一览表

	T1c-1		M2-2	M1-3	T2-4	T1k-5	M2-6	M1s-7	T2c-8	
	中央	终端	终端	终端	终端	终端	终端	终端	中央	终端
显示控制装置	○							○	○	
IC 卡读写装置	○								○	
乘客信息显示器		○	○	○	○	○	○	○		○
速度传感器(SG)	○								○	
重联控制盘	○								○	
LKJ-2000 装置	○								○	
距离检测装置	○									
配电盘		○	○	○	○	○	○	○		○
空调显示设定器		○	○	○	○	○	○	○		○
侧面目的地显示器		○	○	○	○	○	○	○		○

续上表

	T1c-1		M2-2	M1-3	T2-4	T1k-5	M2-6	M1s-7	T2c-8	
	中央	终端	终端	终端	终端	终端	终端	终端	中央	终端
辅助电源装置		○								○
车号显示器		○	○	○	○	○	○	○		○
制动控制装置		○	○	○	○	○	○	○		○
牵引变流器			○	○			○	○		
无线收音装置								○		
自动广播装置								○		

列车信息控制装置的系统构成如图 6.25(见书后插页)所示。

列车信息控制系统采用列车级和车辆级两级网络结构。列车级网络为连接编组各车辆的通信网络,以列车运行控制为目的,连接各中央装置和终端装置,采用双重环网结构。车辆级网络为连接车厢内设备的通信网络。

2. 中央装置

中央装置由铝合金箱体组成,外形尺寸(宽×高×深)为 482.6 mm×400 mm×345 mm。最上部为外部连线插座 CN-M1～CN-M8,中间部分安装电路板,下部为通风空间。箱体后部有两层印刷电路板,最后一层安装外部连线插座,另一层作为各印刷电路板底板,电路板通过连接器与底板连接。

中央装置由 13 块电路板组成,由左至右分别命名为 MDM8-1(左)、TRC、TRC、CPU、DIS、DIO、PS、TXC、TXC、PS、TRC、CPU、MDM8-1(右)。具体排列位置如图 6.26 所示。

各电路板的基本功能如下:

(1)MDM8-1 板:中央装置的光信号传输卡。中央装置用该卡收发光信号,它是信息控制系统的主要传输电路。

(2)TRC 板:信号传输卡。该卡有 8 个传输通道,包含 20 mA 电流环与 HDLC 同步通信电路。

(3)CPU 板:中央装置主处理板。板上 CPU 字长 32 位(相当于 Mc68360),具备 4MBROM 存储器,2MBRAM 存储器。该板实际上是为中央装置设计的专用嵌入式计算机,用于信息的处理、计算及信息记录。

(4)DIS 板:光电隔离数字信号输入卡。用于处理 24 V、100 V 开关输入信号。

(5)DIO 板:光电隔离或继电器隔离数字信号输出卡。用于处理 24 V、100 V 开关输出信号。

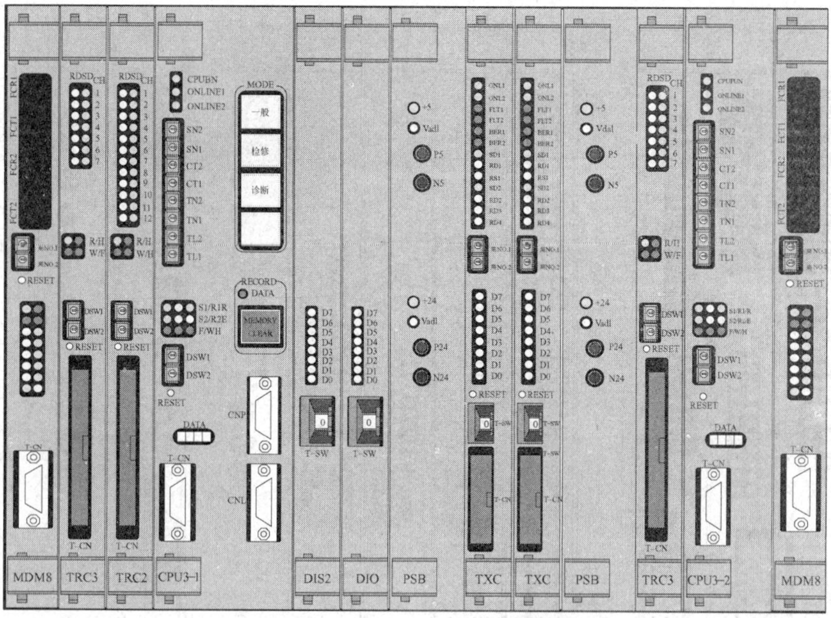

图 6.26　中央装置电路板排列

(6)PS 板:电源卡。该板为 DC/DC 电源调整卡,输入为 100 V DC,输出电压为 24 V DC 与 5 V DC。输出电流有两种规格,其中 PSB 型容量较大,24 V 输出 2 A,5 V 输出 8 A,作为中央装置供电电源,其中 PSA 型容量较小,24 V 输出 2 A,5 V 输出 3 A,作为终端装置供电电源。

(7)TXC 板:控制指令发送卡。中央装置用该卡可将控制指令发送到车辆设备。

中央装置第一块 CPU 卡(CPU3-1)上装有 4 个选择开关,用来选择列车信息控制系统的运行模式:一般、检修、诊断与备用。

3. 终端装置

终端装置有 AIN 底座的为 MS-A941-G1、没有 AIN 底座的为 MS-A941-G2。终端装置由输入输出连接器、电路板、母板、箱体构成。

终端装置由 10 块电路板组成,但有 11 个插卡位置,由左至右分别命名为 MDM8-2、MDM9、保留、CPU、TRC、DIS、DIO、AIN、PS、RXC、PS,其中 CPU、TRC、DIS、DIO、PS(中央装置没有这块)卡的功能与中央装置同类卡相同,其他卡基本功能简述如下。具体排列如图 6.27 所示。

各电路板的基本功能如下:

(1)MDM8-2 板:光信号传输卡。终端装置用该卡收发光信号,它是列车信息控制系统的主要传输电路。

(2)MDM9 板:光信号传输卡。终端装置用该卡与本车辆内制动控制装置及牵引变流器交换信息。

(3)AIN 板:模拟信号输入卡。终端装置用该卡采集模拟信号,模拟信号输入范围为 0~100 V。

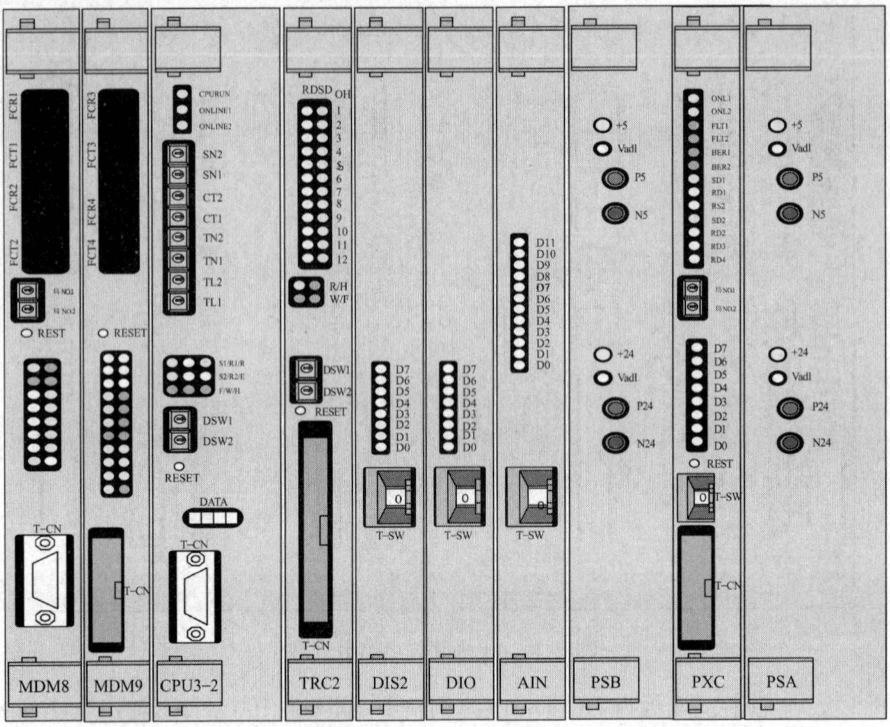

图 6.27　终端装置电路板排列

(4)RXC 板：控制指令接受卡。终端装置用该卡接受中央装置传输来的指令。

4. 显示控制装置

显示控制装置是用来进行控制显示器的，其电路板排列如图 6.28 所示。其中 PSB 和 CPU6 卡的功能与中央装置 PS 和 CPU 卡相同。

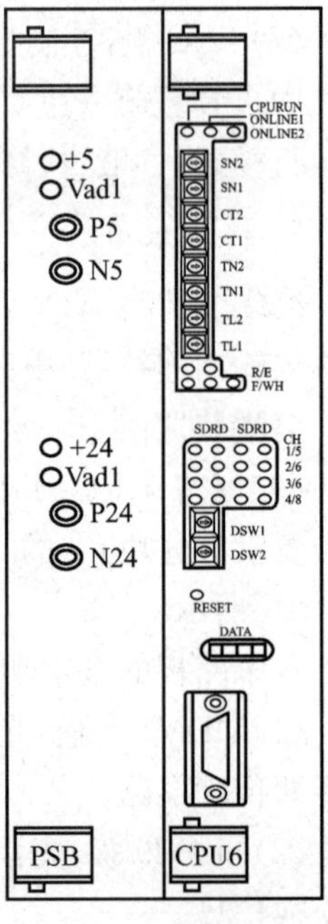

图 6.28　显示控制装置电路板排列

5. 显示器

每个操纵台上设置两台司机用列车信息显示器，另外在 7 号车厢(M1s-7)设置一台乘务员列车信息显示器，共 5 台。列车信息显示器为触摸式，通过操作触摸屏，可以进行画面切换。

显示画面：彩色 LCD(黑、红、绿、紫、蓝、黄、白)

分辨率：640×480 点

显示文字数：40 文字/行×24 行

输入：阻抗模式触摸输入方式

6. IC 卡读写装置

IC 卡读写装置安装在头尾车厢(T1c-1、T2c-8)，车上系统与地面系统之间的通信采用 IC 存储卡。读取 IC 卡：从 IC 卡上读取告示文、停靠站、公里里程的信息。写入 IC 卡：将列车信息控制装置上记录的各种信息和牵引变流器上记录的故障数据写入 IC 卡中。

IC存储卡规格如下：

- 方式：非接触式
- 型号：RT-256 KB/AVS(或者 RT-512 KB/AVS)
- 存储容量：256 KB(或者 512 KB)
- 接口：IC卡读写装置——显示控制装置
- 20 mA 电流环形方式，38.4 kbit/s

由于中央装置能读写IC卡，告示文可以由地面人员通过计算机编辑写入IC卡，这样就可以通过读取IC卡将信息转储到中央装置的非易失性存储器里。

6.3.3 列车信息控制系统功能

1. 牵引、制动指令传输功能

(1)牵引指令、制动指令的串行传输。

(2)救援联挂时制动指令的串行传输。

2. 设备的控制、复位指令传输

(1)向牵引变流器、辅助电源装置、配电盘传输的复位指令。

(2)设备远程控制指令的传输。

(3)辅助绕组电源扩展供电的控制。

(4)三相 AC 400 V 电源扩展供电的控制(控制 BKK 接通、断开)。

(5)空调显示设定器的复位。

(6)利用停放开关进行相关设备的控制。

3. 显示灯、蜂鸣器控制指令传输

(1)操纵台故障显示灯的显示输出。

(2)操纵台单元显示灯的显示输出。

(3)操纵台蜂鸣器的启动输出。

(4)各车配电盘显示灯的显示输出。

(5)空挡显示灯的显示输出。

4. 司乘人员支持功能

(1)通过IC卡读写装置，输入并显示列车行驶路线、列车号、时刻表。

(2)向车号显示器传输车号信息。

(3)发生故障或者异常时，在操纵台信息显示器上显示报警及操作指导信息。

(4)司机及乘务员辅助用的各种列车信息、设备信息的显示。

(5)应急信息的显示。

(6)和其他编组之间的解联、联挂状态的显示。

(7)安全设施故障记录的显示。

(8)最新故障记录的显示。

(9)指令通告的显示及接收确认功能。

(10)技术支持系统功能。

5. 服务设备控制功能

(1)向乘客信息显示器、侧面目的地显示器传输显示内容及显示指令。乘客信息显示器所显示的内容(停车站向导、新闻、宣传等)在地面计算机进行编辑后,存储到IC存储卡中。通过司机室IC卡读写装置读出,输入到列车信息控制装置中,发出车号信息显示器的显示信息及指令。

(2)向自动广播装置传输广播定时信息。

(3)解联时的其他编组广播切换输出。

(4)通过无线装置接收的PR文字、紧急文字的显示。

(5)旅客服务设备(空调、室内灯、广播节目)的控制及状态显示。

6. 数据记录功能

(1)故障设备动作信息的记录。

(2)主故障发生时的状态记录。

(3)运行距离及牵引/再生制动力的累积。

(4)营业运行中或者试运行中的列车性能信息的收集。

(5)营业运行中或者试运行中的项目选择信息的收集。

(6)营业运行中或者试运行中的空调运转率信息的收集。

(7)营业运行中或者试运行中的空调运转状态信息的收集。

7. 车上试验功能

(1)车上试验(试验对象包括:牵引变流器、制动控制装置、辅助电源装置、空气压缩机、辅助制动装置、车门等)启动,各设备内置的自我诊断功能的启动,检查结果显示功能。

(2)试验结果的收集。

8. 自我诊断传输线

(1)各监视控制部分和信息传输部分之间的传输错误的检测。

(2)控制信息的自我诊断。

(3)光传输故障时的控制指令的备份。

9. 列车信息控制装置的自我诊断功能

(1)ROM诊断。

(2)RAM诊断。

(3)数字输入输出通道诊断。

(4)模拟输入通道诊断。

10. 画面显示功能

操纵台上设置的列车信息显示器中,提供司机模式、维修模式等用于各种用途的工作模式。列车信息显示器具有触摸功能,可从菜单画面中选择希望显示的画面。

例如,当需要制动信息时,从菜单画面中触摸"制动信息"后,跳转到车号选择画面,选择车号后,显示来自制动装置的信息。并且,通过触摸分类信息画面右上角显示的"菜单"选择键,可以返回到菜单画面,以便进入其他分类信息画面。

6.3.4 信息传输网络结构

列车信息传输系统由光纤连接各个中央装置及终端装置,构成双重环路结构。对控制指令等要求有应答的重要数据,中央装置光节点同时向环路的两个方向发送信息,以便即时避开故障点,对于监控信息等其他的数据,采用单方向传输,如果发信源的光传输节点没有检测到应答,则向另一方向的传输回路发送信息,如图 6.29 所示。

另外,还设置有备份传输线(自我诊断传输线),在环形网络故障时也可以进行信息传输。在发生故障时,使用备份传输线传输控制指令,对各设备进行控制。自我诊断传输线采用双绞线,以总线方式连接中央装置与终端装置,采用 HDLC 作为数据交换协议,传输速度为 38.4 kbit/s。各个装置可即时独立进行对故障等的监视。

1. 传输方式

(1)光节点之间的传输

①通过光纤双重环路结构传输。

②固定长度的循环传输方式(传输控制指令)。

③令牌传递方式(传输监控信息)。

④传输周期 10 ms 标准。

⑤适用光纤 GI50/125。

⑥传输速度:2.5 Mbit/s。

(2)光节点与设备(牵引变流器、制动控制装置)之间的传输

①通过光纤进行点对点连接、2 线式半双工传输。

②轮询选择方式。

③传输周期 10 ms 标准。

④适用光纤 H-PCF200/230。

⑤HDLC 方式 192 kbit/s。

(3)自我诊断的传输

①通过多站总线结构进行单向传输(控制发送部→控制接收部)。

②固定长度的循环传输方式。

③传输周期 10 ms 标准。

④符号化基带方式 24 VP-P(120 Ω 平衡电路)。

⑤HDLC 方式 38.4 kbit/s。

⑥由 Dual-CPU 方式进行安全确保式传输。

(4)设备(乘客信息显示器、空调显示设定器、自动广播装置、辅助电源装置、LKJ-2000 装置)—监视器之间的传输

①点对点连接的 4 线式双向传输。

②轮询选择方式。

③20 mA 电流环路方式 24 V。

④起止同步方式 9 600 bit/s。

(5)侧面目的显示器(仅接收信号)—监视器之间的传输

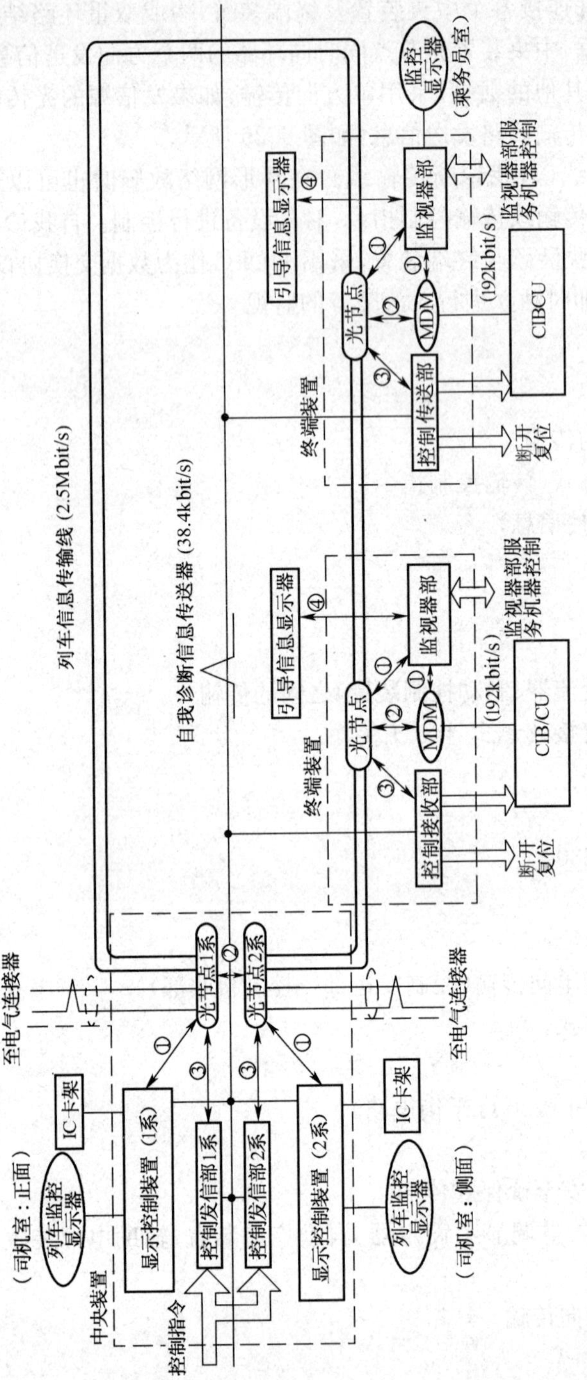

注：装置内置接口

①光节点—监控器部：共用存储器结合

②光节点—光节点：2.5 Mbit/s串行传送

③光节点—控制传送部：19.2 kbit/s串行传送

④监视器部—引导信息显示器：20 mA电流环路串行传送

图6.29　列车信息控制装置传输系统构成

①通过点对点连接的2线式单向传输。
②20 mA电流环路方式24 V。
③起止同步方式9 600 bit/s。
(6)距离检测装置(仅发送信号)—监视器之间的传输
①通过点对点连接的2线式单向传输。
②30 mA电流环路方式24 V。
③HDLC方式9 600 bit/s。
(7)收音机广播装置(仅接收信号)—监视器之间的传输
①通过点对点连接的2线式单向传输。
②30 mA电流环路方式24 V。
③HDLC方式4 800 bit/s。

2. 列车级网络

- 列车总线：ARCNET
- 适用规格：ANSI 878.1
- 传输速度：2.5 Mbit/s
- 拓扑结构：双重环形光纤网络

列车级网络由中央装置、终端装置、列车信息显示器、显示控制装置、IC卡读写装置及乘客信息显示器等设备构成。各装置在列车内的配置情况见表6.5。列车总线布线结构如图6.30所示。

表6.5　列车级网络设备配置

车辆编号	T1c-1	M2-2	M1-3	T2-4	T1k-5	M2-6	M1s-7	T2c-8
中央装置	1							1
终端装置	1*1	1*1	1	1*1	1*1	1*1	1	1*1
列车信息显示器	2						1	2
显示控制装置	2						1	2
IC卡读写装置	2							2

注：*1表示有模拟输入(AIN)卡。

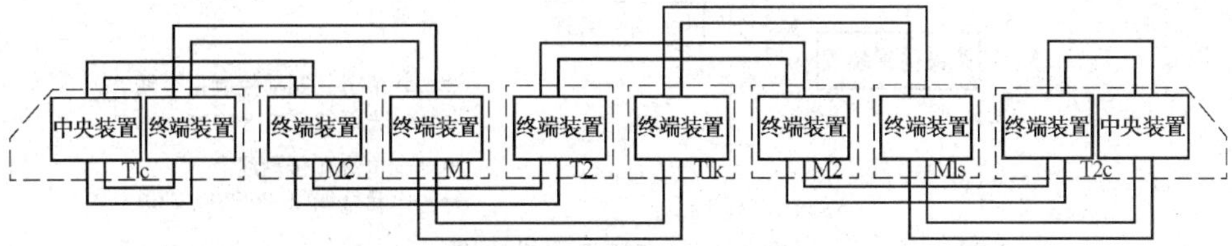

图6.30　列车总线光纤双重环网布线结构

动车组列车级网络有两种类型。其一为光纤环网，连接所有中央装置与终端装置，采用ANSI/ATA-878.1(ARCNET)协议，其二为自我诊断传输网，以总线方式连接中央装置与终端装置，采用HDLC作为数据交换协议。

3. 车辆级网络

- 适用规格:20 mA 电流环形方式
- 牵引变流器、制动控制装置传输:使用光纤方式
- 同步传输方式:和一部分设备的传输是高级数据链路控制方式——HDLC
- 传输速度:192 kbit/s、9.6 kbit/s、4.8 kbit/s 三种
- 拓扑结构:点对点

车辆级网络指中央装置/终端装置与车厢内设备之间信息交换的通道。中央装置/终端装置与设备之间采用点对点通信方式,牵引变流器(CI)、制动控制单元(BCU)与终端装置采用光纤连接,其他设备与中央装置、终端装置采用电流环方式连接。CI 与 BCU 装置配置见表 6.6。

表 6.6 CI/BCU 装置配置表

	T1c-1		M2-2	M1-3	T2-4	T1k-5	M2-6	M1s-7	T2c-8	
	中央	终端	终端	终端	终端	终端	终端	终端	终端	中央
BCU		○	○	○	○	○	○	○	○	
CI			○	○			○	○		

车厢内部设备与车厢列车网络节点之间采用点对点方式通信,适用多种通信协议,包括 20 mA 电流环、30 mA 电流环及高级数据链路控制 HDLC 方式,如图 6.31 所示。

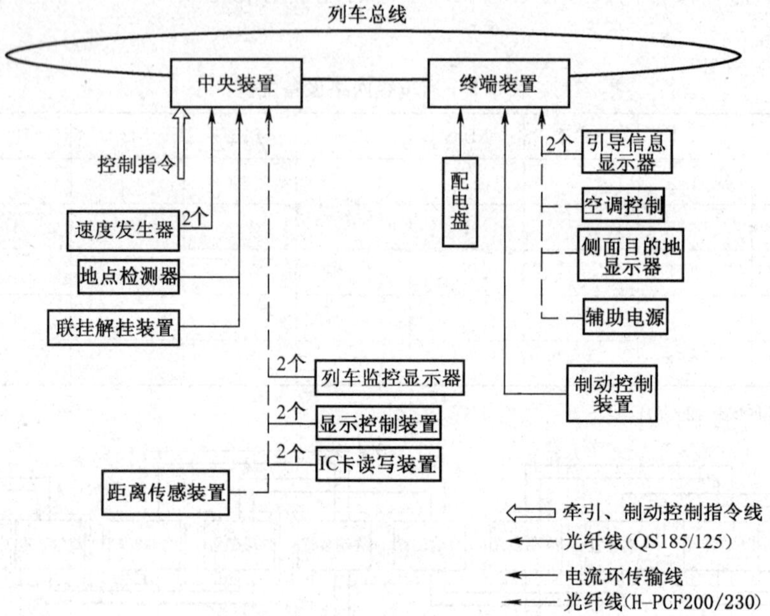

图 6.31 车辆级网络结构

6.4 CRH5 型动车组列车网络控制系统

CRH5 型动车组的 TCMS 通过传输信息和控制命令,对车上的主要设备进行管理。整个系统的网络架构采用 TCN 标准,为提高可靠性,对于重要部件采用了冗余设计。信息传

输系统通过车载网络完成对牵引、制动、辅助供电、转向架、空调、旅客信息系统、门等单元的监视和控制。由微处理器控制的主要单元能够接收控制指令并对系统每个部件的操作状态进行采集，并将处理过的信息通过网络接口传送给 TCMS。同时，某些微处理器控制单元具有启动和运行自诊断测试程序功能，可以通过网络接口向 TCMS 提供与各控制单元板卡有关的诊断信息。主要诊断的项目包括列车的牵引、制动、辅助控制系统的状态，走行部件的安全性，旅客安全相关设施的状态（ 如车门关闭状态等 ），其他电子电气设备状态。

6.4.1　网络拓扑结构

动车组控制与监测系统（TCMS）的信息传输结构主要基于 TCN 标准（IEC 61375-1），具有 WTB（列车总线）和 MVB（车辆总线）串行接口，使用冗余的 MPU（Main Processing Unit，主处理单元）模块，每个动力单元 2 对。2 个动力单元通过网关进行动力单元间和连挂列车间的通讯。系统具有完善的冗余和控制、诊断、监视以及故障存储功能。每 4 节车辆为一个 MVB 网段称作一个动力单元，2 个网段之间通过网关上的 WTB 总线进行信息交互。每个动力单元根据设备功能设有 3 条 MVB 总线，分别承担牵引、信号、旅客服务信息的传输。此外还有一个 CAN 总线标准的车辆总线，用于充电机、自动车钩、厕所单元的互联。网络体系结构如图 6.32 和图 6.33 所示。

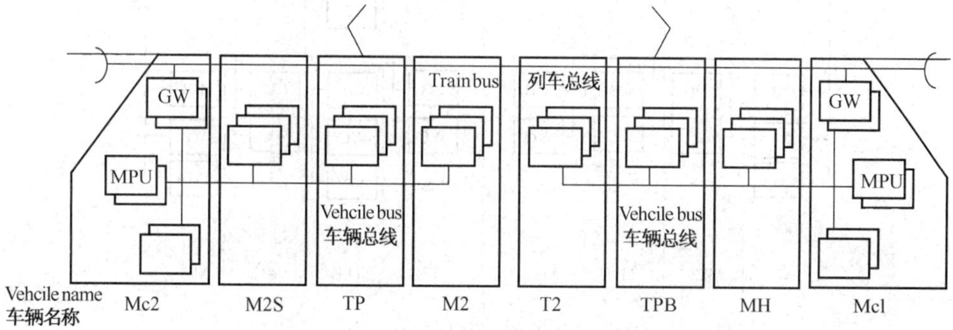

图 6.32　网络总体拓扑结构

一个动力单元包含 4 节车辆，由 3 条 MVB 总线连接，分别是 MVB-A（信号线）、MVB-B（牵引线）和 MVB-C（旅客服务线）。牵引线、旅客服务线通过信号线连接，各 MVB 总线均由 MPU 管理。

通过两个 MPU（冗余设计）对每条总线进行控制。根据设备的数量或线路的长度，可利用“中继器”来增加 MVB 总线的长度。MPU 有 2 个 MVB 接口，第二个接口将 2 条总线的 MPU、MVB/WTB 网关（冗余设计）、司机台显示器及司机室远程输入输出模块连接在一起。网关被用于动力单元之间的信息传输。图中显示的主要设备如 TCU、ACU 被连接在 MVB 总线上。非智能设备通过远程输入/输出模块（RIOMS）与 TCMS 系统接口。RIOM 被分布在每辆车中，从而减少配线和相应的重量。

在 CRH5 型动车组的 TCMS 系统中，采用了冗余设计。WTB 和 MVB 总线都是采用双通道冗余设计，网关、MPU、中继器也均采用完全冗余设计，冗余设备采用热备方式，无需手动切换。对于重要设备的 RIOM 也采用了冗余设计。

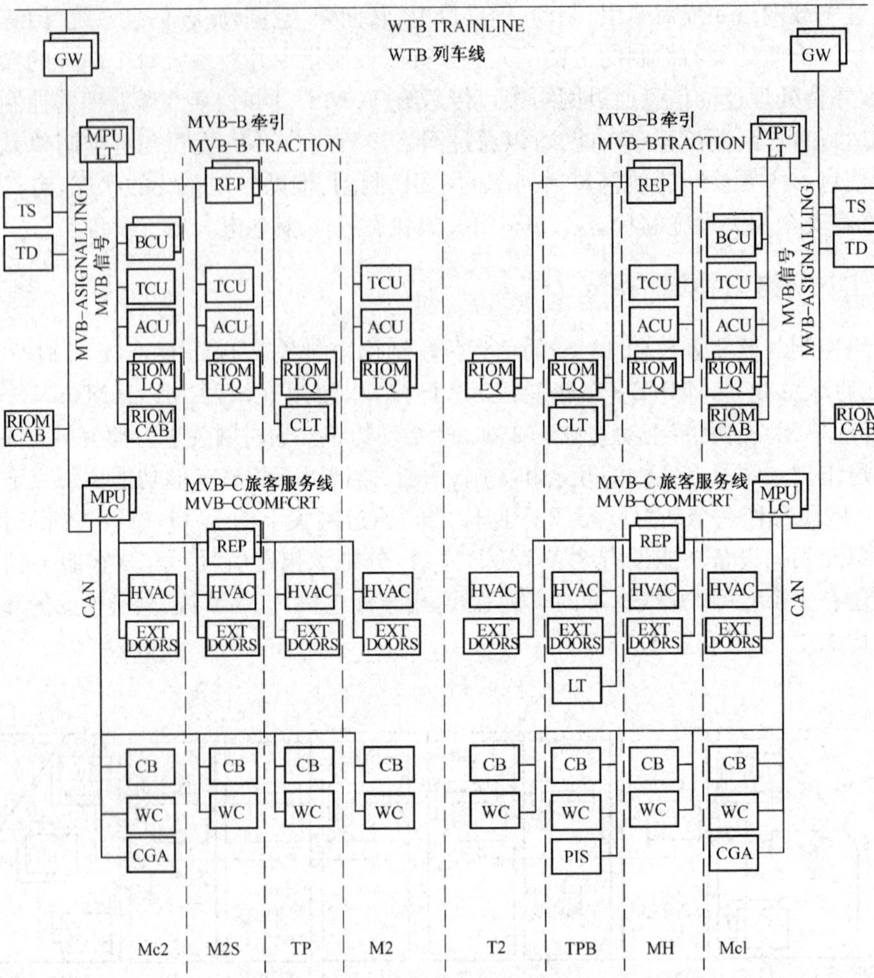

图 6.33　网络总体拓扑结构

注：有重影的设备表示冗余；图中定义和缩写见表 6.7。

表 6.7　图上定义和缩写

缩写	定　义	缩写	定　义
ACU	Auxiliary Control Unit　辅助控制单元	GW	Gateway WTB/MVB　网关 WTB/MVB
BCU	Brake Control Unit　制动控制单元	HVAC	Air Conditioning　空调
CGA	Automatic Coupler central unit　自动车钩中心单元	LT	Train Logic display　列车逻辑显示
CLT	Local Traction Control　本地牵引控制	MPU LC	Microprocessor Unit Comfort Line　微处理器单元车内设施线路
EXT. DOORS	External Doors　外部门	MPU LT	Microprocessor Unit Traction Line　微处理器单元牵引线
PIS	Passenger Information System　乘客信息系统	TD	Driver's Diagnostic display　司机诊断显示

续上表

缩写	定　义	缩写	定　义
REP	Repeater　中继器	TS	Driver's Instruments display　司机仪器显示
RIOM CAB	Remote I/O Modules (driver's cab) 远程 I/O 模块（司机室）	WC	Toilet　厕所
RIOM LQ	Remote I/O Modules (BT panel) 远程 I/O 模块(BT 面板)	CB	Battery Charger　充电机
TCU	Traction Control Unit　牵引控制单元		

6.4.2　列车级网络功能及设备

CRH5 型动车组列车级网络主要由列车总线 WTB 和网关构成。列车级网络的主要功能是进行 2 个动力单元之间的通讯，每 4 节车为一个动力单元，传输介质是双绞线。网关作为列车总线和车辆总线之间的协议转换器。

1. 列车总线

TCN(列车通信网络)于 1999 年 6 月正式成为国际标准，即 IEC61375。该标准对列车通信网络的总体结构、连接各车辆的列车总线、连接车辆内部各智能设备的车辆总线及过程数据等内容进行了详细的规定。

2 个动车组之间的连接通过穿过头车自动车钩的“WTB”(列车总线)型冗余链路来实现。此总线是 TCN 网络的一部分，当总线长度因联挂/解挂操作而发生变化时可以实现网络的动态重组(网关重新编号)。

列车总线使用冗余双绞线作为传输介质，传输的信息速率约为 1 Mbit/s。传输距离为 860 m，22 个节点。每次列车重新编组或列车联挂，都要进行列车总线即 WTB 总线的配置，对于规范的列车总线 WTB，本身具有自动组网功能，如果配置不正确，列车总线将不能正常通信。

列车总线主设备控制 WTB 的配置，当列车的组成改变时，即列车被连挂或解挂时，主设备重新组织总线，这个过程叫做列车初运行。在初运行时，所有节点接收到一个唯一的标识它们在列车中位置的地址，节点还必须能确定列车的走向，以便区分左右，例如门控制。在初运行结束时，所有节点都知道新的构成，并且总线进入常规操作。在初运行结束后，节点和电缆段从电气上连接起来，形成一条两端都有终端连接器的单一总线。

2. 网关

网关可以实现列车总线与车辆总线之间的双向信息交换。每个网关与列车总线之间以 128 字节的报文(周期数据)交换与其车组相关的信息，并接收来自整个列车编组中其他所有网关的同类信息。网关为完全冗余(电路板、连接器、电源等)。

当司机台钥匙激活时，网关被唤醒，进入 WTB 网络配置过程。被占用的司机室网关成为主网关。

6.4.3　车辆级网络功能及设备

车厢级网络采用车辆总线 MVB,主要对车厢内的设备进行管理和控制。整个 MVB 总线分为 3 段,MVB-A,MVB-B,MVB-C。每个 MVB 网段都有冗余的管理器。

MVB-A:信号线(总线管理设备 MPU_LT,冗余 MPU_LT)。

MVB-B:牵引线(总线管理设备 MPU_LT,冗余 MPU_LT)。

MVB-C:旅客服务线(总线管理设备 MPU_LC,冗余 MPU_LC)。

1. 车辆总线

车辆总线为 MVB(Multifunction Vehicle Bus,多功能车辆总线),该总线使用阻抗受控的冗余介质,其传输的信息速率约为 1.5 Mbit/s。最大传输距离 200 m,32 个节点(设备),备用节点至少每段为 20%,用于处理数据的备用带宽约为 30%。在此总线上可以使用不同的轮询周期:从用于快速信息的 32 ms 到用于较次要信息的 512 ms。CRH5 每个车组有 3 条 MVB 总线:牵引、车内设施和信号。

MVB 提供三种通信介质,工作速率相同:

(1)电气短距离介质 ESD,在无需电气隔离的情况下传输距离 20 m,最多连接 32 个设备。

(2)电气中距离介质 EMD,采用屏蔽双绞线,距离 200 m,最多 32 个设备。

(3)光纤介质,距离 2 000 m,点对点连接或星形连接。

MVB 上连接的设备都有一总线控制器,设备通过它来控制总线访问。

MVB 传输的数据有以下三类:

• 过程数据:定时广播的带源地址的数据,定时间隔小于 1 ms。

• 消息数据:有请求时应答,带有目的地址的点对点或广播数据。

• 监视数据:用于事件判决、主设备转换、设备状态发送的数据。

MVB 采用曼彻斯特编码,每一数据位码元中间都有跳变,MVB 帧是由 9 bit 起始位+数据+8 bit 校验位+结束位构成的。

MVB 有两种帧:

• 主帧:总线的某个总线管理器发送的帧。

• 从帧:由总线从设备发送,回应某个主帧。

MVB 介质访问控制采用主从方式,由唯一的主控器以定时轮询的方式发送主控帧。总线上其他设备均为从属设备,需要根据收到的主控帧来回送从属帧。它们不能同时发送信息。MVB 由专用主设备—总线管理器进行管,管理器是唯一的主设备。为增加可用性,可能有多个总线管理器,它们以令牌方式传递主设备控制权。在一个给定时间,仅有一个管理器在总线上工作。对于多个偶发性响应,主设备减少发送设备数量,直到不发生冲突。根据通信网上所传输数据的性质和实时性的要求,把通信网上的数据分为三类:过程数据(process data)、消息数据(message data)和监视数据(Supervisory data)。通信网采用不同的方法来传递这三类数据。过程数据是具有确定传输延时的短数据,通常把列车运行的控制命令和运行状态信息定以过程数据来传输。过程数据的传输是周期性的。把那些非紧迫的、冗长但不频繁的信息定义为消息数据,通常把诊断信息、显示信息和服务功能作为消息数据来传送。它们的传送是非周期的，而且可以根据需要分帧传送。

2. 微处理单元

Mc1 车和 Mc2 车配置 MPU_LT 和 MPU_LC 各两个，其他车无 MPU。MPU，负责对相应车辆输出指令和控制。在每一动力单元（4 辆车）有 2 对 MPU。其中的 2 个（MPU-LT）控制牵引和信号总线上的所有设备，而另外 2 个（MPU-LC）则控制旅客服务线和 CAN 总线上的所有设备。MPU 功能任务周期不超过 100 ms（目标值为 50 ms）。

MPU 的主要功能包括过程数据收发、逻辑判断与处理及故障诊断。

（1）主处理单元（MPU）构成

①用于 LT 的主处理单元由 1 个电源模块（POWER），2 个 MVB 模块，1 个 CPU 模块构成。

②用于 LC 的主处理单元由 1 个电源模块（POWER），2 个 MVB 模块，1 个 CAN 模块和 1 个 CPU 模块构成。

MPU 最多可扩展 7 种类型的 I/O 模块，包括 MVB Class 1，MVB Class 4，2 个 CAN 模块，2 个 485 模块以及标准的 I/O 模块，其构成图如图 6.34 所示。

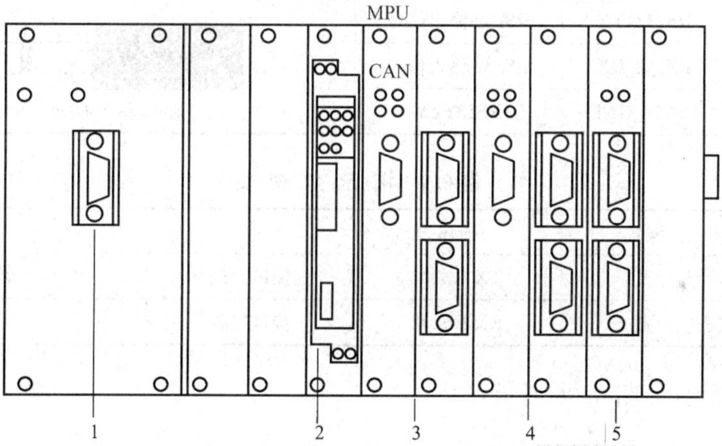

图 6.34　主处理单元构成图

1—电源模块；2—CPU 模块；3—MVB1 模块；4—MVB2 模块；5—CAN 模块

（2）主处理单元性能参数及接口

①电源模块

接口类型：9 芯连接器。

电源模块输入额定电压 U_{in}：DC 24 V。

输入电压变化范围：0.7～1.5U_{in}。

输出电压：DC 5 V，DC 24 V。

模块输入功率：50 W。

电源中断：10 ms。

远程开关控制。

使用温度：−40～+70 ℃。

②CPU 模块

CPU:DSP C32,主频 50 MHz,32 位。

RAM:1.25 MB×32 bit SRAM。

FLASH:3.9 MB×8 bit Data FLASH,带有实时时钟,具有后备电容。

对外接口:1 个 RS232,1 个 RS485。

使用温度:−40～+70℃。

编程语言:ANSI C 。

自动代码生成:SIMULINK。

RS232 服务接口定义如表 6.8 所示,指示灯含义如表 6.9 所示。

CPU 接口如图 6.35 所示,连接器类型:立式插孔 3.5 mm。

接口类型:RS232。

连接协议:Upload[6],Serdeb[7]。

表 6.8 XSER 连接器定义

引脚序号	信号名称	描述	9 芯连接器针
1	RS232_TX	RS232 输出信号	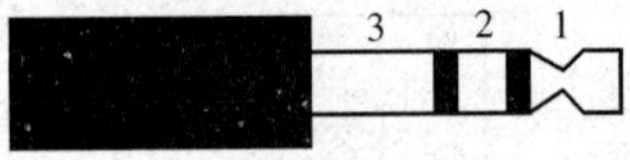
2	RS232_RX	RS232 输入信号	
3	RS232_GND	RS232 0V	Spina Jack stereo3.5 mm

表 6.9 指 示 灯 含 义

参考	颜色	描述	亮	灭
LED1	黄	TX RS232	接口发送	无信号
LED2	黄	RX RS232	接口接收	无信号

③MVB 模块(如图 6.36 所示)

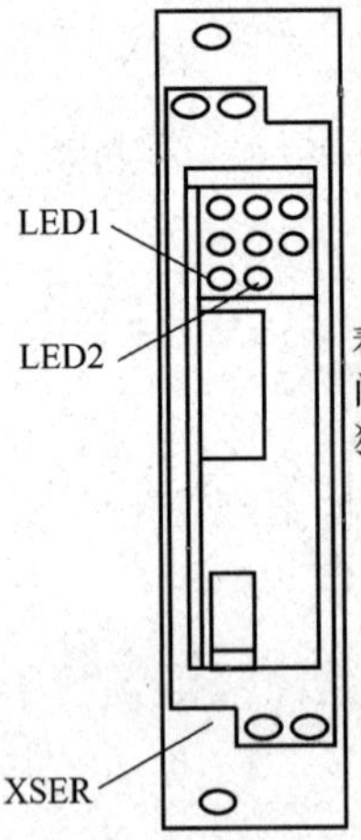

图 6.35 CPU 接口

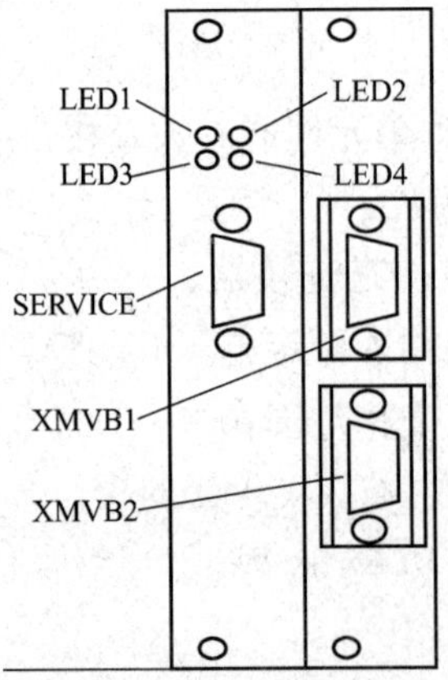

图 6.36 MVB 模块示意图

驱动器类型：MVB-EMD。

连接器类型：9 芯连接器，接口定义如表 6.9、表 6.10 所示，指示灯含义如表 6.11 所示。

波特率：1.5 Mbit/s。

连接协议：IEC61375-1。

服务接口类型：RS232。

表 6.9　MVB 模块 服务接口 SERVICE 连接器定义

引脚序号	信号名称	描述	9 芯连接器针
1	—	NC	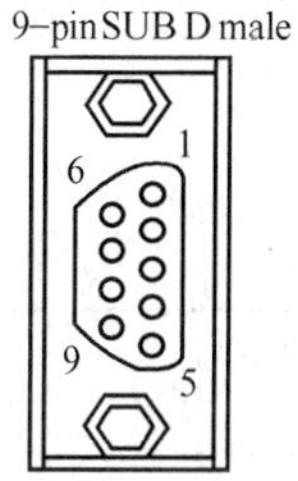
2	RS232_TX_1	RS232_1 信号输出	
3	RS232_RX_1	RS232_1 信号输入	
4	—	NC	
5	RS232_GND	RS232 0V	
6	—	NC	
7	RS232_TX_0	RS232_0 信号输出	
8	RS232_RX_0	RS232_0 信号输入	
9	—	NC	

表 6.10　MVB 模块 XMVB1/XMVB2 连接器定义

引脚序号	信号名称	描述	9 芯连接器针
1	+Line A	MVB-A 线正信号	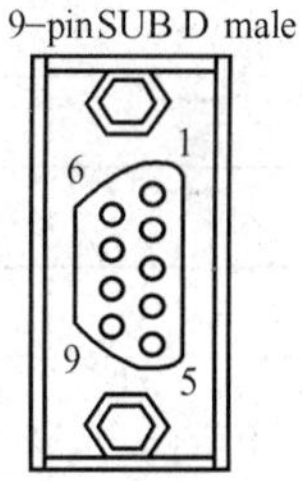
2	-Line A	MVB-A 线负信号	
3	—	NC	
4	+ Line B	MVB-B 线正信号	
5	- Line B	MVB-B 线负信号	
6	+ Termination A	A 线端接器正极	
7	-Termination A	A 线端接器负极	
8	+ Termination B	B 线端接器正极	
9	- Termination B	B 线端接器负极	

表 6.11　指示灯含义

参考	颜色	描述	亮	灭
LED1	绿	CPU 接口	工作	复位或未供电
LED2	绿	MVB 接口状态	连接到 MVB 总线	未连接到 MVB 总线
LED3	黄	数据传输	正在传输	没有传输
LED4	红	MVB 接口故障	故障	无故障

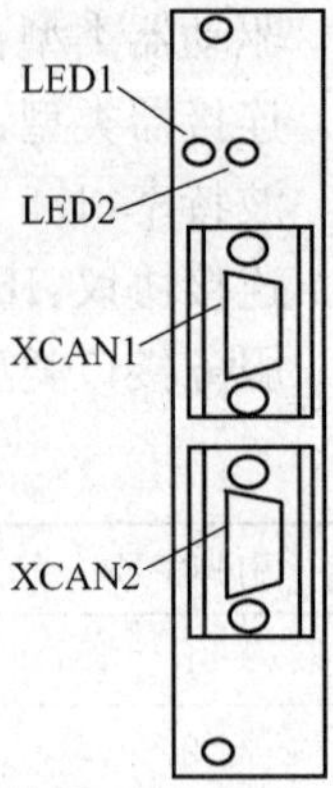

④CAN 模块(如图 6.37 所示)

连接器类型:5×2 针 2.54 mm 间距。

输入电源:5 V 或 24 V。

接口类型: ISO11898 CAN2.0a/2.0b。

节点类型:主或从。

连接器定义见表 6.12,指示灯的含义见表 6.13。

图 6.37　CAN 接口

表 6.12　CAN1/CAN2 连接器

引脚序号	信号名称	描述	9 芯连接器针
1	—	NC	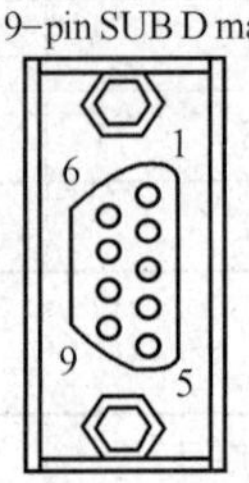
2	CAN_L	CAN 低信号	
3	CAN_GND	CAN 公共端	
4	—	NC	
5	—	NC	
6	—	NC	
7	CAN_H	CAN 高信号	
8	—	NC	
9	—	NC	

表 6.13　指示灯含义

参考	颜色	描述	亮	灭
LED1	黄	CAN 接收数据	CAN 正在接收数据	CAN 未接收数据
LED2	黄	CAN 发送数据	CAN 正在发送数据	CAN 未发送数据

3. 中继器

中继器是一种主要为硬件的专用设备,通过信号放大来扩展 MVB 在长度和节点方面的容量。事实上,通过中继器连接的 MVB 总线的两个不同区段在 MPU 层次上看来只是一个有(32+32)个节点、(200+200) m 长的一条 MVB 总线。中继器引起的数据传输延时非常微小。

中继器为冗余结构,由两个完全相同的中继器构成,每个中继器由一个 MVB 模块与一个 48 针连接器模块构成。性能参数如下:

额定输入电压:24 V 供电。

连接协议:IEC61375 标准。

接口类型:EMD 接口。

连接器类型:9芯连接器,48针连接器。

4. RIOM

RIOM(远程输入/输出模块,)为MPU执行信号采集并执行由MPU发送的输出命令。它们通过MVB总线与MPU进行通信。每个I/O部件可以有不同类型的输入/输出:

- 数字输入(以电池负极为参考的数字信号)。
- 模拟输入(电流或电压模拟信号)。
- 数字输出(继电器触点,用于断开RIOM与外部电路的连接)。
- 模拟输出(电流或电压模拟信号)。

5. 司机显示单元

司机台上有2个分别名为TS和TD的监视器。监视器为彩色TFT显示器,屏幕尺寸为10.4 ft,其分辨率为800×600(SVGA)。监视器带有加热器和风扇,可在低和高环境温度下使用。监视器具备"节电"模式功能,可以延长寿命。监视器所使用的语言为中文。

TS监视器以图形化方式向司机显示主要驾驶信息值(即网压、网侧电流、力矩等)。司机可以用屏幕周围设置的一组按键与监视器进行交互,也可以使用这些按键向设备发送全局性或选择性命令。司机还可以在专门画面中通过监视器手动切除掉某些设备。TD监视器向司机显示有关整个编组(2组联挂的列车)全部设备的所有诊断信息以及所有被监视设备和部件的状态(启用、停用、故障、切除等),在故障情况下具有自动报警功能,并同时提供故障信息。TS和TD互为冗余,当二者之一出现故障时,司机可以通过屏幕周围的按键选择作用模式(TS或TD),以便从另一个监视器上获取所有画面及信息。此监视器的冗余性不是自动实现的,需要司机干预。表6.14为显示器上的主要信息。

表6.14 TS与TD主要显示信息

说 明	显示的信息
主监视器(TS)	• 列车速度(实际值/设定值) • 牵引力,再生制动力(实际值/设定值) • 网压 • 网侧电流 • 网侧电流最大值 • 时间 • 电池电压 • 牵引系统配置
诊断监视器(TD)	• 相关设备状态 • 给司机的警告 • 维修信息

CRH5型动车组乘务员室中设置本地监视器。此显示器的主要功能是:

- 显示主要本地信息(即制动气缸压力等)的默认画面。
- 发送本地命令(即设置乘客车厢温度、灯光等)。
- 显示自动报警。
- 显示车辆设备的状态。

• 显示车辆的故障信息。

本地监视器与司机台监视器的技术特性相似。

6. 牵引控制单元

牵引变流器是牵引子系统的主要设备，每个动车组有 5 个牵引变流器。每个牵引变流器由一个牵引控制单元进行管理（TCU），执行控制与诊断功能。TCMS 的 MPU 将牵引力设定值或再生制动力设定值等信息传送给 TCU，TCU 将牵引电机的工作状态等反馈到 TCMS，诊断数据也可以经由 MVB 总线被传送到 TCMS 的 MPU。牵引子系统还包括一个"CLT"单元（牵引系统本地控制），该单元是放置在每个高压箱内中的一个冗余设备，完成对高压系统的监控、诊断和保护。该设备有专用的微处理器单元，有特定的软件，和一套模拟与数字输入输出接口，同时提供连接到 TCMS MVB 总线的接口。

7. 制动控制单元

制动系统有一个专门的总线（制动总线），列车上每个制动控制单元（BCU）都与其接口。制动总线可在整列编组上扩展（例如两列车联挂-16 辆车）。带司机室的车辆上的 BCU 起制动主控制的作用（MBCU），与 TCMS MVB 总线接口；MBCU 采集司机台上制动手柄和信号装置的制动请求（电制动和气动制动请求），在编组中的主 BCU 通过司机台钥匙的插入进行定义。每个 BCU 控制本车气动管路。在每个动车上，都有一个牵引控制单元（TCU），与 TCMS MVB 总线接口；每个 TCU 执行本车电动制动功能并且通过硬线连接驱动互锁阀。图 6.38 为制动命令的传送图。

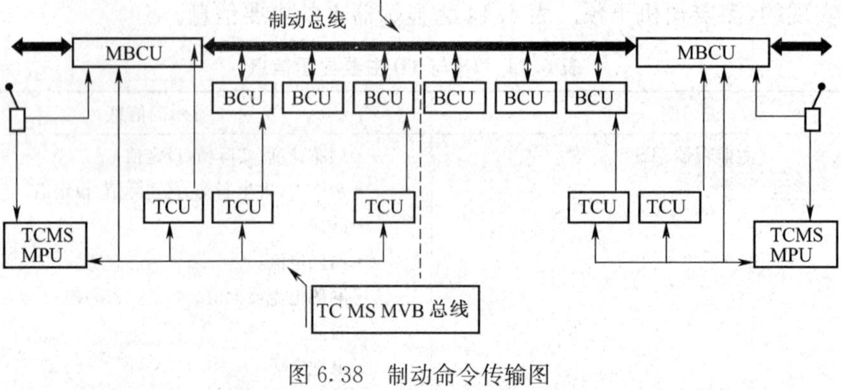

图 6.38　制动命令传输图

主 BCU 直接读取制动手柄位置和信号系统的制动请求并处理这些信息，设定执行制动所需要的电制动力和电空制动力。电空制动命令通过制动总线发送给列车编组的所有 BCU，相应地执行本地气路的控制。电制动命令通过 MVB 总线传送给牵引主控制的 MPU 进行处理并通过列车控制网络（MVB 和 WTB）传送给所有的 TCU。

在每个动车上的制动面板有一个互锁阀，当这个阀得电动作时，抑制动轴上的空气制动。在正常操作中，每个 TCU 执行电制动，在给动轴施加 ED 制动时给本地互锁阀通电。如果一个或者更多的 TCUs 不能够执行电力制动，它们将通过列车控制网络（MVB 和 WTB）通知 TCMS MPU 并释放本地互锁阀。TCMS MPU 通过列车控制网络传送不可用的电力制动端口的信息，以便于 MBCU 可以执行需要的动作。另外，每个 BCU 通过直接读出本地互锁阀的状态来得知本地ED制动故障。在紧急制动过程中，TCMS MPU切断任何对TCUs的电力制动或者牵引请求，且所有的互锁阀都被释放，而且每个互锁阀都被旁路。

8. 辅助控制单元

CRH5动车组配备有5个辅助变流器。它们通过中压线给中压设备供电，借助于中压接触器进行配置。在TCMS和辅助变流器之间主要的功能接口由辅助控制单元(ACU)完成，中压供电系统的配置管理和接触器状态反馈由RIOMs完成(如辅助变流器启动/停止)；诊断数据通过MVB接口管理。

9. 充电机

每节车辆都配有一个蓄电池和充电机。充电机由中压线直接供电，当中压线有电时自动启动，除非启动被TCMS通过RIOM输出禁止。TCMS通过RIOM读取充电机的相关状态(例如，操作、故障……)；通过CAN总线获取详细的诊断信息和电池电压信号。

10. 门控单元

每个头车和吧车都有2个外部乘客门(每侧一个)；所有的中间车辆都有4个外部乘客门(每侧两个)。总的门关闭命令和打开使能由穿过自动车钩的列车线管理(列车每侧一条)。所有命令都可由司机台上的按钮发布，在使能有效的情况下，门附近的按钮可控制开门，关门不受使能限制。风挡门与乘客客室门功能在本地进行管理。TCMS通过RIOM检测风挡门和乘客客室门的状态。乘务员可手动隔离风挡门和客室门，TCMS能够通过RIOM检测到门被隔离的信息。司机显示器上可查询内外门的隔离状态。

本地打开与关闭命令(单个门)由按钮发出并直接由门控制单元在本地进行管理。列车线通过自动车钩(UIC558电线16)执行“门关闭并锁定”的状态的总体检测。硬线直接驱动司机台上的门状态指示灯。为了诊断，TCMS通过RIOMs检测“门隔离”状态和上述的列车硬线状态。TCMS同时将打开使能与关闭命令通过MVB接口发送到门控单元，用于对列车硬线的诊断。

11. 空调控制单元

每个车辆都有一个HVAC机组。启动的司机室通过一个开关发布总开启/关闭命令，由TCMS通过RIOM读取。当开关置于“开启”位置时，如果中压线工况正确，TCMS向HVAC单元(通过RIOM)发送一条“启动”命令，随后按照加载程序进行管理。命令通过列车总线(WTB)发送给整个列车编组。

在TCMS和HVAC之间的MVB接口上传送启动或关闭指令，负载是否允许接入，车厢内温度等信息。任何情况下，温度调节功能通过HVAC控制单元本身进行管理。温度调节还可以在车长室中的本地监视器上以车辆为基础进行选择性操作。TCMS通过MVB采集设定值，并通过列车网络将调节请求传送给有关的HVAC控制单元。

列车配有一个压力保护系统(“flaps”)保护乘客在列车驶进隧道或者与另外一辆列车交错时不受压力变化的影响。司机可以通过司机台上的按钮控制“flaps”的动作，在进入隧道或者列车会车时关闭、打开“flaps”。按钮由TCMS通过RIOM检测，当按下启动的司机台上的按钮时，命令通过车辆与列车总线发布给编组列车中的所有“flaps”。另外，系统可以借助于压力传感器实现自动管理活叶的关闭与打开。

所有的车辆都配有一个紧急通风系统，可以没有中压就进行操作；由司机通过司机座椅后面的柜子上的按钮手动开启，或者由列车员通过车长室中的本地监视器开启。两种情况下，请求都被 TCMS 检测（分别地通过 RIOMs 或者通过 MVB），且通过 RIOMs 发布正确的命令。TCMS 还通过 RIOMs 检测每辆车上的紧急通风的状态用于诊断目的。

12. 卫生间

厕所配备一个电子控制单元，与 TCMS 车辆总线有一个 CAN 串行接口用于状态和诊断信息的交换。厕所占用状态（不占用或者占用），可以在有关客室内部的信息屏幕上本地显示。

13. 自动车钩单元

"列车联挂"状态由 TCMS MPUs 通过 RIOMs 读取 KAC 继电器的状态检测。开闭机构的打开命令受到一个最大速度阈值的限制，这个功能由 TCMS 通过 RIOMs 进行管理。如果在正常的列车运行过程中，在未联挂端的开闭机构被忘记关闭而处于打开位置，当超过阈值速度时，开闭机构将会自动关闭。自动车钩和开闭机构的控制、监视及诊断由 CAN 接口连接到 TCMS。

6.4.4 列车网络控制系统（TCMS）的冗余性及故障对策

TCMS 是一个智能单元，通过采集、传输信息和命令来管理者列车上的大多数主要设备。为了保证列车上设备信息传送的正确性，TCMS 必须工作正确。因此，列车网络控制系统重要部分采取冗余设计来优化系统的可靠性，系统冗余性排除了单一故障下影响冗余功能的可能性。冗余功能以并联连接的冗余输入和冗余输出实现。冗余管理依据冗余设备中对故障的辨识进行完全自动管理。对于列车认为是重要的信号通过远程 I/O 模块被冗余地获得，并沿着 MVB 串行线传输到指令和控制单元。

1. 网关冗余性

只有一个启用，而另一个处于待机模式，并且可在已启用的一个发生故障时立即自动开启。这一转换过程对应用而言是透明的。

为对这种情况进行管理，网关的两个部分通过一条内部串行总线（CAN）进行通信。同时还通过同一条串行线进行确定谁为主站、谁为从站的仲裁。

2. MPU 冗余性

MPU 的冗余类型为热备冗余。两个 MPU 均可管理其 MVB 总线（单条或多条）。它们读取相同的输入，并执行相同的任务。在故障情况下一个会自动接替另一个。同一总线上的所有设备均由同一 MPU 发送指令。

当 MPU1 故障时，MPU2 替代了 MPU1 作为 MVBlinev"1"和 MVBlinev"2"线上的主控制器。

MPU1 故障时的网络配置如图 6.39 所示。

3. RIOM 冗余性

为实现冗余功能，RIOM 的输出继电器以并联连接。当一个输出出现故障时，其继电器

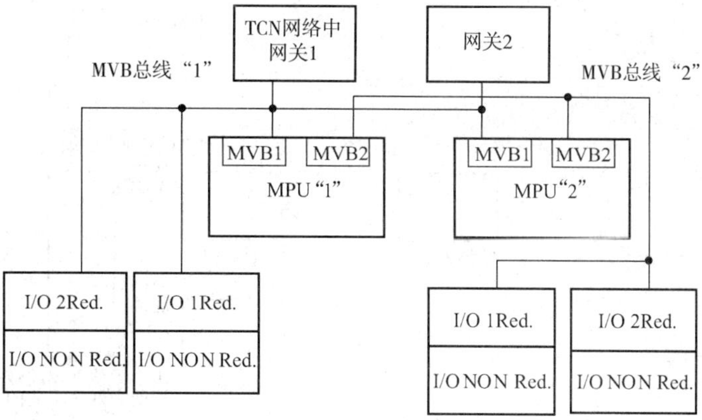

图 6.39　MPU1 故障时网络配置

将被释放。相应功能由冗余 RIOM 的输出保证。最坏的情况可能是当电源故障或 MVB 接口故障时，在这种情况下，该 RIOM 的所有输出继电器均会被释放。同样在这种情况下相应功能也由冗余 RIOM 的输出保证。

4. 监视器冗余性

(1)驾驶台监视器冗余性

TS 和 TD 互为冗余。当二者之一出现故障时，司机可以通过屏幕周围的按键选择作用模式(TS 或 TD)，以便从另一个监视器上获取所有画面及信息。此监视器的冗余性不是自动实现的，需要司机干预。

(2)本地监视器冗余性

由于车辆的诊断数据保存在 MPU 内存中，在本地监视器出现故障时，可以使用驾驶台的监视器获得故障监视器的信息。本车监视器不设冗余。

5. 中继器冗余性

只有一个启用，而另一个处于待机模式，并且可在已启用的一个发生故障时立即自动开启。

6.4.5　维修信息的传输

1. 显示屏维修信息传输

诊断单元可以使用 RS232 串行线与 PC 进行对话，PC 提供一个软件程序，使用对话菜单和/或者控制屏来下载 FLASH 数据区中的数据。每个牵引单元的故障存储单元只能下载本单元 4 辆车的诊断数据。

2. 维修信息无线传输(预留接口)

系统可以使用 GSM-R 信道将诊断数据传送到地面，如图 6.40 所示。存储在本车监控器(LT)中的诊断数据库，通过一个 Ethernet 连接的方式被传输到 DSTM 的设备上。这个设备负责通过一个专门的天线或者与电量表共享同一个天线由 GSM-R 信道下载数据。

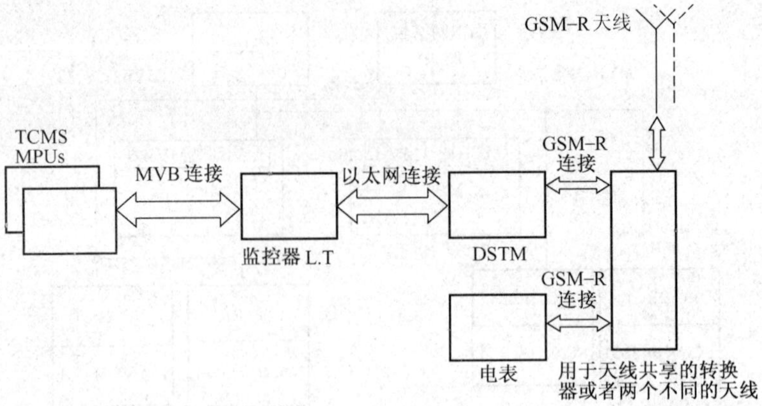

图 6.40　维修信息无线传输通道

3. 其他记录方式与传输

所有的诊断功能都在主处理单元中进行:当发生需要维修的故障时,信息就会被永久地记录到 MPU 自身的非易失性的存储区域中。每个 MPU 都存储与相关 MVB 段列车设备的诊断数据。

使用 FIFO 方法记录 4 辆车的故障。数据记录区域的结构是为了确保任何时候用户都有最少 256 KB 的数据可用,足够保存已经发生的大多数的最近的故障。在这个 256 KB 区域中,大约可以存储 9 300 条记录。本车监控器(LT)从每个 MPU 上接收诊断数据,收集列车级数据并将它们按照年月顺序存储。在 LT 监控器中记录的数据区总计大约 2 MB,允许存储大约 74 400 条故障记录。

复习思考题

1. 列车控制系统的主要任务和功能是什么?
2. 什么是控制系统的集中式方案? 什么是控制系统的分布式方案? 各有什么优缺点?
3. 动车组中采用分布式控制方案有很多好处,简述之。
4. 采用分布式控制方案需要解决哪些主要问题?
5. 用于列车的网络有哪些特殊要求,选用时应考虑哪些问题?
6. 描述 CRH1 动车组列车网控系统的主要结构及特点。
7. 描述 CRH2 动车组列车网控系统的主要结构及特点。
8. 描述 CRH5 动车组列车网控系统的主要结构及特点。
9. 从列车级、车辆控制级、车辆诊断级对 CRH1 动车组、CRH2 动车组和 CRH5 动车组网络系统进行比较和分析。
10. 从可靠性角度看,简述 CRH1 动车组、CRH2 动车组和 CRH5 动车组网络系统采取了哪些措施?

参 考 文 献

[1] 钱立新．世界高速铁路技术[M]．北京：中国铁道出版社，2003.

[2] 刘海波．铁路集中供电客车电气装置[M]．北京：中国铁道出版社，2004.

[3] 陈春青．电力机车电器[M]．北京：中国铁道出版社，1989.

[4] 谢步明．韶山$_7$ 型电力机车[M]．北京：中国铁道出版社，2000.

[5] 刘友梅．韶山$_3$ 型 4000 系电力机车[M]．北京：中国铁道出版社，1996.

[6] 王德志．蓄电池原理及使用[M]．北京：中国铁道出版社，1989.

[7] 唐山樵．配电线路及动力与照明[M]．北京：中国铁道出版社，2002.

[8] 中华人民共和国铁道部．TB/T 2839—2003 铁道客车用电热开水器[S]．北京：中国铁道出版社，2003.

[9] 黄厚舵．蓄电池安装及试验方案[J]．化工建设工程，2001(6)：35-38.

[10] 秦科雁．第五代火灾自动报警技术革命[J]．消防技术与产品信息，2000(6)：10-18.

[11] 陈晓英，魏玲．四总线火灾自动报警控制器[J]．辽宁工学院学报，2000(6)：18-20.

[12] 詹耀立．客车空调装置[M]．北京：中国铁道出版社，1999.

[13] 马汉纶．铁道车辆空调与制冷装置[M]．北京：中国铁道出版社，1993.

[14] 韩宝琦，李树林．制冷空调原理及应用[M]．北京：机械工业出版社，2003.

[15] 吴业正，韩宝琦．制冷原理及设备[M]．西安：西安交通大学出版社，1999.

[16] 张宝霞．铁道车辆制冷与空气调节[M]．北京：中国铁道出版社，2005.

[17] 刘海波．铁路集中供电客车空调装置[M]．北京：中国铁道出版社，2004.

[18] 滕兆武，王刚．车辆制冷与空气调节[M]．北京：中国铁道出版社，1996.

[19] 赵荣义，范存养．空气调节[M]．北京：中国建筑工业出版社，1994.

[20] 方贵银，李辉．汽车空调技术[M]．北京：机械工业出版社，2003.

[21] 许钟麟．空气洁净技术[M]．上海：同济大学出版社，1998.

[22] 路向阳．我国列车通信网络的发展与应用[J]．机车电传动．2001(6)：2-5.

[23] 常振臣，牛得田，王立德．列车通信网络研究现状及展望[J]．电力机车与城轨车辆．2005(3)：5-7.

[24] 陈少红．计算机网络基础[M]．北京：清华大学出版社，2006.

[25] 刘瑞阳，杨京．铁路客车运行安全监控系统(TCDS)原理及应用[M]．北京：中国铁道出版社，2005.

[26] 史久根．CAN 现场总线设计技术[M]．北京：国防工业出版社，2004.

[27] 饶运涛．现场总线 CAN 原理与应用技术[M]．北京：北京航空航天大学出版社，2003.

[28] 黄采伦．列车故障在线诊断技术及应用[M]．北京：国防工业出版社，2006.